KB022342

독자의 1초를 아껴주는 정성!

세상이 아무리 바쁘게 돌아가더라도
책까지 아무렇게나 빨리 만들 수는 없습니다.
인스턴트 식품 같은 책보다는
오래 익힌 술이나 장맛이 밴 책을 만들고 싶습니다.

길벗이지톡은 독자여러분이
우리를 믿는다고 할 때 가장 행복합니다.
나를 아껴주는 어학도서,
길벗이지톡의 책을 만나보십시오.

독자의 1초를 아껴주는
정성을 만나보십시오.

미리 책을 읽고 따라해본 2만 베타테스터 여러분과
무따기 체험단, 길벗스쿨 엄마 2% 기획단,
시나공 평가단, 토익배틀, 대학생 기자단까지!
믿을 수 있는 책을 함께 만들어주신
독자 여러분께 감사드립니다.

(주)도서출판 길벗 www.gilbut.co.kr
길벗 스쿨 www.gilbutschool.co.kr

happy와 sad 그 이상이 필요한 이들을 위한

영어 감정 표현 사전

happy와 sad 그 이상이 필요한 이들을 위한
영어 감정 표현 사전

초판 1쇄 발행 · 2022년 6월 30일
초판 2쇄 · 2022년 7월 20일
초판 3쇄 · 2022년 10월 20일
초판 4쇄 · 2022년 12월 15일

지은이	Sam Norris
옮긴이	정병선
발행인	이종원
발행처	(주)도서출판 길벗
출판사 등록일	1990년 12월 24일
주소	서울시 마포구 월드컵로 10길 56(서교동)
대표 전화	02)332-0931	팩스·02)323-0586
홈페이지	www.gilbut.co.kr

기획 및 책임편집·김효정(hyo@gilbut.co.kr) | 외주 편집·최지숙 | 디자인·김수정 | 제작·이준호, 손일순, 이진혁 | 마케팅·이수미, 장봉석, 최소영 | 영업관리·김명자, 심선숙 | 독자지원·윤정아 | 전산편집·영림인쇄 | CTP 출력 및 인쇄·영림인쇄 | 제본·영림인쇄

ISBN 979-11-6521-972-7(03740) (길벗도서번호 301109)
ⓒ 길벗
정가 27,000원

happy와 sad 그 이상이 필요한 이들을 위한

영어 감정 표현 사전

Sam Norris 저 ○ 정병선 옮김

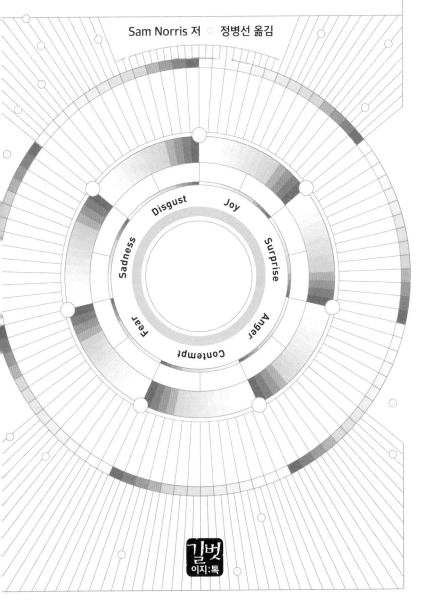

길벗
이지:톡

JOY

SADNESS

650 | SURPRISE

내 감정은 단순한 팔레트가 아니다

본 도서 기획은 수년 전 보았던 한 장의 인포그래픽에서 시작되었습니다. 308개의 감정을 영어로 보여주는 인포그래픽을 보며 그 뜻은 물론이고 자유자재의 활용까지 가능한 단어는 얼마나 될까 싶었죠.

영어라는 도구를 손에 쥐려고 무던히도 읽고 쓰는데도 여전히 메워지지 않는 간극을 확인하며 영어 감정 전체를 개괄할 수 있는 콘텐츠를 만들어 보고 싶었습니다.

지금의 원고 구현에 이르기까지 몇 차례의 시행착오가 있었는데, 감정 어휘라는 개별 단위가 콜로케이션이라는 단위와 한 차례 더 결합되기까지의 시간이 또 필요했다고 봅니다. 어휘 단위로는 해결되지 않는 차원의 전달력이 있으니까요.

저자인 Sam Norris는 학부에서 법학을, 대학원에서 문화학을 전공하고 Marsupial Soup라는 인디 밴드로도 활동하고 있습니다. 감정 어휘 하나가 곧 하나의 뜻이 되지 않는 300개 세밀한 감정의 지층을 현시점의 세밀한 언어로 구현해준 데 있어 깊은 고마움을 느낍니다.

외국어와 모국어 사이의 차이는 어쩌면 생각하는 언어와 느끼는 언어 사이의 차이와 크게 다르지 않을지도 모르겠습니다. 그 차이를 조금이나마 좁히는 의미로, 내 할 말이 마음이 작동하는 언어에서 출발할 수 있기를 바라며 준비했습니다. 특별히 온라인 미디어 환경 내 커뮤니케이션을 특정하였기에 일인칭 화자의 입장에서도 대입해볼 만한 여지를 더 발견하실 수 있지 않을까 합니다. 모쪼록 본 도서가 독자 여러분께 영어인 영어가 아닌 '나의 영어'를 찾아가는 데 필요한 또 하나의 좋은 도구가 될 수 있기를 바랍니다.

편집자 김효정

Emotions are hard to put into words. They are there, in our heads, before we can even open our mouths. It is more natural to feel them than to describe them. They are hard to pin down in concepts and hard to distinguish between. Rarely do we feel only one singular emotion, and rarely can we describe exactly how that emotion feels to us personally. Emotional language is therefore slippery, consisting of semantic nuances and ambiguities, differing sometimes wildly between cultures, classes and individuals.

This book hopes to assist those learning English with deciphering the murky waters of emotional vocabulary. It is targeted at higher-intermediate to advanced learners, aiming to enrich their vocabularies beyond basic emotional terms like "happy" and "sad". The words range from simple to complex and obscure, giving the reader plenty of ammunition for their linguistic arsenal. They also include popular modern vernacular and slang;

정서는 말로 분명하게 드러내기가 쉽지 않다. 입을 열어 말하기 전, '저기' 우리 머릿속에 있는 것은 확실하지만 말이다. 정서는 딱 부러지게 설명하는 것보다는, '느끼는' 게 더 자연스럽다. 개념으로 고정하기가 어렵고, 미세한 차이를 구분하는 것도 쉽지 않다. 우리가 딱 하나의 정서만을 느끼는 일은 거의 없다. 어떤 정서가 자신에게 어떻게 느껴졌는지를 정확하게 설명할 수 있는 경우도 매우 적다. 이렇듯, 정서 언어(emotional language)는 미끌거리며 우리 손아귀를 빠져나간다. 의미가 미묘하게 다르고, 애매한 상황이 넘실거린다. 문화권, 계급과 계층, 또 각자 개인들 사이에서 그 차이가 크게 벌어지기도 한다.

이 책은 정서 어휘라는 그 탁하고 흐린 물을 판독해 내는 과정을 돕기 위해 썼다. 수준은 중상에서 고급 학습자들이다. 이 분들이 happy나 sad 같은 기본적인 단어 이상으로, 각자의 어휘 목록을 증대하도록 돕는 것이 이 책의 목적이다. 단어들은, 간단한 것부터 복잡하고 모호한 것에 이르기까지 다양하게 수록했다. 독자들은 본서를 통해, 각자의 어휘 창고를 풍요롭게 늘릴 수 있을 것이다. 영어 화자 다수가 사용하는 단어를 기준으로, 대중적인 동시대 방언과 속어도 실었음을 밝혀둔다. 그

words that are used by the majority of English speakers. The book is by no means limited to more advanced speakers, however, and would be useful for anyone learning the language to dip into to impress their teachers or friends.

It is structured according to the seven fundamental categories of facial expression, universally common throughout all cultures, made famous by the psychologist Dr Paul Ekman. These are Joy, Sadness, Anger, Fear, Disgust, Contempt and Surprise. The words are arranged in alphabetical order into these categories.

Each emotion has a short description explaining its meaning, its nuances and its use. Then, the reader is provided with a handful of collocations, phrases and idioms. These include commonly paired verbs, nouns, adjectives, adverbs and prepositions, as well as syntactical configurations and colloquial phraseology. There are also examples of how such terms can be used in hashtags.

Example sentences are given, and these are predominantly focused towards the use of emotional language in digital contexts like social media. The internet is a significant new dimension of cultural expression and it is important for those learning English to understand the weird and colorful language used by people online. This is easier said than done, but some effort has been put into decoding and contextualizing terms like "saltiness"

렇다고 해서, 이 책을 고급 독자들만 읽을 수 있다는 얘기는 아니다. 이 주제에 대한 깊은 이해를 바탕으로 가르치는 선생님을 감동시키고, 친구들도 '한 방 먹이고' 싶은 영어 학습자 누구에게라도 이 책이 꽤 유용할 거라고 자신한다.

책의 구성을 설명해야겠다. 얼굴 표정(facial expression)을 나누는 일곱 개의 근본 범주를 바탕으로 했다. 심리학자 폴 에크먼(Paul Ekman)의 작업으로 널리 알려진 일곱 가지 얼굴 표정 범주는, 문화권을 초월해 보편적이고, 또한 근본적이다. Joy, Sadness, Anger, Fear, Disgust, Contempt, Surprise, 이렇게 일곱 개다. 해당 단어들을 이 범주에 따라 알파벳 순서로 정리해 놓았다.

각각의 정서는 그 의미, 미묘한 차이, 용법을 설명하는 간단한 설명을 갖추고 있다. 이어서 콜로케이션과 이디엄과 관용어가 나온다. 이 대목에서 흔히 짝을 이루는 동사와 명사와 형용사와 부사와 전치사는 물론, 통사론적 배열과 일상적인 대화체의 구어 어법도 설명해 놓았다. 인터넷 상황을 감안해, 이런 용어들이 어떻게 해시태그(hashtag)로 쓰이고 있는지 그 예들도 모아놓았으니, 참조하면 좋을 것이다.

이 책에서 선별한 예시문들은, 소셜 미디어 등의 디지털 맥락에서 정서 언어가 실제로 어떻게 사용되고 있는지를 생생하게 보여줄 것이다. 인터넷은 문화가 표출되는, 새로이 등장한 중대한 창구이고, 영어 학습자들 역시 원어민이 온라인 상에서 쓰는 기이하고 다채로운 언어를 반드시 알아야 한다. 말은 쉽지만, 어려운 과제다. 그래도, 게임 문화와 소셜 미디어에서 쓰이는 saltiness 같은 용어를 해독해 맥락화하는 작업을 수행해 이 책에 반영했음을 자부한다. 이 책은, 단어가 영어라는 큰 환경

that have arisen around gaming culture and social media. The intention of the book is to show the reader how words are used alongside other terms and expressions within the language more broadly. This should lead to a richer understanding of the word's meaning within differing contexts.

Writing the book was a lot of fun. One might think that it would be easy to write for a native English speaker, but this was not necessarily the case. Of course, the words were familiar, but trying to convey their deeper meaning was a challenge. Some of the words are very nearly synonymous with each other and finding the subtle differences in their underlying insinuations was like doing semantic detective work.

I hope that those who read this book find its contents interesting, informative and entertaining. Be sure to keep your eyes open for references to my favorite animals: frogs. Emotions are perhaps the most central part of the human experience, so being more confident in using emotional vocabulary can only stand you in good stead on your journey of learning English.

에서 다른 용어 및 표현들과 어떻게 어울려 사용되는지를 더 포괄적으로 보여주고자 했다. 단어가 상이한 맥락에서 갖는 의미를 더 풍요롭게 파악하게 될 것이다.

책을 쓰는 일은 아주 재미있었다. 영어가 모국어니까 집필이 쉬웠을 거라고 생각할 수도 있지만, 꼭 그런 것도 아니다. 물론 단어들은 익숙했고, '아주 잘 아는' 것들이었지만, 보다 깊은 의미를 전달하는 작업은 쉽지 않았다. 일부 난어는 서로가 거의 동의어나 다름없고, 저변의 암시가 미묘하게 다르다는 걸 밝히드러내는 과제는 마치 탐정의 작업 같았다.

본서의 내용이 흥미롭고, 정보 측면에서 유익하며, 즐기는 느낌으로 재미까지 있다고 평가해 주신다면, 저자로서 무척 기쁘겠다. 나의 최애 동물은 개구리다. 그 개구리 얘기를 여러 차례 했으니, 두 눈 부릅뜨고 찾아보기 바란다. 감정은 어쩌면 가장 중요한 인간 경험일 것이다. 감정 어휘를 좀 더 자신감을 갖고 사용할 때에야 비로소 영어 학습 여정에서 유익함을 발견할 수 있을 것이다.

저자 샘 노리스

Joy

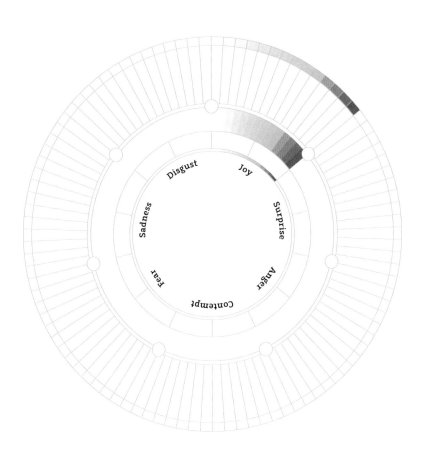

affability

상냥함,
붙임성, 온화함

헝용시형으로 affable한 것은 주변 사람들에게 친절하며, 상냥하고 예의 바른 것이다. 사람의 천성이나 행동을 묘사할 때 가장 많이 사용되는 것이 바로 이 어휘이다. affability는 낯선 사람을 처음 소개받을 때, 흔히 눈여겨보게 되는 겉보기 수준의 특징이다.

#affableguy 누군가 예의 바른 태도와 처신을 언급할 때
#seeminglyaffable 겉보기에만 친절한 경우
#yeahimprettyaffable 상냥함의 가벼운 유쾌함과 어울리는 가벼운 문구
#affableenough 누군가에게 호감이 있어서 참을 수 있을 정도라는 뜻

to seem affable ⓒ 상냥해 보이다, 친절한 듯하다
— This new guy in the office: he *seems affable*. 신입 사원 있잖아요. 서글서글해 보이기는 해요. (동료가 사적으로 보내 온 이메일)
누군가 만났는데 그 사람이 전반적으로 예의 바르고 웃기기까지 하면 affable하다고 평가할 수 있다. 하지만 절친을 두고 affable하다고 하지는 않는 편이다. 이때는 kind나 selfless(사심 없는) 같은 더 진지한 정서 어휘들을 쓸 것이다.

an affable person Ⓒ 사근사근한 사람, 상냥한 인물

— I would describe myself as a positive, *affable person* with great interpersonal skills and a determination to succeed. 제 소개를 하자면, 붙임성 좋고 긍정적인 성격이라고 말하고 싶습니다. 대인 관계 기술이 좋고, 성공에 대한 의지 역시 충만합니다. (입사 지원서에서 가져온 소개 문구)

affability란 특성은 친구들과의 만남 같은 격의 없는 상황에서도 유의미하고 적절하지만, 대인 관계가 원만하다는 것을 간단하게 서술할 수 있는 방법이기도 하다. 구직자가 자기 소개서에 유용하게 사용할 수 있는 표현이다.

affable enough Ⓒ 그냥저냥 친절한

— The waiter was *affable enough*, but the food was absolutely terrible. 웨이터는 그냥저냥 친절했지만, 음식은 형편없었다. (트립어드바이저에 올라온 리뷰)

여기서의 enough는 매우 중요한 역할을 한다. 누군가의 상냥함과 예의가 '평균'이자 '보통'이라는 의미다. 어울리는 데 별 무리가 없을 만큼 상냥하지만, 사회적 소통 역량이 대단히 뛰어나지는 않은 것이다.

Ⓢ Friendliness 친절함 / Congeniality 친화성 / Cooperation 협력

Ⓐ Coldness 냉담, 쌀쌀맞음 / Loftiness 오만, 거만 / Uncooperativeness 비협조

amusement

재미, 즐거움,
오락, 놀이

amusement는 유머를 이해하고 공감하는 감정이다. 웃기고 유쾌한 것들은 amusement를 낳는다. 순한 형태의 joy라고 할 수 있고, 사람의 얼굴에 피어오른 약간의 히죽거림이나 미묘한 우스개를 알아채 인식한다는 걸 가리키는 데 흔히 쓰인다.

#amusedbythis 웃기는 상황에 반응하는 경우

#amusing 뭔가가 재미있다고 생각할 때

#amuseme 농담 한번 해보라는 짓궂은 권유

hint of amusement ⓒ 즐거움의 기미, 재미있어하는 기색
— Susan's expression was stoic, but the side of her mouth curled slightly showing a *hint of amusement*.
수전의 표정에서는 감정이 전혀 드러나지 않았지만 입꼬리 한 쪽이 살짝 말려 올라간 것으로 보아 약간 재미있어 한다는 걸 알 수 있었다. (소설)
이 콜로케이션은 소설 같은 글에서 흔히 볼 수 있다. 사람이 뭔가를 재미있다고 생각하지만, 아마도 그 사실을 숨기고 있는 것 같다고 미묘하게 지적하는 것이다. 목소리에도 hint of amusement가 있을 수 있다.

to find amusing ⓒ 재미있다, 웃기다고 생각하다

— I *found* this book quite *amusing*. 이 책 아주 재미있습니다. (온라인 서평)

뭔가가 amusing하다고 '생각'(find)하면, '포복절도'(fall over with laughter)까지는 아니지만, 그것 때문에 유쾌하게 즐거워한다고 할 수 있다. 여기에 quite나 very 같은 정도 부사를 붙여서 의미를 조정할 수 있다.

source of amusement ⓟ 재미의 대상, 즐거움의 원천

— Cats are an endless *source of amusement* for me. 나에게는 고양이가 끝없는 즐거움의 대상이다. (고양이 동영상에 달린 유튜브 댓글)

흔히 endless라는 단어를 앞에 붙여 쓰는 이 어구는 익살스러움과 기쁨을 주는 인생의 사소한 것들을 말한다. 희한하게 행동하는 동물이라든가 사람의 유머 화법 같은 것이 대표적인 예다.

Ⓢ Humor 유머, 익살, 해학 / Hilarity 환희, 유쾌 / Joy 큰 기쁨, 즐거움

Ⓐ Misery 고통, 빈곤, 비참 / Gloom 우울, 침울, 어둠 / Sadness 슬픔

animation

생기,
활기, 쾌활

'영혼'(soul) 또는 '생명력'(life force)을 의미하는 라틴어 anima에서 유래한 animation은 에너지와 활기를 나타내는 감정이다. 동물이 살아있고, 디지털 애니메이션이 움직이는 그림인 것과 마찬가지로, 인간의 animation은 흥분과 그에 대한 분출을 함축하는 일종의 '활력'(vigor)이다.

#animated 뭔가에 열의가 있다고 말할 때
#vanimation 브랜드 반스(Vans)를 굉장히 좋아한다는 뜻의 신조어
#animatedbybooks 독서를 매우 좋아하는 경우
#animationacrossthenation 라임을 맞춘 표현으로, '널리 퍼져 있는 열광 사태'를 뜻함

animated discussion ⓒ 활기찬 토론, 열띤 논의, 격론
— Had an *animated discussion* with the finance team today. 오늘 재무 부서와 격론을 벌였습니다. (동료들에게 보낸 왓츠앱 업무 메시지)

animation이 들어가는 가장 흔한 콜로케이션이 바로 이 표현이다. lively discussion이라고도 하며, 사람들이 열정과 확신을

갖고 토론을 한다는 느낌을 전달한다. 논쟁 또는 말다툼의 완곡어로도 쓸 수 있다.

face is animated ⓒ 얼굴에 생기가 넘치다

— His *face was animated* as he explained to the students the strange beauty of quantum mechanics. 학생들에게 양자 역학의 묘한 아름다움을 설명해 주고 있었을 때 그의 얼굴에 생기가 넘쳤다. (한 교수에 대한 소설)

얼굴이 animated되었다는 것은 표정이 풍부하고 생기가 넘친다는 뜻이다.

animated gesture ⓒ 활발한 몸짓

— The patient was able to make *animated gestures*, but we still have progress to make regarding his speech. 환자는 몸짓이 활발했다. 하지만 발화와 관련해서는 여전히 차도가 있어야 한다. (언어 치료 보고서)

animated gesture는 매우 분명한 형태의 신체 움직임이다. 사람들은 의사 전달에 말 대신 animated gesture를 쓰기도 한다. 물론 확실하게 요점을 전달하고자 할 경우에는 이런 몸짓과 더불어 말도 하는 게 흔하지만 말이다.

Ⓢ Liveliness 활기, 명랑 / Expressiveness 표현력 / Excitement 흥분, 들뜸

Ⓐ Inertia 무기력, 타성 / Dullness 둔함, 느림, 침울 / Apathy 무심, 냉담

ardor

열정, 열심,
열렬, 열중

ardor는 zeal이 더 강렬해진 형태라고 생각하면 좋다. ardor는 정열과 열의이며, 청춘 및 젊은이들의 행동과 흔히 연결지어 생각된다. zeal처럼 ardor도 불과 타오름의 의미를 내포해서, 혁명이나 연애 같은 열정적인 개념에 가깝다고 할 수 있다. 말을 이렇게 하긴 했지만, ardor는 zeal보다 더 공식적이고, 또 문학적이다. 따라서 일상 생활 묘사보다는 고상한 산문에 더 많이 쓰인다.

#ardorburnsbright 열정이라는 상상의 불꽃을 묘사하는 말

#romanticardor 불타는 강렬한 사랑을 표현할 때

#intenseardor 어쩌면 스포츠에 대한 열정에도 사용 가능

#workhardermoreardor 라임을 맞춰 격려하는 문구

burning ardor ⓒ 활활 타오르는 열정

— His face was alight with *burning ardor* as he cut off the head of the king. 왕의 머리를 잘라내며, 그의 얼굴은 타오르는 열정으로 빛이 났다. (시대물)

ardor는 매우 드문 정서다. 뭔가를 이루겠다며 이런 강렬한 열

정에 사로잡히는 사람이 극소수이기 때문이다. 어쩌면 이런 까닭에 문학작품에 가장 빈번히 쓰이며 그 강렬한 생명력이 묘사되는 듯하다.

romantic ardor ⓒ 열정적 사랑, 사랑의 열기

— The couple fled into the night, hearts full of *romantic ardor.* 두 사람은 사랑의 열기로 마음이 가득 차 야반도주했다. (연애 소설)

ardor를 쓸 때는, 사람의 심장이 ardor로 '가득 찼다'(full of)고 흔히 얘기한다. 비유적으로 말하자면, 심장은 열정의 거처라서 심장이 사람의 ardor를 '지닌다'(hold)고 할 수 있다.

revolutionary ardor ⓒ 혁명의 열정

— You could see from the looks on their faces that these men were driven by *revolutionary ardor.* 이 사람들이 혁명의 열정에 사로잡혀 있다는 사실을 얼굴 표정을 통해 알 수 있었다. (국제 기사)

이 어구는 정치 혁명을 추진하는 뜨겁고 강렬한 정신을 가리킨다. 앞서 언급한 연어들을 조합해 "burn with revolutionary ardor"(혁명의 열정이 불타오르다)라고 할 수도 있다.

Ⓢ Passion 열정, 격정, 고난 / Rapture 황홀, 환희 / Zeal 열의, 열성

Ⓐ Apathy 무심, 냉담 / Lethargy 무기력, 혼수 상태 / Resignation 감수, 체념, 복종

blessedness

행운, 축복,
축복받음

blessedness란 어휘에서는 영성과 신성이라는 의미가 함축되어 작용하지만 일반적으로는 따뜻한 감사의 마음을 뜻한다. 누군가 blessed한 감정을 느낀다면, 마치 신이 개입한 것처럼 뜻밖의 만족감 속에서 행복을 느낀다는 얘기이다. 일상 생활에서 다행스러운 행복감을 서술할 때 흔히 쓰인다.

#blessed 고마워함을 드러내는 흔한 표현

#bless 남들이 행복했으면 한다고 말할 때

#soblessed so fortunate(매우 운이 좋은)의 또 다른 표현

#suchablessing 뭔가로 인해 감사하며 행복할 때

so blessed ⓒ 매우 운이 좋은, 아주 행복한

— Feeling *so blessed* right now to be surrounded by friends. 친구들과 함께 하는 바로 이 순간, 기분이 너무 좋습니다. (인스타그램 설명문)

누군가 blessed한 것은 자신의 행운에 살짝 놀란 것이므로, 이 상황을 so란 단어로 강조할 수 있다. 소셜 미디어를 보면, 감사와 행복을 동시에 표현하는 이 어구가 굉장히 빈번히 사용된다.

mixed blessing Ⓟ 좋기도 하고 나쁘기도 한 것, 유리하면서 동시에 불리한 것

— The cut in interest rates is a *mixed blessing*. 금리 인하는 좋기도 하고 나쁘기도 하다. (금융 기사)

어떤 상황에 좋은 점도 있고 나쁜 점도 있다고 말할 때 흔히 쓰이는 문구이다. 명사 blessing은 거의 대부분 좋은 것을 뜻한다.

bless you/me Ⓟ 저런, 몸조심 하세요

— (Someone sneezes) "*Bless you*." (누군가가 재채기를 한다) "저런, 몸조심 하세요." (이사회에서 나눈 짤막한 대화)

누군가 재채기를 했을 때 하는 말이다. 당신이 재채기를 하면, 거꾸로 Bless me라고 말할 수 있다. 이 표현은 재채기가 심한 질병의 징후라는 미신을 믿었던 시대에 생겨났다. 그래서 사람들이 병에서 회복하려면 신에게서 구할 수 있는 모든 도움이 필요했던 것이다.

bless your cotton socks Ⓘ 신의 축복이 함께 하기를!

— Your baby is so cute! Oh, *bless your cotton socks*!
아기가 너무 예뻐요. 정말 복 받으셨네요! (길에서 만난 여인과의 대화)

영국의 중장년 여성들이 쓰는 애정과 축복의 표현이다. 대다수의 사회 교류 상황에서 이 말을 썼다가는 매우 웃기면서도 얄궂은 분위기가 연출될 테다. 젊은이들도 가끔 어머니처럼 자애로운 행동을 익살스럽게 흉내낼 때 이 표현을 쓰기도 한다.

Ⓢ Felicity 더할 나위없는 행복 / Solace 위로, 위안 / Gratification 만족감

Ⓐ Woe 고민, 비애 / Downcastness 의기소침 / Melancholy 우울

bliss

더 없는
기쁨, 행복

행복을 나타내는 말들이 여럿 있는데, bliss는 이 중에서도 최고에 속한다. bliss에는 완벽, 절대적 만족, 충만함이라는 함축적 의미가 있다. 대개 행복한 상황을 묘사하는 데 쓰이므로 완벽하게 채워진 낙원 같은 상태를 떠올리면 되겠다.

#blissful bliss의 형용사형으로, 햇빛 찬란한 해변을 묘사하는 경우
#domesticbliss 서로 간의 관계를 언급할 때 흔히 볼 수 있는 어구
#ignoranceisbliss 모르는 걸 정당화하는 이디엄
#momentofbliss 아주 느긋하게 시원한 음료를 즐기는 순간이지 않을까?

sheer/pure bliss ⓒ 더 바랄 게 없는 행복
— Sunbathing in the Algarve is *sheer bliss*. 알가르베 해변에서 일광욕을 할 수 있다면 더 바랄 게 없겠죠? (휴가 여행 상품 광고)
sheer나 pure를 보탰다고 해서 단어 bliss의 강도가 세지는 게 아니다. 문장 안에서 그냥 '기능적으로' 강조할 뿐이다. 그러니까 bliss와 sheer bliss는 별다른 차이가 없다. bliss, heaven(천국), ecstasy(황홀경) 같은 최상급 개념(어)들에서 이런 식의 강조를 흔히 볼 수 있다.

domestic bliss Ⓒ 가정의 행복, 결혼 생활의 행복

— He's just done the dishes: #*domesticbliss* 그이가 막 설거지를 끝냈어요. #이런게바로결혼생활의행복 (인스타그램 설명문)

평범한 일상 생활에서 과장하여 흔히 이런 식으로 사용되지만, 그럼에도 불구하고 관계 내의 조화로움을 드러낸다. 청소나 요리 같은 가사 노동을 언급할 때가 많다.

idea of bliss Ⓟ 행복의 관념[이상]

— Sun, beaches and cocktails: that's my *idea of bliss*. 태양, 해변, 칵테일, 이런 것들이 내가 생각하는 행복이다. (페이스북 게시글)

이 경우 idea는 개인 견해라는 의미이다. 그러므로 사람이 다르면, bliss에 대한 '생각'(idea)도 달라진다. 물론 bliss라고 하면 대부분 좋은 날씨와 휴식을 떠올리겠지만 말이다.

ignorance is bliss Ⓘ 모르는 게 약

— The people don't need to know about the enemy military presence on our border: *ignorance is bliss*, after all. 적군 병력이 국경 근처에 배치돼 있다는 사실을 국민이 굳이 알 필요는 없다. 요컨대, 모르는 게 나을 수도 있다. (정부 보고서)

뭔가가 잘못된 것을 알지 못하면 걱정할 일도 없다. 따라서 뭔가를 모르는 무지 상태는 축복이다! 실제로는 모르는 것을 정당화하고 싶을 때 사람들이 이 말을 쓴다.

Ⓢ Ecstasy 황홀경 / Paradise 낙원 / Heaven 천국

Ⓐ Hell 지옥 / Misery 빈곤, 비참, 참혹 / Forlornness 쓸쓸, 황량, 허망

bubbliness

명랑, 쾌활, 거품,
활력, '업'(up)

bubbliness는 밝고, 즐거우며, 상냥한 태도와 행실을 지칭하는 격의 없는 말이다. 풍성한 거품이 가득한 탄산 음료처럼, bubbly한 사람도 정력적이면서, 우호적이고, 긍정적이다. bubble이란 단어는 더 폭넓게 사용되어, 각종 감정이 우리의 마음을 어떻게 관통하는지 설명해준다. 분노, 두려움, 경멸, 욕정 등 긴장하면서 생기는 감정은 그 어떤 감정이라도 bubble할 수 있다.

#bubbly 열정적이고 친절한 사람을 거론할 때

#bubblyperson 행복하며 정력이 넘치는 사람

#bubblingtensions 긴장이 고조되는 상황을 가리킬 때

#tryingtobebubbly 긍정적이고 외향적인 사람을 지칭할 때

bubbly personality ⓒ 쾌활한 성격, 명랑한 사람

— She became famous for playing the character of Sally Clarke, an electrifying dancer with a big and *bubbly personality*. 그녀는 샐리 클라크 캐릭터를 연기하면서 유명해졌다. 샐리 클라크는 사람들을 열광시키던 무용수로, 대범하고 명랑하기까지 했다. (방송 보도)

성격 특성이 외향적인 사람들을 묘사하는 데 bubbly를 쓸 수 있다.

to bubble to the surface ⓒ 표면화하다, 겉으로 드러나다

— The delays have caused some tensions to *bubble to the surface*. 지연 사태로 인해서 갈등이 표면화됐죠. (동료에게 회의 결과를 간단히 알리며)

그동안 숨겨져 있던 감정들이 명백해졌다는 뜻이다. 꼭 그런 것은 아닐 수도 있지만, 모종의 행동 때문일 가능성이 있다.

to bubble over ⓒ 거품처럼 벅차 오르다

— I am *bubbling over* with excitement to show this to you guys! 여러분에게 이걸 보여드릴 수 있다니, 정말 가슴이 벅차오르네요. (유튜브 동영상)

물이 끓으면 냄비에서 거품이 보글거리는 것처럼, 사람이 흥분해서 정상적으로 행동하기 힘들 때 bubble over한다. bubbling이 더 광범위하게 사용되는 것은 사실이지만, 이 콜로케이션은 흥분을 나타내는 감정 상태와만 함께 쓰인다.

to bubble inside/within ⓒ 안에서 부글거리다, 내부에서 차오르다

— Just finished this new painting and I have so many new ideas *bubbling inside* now! 작업을 막 끝냈고, 지금은 또 새로운 아이디어가 솟아오르고 있습니다. (화가가 신작 회화를 촬영한 사진을 인스타그램에 게시하고 단 설명글)

이 콜로케이션은 흥분, 분노, 공포 등 bubble하는 느낌을 떠올릴 수 있는 어떤 감정에도 적용해 쓸 수 있다. 그런데 위 예문의 맥락을 따져보면, creativity(창의성)를 나타내려는 것을 알 수 있는데, 마음 속에서 묘안이 거품처럼 솟아나 밖으로 탈출하려는 광경을 상상해볼 수 있다.

Ⓢ **Extroversion** 외향성 / **Affability** 붙임성, 상냥 / **Friendliness** 우정, 친절

Ⓐ **Introversion** 내향성, 소심 / **Shyness** 수줍음 / **Timidity** 소심, 겁, 나약

charm

매력, 매혹,
마법, 주문

charm은 남을 사로잡는 능력이어서 규정하기 쉽지 않다. 여기서 '사로잡는다'(captivate)의 본질은 무엇일까? 껴안고 싶을 만큼 귀여운 장난감에 매료되어 즐거움을 느끼는 것이거나, 누군가의 카리스마나 고혹적 자질에 사로잡혀 유혹을 느끼는 것일 수도 있다. 정리하자면, 보통 전자는 건물이나 사물에 관련되고, 후자는 사람과 연관되지만, 반드시 그런 것은 아니다.

#charming 뭔가가 귀엽고 매혹적일 때

#considermecharmed 뭔가에 넋을 빼앗겼을 때

#totallycharmed 어쩌면 인기 절정의 유명인을 만났을 때 느끼는 감정

#turningonthecharm 다른 사람을 매혹할 때

to boast charm ⓒ 매력을 뽐내다, 매력이 있다

— The property *boasts charm* and character, and is well situated for commuters. 이 건물은 개성과 매력이 상당합니다. 위치도 좋아서 편리하게 통근할 수 있고요. (부동산 웹사이트)

이 콜로케이션에서 boast의 의미는 have, 즉 '갖고 있다'이다. boast charm은 마음을 사로잡는 능력을 발휘하는 것이다. 흔

히 건물을 대상으로 쓴다.

natural charm ⓒ 자연스런 매력

— There's something about her: she has a *natural charm*. 그 여자한테는 뭔가가 있어. 자연스런 매력의 소유자라고나 할까. (친구에게 보낸 문자)

natural charm은 설명하기 힘든 경우가 많다. 일부만이 갖고 있는 일종의 카리스마이기 때문이다. 선천적으로 타고나서 연습으로 얻어질 수 없기 때문에 natural이라고 하는 것이다.

rustic charm ⓒ 투박한 매력

— My grandmother cooks food like this. It always has a *rustic charm*. 우리 할머니도 이런 음식을 만드세요. 이런 요리에는 나름의 소박한 매력이 있기 마련이죠. (요리 동영상에 달린 댓글)

구식의, 단순하고, 때로 뒤죽박죽인 것들이 나름의 독특한 매력을 선보이기도 함을 얘기하는 표현이다. 이렇듯 불완전한 뭔가에도 사람은 매료될 수 있다. 그게 음식이든, 사물이든, 집이든 상관없이 말이다. 그러나 사람을 대상으로 rustic charm을 쓰지 않도록 주의해야 한다.

boyish charm ⓒ 사내아이다운 매력, 보이시한 매력

— I'm in love with this singer: I can't resist his *boyish charm*! 이 가수와 사랑에 빠졌어요. 그의 소년 같은 매력에 완전히 마음을 빼앗겼죠. (인스타그램 스토리 설명문)

사람만을 대상으로 쓰이는 이 콜로케이션은 남성의 젊음과 뻔뻔함을 얘기한다. 남자가 boyish charm을 갖고 있다면, 앳되어 보이며 약간 유치하게 굴지만 매력적인 면이 있다는 뜻이다.

to turn on the charm Ⓟ 매력을 발산하다, 애교를 부리다

— So go and talk to him, *turn on the charm*. 그러니, 가서 저 남자랑 한번 얘기해 봐. 끼를 좀 부려 보라고. (영화 대사)

수도꼭지를 틀고 컴퓨터를 켜듯이 turn on the charm할 수 있는 사람들이 있다. 늘 매력적이진 않은 사람들이 남의 기분을 맞추면서 즐겁게 해줘야 할 때가 있고, 바로 그런 상황에서 이 표현을 쓴다.

Ⓢ Allure 매력 / Charisma 카리스마, 매력 / Appeal 매력, 호소력

Ⓐ Repelancy 반발, 격퇴 / Repulsiveness 불쾌, 쌀쌀맞음 / Obnoxiousness 불쾌함, 역겨움

cheer

cheer는 '정신, 영혼, 기분, 마음'이란 뜻의 spirit과 비슷하지만, '호의와 친절'(friendliness), '상냥함과 붙임성'(affability)이라는 의미를 더 많이 내포한다. spirit이 모종의 어려움에 맞서 저항한다는 뜻임에 반해, cheer는 덜 적대적이고 더 일반적인 형태로 긍정적이고 낙관적인 페르소나(persona, 외면적 인격)를 서술한다.

#cheery cheer의 형용사로, 밝고 쾌활한 사람을 묘사할 때
#cheerful 역시 cheer의 형용사로, cheery와 동일한 의미
#cheermeup 부정적이고 슬픈 내용의 게시글을 올리면서 쓸 수 있는 표현
#fullofcheer 즐겁고 긍정적인 기운이 넘쳐나는 게시글 등에서 볼 수 있는 표현

full of cheer ⓒ 생기가 넘치는, 활력이 가득한, 패기가 충만한
— The team is performing well: they are fit, prepared and *full of cheer*. 현재 좋은 성적을 내고 있습니다. 선수들은 원기왕성하고, 항상 준비돼 있으며, 패기 또한 충만합니다. (스포츠 팀 감독과의 인터뷰)

긍정적 견해를 공유하는 사람들의 집단을 묘사할 때 이 콜로케이션이 흔히 사용된다. 스포츠 팀이나 함께 일하는 동료들과 관련해서 이 표현을 많이 접할 수 있는 이유다.

great cheer ⓒ 엄청난 환호

— Spoke to mother in the hospital today and she was full of *great cheer*. 오늘 병원에서 엄마를 만났는데, 아주 기분이 좋으시더라고. (가족에게서 온 문자 메시지)

약간 옛스럽기는 하지만, spirit과 꽤 비슷하게 긍적적인 견해를 갖고 있음을 나타내는 데 great cheer를 쓰기도 한다.

to be cheerful ⓒ 발랄하다, 유쾌하다, 기분이 좋다

— We *were* pretty *cheerful* until the main course came. Yuck! 주요리가 나오기 전까지는 꽤 즐거웠다. 우웩! (레스토랑 리뷰)

따져보면, full of cheer와 같은 의미이고, 못지 않게 많이 쓰인다.

to cheer up ⓟ 기운을 내다, 격려하다, 생기를 불어넣다

— So hungover and bored, need somebody to *cheer* me *up* right now. 숙취가 심하고 따분해. 지금 당장 날 '업'시켜줄 사람이 필요하다고! (인스타그램 게시글)

cheer up은 기분을 고조시키는 것이다. 하지만 사람을 cheer down할 수는 없다. 이 경우라면 depress나 let down을 써야 한다.

cheer up ⓟ 기운 내!, 아자!, 파이팅

— Hey, *cheer up*, you've still got your friends around

you! 기운 내. 너한테는 친구가 많아. (결별 후 친구한테 받은 문자)

상대의 기운을 북돋워줄 때 이 명령문을 쓸 수 있다. 하지만 예민한 사람이 이 말을 듣는다면, 기분을 강요한다고 느껴서 짜증스럽게 받아들일 수도 있다.

Ⓢ Spirit 정신, 영혼, 기분, 마음, 패기 / Mirth 환희, 명랑 / Happiness 행복

Ⓐ Gloominess 음침, 우울, 비관 / Depression 우울, 암울 / Woe 슬픔, 비통, 비참

cloud nine

cloud nine은 엄청난 행복의 감정인 bliss의 동의어다. 이 관용구의 출처가 어디인지, 또 구름에 번호가 매겨진 것이 왜 기쁨과 환희의 단계를 나타내는지는 확실치 않다. 1896년 출간된 《인터내셔널 클라우드 아틀라스 International Cloud Atlas》가 대기 중에서 가장 높이 형성된 구름인 적란운을 설명하면서, cloud nine을 처음 사용했다고 얘기하는 사람도 있다. 이게 사실이면, cloud nine은 구름들의 높낮이를 바탕으로 행복의 정도를 은유하는 셈이다.

#oncloudnine 아주 행복하며 꿈결 같은 상태를 의미

#uponcloudnine 삶이 지극히 행복하다고 말할 때

#oncloudnineaftermyresults 즐겁고 행복한 이유를 제시할 때

#alwaysoncloudnine 언제나 더없이 행복한 사람을 가리킬 때

on cloud nine ① 하늘을 나는 듯 너무나 행복한

— Just proposed to my girlfriend and I am *on cloud nine*! 여자친구에게 프로포즈를 했어요. 전 지금 하늘을 나는 기분이예요. (페이스북 게시글)

의미 있고 행복한 사건들이 생기면 cloud nine을 흔히 쓴다. 새 직장을 구했거나, 뭔가 중요한 것을 얻고, 크게 성공했을 때를 떠올리면 된다. cloud nine은 약간 비현실적으로 느껴지는 꿈같이 행복한 상태를 빗대어 말하기도 한다. 동의어로 seventh heaven이 있는데, 사람들이 이 둘을 가끔 혼동해 cloud seven 이라고 말하는 경우도 있다.

head in the clouds ① 공상, 엉뚱한 생각, 뜬 구름

— People say I'm always walking around with my *head in the clouds*. 사람들은 내가 늘 비현실적이라고들 말하지. (인 스타그램 게시글)

영어에서 하늘과 마음이라는 세계 사이에는 강력한 연결고리가 있다. 누군가의 머리가 구름 속에 있다는 것은 그 사람이 늘 공상만 해서 주변 사태를 인지하지 못한다는 의미이다. 비현실적 이며 이상주의적이라고 비판하는 부정적 특성인 것이다.

Ⓢ Bliss 지극한 행복 / Heaven 하늘, 천국, 매우 행복한 상태 / Euphoria 행복감, 희열, 도취 상태

Ⓐ Hell 지옥, 나락 / Sorrow 슬픔, 비애 / Misery 가난, 고통, 비참

comfort

안락, 편안,
위로, 위안

comfort는 스트레스나 슬픔 내지 고민을 덜어준다는 면에서 relief(안도, 안심)와 비슷하다. comfort에는 ease, 곧 '편안함, 안락함'의 뜻도 있어서 아늑함(homeliness), 따뜻함(warmth), 휴식(relaxation)과 관련된다. 크게 두 가지 방식으로 comfort 를 사용할 수 있다. 누군가 안심한 상황을 묘사하거나, 집처럼 아늑하고 편안함을 느낀다는 맥락에서 쓸 수 있다.

#comforting comfort의 형용사형
#homecomfort 위로가 되고 아늑할 때
#creaturecomforts 삶을 안락하게 해주는 것들
#comfortedbythis 좋은 소식을 들은 경우

to give (someone) comfort ⓒ 위안을 제공하다, 위로하다
— Seeing all of the community efforts around the world *gives me comfort*. 전 세계적으로 펼쳐지는 지역 사회의 각종 활동을 보면서 위로를 받는다. (트윗)
구체적인 사물이나 관념으로부터 위로를 받는다고 말할 때, 이 콜로케이션을 많이 쓴다. 어떤 사람이 위안을 준다고 말하려는

상황을 가정해보자. 그 사람의 존재만으로도 곰인형이나 따뜻한 벽난로가 줄 수 있는(give 또는 bring) 수준의 위안을 주는 경우가 아니라면 간단히 동사 comfort만을 쓰기도 한다.

source of comfort ⓟ 위로의 근원, 위로의 주체

— Knowing that my family is out there watching me has been a *source of comfort*. 가족이 거기까지 나와서 나를 지켜보고 있다는 사실을 알고서 큰 위로가 되었습니다. (리얼리티 프로그램 출연자의 인터뷰)

여기서 comfort는 물과 비슷하게 '원천'(source)에서 나온다. 위로가 되는 것을 서술하는 좋은 방법이다.

creature comforts ⓒ 물질적으로 삶의 안락을 주는 것들

— I hated military service away from home: I was deprived of all my *creature comforts*. 집을 떠나서 군 복무를 하는 것이 정말 싫었습니다. 삶의 안락과 편의를 전부 박탈당했거든요. (젊은 이와의 대화)

creature comforts는 생필품 이상으로 보다 물질적인 안락함과 편안함을 누리는 것을 말한다. 마시는 차나 따뜻한 침대, TV 등이 그런 예다.

too close for comfort ⓟ 절박한, 걱정되는, 불안한

— That was such a close game, it was *too close for comfort*. 박빙의 승부였고, 정말이지 아슬아슬했다. (스포츠 트윗)

부정적 결과를 가까스로 모면했을 때 이 어구를 쓴다. 농구 시합에서 진다든가, 곰에게 피습을 당하는 것과 같은 위험한 상황

등 부정적 결과는 뭐라도 상관없다.

the comfort of your own home Ⓟ 자기 집의 안락함

— With our new delivery service, you can eat top quality steak in *the comfort of your own home*! 저희의 새 배달 서비스를 이용하십시오. 집에서 편안하게 최고 품질의 스테이크를 만끽하실 수 있습니다. (식품 광고)

creature comforts와 유사하게, 집이 안전하고 편안한 환경이라고 말할 때 이 어구를 쓸 수 있다. 집에 있는 이유 등을 댈 때 흔히 사용되며, 광고에서 자주 볼 수 있다.

Ⓢ Relief 안도, 안심 / Relaxation 휴식 / Ease 편안, 안락, 편의

Ⓐ Stress 스트레스, 중압, 압박, 긴장 / Hardship 어려움, 곤란 / Anguish 괴로움, 비통

contentment

만족, 자족,
흡족, 안도

contentment는 일종의 '만족'(satisfaction)인데, 보통은 자신의 환경과 관계가 있다. 형용사형으로 content하다면, 행동하도록 이끄는 욕구가 전혀 없는 것이다. 이러한 이유로 contentment는 휴식(relaxation) 및 평화(peace)와 흔히 관련된다.

#contentrightnow 만족스럽고 은은하게 행복한 순간을 나타낼 때

#totallycontent 휴식을 마음 속에 그리면서 쓸 수 있는 표현

#livingcontently 일상의 즐거운 활동을 말할 때

#falsecontentment 카페인 섭취처럼 금방 끝나 버리는 즐거움과 만족을 언급할 때

to sigh with contentment ⓒ 한숨을 내쉬며 만족하다

— Lucy *sighed with contentment*: it was done, it was over, and now she could relax. 루시의 한숨은 만족스럽다는 의미였다. 완료했고, 끝났기에, 이제 그녀는 쉴 수 있었다. (현대 소설)
보상이 큰 임무를 마쳤을 때 내쉬는 한숨을 흔히 이렇게 표현한다.

find contentment ⓒ 만족하다

— My husband and I have been looking for a quiet place in the countryside to settle down and *find contentment*. 남편과 저는 자리를 잡고서 만족감을 누릴 수 있는 조용한 농촌 정착지를 물색하고 있습니다. (부동산 토론 사이트 게시글)

이 콜로케이션은 '편안하고 한가하다'(to be at peace)는 뜻이다. 중압감이 덜한 삶을 바라는 사람은 어쩌면 도시를 떠날 테고, 한가함 속에서 '만족감을 누리게 됐다'(found contentment)고 말할 수 있을 것이다.

perfectly content ⓒ 전적으로 만족한

— These celebrities seem *perfectly content* in their marriage, but we all know that tensions are bubbling beneath the surface. 이 유명인사들은 결혼 생활에 전적으로 만족하는 것처럼 보이지만, 표면 아래에 긴장감이 도사리고 있음을 우리는 안다. (타블로이드 신문)

전혀 그렇지 않은 상황에서 perfectly content란 콜로케이션이 흔히 사용된다는 사실은 혼란스럽고 황당하기까지 하다. 어쩌면 perfect contentment(완벽한 만족)가 매우 드물고 희귀한 현상이어서이지 않을까?

look of quiet contentment ⓟ 조용한 만족의 표정

— Judging by his *look of quiet contentment*, I'd say he knows what he's doing. 그가 조용히 만족하는 표정을 짓는 것을 보니 확실히 자신이 무슨 일을 하고 있는지 잘 알고 있다고 해야겠다. (게임 비평)

look of quiet contentment는 자신이 하는 일에 만족하는 얼굴

표정을 말한다. 여기서 형용사 quiet는 slight 또는 subtle의 의미다. 사람이 quiet, 즉 '잠잠하고 조용한' 이유는 만족감을 마음 속에 담아두고서 혼자만 간직하기 때문이다.

(S) Satisfaction 만족 / Peace 평화 / Harmony 조화

(A) Unhappiness 불행 / Longing 갈망, 열망 / Dissatisfaction 불만

delectation

즐거움, 기쁨,
환희, 쾌락

delectation은 delight(기쁨, 환희)와 매우 비슷하지만, 맛있는 음식, 특히 초콜릿을 즐겨 먹는 것과 더 많이 결부된다. delectation이 상당히 격식을 차린 단어처럼 들리기 때문에 일상생활에서 이 단어를 사용하면 다소 반어적이고 익살스럽게 느껴질 수 있다. 가령, 케이크를 먹는데 '아주 맛있다'는 뜻으로 That is delectable!이라고 말하면 듣는 사람은 어휘가 이상하면서 재미있다고 느낄 것이다.

#mmmmdelectable 음식을 즐기고 있음을 익살스럽게 표현할 때

#delectinginthelittlethings '소확행'처럼 삶의 소소한 것들을 즐기고 있음을 알리는 해시태그

#imdelectable 귀엽고 익살스런 해시태그

#quitedelectable 우아하고 화려하게 기쁨을 표출하는 걸 흉내낼 때

for our delectation Ⓒ 재미로

— We sap the Earth of its resources and make plastics and playthings *for our delectation*. 우리는 단지 우리의 즐거움을 위해서 지구 자원을 착취해 플라스틱과 장난감을 만든다. (정치 및

환경 보도)

인류를 언급할 때 흔히 이 말을 쓴다. 우리 사회가 환경과 야생 동식물을 희생해가며 인간의 흥밋거리를 생산한다고 암시한다. 따라서 이 표현에는 약간의 정치적 풍자가 담겨 있다.

utterly delectable ⓒ 정말 맛있는

— Well, I say, Mr Humphries, these scones are *utterly delectable*! 와, 험프리스 씨, 한 마디 하지 않을 수가 없군요. 이 스콘, 정말 맛있네요! (시대극의 대사)

delectable을 익살스럽게 사용하면서 그 뉘앙스를 더욱 증폭하려면, 격식을 차리는 부사들인 utterly, simply, rather를 쓰면 된다. 그렇게 영국 상류층의 말투를 흉내낼 수 있다.

Ⓢ Delight 기쁨, 환희 / Elation 크게 기뻐함 / Bliss 지극한 행복

Ⓐ Disgust 역겨움, 혐오 / Dislike 싫음 / Abjection 비참, 비굴

delight

큰 기쁨,
즐거움, 환희

delight는 지극한 기쁨과 환희로, 즐거운 감정에 고마운 마음이 들 때 흔히 표출된다. 가령, 아이라면 선물을 받았을 때 delight를 표현할 수 있겠고, 성인이라면 매우 기쁜 소식에 '기쁨을 느낄'(feel delighted) 것이다.

#delighted 즐거움과 감사를 표현하는 간단한 해시태그
#delights 복수형으로 쓰이면 케이크와 사탕 같은 것들을 가리킨다
#delightful 영국 상류층이 흔히 쓰는 말로, 반어적 용법으로 쓰인다
#delightmeonfire 누군가로 인해 굉장히 흥분했다는 뜻의 light me on fire를 재치 있게 바꾼 말장난

absolutely delighted ⓒ 정말 기쁜

— I'm *absolutely delighted* to announce that I'll be touring in Japan next year! 내년에 일본에서 투어 콘서트를 개최함을 알리게 되어 정말 기쁩니다. (뮤지션의 인스타그램 게시글)

delighted와 짝을 이루는 가장 흔한 부사 중 하나가 absolutely다. 하지만 extremely나 hugely도 쓸 수 있다. 지극한 기쁨과 환희를 서술할 때 absolutely delighted를 쓴다. 가령, 여러 사

람이 모인 가운데 누군가를 공식 소개할 때 "I'm absolutely delighted to introduce this singer."(기쁜 마음으로 이 가수를 소개합니다)라는 문장을 들을 수 있다. 또한 관객에게 감사를 표하며 "I'm absolutely delighted to be here."(이 자리를 함께 할 수 있어서 정말 기쁩니다)라고도 할 수 있다.

(look of) sheer delight ⓒ 순수한 환희(의 표정)

— You can see the *look of sheer delight* on his face after winning that race. 레이스를 승리로 마무리한 이 시점에서 선수 얼굴에 피어오른 순수한 환희의 표정을 보십시오. (스포츠 중계)

delight를 단수형으로 쓸 때는, 형용사 sheer나 pure를 덧붙여 delight의 의미를 확장하는 것이 일반적이다. 이렇게 하면 그 의미가 더욱 강렬해진다. 얼굴 표정에서 환희가 나타나면 look of를 덧붙인다.

to delight in ⓟ 즐거워하다, 환희에 젖다, 즐기다

— She *delighted in* eating all the cakes and choco-lates gifted to her by the children. 그녀는 아이들에게 선물 받은 케이크와 초콜릿을 기쁜 마음으로 먹었다. (소설)

다소 고풍스러운 이 구동사는 먹고, 자고, 노는 행위 등에서 즐거움을 느끼는 것을 서술한다. 사람을 즐겁게 하는 그 어떤 행동도 delight의 대상이 될 수 있다.

to squeal with delight ⓒ 기뻐서 소리를 꽤액 지르다

— Watch her *squeal with delight* when she opens her present (it's a puppy...!). 선물을 열어보고서 너무나 기쁜 나머지

소리를 꺄악 지르는 이 분을 보시죠. (선물은 강아지였습니다!) (틱톡 영상 설명문)

놀랍고 행복해서 고음의 새된 소리를 낼 정도면, 이것을 squeal of delight라고 한다.

(much) to the delight of ⓟ (대단히) 기쁘게도

— Share prices skyrocketed over this period, *much to the delight of* investors. 그 기간에 주가가 급등했고, 투자자들은 대만족이었다. (금융 기사)

어떤 행동이나 결과에 제3자, 이 경우에는 투자자들이 크게 기뻐한다는 표현이다. much를 빼서 의미를 약간 덜 강조할 수도 있다. 또한, much to somebody's delight 식으로도 표현할 수 있다.

Ⓢ Joy 기쁨, 환희, 성공, 만족 / Elation 의기양양, 신남 / Excitement 흥분, 신남

Ⓐ Misery 가난, 비참, 불행, 고통 / Dismay 실망, 경악, 낙담 / Woe 슬픔, 고민, 비통

ecstasy

황홀(감), 무아지경,
엑스터시

ecstasy가 최고 형태의 행복이라는 것은 거의 확실하다. 극도의 행복감, 또는 도취 상태를 뜻하는 euphoria처럼, ecstasy도 트랜스 상태(trancelike state), 곧 '무아지경'을 가리키기도 한다. 물론 이런 느낌은 아주 드물어서, 매우 감각적인 쾌락을 선사하는 경우에 ecstasy라는 말을 쓴다.

#inecstasy 극강의 쾌감 또는 쾌락을 표현할 때

#ecstatic ecstasy의 형용사형

#chocolateisecstasy 초콜릿이 황홀할 정도로 맛있다는 표현!

#feelingofecstasy 안 믿길 정도로 굉장히 좋은 것을 일컫는 모든 경우

in ecstasy ⓒ 도취된, 황홀경에 빠진

— I had the hazelnut soufflé with bergamot sorbet and I was *in ecstasy*. 후식으로는 헤이즐넛 수플레와 베르가못 셔벗이 나왔는데, 정말 황홀한 맛이었어요. (레스토랑 평가)

ecstasy를 체험할 수 있는 상황은 몇 안 된다. 음식이 그 중 하나이고, 커다란 승리처럼 더 열정적인 뭔가에서도 엑스터시를 느낄 수 있을 것이다.

sheer ecstasy Ⓒ 완벽한 무아지경

— Brent had been trekking through the desert for three days now, and that sip of cool water was *sheer ecstasy*. 브렌트는 사흘째 사막을 횡단 중이었고, 그 한 모금의 냉수에 완전히 넋을 잃고 말았다. (소설)

ecstasy는 감각적인 정서이다. 정신적 행복보다는 육체적 쾌감을 더 언급하는 것이다. 위 예문에서 냉수 한 모금에 극심한 갈증이 풀리는 것처럼, 몸에 영향을 주는 것들이 흔히 sheer ecstasy를 불러일으킨다.

moment of ecstasy Ⓒ 무아지경의 순간

— I've been practising deep meditation for years now, but last week I experienced a *moment of ecstasy* for the first time. 저는 몇 년 째 깊은 명상을 수련하고 있는데요, 드디어 지난 주에 처음으로 무아지경의 순간을 체험했습니다. (레딧 게시글)

moment of ecstasy라면 감각 체험에 흔히 쓸 수 있을 것이다. 물론 이게 다가 아니다. 종교적 체험이나 영적 경험에도 이 어구를 사용할 수 있는데, 이러한 경험을 통해 사람들은 신앙이나 수련으로 고조된 행복의 상태에 진입한다.

Ⓢ Euphoria 행복감, 희열, 도취 상태 / Bliss 지극한 행복 / Heaven 하늘, 천국

Ⓐ Despair 절망, 체념 / Misery 가난, 고통, 비참 / Dysphoria 불쾌, 위화

elation

크게 기뻐함,
의기양양

elation은 '증가, 상승, 높은 곳'을 뜻하는 영어 단어 elevation
과 라틴어 어원이 동일하다. (라틴어 어근 elatus는 '높은' 또는
'상승된'을 의미한다.) 이런 식으로, elation은 의기양양한 상태
를 말하는데, 어떤 면에서는 행복이 폭증한 극강의 상태라고도
할 수 있다. elation은 사람이 뭔가를 얻었거나, 매우 순조롭고
유리한 상황에 놓였을 때 주로 사용된다.

#elated 마냥 행복한 상태를 전반적으로 드러낼 때

#seriouselation elation을 더 강하고 확실하게 드러낼 때

#totallyelated 크게 기뻐하는 감정을 드러내는 격의 없는 방법

#relatedwithelation 자신의 기분이 '업'되어 있음을 일종의 라임을
써서 표현

sense of elation ⓒ 의기양양, 기쁜 기색, 환희의 감정

— Got a real *sense of elation* today after winning the
tournament last night! 시합에서 이긴 것은 어젯밤이지만, 오늘에
야 비로소 진정으로 환희의 감정이 느껴진다. (운동 선수의 인스타그램 설명문)
공식적인 자리라면 experience a sense of elation이라고 말해

야 하겠지만, experience보다 got, feel, have가 더 널리 쓰인다.

extreme elation ⓒ 극도로 신남

— It's difficult to describe the *extreme elation* you feel when you make it to the summit of Everest. 에베레스트 정상을 정복했을 때 느꼈던 그 고양감을 설명하기는 쉽지 않다. (산악인의 자서전)

최고봉 등정의 기쁨과 환희를 전달하고자 할 때, elation은 정말이지 멋진 단어이다. elation에 '고양됨'은 물론이고 '희망, 행복감'이라는 함의도 있기 때문이다. 이런 '극도의 고양 상태'(extreme elation)는 joy를 뜻하는 보다 강력한 단어들인 euphoria 및 ecstasy와 거의 같은 뜻이다.

full of elation ⓒ 패기만만한, 기상이 가득한

— Thank you so much for the opportunity: I'm *full of elation* and I won't let you down. 기회를 주셔서 정말 고맙습니다. 저는 지금 패기로 가득 차 있고, 사장님께서 실망하실 일은 없을 겁니다. (새 직장 고용주에게 보낸 이메일)

누군가 신이 났음을 말하는 또 다른 표현으로, elated와 같은 뜻이다.

pure elation ⓒ 순전히 의기양양한 상태

— There was a look of *pure elation* on her face as she crossed the finish line. 결승선을 통과하는 순간 그녀의 얼굴에서 의기양양한 환희의 표정을 볼 수 있었다. (스포츠 기사)

extreme elation과 마찬가지로, pure가 elation을 강조한다.

스포츠 경기 막바지에 격렬한 경쟁이 펼쳐지고 뒤이어 승리를 거머쥐었을 때 흔히 사용된다.

Ⓢ Jubilance 환희, 환호 / Spirit 기상, 활기 / Rapture 황홀, 환희

Ⓐ Misery 가난, 비참, 고통 / Sorrow 슬픔, 비애 / Disappointment 실망, 낙심

enthusiasm

열광, 열정,
열의, 의욕, 감격

enthusiasm은 기뻐하면서 개입하고자 하는 것이다. 아주 긍정적인 특성으로 간주되며, 사업가나 교사 같은 사람들이 추구한다.

#enthusiastic enthusiasm을 갖고 있는 상태로, 어쩌면 사진 속의 누군가를 묘사할 때

#pureenthusiasm 아주 행복해하고 또 긍정적인 사람을 가리키는 경우

#yourenthusiasmisinfectious 긍정적인 태도와 행동으로 남들의 기분도 밝아질 때

#enthusiasmforcake 케이크를 너무 좋아하는 경우

unbridled enthusiasm ⓒ 무한한 감격, 한없는 열의
— When my buddy saw the band in person, he couldn't contain his *unbridled enthusiasm*. 친구 녀석은 이 밴드를 직접 만나고서 감격을 주체하지 못했다. (유명 밴드와 찍은 셀카 사진에 달린 설명문)
관여하고자 하는 열망을 억누를 수 없다는 말이다. 과도한 열정인 셈인데, 너무나 고양되어 남들이 도무지 감당할 수 없는 긍정성이다.

newfound enthusiasm Ⓒ 새로 발견한 열정

— This weather is giving me a *newfound enthusiasm for life!* 요즘 날씨 때문인지, 새로운 삶의 의욕을 느낀다. (페이스북 게시글)

사라졌던 의욕과 열정이 다시 돌아오면, 이를 두고서 newfound enthusiasm이라고 한다. 새로운 관심사나 긍정적 전망처럼 사람을 자극하는 무언가를 이렇게 표현한다.

to feign enthusiasm Ⓒ 열의를 가장하다

— How do you *feign enthusiasm* for going into work, day after day...? 어떻게 그렇게 열정적인 체하면서 출근을 할 수가 있죠? 그것도 날마다. (레딧 포스트)

호감을 사거나 남의 비위를 맞추기 위해 enthusiasm을 가장하거나 꾸며내는 일이 흔히 일어난다. 이 경우 동사 feign을 쓴다.

to curb (one's) enthusiasm Ⓒ 열정을 억누르다, 자제하다

— These guys need to *curb their enthusiasm!* 이 분들, 좀 자제해야겠네! (하키 경기를 너무 공격적으로 하는 사람들이 나오는 동영상에 달린 설명글)

열정이 지나치면 공격성과 아주 가깝다고도 할 수 있을 텐데, 이때 curb라는 동사를 써서 reduce(줄이다, 낮추다)를 의도할 수 있다. '제약'과 '통제'를 가한다는 뜻이다.

lack of enthusiasm Ⓒ 열의 부족

— I've always had a *lack of enthusiasm* for maths... 나는 항상 수학을 싫어했다. (수학 시간에 기물을 파손하는 아이가 나오는 웃기는 동영상에 달린 설명문)

lack enthusiasm은 뭔가에 전반적으로 무관심한 것이다. apathy(무관심, 냉담)와 비슷하다.

Ⓢ Excitement 흥분, 동요, 신남 / Eagerness 열의, 열심, 열망 / Zeal 열의, 열성

Ⓐ Apathy 무관심 / Disinterest 무관심 / Lethargy 무기력, 권태

euphoria

극도의 행복감,
희열, 도취(감)

euphoria는 최고 수준의 행복 가운데 하나로, 가끔 환상으로까지 이어지는 극도의 환희를 말한다. 이를 토대로 따져보면, 어떤 상황에 반응해서 기쁨과 만족이 충만하다고 얘기할 때 euphoria를 쓸 수 있겠다. euphoria는 health(건강)를 뜻하는 그리스어에서 유래했고, 과학적 의미도 있다. 정신 의학 분야에서 사용돼, 극단적 환희의 인지적 측면을 기술한다.

#euphoric 엄청나게 행복할 때

#totaleuphoria 극도의 기쁨과 만족을 표현할 때

#thateuphoricfeeling 매우 긍정적인 생활 사건들에 반응해서 표현하는 경우

#dreamingofeuphoria 상념에 잠겨 올린 감상적인 게시물에 달린 해시태그

initial euphoria Ⓒ 초기의 희열[행복감]

— After the *initial euphoria* of the referendum result died down, it was back to business as usual for the public. 국민 투표 결과를 많은 이가 처음에는 희열을 느끼며 반겼다. 하

지만 행복감이 잦아들었고, 대중의 분위기는 다시금 무관심으로 돌아갔다. (정치 보도)

euphoria는 매우 강렬한 환희를 경험하는 것이라 수명이 짧을 수밖에 없다. euphoria가 순식간에 사라지는 이런 상황에서, 사람들은 당연히 단계를 나눠 initial euphoria를 언급하게 된다. 이후로는 더 나쁜 시기가 펼쳐지거나 정상 상태로의 복귀가 있을 것이다.

wave of euphoria ⓒ 희열의 물결, 휩쓸고 지나가는 행복감

— A *wave of euphoria* swept over her as she realized he was still alive. 그녀는 그가 아직 살아 있음을 깨달았고, 극도의 행복감에 휩싸였다. (연애 소설)

앞에서 언급했듯, euphoria는 대개 지속적이지 않아서 파도처럼 몸을 훑고 지나간다. 이런 점에서 wave of euphoria는 wave of relief와 비슷하다. 요컨대, 두 감정 모두 파도처럼 느껴진다.

state of euphoria ⓒ 도취 상태, 극도로 행복한 상태

— The gig was so incredible, I was in a *state of euphoria* all night. 공연이 정말 대단했고, 나는 밤새 도취돼 있었다. (페이스북 게시글)

state of euphoria는 trancelike state이다. 근심 걱정 없이 마냥 행복한 상태인 것이다.

Ⓢ Ecstasy 황홀경, 엑스터시 / Bliss 지극한 행복 / Heaven 천국, 하늘

Ⓐ Dysphoria 불쾌 / Depression 우울, 암울 / Melancholy 우울감, 멜랑콜리

exhilaration

무언가가 exhilarating하다면, 그것이 기쁨과 흥분을 불러일으
킨다는 얘기다. 이 어휘에는 박력, 움직임, 전율의 뉘앙스가 들
어 있다. 빠르게 움직이는 이동 수단에 탑승하는 일은 흔히 ex-
hilarating한 것으로 간주된다. 일반적으로는 흥미진진하고 역
동적인 상황에 자주 사용되는데, 뭔가 새로운 것을 발견하거나
빠른 속도로 성공과 출세를 거머쥐는 것들이 예가 될 수 있다.

#exhilarating 흥미진진하고 활기차게 만드는 무언가를 말할 때
#exhilarated 신나서 즐길 때
#trulyexhilarating 무척 호감이 가고 매력적일 때
#exhilaratingride 빠른 속도로 강렬한 체험을 선사하는 테마 파크 놀
이 기구를 탈 때

exhilarating experience ⓒ 신나는 경험
— This was such an *exhilarating experience*, I would
thoroughly recommend it! 신나고 즐거운 경험이었고, 다들 해
보라고 추천하겠어요. (패러글라이딩 체험담)
경험은 exhilarating이란 어휘로 묘사할 수 있다. 물론, 해당 경

험으로 감각이 고양되고 굉장한 재미와 즐거움을 느낄 수 있어야 하겠지만.

rush of exhilaration ⓒ 들뜸, 흥분의 쇄도

— Anyone else feel that *rush of exhilaration*? We are on a roll! 정말 짜릿하지 않아? 우리가 승기를 잡았다구! (게임에서 대승을 거두고 나누는 잡담)

exhilaration은 rush, 그러니까 '급작스럽고 세찬 움직임'처럼 사람을 덮치고 집어삼킨다. 빠른 속도로 휩쓸고 지나가는 파동을 상상해 보라.

ⓢ Thrill 흥분, 설렘, 전율 / Excitement 흥분, 들뜸, 신남 / Elation 의기양양

ⓐ Boredom 지루함, 따분함, 권태 / Ennui 심심, 따분, 권태 / Mopiness 나른함, 시무룩

exultation

의기양양,
환희, 열광

exultation은 커다란 기쁨과 행복을 문학적으로 나타내는 말이다. 이 어휘에는 승리와 전투의 영광이 함축되어 있어서, jubilation(승리, 환호, 의기양양)과 의미가 아주 밀접한 셈이다. 형용사 exultant를 써서, 사기가 올라 기쁨을 감추지 못하는 사람을 묘사하는 경우가 가장 흔하다.

#exultant 가장 많이 사용되는 형태

#exultinginvictory 동사형으로 승리의 기쁨을 언급할 때

#exultationstation 커다란 기쁨과 행복을 찾을 수 있는 곳

#exultantaboutthis 너무나 만족스럽고 기쁘다고 말할 때

cry of exultation ⓒ 승리의 함성

— All around the stadium there were *cries of exultation*. 경기장에는 온통 승리의 함성이 메아리쳤다. (스포츠 기사)

사람들이 매우 기쁘면 내기도 하는 환호성을 cry of exultation이라고 한다. 단수도 가능하지만, 군중을 나타내는 맥락에서 쓰이는 경우가 많아서 복수형 cries of exultation으로도 쓰인다. cry of exultation을 exultant cheer로 표현하기도 한다.

to be exultant Ⓒ 의기양양하다, 기뻐서 어쩔 줄 모르다

— When his wife heard that his cancer was in remission, she *was exultant*. 아내는 남편의 암이 차도를 보이고 있다는 소식을 접했고, 기뻐서 어쩔 줄 몰랐다. (현대 소설)

be exultant는 exultation을 말하는 가장 흔한 방법이다. 격식을 차린 느낌이 들기도 해서, 대화를 하거나 소셜 미디어를 사용할 때는 triumphant 또는 ecstatic 같은 단어를 쓸 확률이 더 크다.

to exult in/at/over Ⓒ 기뻐하다, 승리를 뽐내다

— The warriors, though battered and bruised, *exulted in* their conquest of the land. 전사들은 부상과 피해에도 불구하고 정복에 성공했고, 의기양양한 태도로 승리를 만끽했다. (텔레비전 역사물의 내레이션)

두루 다 쓰이기 때문에, 전치사를 정확히 사용하는 것이 헷갈릴 수 있다. 일반적인 규칙을 말하자면, in은 모든 맥락에서 쓰인다. at은 어떤 대상이나 개념을 지향하면서 기뻐한다는 의미로, exult at their success(성공에 기뻐하다)처럼 쓰일 수 있다. over는 사람이 어려움을 극복하고 우뚝 섰음을 암시하는데, exult over release from captivity(감금에서 풀려나 기뻐하다)라는 표현이 가능하다.

Ⓢ Jubilation 승리감, 환희, 환호 / Triumph 큰 승리, 업적, 성공 / Elation 크게 기뻐함

Ⓐ Despair 절망, 체념 / Sorrow 슬픔 / Woe 고민, 비통

felicity

felicity는 운이 좋은 상황이나 성공에서 얻기도 하는 기쁨과 즐거움이다. '행운'(luck)을 뜻하는 라틴어 felix, felicis에서 유래했다. felicity에는 다행스러운 일상에서 생겨나는 행복의 미묘한 뉘앙스들이 있다. 허물없이 편안한 상황에서라면 felicity를 쓰지 않겠지만, 문어체 영어에서는 종종 등장한다.

#funandfelicity 같은 음으로 시작하는 단어들을 나열하는 두운법을 써서 행복을 표현한 경우

#felicitous 다행스러운 상황을 기술할 때

#feelingfulloffelicity f로 시작하는 단어들을 재미있게 나열해 기쁨과 행운을 묘사하는 경우

#fatfelix Felix는 서양에서 고양이 이름으로 흔히 쓰이므로, 이 경우에는 뚱뚱한 고양이 사진을 말하는 것일 수 있다

domestic felicity ⓒ 가정의 행복

— We've been together now for two years, and it hasn't exactly been *domestic felicity*. 2년째 함께 살고 있는데, 가정 생활이 전혀 행복하지 않아요. (관계의 조언을 구하는 게시글)

domestic bliss라고도 하는 domestic felicity는 가족 구성원 모두가 화합하며 잘 지내는 상황을 가리킨다.

verbal felicity ⓒ 탁월한 언어 능력

— She has a *verbal felicity* that makes her prose so elegant. 그녀의 글이 그토록 우아한 것은 탁월한 언어적 재능 때문이다. (시평)

이 특별한 콜로케이션에는 joy(기쁨, 환희)와는 약간 다른 의미가 있다. 말을 적확한 의미로 사용할 수 있는 절묘한 능력을 가리키는 것이다. '행운'을 뜻하는 luck과 의미상 연결되는데, 이 능력이 훈련해서 계발되는 것이기보다 타고난 재능임을 암시한다.

great felicity ⓒ 크게 기뻐함, 엄청난 행복

— With *great felicity* and panache, he danced across the gangplanks and onto the enemy vessel. 건널판을 지나 적선에 오르는 그의 동작은 마치 춤을 추는 것 같았다. 그 위풍당당한 자태에서 더할 나위 없는 만족감이 느껴졌다. (해적 소설)

해적이 광란에 가까운 움직임을 선보이는 것으로 보아, 위 예문에서는 felicity를 써서 대단히 기뻐함을 나타내고 있다. great felicity는 약간 구식이라고 할 수 있는 콜로케이션이지만, 확률이 매우 낮은데도 성공을 거두어 크게 만족하며 기뻐한다는 뜻이다.

Ⓢ Joy 기쁨, 환희 / Luck 행운 / Success 성공, 출세

Ⓐ Unhappiness 불행, 비참 / Misery 가난, 비참 / Regret 후회, 유감, 애석

gaiety

명랑, 유쾌,
쾌활, 흥겨움

gaiety는 축제나 축하하는 행동을 즐거워 하며 누리는 것을 기술하는 말로, mirth(웃음소리, 즐거움), merriment(유쾌하게 떠들썩함), revelry(흥청대며 먹고 마시기)와 동격이다. 하지만 gaiety는 일반적인 즐거움 외에도 흥분을 암시한다는 점에서 앞서 언급한 세 단어와 구별된다. 비교적 오래된 문헌에서 gaiety, mirth, revelry를 찾아볼 수 있다.

#lovegaiety 행복을 간단하고 긍정적으로 나타내는 표현
#somuchgaiety 성대한 파티가 열릴 때
#gaietyoverhate 희망을 주는 해시태그
#joyandgaiety 즐겁고 행복한 경우를 말할 때 함께 쓰임

full of gaiety ⓒ 아주 기쁜, 매우 즐거운

— I've always loved Christmas: it's a time *full of gaiety*. 나는 항상 크리스마스가 좋았다. 흥겹고 유쾌한 시기이기 때문이다. (자서전의 문장)

사실 gaiety는 인터넷에서 그리 자주 만날 수 있는 단어가 아니다. 그럼에도 이 단어를 산문에서 꽤 자주 볼 수 있는데, 격식을

차리면서도 화려한 미사여구이기 때문이다. 사람들은 축하 행사나 축제를 full of gaiety라는 콜로케이션으로 묘사하길 즐긴다. 사람을 주어로 삼아, 그 사람이 full of gaiety하다고 서술할 수 있다.

joy and gaiety ⓒ 기쁨과 환희

— Everywhere, people's hearts were filled with *joy and gaiety*, for the war was over at last. 마침내 전쟁이 끝났고, 곳곳에서 백성은 기쁨과 환희로 들끓었다. (시대 소설)

사람들은 gaiety를 쓸 때, 비슷한 뜻의 joy, laughter, merriment와 짝지어 쓰는 일이 많다. 이런 식으로 문체에 효과를 주어 엣스러우면서도 시적인 분위기를 떠올리게 한다.

gaiety and laughter ⓒ 유쾌한 웃음, 웃고 즐기기

— The tavern was filled with *gaiety and laughter*. 술집은 왁자한 웃음이 터져 나왔고, 유쾌한 분위기가 가득했다. (판타지 게임 해설 음성)

joy and gaiety와 비슷한 이 어구는 엣스럽게 느껴지는 게 사실이다. 요즘이라면 판타지 게임에서나 들을 가능성이 크다. 중세를 배경으로 한 이야기가 펼쳐지면서, 흔히 고풍스러운 말투를 입히기 때문이다.

Ⓢ Revelry 흥청거림, 환락 / Merriment 유쾌하게 떠들썩함 / Mirth 즐거움, 환희, 명랑

Ⓐ Despair 절망, 체념 / Sorrow 슬픔, 비애 / Gloom 우울, 침울, 어둠

gladness

기쁨, 반가움,
고마움, 즐거움

gladness는 happiness(기쁨, 행복)와 유사하며, pleasure보다는 contentment의 개념에 더 가깝다. 가끔은 relief(안도감)를 표현하는 데도 쓰여서, 다음처럼 말하는 것을 흔히 들을 수 있다. "I'm glad I didn't have to have that operation."(수술을 안 받아도 돼서 정말 기뻐), 또는 "You'll be glad once the exam is over."(시험만 끝나면 기분이 나아질 거야).

#glad 기뻐하며 만족한다는 것을 간단하고 효과적으로 표현할 수 있는 말
#reallyglad 더 높은 정도의 행복을 표현하는 콜로케이션
#gladlad lad는 man을 가리키는 속어로, 행복한 사내를 묘사한다
#gladtobehome 집에 돌아와서 좋다는 표현

really/so glad ⓒ 정말 반가운, 매우 기쁜, 너무 좋은
— I'm *really glad* we made it out of there... we almost blew up! 빠져나올 수 있어 정말 다행이야... 폭파될 뻔 했다고!
(액션 무비 대사 중)

glad 형용사에 really, so, very와 같은 부사를 덧붙이는 것은 아주 흔하다. 대화를 하면서 다정하고 긍정적인 인상을 풍기고

싶을 때 특히 그렇다. 정말 기쁘고 행복하면, 한 단계 더 나아가 extremely glad라고 말할 수도 있다.

glad about ⓒ ~을 기쁘게[다행이라] 생각하는

— I'm *glad about* my recovery after the therapy. 치료 후 회복 절차를 밟고 있어 다행이라고 생각한다. (개인 블로그)

반갑고 기쁜 일이 있을 때 흔히 glad를 쓴다.

glad you could make it ⓟ 당신이 와서 기쁘다

— Hi, come on in, *glad you could make it*. 어서 와요. 와 주셔서 기쁩니다. (즉석 모임)

모임에 꼭 참석해야 하는 것이 아닐 때 흔히 이 말을 한다. 격식에 얽매이지 않는 허물없는 행사에서 자기 소개를 하고 대화를 시작할 때 사용할 수 있다.

glad to be back ⓟ 돌아와서 기쁘다

— I'm *glad to be back* in the office after my maternity leave. 출산 휴가를 마치고 업무에 복귀하게 돼서 정말 기쁩니다. (출산 휴가에서 복귀한 직원이 보낸 이메일)

뭔가로부터 돌아왔을 때 흔히 사용하는 말이다. 자신이 복귀하게 되어 기쁜 마음이 드는 상황에서 쓸 수 있는 정중하면서도 매우 격식을 차린 표현이다.

Ⓢ Contentment 만족, 자족 / Satisfaction 만족 / Happiness 행복, 기쁨

Ⓐ Unhappiness 불행 / Misery 가난, 비참, 슬픔 / Dissatisfaction 불만

glee

기쁨(joyfulness)의 등급을 매길 때, glee는 pleasure와 ex-treme delight의 중간쯤에 놓인다. 동명의 인기 미드 때문에 glee라는 단어가 활발하게 사용되었다. 또한 이 드라마 장르가 뮤지컬인 점 때문에, 지난 몇 년간 이 단어가 음악과 연계되어 쓰이는 일도 잦았다.

#gleeful glee를 지닌 상태

#gleeeeee glee라는 단어를 재미나게 늘인 형태

#smilingwithglee 아주 기쁠 때

#withglee 뭔가를 하는 게 즐겁고 열의가 있음을 나타낼 때

out of glee Ⓒ 기뻐서

— The finale made the audience howl *out of glee*: it was a sight to behold. 대단원에 이르러 관객은 기쁨의 환호성을 질렀고, 그 광경은 엄청난 장관이었다. (연극 리뷰)

out of 대신 전치사 from을 쓸 수도 있으며 기쁜 감정 때문에 어떤 행동을 취하는 경우에 사용된다.

with glee Ⓒ 기뻐하여, 즐겁게, 좋아서

— Danced *with glee* when I got my exam results! 시험 결과를 받았을 때 좋아서 절로 춤이 나왔어요. (인스타그램 사진 설명문)

사람을 주어 삼아 have glee라고 표현하는 일은 매우 드물다. 그보다는, 간단하게 형용사 서술어 gleeful을 사용할 것이다. 이도 아니라면, with glee나 out of glee 같은 부사구를 활용하면 되는데, dance, laugh, sing, smile 등의 동사를 모두 쓸 수 있다.

to smile with glee Ⓒ 기뻐서 미소짓다

— Her children were safe after all, and she *smiled with glee*. 아이들이 모두 무사했고, 그녀는 기쁨의 미소를 지었다. (소설)

with glee와 짝을 이루는 가장 흔한 동사가 smile이다.

to rub one's hands with glee Ⓟ 만족하여 두 손을 비비다

— He *rubbed his hands with glee* as they crept further and further into his trap. 그들이 살금살금 기어서 자신의 덫 속으로 계속 들어갔고, 그는 두 손을 비비며 만족스러워했다. (아동용 소설)

이 어구에는 사악한 행동을 한 후 기뻐한다는 느낌이 있다. 음모를 꾸미거나 계획을 세웠는데 그 시나리오의 일부가 딱딱 맞아 떨어지면, 사람들은 이런 행동을 한다. 만화에 나오는 악당들이 남의 불행을 기뻐하면서 흔히 취하는 제스처이다.

Ⓢ Delight 기쁨, 즐거움, 환희 / Happiness 행복 / Gaiety 흥겨움, 유쾌함

Ⓐ Gloom 우울, 암울 / Scornfulness 비웃음, 경멸 / Sorrow 슬픔

gratification

만족감,
희열, 흐뭇

gratification은 욕구가 충족된 상태로, satisfaction과 상당히 유사하다. 더 구체적으로 얘기하면, 욕구를 실현함으로써 얻어지는 기쁨과 즐거움을 내포한다. 흡연처럼 중독성 있는 욕구를 해소하는 것을 말할 때도 gratification을 사용한다.

#instantgratification 카페인이나 설탕 등을 언급할 때
#marketofgratification 사람들에게 만족감을 주는 상품이 시장을 채운다는 사실을 뜻할 때
#gratified satisfied의 동의어
#chocolategratification 한참을 바란 후 마침내 초콜릿을 먹게 되었을 때

find gratifying ⓒ 기쁘게[만족스럽게] 생각하다
— I *find* it *gratifying* that many people appreciate my work: thank you all so much. 많은 분이 제 작품을 감상해 주셔서 기쁘게 생각합니다. 모두에게 감사드려요. (예술가의 페이스북 게시글)
I am gratified라는 간단한 문장을 재구성하여 I find something gratifying이라고 말할 수 있다.

sexual gratification ⓒ 성적 만족, 성적 욕구 충족

— So, would you say your partner gives you *sexual gratification*? 당신의 파트너가 당신에게 성적 만족감을 준다고 할 수 있나요? (성 상담치료사와의 대화)

이런 맥락에서 gratification이란 어휘가 흔히 사용된다. 성적 욕구의 만족 여부를 격식을 차려 설명할 때 사용되며, 때로 과학자나 상담치료사가 이 표현을 사용하는 경우노 있나.

instant gratification ⓟ 즉각적인 만족감, 순간의 만족

— These days, society is full of *instant gratification*. 요즘 사회는 순간적이고 즉각적인 만족으로 가득하다. (사회 비평 기사)

instant gratification은 별다른 노력 없이 즐기고 소비되는 사회의 여러 측면과 요소를 가리킨다. 예컨대, 정크 푸드, 비디오 게임, 포르노그래피, 담배, 마약 같은 것들이 포함된다. instant gratification을 언급하는 사람들은 상업적 관심사에 비판적이기 일쑤이고, 대중 문화 때문에 사람의 관심사 범위가 줄었으며, 미디어와 기타 중독 대상들에 대한 탐욕이 인위적으로 늘어났다고 주장한다.

Ⓢ Satisfaction 만족 / Satiation 포만 / Indulgence 만끽, 사치, 방종

Ⓐ Frustration 불만, 좌절 / Distress 고통, 괴로움, 곤경 / Disappointment 실망, 낙심

happiness

happiness는 happy한 상태이다. 이런 당연한 소리를 하는 이유는 happiness가 긍정적인 감정'들'을 포괄적으로 드러내는 아주 광범위한 용어이기 때문이다. 이렇게 광범위하기 때문에, 사람들이 어떤 감정을 너무 세세하게 말하고 싶지 않을 때 직접적인 어휘 대신 흔히 happiness가 쓰인다. happiness는 많은 경우 completeness(완성, 완벽성)의 의미를 갖는다고 여겨지기 때문에 contentness 및 satisfaction 같은 단어들과 의미를 공유한다.

#happymoments 아름다운 것을 보는 것처럼 즐겁고 행복한 상황에서 사용

#believeinhappiness 긍정적인 마음 자세를 갖자고 격려하는 주문

#happyvibes 전반적인 분위기가 행복하고 만족스럽다고 말할 때

#happpyyyyy happy를 재미나게 늘인 표현

feeling happy ⓒ 기쁜, 행복한, 즐거운

— Man, it's been a long week, but the sun is out and I'm *feeling happy*. 긴 한 주였다. 하지만 이제 해가 떴고, 기분

이 좋다. (휴대용 의자에 앉아 햇살을 즐기며 휴식을 취하는 셀카 사진을 인스타그램에 올리고 달아놓은 게시글)

happy를 사용하는 가장 흔한 방법이 바로 이거다. 여기에는 태양과 휴식이 함축돼 있다. 우리들 대부분은 휴가 때 가장 행복하기 때문이다!

true happiness ⓒ 진정한[진짜] 행복

— There is only one way to attain *true happiness*: through the expulsion of desire. 진정한 행복을 얻는 방법은 하나뿐이다. 욕구를 해소하는 것이다. (자기 계발서)

우리는 진정한 행복을, 완벽하게 실현하는 것이 불가능하지는 않더라도 매우 어려운 추상적 목표로 여기는 경향이 있다. 하지만 그럼에도 불구하고 우리는 진정한 행복을 얻고자 분투한다.

happy about ⓒ ~에 관해 행복한, 만족하는

— This product sucks and I am NOT *happy about* it. 이 제품은 정말이지 형편없습니다. 전 전혀 만족스럽지 않았어요. (아마존 리뷰)

사람들은 가진 것이나 하는 일과 '관련해'(about) 대체로 만족하거나, 또는 이 경우처럼 그리 탐탁치 않을 수 있다.

happy to help ⓟ 돕겠다, 도와줄 수 있어 기쁘다

— No problem, ma'am, *happy to help*. 별말씀을요. 도와드릴 수 있어서 다행입니다. (고객 서비스 상담사와의 전화 통화)

고객 서비스와의 전화 상담에서 흔히 들을 수 있는 정중하고 예의 바른 말로, 도움을 줄 수 있어 기쁘다는 의미이다.

happy ever after Ⓟ 그 이후로 행복한

— Just moved in with my girlfriend and hoping to be *happy ever after*! 여자친구와 이사를 막 끝냈고, 앞으로 즐겁게 지냈으면 좋겠다. (페이스북 게시글)

happily ever after로 바꿔 쓰기도 하는 이 어구는 남은 평생 행복을 누릴 것이라는 얘기다. 결혼이나 연인 관계에서 흔히 등장하며, 동화에서 나오는 이상주의가 담겨 있다.

as happy as Larry Ⓘ 매우 행복한

— As long as we qualify, I'll be *as happy as Larry.* 예선 통과를 하면, 정말 즐거울 듯. (스포츠 관련 트윗)

Larry가 누구이고, 그가 왜 행복한지 확실하게 아는 사람은 아무도 없다. 그가 누구든 Larry라고 구체적으로 언급해야만 이 어구는 뜻이 통한다. 어쨌거나, '아주 행복하다'는 의미로, 호주 영어와 영국 영어에서 널리 쓰인다.

Ⓢ Joy 기쁨, 환희 / Gladness 기쁨, 반가움, 고마움 / Glee 기쁨, 신남

Ⓐ Sadness 슬픔 / Misery 비참, 가난, 고통 / Melancholy 비애, 우수, 멜랑콜리

heaven

하늘, 천국,
지극한 행복

천국에는 걱정과 두려움과 고통이 전혀 없듯 heaven의 감정은 이러한 절대적 기쁨의 상태를 나타낸다. heaven은 평화로우며 서정적인 상황을 언급하는 데 흔히 사용된다. 휴가 여행, 스파 치료 등 여러 형태의 휴식을 떠올릴 수 있겠다.

#inheaven 정말로 즐거운 시간을 보내며 마음껏 즐길 때

#heavenonearth 인상적인 자연 경관 사진 표현에 적합

#heavenly heaven의 형용사형으로, 매우 즐거운 대상을 가리킬 때

#thebeachismyheaven 해변이 선사하는 기쁨을 언급할 때

in heaven ⓒ 천국에[천상에] 있는

— Just tried their new salted caramel milkshake and OMG I was *in heaven*! 솔티드 캐러멜 밀크셰이크를 방금 마셔 보았습니다. 세상에나, 천국이 따로 없네요! (포장 음식 리뷰)

이 콜로케이션은 강조를 의도해 쓰였다. 해당 밀크셰이크가 그렇게 좋지만은 않았겠지만, 그럼에도 불구하고 특히 음식의 경우에 이런 식으로 과장해서 말하는 경우가 흔하다.

absolute/sheer heaven ⓒ 지극한 행복

— The 60 minute deep tissue massage was *absolute heaven*: I feel like a new woman! 60분짜리 딥 티슈 마사지를 받았는데, 천국이 따로 없었습니다. 완전히 새로 태어난 기분이에요! (구글에 올라온 스파 리뷰)

absolute나 sheer가 붙었다고 해서 heaven의 의미가 강조되는 게 아니고, 그냥 비유적 표현일 뿐이다. 간단하게 massage was heaven이라고 해도 되고, 앞에 다룬 콜로케이션을 써서 you were in heaven이라고 해도 되는 것이다.

idea of heaven ⓟ 천국[낙원]의 개념

— Chilling out in the bath with a good book and some candles is my *idea of heaven*. 촛불을 켜놓고 목욕물에 들어가 느긋하게 양서를 읽는 것이야말로 내가 생각하는 낙원이다. (라이프 스타일 블로그)

흔히 소유대명사가 앞에 붙는 이 표현은 사람들이 이상적인 상황이라고 생각하는 것을 언급한다. 일광욕처럼 마음을 느긋하게 해주는 것일 수도 있고, 즐겁게 할 수 있는 활동은 무엇이든 가능하다. 장거리 도보 여행이라든가 밤을 새가며 하는 비디오 게임도 그런 활동에 해당한다.

heaven on earth ⓟ 지상 낙원

— Our island paradise is *heaven on earth*. 이 섬이야말로 지상의 낙원입니다. (여행사 웹사이트의 관광지 소개)

heaven on earth는 어떤 곳이 매우 목가적이어서 마치 천상이 지상으로 옮겨진 듯하다고 암시한다. 자연처럼 실질적 장소를

묘사할 때 가장 흔하게 사용된다.

seventh heaven ⓘ 제7천국, 최고의 행복

— I'm in *seventh heaven* when I'm given the freedom to work independently. 자유롭게 따로 일해도 좋다는 허락을 받았고, 정말 좋습니다. (동료 직원과의 대화)

이슬람교, 유대교, 고대 메소포타미아 송교에 따르면, 일곱 번째 천국이 가장 높은 천국이다. 일곱 번째 천국이 있을 법한 가장 높은 천국을 말하지만, in heaven(지극히 행복한)이라고 말하는 것과 정확히 같은 의미이다.

Ⓢ Bliss 지극한 행복 / Ecstasy 황홀, 엑스터시 / Euphoria 행복감, 희열, 도취

Ⓐ Hell 지옥 / Sorrow 슬픔 / Tribulation 고난, 시련

high

기분이 좋은,
무르익은, 절정의

high에는 많은 뜻이 있지만 감정으로 그 범위를 한정하면 thrilled elation과 그 의미가 유사하다. 단, 이런 의미로 high를 쓸 때는 high를 명사로 써서 "He is on a high."(그는 기분이 좋다)라고 한다.

#highsandlows ups and downs과 유사한 구문
#highasakite 약물에 취해 마냥 행복하다는 뜻
#whatahigh 흥분되고 신나는 활동에 놀람과 더불어서 기쁨을 표현할 때
#areyouhigh 누군가의 말에 대해 불신을 나타내며, 그런 말을 하다니 약에 취한 것이 틀림없다며 하는 말

on a high ⓟ 기분이 좋은, 매우 행복한

— I was *on a high* for like three days after I met him in person. 그를 직접 만나고 한 3일 정도 정신을 못 차릴 만큼 행복했다. (유명인과의 만남을 소개하는 트윗)

고양감을 느끼며 더없이 행복하다는 의미로 high를 쓰는 가장 흔한 표현이 바로 이것이다. on a high는 황홀하고 즐거우며, 어쩌면 약간 멍한 상태까지도 가리킨다.

runner's high Ⓟ 달리기를 하는 사람들이 느끼는 고양감

— I got a real *runner's high* during that race. 그 경주를
하는 동안 정말이지 '러너스 하이'를 느꼈다. (페이스북 메시지)

runner's high는 장거리 달리기를 하는 중이나 직후에 체험하
게 되는 극도의 희열감을 말한다.

high as a kite Ⓟ 완전히 취한, 극도로 흥분한

— Just broke a bone, but I'm smiling because I'm
high as a kite on really strong painkillers from the
hospital. 뼈가 부러졌지만 웃고 있는 건, 무지 센 진통제를 맞아서 제정신
이 아니거든요. (병원에서 찍은 얼빠진 표정의 셀카를 올리며 달아놓은 설명문)

여기서의 high는 intoxicated, 그러니까 '취한, 도취된, 몹시 들
뜬'의 의미이다. 사람이 현실을 또렷하게 직시할 수 없는 상태
인 것이다.

highs and lows Ⓟ 고저, 기복, 부침, 장단점

— It can be challenging to navigate the *highs and
lows* of marriage. 결혼 생활의 부침을 헤아리는 것은 어렵고 힘든 일
이다. (라이프 스타일을 다루는 블로그의 게시글)

비슷한 어구로 ups and downs가 있다. 어떤 상황이든 긍정적
인 면과 부정적인 면이 둘 다 있다는 의미로, 일종의 격변하는
감정을 말한다.

Ⓢ Elation 크게 기뻐함 / Euphoria 행복감, 희열 / Pleasure 기쁨, 즐거움

Ⓐ Low 처지는, 기운이 없는 / Depression 우울 / Misery 가난, 비참, 고통

hilarity

재미, 웃김,
환희, 유쾌, 들뜸

hilarity는 mirth, merriment, amusement보다 좀 더 센 버전이다. 참을 수 없는 웃음이 터져나오는 것으로, 신체 반응이 함께 따르는 경우도 많다. 농담이나 행동, 또는 상황이 정말 재미있을 때 hilarious란 형용사가 쓰인다.

#hilarious 웃기는 미디어를 가리킬 때 흔히 쓰는 해시태그
#hilariousmemes 아주 재미있는 밈(meme)을 가리키는 경우
#hilarioushaircuts 우스꽝스러운 헤어스타일에 달리는 해시태그
#hilariouscats 고양이는 언제나 즐겁고 유쾌하다는 표현

absolutely hilarious ⓒ 정말 재미있는
— This film is *absolutely hilarious*, you have to watch it! 이 영화 정말 재밌음. 꼭 봐야 함! (로튼 토마토 리뷰)
hilarious는 코미디를 보고 할 수 있는 최상급의 반응이라서, 무언가가 엄청나게 재미있다고 말할 때, absolutely와 빈번하게 함께 쓰인다.

hilariously funny ⓒ 정말 웃기고 재미있는

— Just played this prank on my Dad, it was *hilariously funny.* 아빠한테 이 장난을 쳤는데, 정말 웃기고 재미있습니다. (틱톡 영상 설명문)

문법적으로만 얘기하면, 이 콜로케이션은 간결하지 않고 부정확하다. hilarious만으로도 이미 재미있다는 뜻이기 때문이다. 가령, '우습지 않은 우스움'(unfunny hilarity) 같은 건 표현은 있을 수 없다. 하지만 문법적 논리와는 상관없이, 행동이나 상황, 농담 등이 아주 재미있을 때 hilariously funny를 흔히 사용한다.

Ⓢ Mirth 즐거움 / Amusement 즐거움, 재미 / Humor 유머, 익살, 해학

Ⓐ Sourness 뚱함, 심술 / Coldness 냉담, 차가움 / Misery 가난, 비참, 고통

humor

humor는 funniness(우스꽝스러움, 익살맞음)를 의미하기도 하고, 더 일반적으로는 사람의 기질이나 정서 상태를 가리키기도 한다. (물론 후자의 의미로 사용되는 경우는 흔하지 않다.) 유머에는 여러 유형이 있다. 정색을 하고 하는 유머(dry humor), 암울한 유머(dark humor), 자기 비하 유머(self-deprecating humor), 가볍고 유쾌한 유머(lighthearted humor) 등등. 가장 많이 볼 수 있는 것들을 아래에 제시해 놓았다.

#humorme 흔히 사용되는 콜로케이션
#humorous 재미있는 것을 가리킬 때
#badsenseofhumor 농담을 못 알아들은 사람을 가리킬 때
#veryhumoroushahaha hahaha를 쓰면 비꼬는 것이 된다

to humor someone Ⓒ 만족시키다, 어르다, 달래다, 비위를 맞추다
— Okay, *humor me*. I know it sounds crazy, but we should invest in the underwear market. 오케이, 내 말 좀 들어봐. 나도 이상하게 들리는 건 알아. 하지만 우린 정말로 속옷 시장에 투자를 해야 한다고. (승강기에서 이루어지는 설득)

이 콜로케이션은 사실 listen to me(내 말을 들어라) 또는 잠깐 동안만 뭔가 특이한 행동을 put up with(참고 견디어 달라)란 뜻이다. 또한, 상대방이 아주 재미 없고 지루한 말을 할 때도 이 표현을 쓸 수 있다. 비록 지루하고 따분하더라도, 상대방의 비위를 맞추며 어르고 달래는 것이 통상적인 대응이기 때문이다.

dry humor ⓒ 정색하고 하는 유머, 진지한 얼굴로 하는 농담

— Nothing beats a bit of *dry humor*: so funny haha-ha 정색하고 하는 농담은 아무도 못 이기죠. 진짜 웃기네요. 하하하. (유튜브의 웃기는 동영상에 달린 댓글)

dry humor란 무엇인가? 웃기려고 하는 기색이나 감정을 전혀 드러내지 않고 농담을 하는 것이다. 메시지를 효과적으로 전달하기 위한 방법이자 수단으로, 온갖 종류의 미디어 출연자들이 dry humor를 구사한다.

self-deprecating humor ⓒ 자기 비하 유머

— His *self-deprecating humor* allowed the audience to quickly warm to him. 그가 자기 비하 유머를 날리자, 관객들의 태도가 금방 유해졌다. (코미디 공연 후기)

사람들이 자기 비하 유머를 좋아하는 것은, 해당 코미디언이 덜 오만해 보이기 때문이다. 영국 코미디에서 흔하게 접할 수 있고, 사회적 교류를 하는 평범한 사람도 곧잘 자기 비하 유머를 한다. 공감대가 형성되면서 호감이 가기 때문이다.

sense of humor Ⓟ 유머 감각

— Thought I had offended my teacher when I accidentally called her "Mom", but luckily she had a *sense of humor*! 실수로 선생님을 '엄마'라고 불러버려서 선생님 감정이 상했을 거야. 하지만 다행스럽게도 유머 감각이 있으시더라고. (스냅챗 메시지)

sense of humor는 웃기는 상황이나 농담에 사람들이 보이는 반응 양상을 가리킨다.

brand of humor ⓟ 유머의 유형, 유머 스타일

— American TV show hosts have their own distinct *brand of humor*. 미국 텔레비전 쇼 프로그램 사회자들은 유머 스타일이 각자 확연히 구별된다. (코미디 관련 보도)

이 어구는 유머의 '유형'(type)을 말한다. 그런데도 brand라는 단어를 쓴 것은 유머가 상표처럼 쉽게 식별 가능한 스타일이 될 수 있기 때문이다.

Ⓢ Hilarity 환희, 유쾌, 재미있음 / Cheer 환호, 갈채, 격려 / Amusement 재미, 즐거움, 오락

Ⓐ Dourness 시무룩, 음침, 뚱함 / Seriousness 진지, 심각 / Gloom 암울, 어둠, 의기소침

indulgence

사치, 방종,
탐닉, 만끽

indulgence는 초콜릿이나 아이스크림 제품 마케팅에도 많이 사용되는데 꼭 필요하지는 않지만 즐거운 경험을 하면서 누리는 퇴폐적 기쁨이 indulgence이다.

#indulgent 호화롭고 사치스러운 것들에 흔히 사용

#soindulgent 지나치게 indulgent한 것을 일컬을 때

#suchanindulgence 뭔가가 건강에 나쁘다고 생각할 때

#indulgentdelight 정말 맛있는 음식을 두고 할 수 있는 표현

self-indulgent ⓒ 방종하는, 제멋대로 하는
— This artwork is utterly unimpressive and *self-indulgent*. 이 작품은 인상적인 면이 전혀 없고 제멋대로다. (예술 비평)
무언가 지나치게 과도하고, 당사자의 재미와 즐거움만을 위해 행해졌음을 나타내는 경우에 쓰이는데 특별히 목적이나 의도 없이 만들어진 창작물에 쓰인다.

free to indulge ⓒ 마음껏 몰입하는, 자유롭게 즐기는
— During my time away, I was *free to indulge* in

some light reading. 휴가 여행 동안 가벼운 읽을 거리를 마음껏 자유롭게 즐겼다. (마무리한 여행을 아쉬워 하며 적은 일기문)

indulgence는 눈쌀이 찌푸려지는 경우가 있는 행위라서, 결과가 과도한 것이 아니라면 free to indulge를 쓴다. 이를 테면, 운동을 했다거나 감자 튀김을 마음껏 먹는 경우에도 free to indulge로 표현할 수 있겠다.

to indulge oneself Ⓒ 빠지다, 탐닉하다

— This movie is trash: the director is just *indulging himself* in boring tropes. 이 영화는 완전 쓰레기다. 감독이 재미없고 지루한 비유들에 너무 심취한 것 같다. (로튼 토마토 영화평)

indulge oneself는 창의성이 발휘되는 미디어 영역에서 널리 쓰이는 말이다. 위 예문에서는 감독이 게으르고 생각이 없다고 비판한다. 영화를 만들면서 엄격함과 절제 따위를 망각했다는 뜻이다.

lifestyle of indulgence Ⓟ 마음껏 누리는 라이프 스타일, 사치스러운 생활 방식

— Wish I could live a *lifestyle of indulgence* on my private yacht... if only! 요트나 타면서 마음껏 살고 싶다…… 그럴 수만 있다면! (트윗)

애쓰고 노력하지 않는 방종한 라이프 스타일을 의미한다.

Ⓢ Spoiledness 버릇없음 / Enjoyment 즐거움 / Pleasure 쾌락

Ⓐ Depravity 타락, 부패 / Tribulation 고난, 시련 / Longing 갈망, 열망

infatuation

열병, 심취,
홀림, 열중

infatuation은 사람이나 사물에 대한 사랑을 묘사하는 말이다. 이 사랑이 사소하고 지속 기간이 짧다는 뉘앙스가 있다는 사실이 중요하다. infatuated한 사람의 경우, 특정인, 특정 사물, 특정 생각에 사로잡혀, 사태의 실상은 보지 못하고 맹목적이라 여겨지기도 한다.

#infatuated 사랑에 빠진 사람을 암시할 때
#passinginfatuation 사랑의 열병이 일시적임을 깨달았을 때
#justaninfatuation 끝나 버린 연애를 극복 중이라고 말할 때
#infatuatedbyyou 낭만적 연애를 하고 있음을 드러내는 해시태그

total infatuation ⓒ 심취, 열병, 반함

— I have a *total infatuation* with this show. 전 이 프로그램에 완전 빠졌습니다. (텔레비전 프로그램에 대한 시청자 반응)

사람을 주어로 have a total infatuation 또는 be totally infatuated라고 하면, 무언가와 전폭적이면서 강력하게 사랑에 빠져서 다른 것은 전혀 생각하지 못하는 상태가 된 것을 말한다.

passing infatuation ⓒ 지나가는 열병

— It was just a *passing infatuation*. I'm over him now. 잠깐 타오른 열병이었을 뿐야. 이젠 그 남자 극복했어. (결별 이후 걱정하는 친구에게 보낸 문자)

passing infatuation은 순식간에 끝나버린 사랑으로, 그 덧없음이 강조된다. 사랑이 그리 깊지 않아서 이내 증발해버렸다는 뜻이다.

current infatuation ⓒ 현재의 열광 사태, 현재의 유행

— The youth's *current infatuation* with TikTok is sure to be shortlived. 젊은이들이 현재 틱톡에 열광하는데, 이 유행은 분명 오래가지 못할 것이다. (비판적인 보도)

이 콜로케이션은 현재 진행 중인 infatuations를 언급한다. '유행, 일시적인 경향'이란 뜻의 fad와 정확히 동일한 의미로 말이다. 이 표현을 쓰면, 심취해 있는 당사자 또는 당사자들을 깔보는 듯한 태도가 있다고 여겨질 수도 있다. 그들의 관심사가 피상적이고 일시적이라는 뜻을 내비치기 때문이다.

Ⓢ Love 사랑 / Attraction 매력, 끌림 / Interest 관심, 흥미, 호기심

Ⓐ Hate 증오, 미움 / Disinterest 무관심 / Indifference 무관심, 냉담, 중립

jubilation

기쁨, 환희,
축하, 희열

great joy(커다란 기쁨)를 뜻하는 몇몇 단어 중에서도 jubila-tion은 승리나 행운과 관련해 쓰이는 일이 다반사이고, 이런 이유로 대개 집단 상황에서 겪을 수 있는 감정이다. 스포츠 팀이 승리를 거두었을 때, 이를 축하하기 위해 모인 군중을 jubilant를 써서 묘사하면 적합하다. 명사형 어미가 다른 jubilance도 가끔 jubilation 대신 쓰이는데 의미는 완전히 똑같다.

#jubilant 극도의 행복감을 서술하는 단순 형용사

#celebratingjubilantly 대승을 거둔 후

#jubilationacrossthenation 국가적인 경사가 있은 후에 표현 가능

#sojubilant 기쁘고 만족스럽다는 것을 강조할 때

great jubilation ⓒ 커다란 축제, 엄청난 환희

— There was *great jubilation* after the match as fans poured out onto the streets. 시합이 끝나자 팬들이 거리로 쏟아져 나왔고, 엄청난 축제가 벌어졌다. (스포츠 보도)

여기서 great가 하는 일은 jubilation을 강조하는 것이다. 많은 사람이 승리감을 크게 느낀다는 뜻이다.

jubilant mood Ⓒ 승리감, 의기양양

— Spoke to my boss today and she said I was getting a promotion, so obviously came home in a *jubilant mood*! 오늘 상사와 면담을 했고, 내가 승진할 거라는 얘기를 들었다. 그래서 한껏 의기양양해진 기분으로 퇴근했다. (인스타그램 설명문)

mood of jubilation으로 바꿔 쓸 수도 있다. 물론 이렇게 쓰면 좀 더 형식적이고 문어적으로 들릴 수 있다.

scenes of jubilation Ⓟ 승리의 광경, 환희의 장면, 축제의 현장

— All across the city, *scenes of jubilation* broke out after the fighting finally ceased. 마침내 전투가 끝났고, 도시 전역에서 축제가 벌어졌다. (국제 갈등 기사)

단수로 scene of jubilation이라고 하면, 주로 동네 사람들이나 가족에 둘러싸인 소규모 축제 현장을 말한다. 반면, 복수형 scenes of jubilation는 흔히 구동사 break out(발생하다, 일어나다)과 함께 쓰이는데, 이러한 기쁨의 축제가 도시 전역으로 확대되면서 저절로 나타난 것임을 서술하기 때문이다.

Ⓢ Exultation 의기양양, 기쁨, 환희, 열광 / Rapture 황홀, 환희, 큰 기쁨 / Rejoicing 기쁨, 환희, 축하

Ⓐ Sorrow 슬픔 / Woe 고민, 비통 / Misery 가난, 비참, 고통

liveliness

활기, 명랑,
역동성, 적극성

liveliness는 활기차고 에너지가 넘치는 사람이 갖는, 일반적으로는 긍정적으로 여겨지는 성격 특성이다. 형용사로 lively한 것은 기본적으로 기민하게 깨어 있다는 뜻이라 통상 좋은 의미이지만 특정 상황에서는 성가신 특성이 될 수도 있다. 예컨대 성질이 고약한 어른의 경우, 지나치게 활달한 아이들이 떠들면서 성가시게 굴면 투덜거리며 불만을 늘어놓을 수도 있다.

#feelinglively 활기와 에너지를 긍정적으로 표현할 때

#live liveliness를 짧지만 기분 좋게 드러낼 때

#livelytoday 어떤 이유에서인지 유난히 명랑하고 활기가 넘칠 때

#livelaughlove 투박하지만 흔히 사용되는 동기 부여 어구로, 반어적으로 쓰이는 때도 있음

liven up ⓒ 활기를 띠다, 분위기를 띄우다

— The facilities were great but the decoration needs to be *livened up* a bit. 시설은 아주 좋았지만, 내부 장식은 좀 화사하게 개선될 필요가 있다고 생각합니다. (에어비엔비 리뷰)

liveliness를 그냥 쓰기도 하지만, 이렇게 구동사로 활용하는 것

이 가장 보편적인 용법이다. 외모, 행동, 사교 모임과 같은 것에 에너지와 화사함을 더한다는 의미이다.

lively discussion ⓒ 활발한 토론, 열띤 논쟁

— Met with the Cabinet today. We had a *lively discussion* about the heritage sector and how we can best support it. 오늘 정부 각료와 만남을 갖고 국가 유산 부문과 이에 대한 최선의 지원 방안에 대해 열띤 논쟁을 벌였습니다. (정부 트윗)

사람들이 열정적으로, 때로는 단호하게 의견을 개진하는 대화를 언급할 때 흔히 사용되는 콜로케이션이다. 격론이 벌어졌음을 완곡하게 말할 때도 lively discussion이 쓰인다. 이런 식으로 쓰이는 경우라면, "lively discussion"이라고 따옴표 안에 표기해 반어적으로 쓰였음을 강조할 수 있다.

lively interest ⓒ 열렬한 관심, 적극적인 흥미

— Been taking a *lively interest* in my son's maths homework, and I've got to say, I'm really learning lots about calculus! 아들의 수학 과제에 깊은 흥미가 생겼거든요. 정말이지 미적분에 대해 많은 걸 배우고 있다고 해야겠네요! (개인 트윗)

lively interest는 적극적으로 관계를 맺는다는 뜻이다. 따라서 lively에는 능동성, 근면 성실, 적극적 움직임이라는 함축적 의미가 있다고 볼 수 있다.

look lively ⓒ 꾸물거리지 않다, 활기찬 모습을 보이다

— *Look lively*, men, the Colonel is on his way over. 꾸물거리지 마! 대령님 오고 계셔. (육군 사관 후보생들의 대화)

look lively는 look alive로 바꿔쓸 수 있는데, 활기 넘치고 적극적인 모습으로 바꾼다는 뜻이다. 군대 상황에서 유래한 표현으로, 신속하게 차렷 자세로 방심하지 않는 경계 태세를 보인다는 뜻이다. 물론 더 일반적인 맥락에서 이해하는 것도 가능하다. look lively에는 hurry up(서두르다, 급히 하다) 또는 get it together(정신 차리다, 침착하게 굴다, 잘 해내다)란 뜻도 있다.

Ⓢ Cheer 환호, 격려, 쾌활 / Vitality 활기, 정력 / Zest 열정, 강한 흥미, 생기

Ⓐ Apathy 무관심, 냉담 / Dullness 둔감, 답답, 침울 / Lethargy 무기력

merriment

명랑,
왁자지껄, 유쾌

merriment는 재미, 웃음, 흥겨운 시간과 결부되어 쓰이는 말로, 공식 문서나 소설을 제외하면 요즘은 자주 사용되지 않는다. 그렇다 하더라도 merriment가 아주 기뻐하는 감정을 나타내며 파티 같은 오락 요소를 내포한다는 점은 알아두자.

#muchmerriment 격식을 차린 느낌이 나도록 두운법을 쓴 표현으로, 화려한 파티에서 사용

#merry 널리 쓰이는 형용사

#feelingmerry 요즘은 잘 안 쓰는 표현이라 해시태그에서 반어적으로 사용되기도 한다

#morethemerrier 더 많은 사람을 참여시키자고 논의할 때

full of merriment ⓒ 즐거움이 가득한, 유쾌하고 떠들썩한

— The men stood singing around the hearth, *full of merriment* with bottles of ale in hand. 사내들이 난로 주위로 빙 둘러서서 노래를 불렀다. 손에 든 에일 병만큼이나 즐거움도 가득했다. (역사 소설)

오래된 텍스트가 아니라면 full of merriment라는 콜로케이션

을 발견하기 힘들지만, 예스러우면서도 유쾌한 말투를 재현하겠다는 의도로는 쓸 수 있을 것이다.

the more the merrier Ⓟ 다다익선, 많을수록 좋다

— Come along to our new synchronised swimming classes: *the more the merrier*! 새로 개설된 수중 발레 수업에 등록해보세요. 함께하면 더욱 즐겁답니다! (광고 포스터)

행사 참여를 독려하고 싶을 때 쓰면 적절한 어구이다. 여기에는 두 가지 의미가 있다. 첫째, 사람은 많을수록 좋다. 둘째, 사람을 데려오면 더 좋을 거다. 파티, 집회, 요가 수업 등 온갖 형태의 모임에 다 쓸 수 있다.

eat, drink and be merry Ⓟ 먹고 마시고 즐겨라, 인생은 짧으니 즐겨라

— Party 'round our place on Saturday – come along and we'll *eat, drink and be merry*! 토요일에 우리 집에서 파티합니다. 와서, 다 함께 먹고, 마시고, 즐겨요! (페이스북의 행사 소개글)

크리스마스와 추수 감사절에 널리 사용되는 이 어구는 흔히 명령형으로 쓰여, 사람들에게 말 그대로 먹고 마시고 즐기자고 권유한다.

Ⓢ Mirth 환희, 명랑, 즐거움 / Happiness 행복, 즐거움 / Gaiety 유쾌함

Ⓐ Depression 우울 / Sadness 슬픔 / Gloom 우울, 암울, 의기소침

mirth

즐거움, 명랑,
유래, 환희

merriment와 유사한 mirth는 격식을 차린 문어체 표현으로 행복을 서술할 때 쓰며 보통 웃음과 함께 쓰인다. 사람들이 함께하며 즐길 때 mirth가 사용된다. 축제, 파티, 친목 모임 같은 상황은 mirth가 가득할 것이다.

#mirthful mirth의 형용사형

#somuchmirth 기쁘고 재미있을 때

#lovingthemirth 좋은 시간을 보낼 때

#themirthisreal "the (something) is real"은 속어로, 어떤 상황에 something이 상당히 많다는 얘기다. 이 경우에는, 행복이 가득한 상황을 표현!

considerable mirth ⓒ 상당한 즐거움, 매우 유쾌한 기분

— Just watching her grandchildren play gave her *considerable mirth*. 손주들이 노는 걸 지켜보는 것만으로도 그녀는 기분이 매우 좋았다. (소설)

considerable 대신 great이나 significant 같은 단어를 쓸 수 있다. 하지만 mirth가 많다고 할 때 가장 흔히 떠오르는 형용사는 considerable이다.

mirth-making ⓒ 흥청망청(하기)

— All this partying and *mirth-making* is wearing me out. 흥청망청 파티들에 진저리가 나요. (배우자와의 대화)

이 콜로케이션이 약간 문어적이기는 하지만, 그럼에도 파티(partying)와 기념 행사(celebration)의 동의어로 대화에서 사용 가능하다.

source of mirth ⓒ 즐거움의 대상, 유쾌와 환희의 원천

— Her upbeat songs were a *source of mirth* for the crowd. 그녀의 신나는 노래를 들으며 관중들은 즐거움을 느꼈다. (음악 비평 기사)

즐거움을 주는 대상을 서술할 때 이 콜로케이션을 쓸 수 있다. 사람, 음악, 술, 행동, 농담 등 기본적으로 사람을 웃고 행복하게 만드는 것이면 뭐든 가능하다.

Ⓢ Merriment 명랑, 흥겨움 / Gaiety 명랑, 쾌활 / Joy 기쁨, 환희, 만족

Ⓐ Sadness 슬픔 / Woe 고민, 비통 / Misery 가난, 비참, 고통

JOY | # optimism | 낙관, 낙천,
낙관론, 낙천주의

긍정적인 마음가짐을 optimism이라고 한다. optimist(낙관론자, 낙천주의자)는, 어쩌면 아무 이유 없이도, 미래의 일이나 상황이 좋을 거라고 기대하는 경향이 있다. 다른 사람들에게 긍정을 북돋아준다는 측면에서 매우 인기 있는 성격적 특성이다.

#optimistic 장밋빛 미래를 내다보며 기대할 때

#blindoptimism 나쁜 면을 보지 못하는 사람을 가리킬 때

#overlyoptimistic 지나친 기대를 드러낼 때

#alwaystheoptimist 집단에서 흔히 미래를 기대하는 사람을 가리킬 때

optimistic view/attitude/outlook Ⓒ 낙관적[낙천적] 견해/자세/전망

— **This documentary has a very *optimistic view* of the future: I'm sceptical.** 이 다큐멘터리는 미래를 매우 낙관하고 있지만, 나는 회의적이다. (유튜브에 올라온 기후 변화 다큐멘터리에 달린 댓글) 이 콜로케이션은 특정한 사고 방식과 내용이 미래가 좋을 것으로 낙관하며 기대함을 드러낸다.

boundless optimism Ⓒ 무한한[무작정] 낙관

— Sometimes, my friend's *boundless optimism* about life starts to get me down. 친구 녀석은 인생을 무작정 낙관하는 경향이 있고, 그런 그의 태도가 나를 우울하게 만든다. (다이어리 도입부)

누군가의 낙관적인 태도가 boundless하면, 그것은 한계가 없고 무제한이라는 말이다. 이런 사람은 천성적으로 모든 것에 낙천적이다. 많은 경우 좋은 특성이라고 할 수 있겠지만, 이 예문에서처럼 짜증 나고 화나는 것일 수도 있겠다.

blind optimism Ⓒ 맹목적 낙관

— I left university with *blind optimism*, but I'm still unemployed. 나는 맹목적 낙관에 휩싸여 대학을 그만뒀지만 여전히 백수 신세다. (학생 커뮤니티 게시글)

optimism은 관점이다. 이 관점이 현실에 대한 사람들의 견해를 물들일 수 있고, 그 결과 blind optimism도 생겨난다. 그렇게 되면 사람들은 외부 세계를 실상대로 보지 못할 가능성이 높아진다.

cautious optimism Ⓒ 신중한 낙관

— The senator stressed her *cautious optimism* on the issue. 상원 의원은 이 사안을 조심스럽게 낙관한다고 강조했다. (정치 저널리즘)

cautious optimism은 blind optimism을 피하려는, 일종의 애매한 전향적 사고방식이다. 공식성을 갖춰야 하는 공동체의 맥락에서 흔히 사용된다. 상황을 긍정적으로 보면서도, 계속해서 현실을 예의주시하겠다는 의향을 드러낸다.

renewed optimism ⓒ 새로운 낙관

— He pushed on, spurred by a *renewed optimism* and sense of purpose. 그는 계속해서 나아갔다. 새로운 낙관과 목적 의식이 그를 채찍질했다. (현대 소설)

곤란을 겪으며 의지가 시험대에 오르면, 대개는 낙관하는 태도가 줄어들게 마련이다. 하지만 희망이나 새로운 기회가 주어지면 optimism이 renewed될 수 있다.

Ⓢ Positivity 긍정성, 적극성 / Hope 희망, 기대 / Cheer 환호, 격려, 쾌활

Ⓐ Pessimism 비관주의 / Despair 절망, 체념 / Negativity 부정성, 소극성, 비관주의

JOY | **pep** | 생기, 활력,
기운, 힘

pep은 넘치는 에너지를 재치 있게 나타내는 짤막한 말이다. 엄밀히 따지면 격의 없이 쓰이는 표현이지만, 경제 상황이나 기업의 실적을 말할 때 자주 쓰이는 편이므로 공식적인 상황에서도 사용될 수 있다. pep은 상당히 긍정적인 함의를 지니며, '(벌떡) 일어나 움직이는 패기'(get up and go)로 이해할 수 있겠다.

#pepepepep 장난스런 반복을 통해 에너지가 있는 상태를 드러낼 때
#peppy pep을 지닌 상태
#pepped peppy와 유사한 표현
#prettypepped 적극적으로 도전할 준비가 되었다고 말할 때

to pep up ⓒ 생기를 불어넣다, 활기를 띠다

— The kids will *pep up* if we promise to get takeout tonight. 오늘 밤은 테이크아웃 음식으로 식사를 할 거라고 하면, 아이들이 굉장히 좋아하겠지요. (부모들 사이의 대화)

pep은 mood(기분)와 energy(활력) 중간쯤에 있는 개념이다. 사람이 pep up하면, 더 활기를 띠게 되고, 더 행복해진다는 말이다. 그러므로 식품이나 음료도 사람을 pep up할 수 있다.

show/display some pep ⓒ 활기를 보이다

— Wishing the team would *show some pep* right now – they look so downcast out there. 응원하는 팀이 지금 당장 조금이라도 패기를 보여줬으면 싶다. 선수들의 사기가 엉망으로 보인다. (미식축구 관련 트윗)

권한과 책임이 있는 사람, 가령 스포츠 팀의 코치는 선수들에게 show some pep이라고 요구하곤 한다.

introduce some pep ⓒ 사기를 진작하다

— Maybe we could put up some cool decorations, that might *introduce some pep* into the office? 뭔가 좀 멋지게 실내 장식을 해볼 수 있지 않을까요? 사무실 분위기가 활기차 보이게요. (동료가 보낸 이메일)

앞서 소개한 show some prep에서 동사 show를 썼듯이, 어떤 행동을 통해 사람들의 사기나 분위기를 끌어 올리는 과정을 설명할 때 introduce라는 동사를 쓸 수 있다.

pep talk Ⓟ 격려의 말

— Gather round, boys, it's time for a *pep talk*. 얘들아 모여봐. 결의를 다져보자구. (중간 휴식 시간에 선수들을 독려하는 감독)

pep talk는 공동의 목표가 있는 활동이나 스포츠에서 아주 흔하게 이루어진다. 일종의 격려 연설로, 경기력이 형편없을 경우 야단을 치는 내용일 수도 있다.

full of pep Ⓟ 기운이 넘치는

— Feeling *full of pep* today! 오늘 기분 최고다! (인스타그램 설

명문)

즐겁고 에너지가 넘친다고 말하고 싶을 때 편히 쓸 수 있는 표현이다. 어떤 물질인 것처럼 pep으로 가득 차 있다고 말하지만, 비유적 표현일 뿐이다.

Ⓢ Spirit 활기 / Cheer 환호, 기쁨, 쾌활 / Zeal 열의, 열성, 열심

Ⓐ Mopeyness 나른함, 시무룩 / Gloom 암울, 의기소침 / Misery 비참, 고통

pleasure

기쁨, 즐거움,
재미, 쾌락, 만족

pleasure는 기본적으로 좋은 느낌(good feeling)이다. pleasure는 약간 다른 두 가지 의미로 쓰인다. 하나는 감정을 자제하며 즐거워하거나 기뻐한다는 뜻이고, 다른 하나는 좀 더 감각적이고 성적인 의미를 내포한다. 또한, pleasure는 with pleasure 또는 my pleasure 식으로 긍정적인 수락을 표현하는 문구에 주로 쓰인다.

#mypleasure 당신이 무언가 아주 좋은 일을 한 다음 남들이 감사할 것으로 기대할 때 쓰는 젠체하는 말

#pleasurable 느낌이 좋은 것들을 서술할 때 쓰는 형용사

#takingpleasureinleisure 라임을 맞춘 표현으로, 오락을 즐긴다는 뜻

#pleasurecruise 느긋한 유람선 여행을 가리키는 콜로케이션

to take pleasure in ⓒ 즐기다, 좋아하다, 기꺼이 하다

— *Took pleasure in* watching the other team lose the game last night, they played so badly. 어젯밤 상대 팀이 지는 걸 봤는데, 정말 흥겨웠다. 아주 형편없더구만. (스포츠 트윗)

뭔가에 반응해서 기쁘다고 표현할 때 쓰는 아주 흔한 콜로케이

션이다. 이 예문에서처럼, 남들의 고통이나 불행이 즐거울 때도 가끔 이 표현을 쓴다.

my pleasure Ⓒ 도움이 되어 저도 기뻐요. (고맙다는 말에 대한 정중한 답례)

— "Thanks for fixing that software issue, Dan." "*My pleasure*, let me know if you need any further help."
"소프트웨어 고쳐 주셔서 정말 고맙습니다, 댄." "뭘요. 다른 도움이 또 필요하면 언제든 말씀 주세요." (IT 지원 팀의 의사 소통)

my pleasure는 you're welcome보다 더 예의 바른 강조 표현이다. 남을 돕는 일에서 기쁨을 누렸다는 뜻이지만, 실제 기분과는 상관없이 그저 예의를 차리기 위해 my pleasure라고 말할 가능성이 크다.

sheer pleasure Ⓒ 진정한 즐거움, 순전한 쾌감

— I can't even describe my *sheer pleasure* playing this game: it's just so good! 이 게임 정말 재밌다. 이 즐거움을 어떻게 설명해야 할지 모를 지경이다. 정말 잘 만든 게임! (스팀 이용자 리뷰)

뭔가가 정말 재미있을 경우 sheer를 쓸 수 있다. 간단히 말해, 뭔가가 정말 즐겁고 흥겹다는 말이다.

with pleasure Ⓒ 기꺼이, 그러세요, 좋고말고요

— "Wanna come round my place tonight?" "*With pleasure!*" "오늘 밤 우리 집에 안 올래?" "좋지!" (친구끼리 주고받은 문자)

승낙의 의미로, of course 대신 with pleasure를 쓸 수 있다. my pleasure와 상당히 흡사한 표현으로, 참여하려는 활동을 즐

길 것이라는 의미이고, 따라서 yes라고 대답하는 것보다 훨씬 정중한 표현이다.

to have the pleasure of ⓒ 기뻐하다, 만족스럽다

— *Had the pleasure of* meeting with the President yesterday. 어제 대통령과 접견했고, 무척 만족스럽다. (정치인의 트윗)

어떤 일에 참여해 즐겼음을 표현한다. 보통 공식 연설에서 격식을 차린 표현으로 쓰이지만, 때때로 비공식적인 상황에서도 사용될 수 있다.

ⓢ Enjoyment 기쁨, 즐거움, 향유 / Delight 기쁨, 환희 / Happiness 만족, 행복

Ⓐ Revulsion 혐오, 역겨움, 공포 / Distaste 불쾌감, 혐오 / Tribulation 고난, 시련

positivity

긍정성, 적극성,
확신, 명료, 확실함

이 어휘는 광범위한 용도로 쓰이는데, goodness(선량함, 좋은 점) 또는 optimism(낙관, 낙천)이라는 자질을 나타낸다. positive behavior, 즉 '긍정적 행동'은 미래에 일어날 일에 대해 희망적으로 여기며 결과가 좋을 것으로 생각한다는 의미이다. 대치되는 개념으로 negativity가 있는데, '염세주의' 또는 '비관적인 태도'를 말한다.

#positive 의미가 모호해질 수도 있지만 널리 사용되며, 긍정 또는 전반적으로 행복하고 낙천적인 태도를 나타낼 때

#positivechange 진보적 대의를 옹호하는 경우

#positivelyamazing 여기서 부사 positively는 veritably(진짜로), very(매우), absolutely(틀림없이)의 의미

#thinkpositive 다른 사람들에게 사물의 긍정적인 측면을 보라고 격려할 때

body positivity ⓒ 신체 긍정(성), 자기 몸 긍정주의
— The *body positivity* movement is so important.
자기 몸을 있는 그대로 긍정하고 받아들이자는 운동은 매우 중요합니다. (인

body positivity는 체형이나 사이즈가 어떻든 자기 몸에 만족하자는 발상이자 제안이다. 미의 표준을 세워 서로에게 상처를 입히는 문화 풍토에 반발해 등장한 body positivity는 아름다움은 주관적이라고 역설한다. 인스타그램이나 틱톡 같은 비주얼 콘텐츠 기반의 플랫폼에서 이 용어가 많이 나온다.

positive attitude ⓒ 긍정적인 태도

— This role requires a *positive attitude* when dealing with customers. 이 직무는 긍정적인 자세로 고객을 상대해야 합니다. (일자리 광고)

positive attitude는 힘든 일에 헌신하고, 또 열심히 남을 돕는 전반적 성향 내지 태도를 가리킨다.

positive feedback/response ⓒ 긍정적 피드백, 적극적 반응

— Thank you all for your *positive feedback* regarding the new movie, it means a lot. 신작 영화와 관련해서 적극적으로 피드백을 보내주셨고, 모두에게 감사드려요. 제게는 아주 중요한 의미가 있습니다. (유명인의 트윗)

feedback은 일종의 반응이다. 그 반응이 positive하다면 사람들이 뭔가의 진가를 알아보거나 어떤 작품을 인정한다는 뜻이다. 반면 negative feedback은 반응이 좋지 않음을 나타낸다. mixed feedback은 어떨까? 둘 사이의 어디쯤을 가리킬 것이다.

positive influence ⓒ 선한 영향력, 긍정적인 힘

— People like her are a *positive influence* on chil-

dren. 그녀와 같은 사람들이 아이들에게 긍정적인 영향을 미친다. (많은 사람이 존경하는 운동 선수의 공식 발언 리트윗)

positive influence의 동사로 have와 be 둘 다 쓸 수 있는데, have a positive influence라고 하면 선행과 다른 사람에게 좋은 일을 하도록 권하는 능력을 강조하고, be a positive influence는 공적으로 존경받는 지위를 강조한다.

to focus on the positives Ⓟ 긍정적인 것들에 집중하다

— In his speech, the president *focused on the positives*, reassuring the nation. 대통령은 긍정적인 것들을 강조하는 연설을 통해 국민을 안심시켰다. (정치 보도)

positive가 명사로 쓰이면 좋다고 여겨지는 상황의 측면을 가리키며, 나쁜 측면이나 자질이라는 뜻의 명사 negative가 반대말이다. 따라서 focus on the positives는 문제나 실패보다는 상황의 좋은 측면들에 더 관심을 기울인다는 뜻이다.

Ⓢ Optimism 낙관, 낙천 / Benevolence 자비, 박애, 선행 / Helpfulness 유익

Ⓐ Negativity 부정적, 소극성 / Pessimism 염세주의, 비관 / Cynicism 냉소, 비꼼

pride

자부심,
자존심, 긍지

be proud는 어떤 것에 대해 만족하고, 성공적이며, 영향력 있다고 느끼는 것이다. proud는 긍정적인 의미와 부정적인 의미 모두로 쓰일 수 있다.

#proud 이룬 것에 만족할 때

#outandproud 성 정체성을 숨기지 않으며, 자랑스러워하는 LGBT+ 표현

#soproudofyou 자식을 자랑스러워하는 부모가 하는 말

#proudtobeintheteam 소속 팀이 크게 성공해 만족한다는 표현

to take pride in Ⓒ 자랑하다, 자부심을 느끼다

— I really *took pride in* making this one. 이 제품을 만들면서 정말 뿌듯했습니다. (소규모 주얼리 업체에서 인스타그램에 포스팅을 하고 단 설명문)

누군가를 proud하게 만드는 것을 말하고자 한다면 take pride in something을 쓸 수 있다. 자부심이 그 대상이나 행위로부터 발생했음을 보여주는 것이다.

to swell with pride ⓒ 자부심이 가득하다, 의기양양하다

— She patted his head and he *swelled with pride*, content with a hard day's work. 그녀가 그의 머리를 쓰다듬어 주자, 그는 자부심으로 의기양양해졌다. 고된 하루의 노동도 전혀 문제가 되지 않았다. (역사 소설)

swell은 일시적으로 크기가 커진다는 뜻이다. 이 콜로케이션을 통해, proud feeling이 자아를 부풀려서 의기양양해지는 느낌을 선명하게 떠올릴 수 있다. 따라서 swell with pride라고 하면 자존감이 일시적으로 커졌다는 의미이다.

wounded pride ⓒ 상처 입은 자존심

— This team can return to form if they let their *wounded pride* heal. 선수들의 상한 자존심이 아물어야만, 이 팀이 건강한 상태로 회복될 수 있다. (스포츠 보도)

wounded pride는 일종의 당혹감이다. 자신만만하다 부끄러운 실수와 실패를 하면 자존심에 상처를 입게 된다. 자존심을 잃고 마는 일종의 굴욕감인 것이다.

out and proud Ⓟ 자랑스럽게 드러내는

— I'm so happy to finally be *out and proud*! 마침내 (제성 정체성을) 자랑스럽게 드러내게 되어 무척 기뻐요! (페이스북 게시글)

더 넓은 세상에 개인의 성적 성향을 밝힌다는 일명 '커밍아웃'(come out)의 의미로 이 표현을 흔히 사용한다. 여기서 proud는 자신의 정체성을 반기고 기뻐한다는 의미이다. LGBT+ 집단이 게이 프라이드(gay pride) 행사 등을 서술할 때 보통 이 어구를 쓴다.

pride and joy Ⓟ 자랑거리, 애지중지하는 대상

— Whatever you do, don't park next to his Bugatti Veyron. It's his *pride and joy*, and you'll be dead if you scratch it! 무슨 일이 있어도, 그 사람 부가티 베이론 옆에는 차를 대지 마세요. 얼마나 애지중지 하는지 아세요? 긁기라도 하면 당신은 죽음입니다. (사장의 차를 두고 회사 동료와 나누는 대화)

누군가의 pride and joy는 아주 소중한 것을 말한다. 이 어구는 값비싼 자동차나 애지중지하는 목걸이 같은 사물에 적용해 쓸 수 있다. 사람을 대상으로도 쓸 수 있는데, 이때는 소유의 의미가 추가된다. 흔히 아이들을 대상으로 사용하며, 예를 들자면 '나의 딸'을 my pride and joy라고 부르는 식이다.

pride comes before a fall Ⓘ 자만하다가 낭패를 보다, 자신감을 보이다가 망신을 당하다

— Okay, you may have won the last three games, but *pride comes before a fall*. 좋아, 지난 세 차례의 게임을 연속으로 이겼을지도 모르겠어. 하지만 그러다가 망하는 수가 있지. (게임 사이트의 채팅)

이 속담은 자신감이 강한 사람이 몇 차례 성공을 거둔 후 실패할 확률이 높다고 말한다. 자신감이 넘쳐 오만한 사람은 주변 세상이 안중에 없어서 위험한 상황을 내다보지 못한다는 말이다.

Ⓢ Self-esteem 자부심 / Self-confidence 자신감 / Self-importance 자존

Ⓐ Humility 겸손, 비하 / Humbleness 겸손, 비하 / Shame 수치심, 창피

rapture

황홀,
기쁨, 환희

rapture는 그 의미의 상당 부분이 ecstasy와 일치할 뿐만 아니라, 엄청난 열정과 매혹이라는 뉘앙스도 포함한다. 때로는 마비될 정도로 압도적인 행복감의 일종인 rapture는 역사적으로 '종교적 황홀경'(divine ecstasy)과 관련해서 사용되었다. 이와 같은 이유로 rapture에는 불가해성과 신비스러움이 함축되어 있으며, 마음을 사로잡는 음악 연주나 예술 공연을 언급할 때 흔히 사용된다.

#rapturous 뭔가가 rapture를 불러일으켰다고 언급하는 형용사

#aweandrapture 도저히 안 믿기는 광경을 두고 말할 때

#capturetherapture 매우 행복한 순간들을 사진으로 남기며 쓸 수 있는 표현

#inrapturesatthis 아주 인상적인 쇼를 언급하는 콜로케이션

rapturous applause ⓒ 열광적인 박수

— The President's speech was met with *rapturous applause*. 대통령의 연설이 열광적인 박수를 받았다. (정치 보도)

rapturous applause는 아주 열광적인 반응이다. rapture의 라

틴어 어원은 '잡다'(seize)라는 뜻의 rapio이다. 따라서 rapturous applause는 사람들이 엄청난 감탄과 환희에 '사로잡힌' 상태로 손뼉을 치며 반응하는 것을 말한다.

to be in raptures over ⓟ ~에 열광하다, 황홀해 하다

— Last night's show was stunning: the crowd *were in raptures over* her performance. 어젯밤 쇼는 정말이지 굉장했다. 그녀의 공연에 사람들이 어찌나 열광하던지. (페이스북 게시글)

보통 rapture를 경험하거나(experience rapture) rapture의 상태에 있다(be in raptures)고 표현할 수 있는데, 뒤이어 전치사 over를 붙여서 관련 대상을 명확히 할 수 있다. 형태의 차이는 있지만, experience rapture와 be in raptures는 같은 의미로 쓰인다.

to go into raptures ⓟ 넋을 잃다, 황홀해지다, 열광하다, 미칠 듯이 기뻐하다

— My boyfriend *went into raptures* about this game, so it must be good. 제 남친도 이 게임에 열광하는 걸 보니 정말 좋은가 봐요. (STEAM 게임 이용자 리뷰)

이 숙어는 무언가 당신의 관심을 강하게 사로잡아서 그것에 대해 열광하듯이 말한다는 뜻이다.

Ⓢ Ecstasy 황홀, 엑스터시 / Bliss 지극한 행복 / Exultation 의기양양, 열광, 환희, 승리

Ⓐ Indifference 무관심, 냉담 / Apathy 무감정 / Cynicism 냉소, 비꼼

ravishment

ravishment는 delight의 동의어이지만 좀 더 문어체적으로 쓰이며, 폭력성과 공격성이라는 함의를 지니고 있다. 수동태를 써서 ravished 되는 것은 기쁨에 압도되는 것을 말한다. 하지만 '성적 강압'(sexual force)과 '강간'(rape)이라는 의미로 오랜 기간 쓰이기도 해서 신중하게 사용해야 한다.

#ravished 기뻐서 어쩔 줄 모를 때

#ravishing 잘 생긴 외모를 가리키는 구식 표현

#ravishingradishes 유치하게 라임을 맞추어 맛있어 보이는 무(radish)를 묘사하는 표현

#ravishedbybeauty 사진을 주로 올리는 인스타그램 계정에 쓸 수 있는 표현

ravished with delight ⓒ 기뻐 날뛰는, 환희 속에서 넋을 잃은

— Our visitors will be *ravished with delight* at the sight of the Grand Canyon! 그랜드 캐니언으로 오시면 그 광경에 넋을 잃고 말 것입니다. (그랜드 캐니언 관광 안내 전단)

경외와 감탄, 더불어 행복을 느낄 때 ravished를 쓸 수 있다. 무

언가가 아주 인상적이거나 경외심을 불러일으킨다면, ravished 되었다고 할 수 있다.

to be ravished by ⓒ 매혹되다, 넋을 잃다, 황홀해 하다

— Needless to say, the crowd *was ravished by* his striking looks and unbridled talent. 그의 빼어난 외모와 탁월한 재능에, 청중은 말할 필요도 없이 완전 넋을 잃고 말았다. (음악회 리뷰)

ravish는 흔히 수동태 형태(be ravished by)로 쓰인다. 보통 강렬하고 압도적인 기쁨과 경이감을 불러일으키는 외모, 공연 능력 등에 이 표현을 사용한다.

Ⓢ Rapture 황홀, 기쁨 / Wonder 경이 / Delight 기쁨, 환희

Ⓐ Anguish 괴로움, 비통 / Bleakness 적막, 음침, 황량 / Gloom 암울, 의기소침

refreshment

refreshment는 기운을 차리고 새로워지는 느낌을 말하는데, 흔히 음식물을 섭취해서 얻어진다고 할 수 있다. 대다수 사람은 이 단어를 써서 활력의 증진을 나타낸다. 그러다 보니 refreshment가 새로운 시작과 결부되는 경우가 많다. 예컨대, 우리는 웹페이지를 refresh(새로 고침)하고, 상쾌한(refreshed) 기분으로 아침에 일어나며, 기운을 차리고자 간식이나 다과(refreshments)를 섭취한다.

#sorefreshing 청량 음료를 묘사하는 경우에도 사용

#fresh 싱싱하고 활력이 넘치는 무언가를 언급할 때 흔히 사용하는 해시태그

#refreshmentsatthegame 스포츠 이벤트 현장에서 파는 간식을 언급할 때

#refreshrevitalise 화려하고 상업적 냄새가 물씬 나는 이중 해시태그

feel refreshed ⓒ 신선하다, 기분이 새롭다
— Just tried these new passion fruit yoghurts, I *feel* so *refreshed*! 새로 나온 패션 프루트 요구르트를 먹어 봤는데, 기분이

아주 상쾌해지더라고! (친구와의 대화)

refreshment는 신선하고 청량감이 있는 음식과 연관성이 있는 감정으로, healing(치유)과 rejuvenation(원기회복)이라는 함축적 의미가 있다.

to find (something) refreshing Ⓒ 신선하다, 상쾌하다

— Come and take a dip in our bespoke infinity pool, we're sure you'll *find it refreshing*! 저희의 맞춤형 인피니티 풀에 오셔서 수영을 즐기세요. 분명 기운이 회복되는 걸 느끼실 거예요! (휴가 여행 안내 책자)

이 예문에서 find는 기운 회복과 상쾌함을 '발견한다'라는 뜻이다. 재충전을 통해 개운해지는 경험을 말할 때 이 콜로케이션을 쓸 수 있겠다.

refreshed and ready to go Ⓟ 충전이 완료된, 준비가 된

— I'm awake, *refreshed and ready to go*! 잠 다 깨서 쌩쌩해. 상쾌한 기분으로 달릴 준비가 됐다고! (동료와의 대화)

잘 자고 일어난 후, 그날 하루를 힘차게 보낼 만큼 활력이 넘친다는 뜻으로 이 표현을 쓸 수 있다.

Ⓢ Satiation 포만 / Satisfaction 만족, 충족 / Energy 원기, 활력

Ⓐ Tireness 피곤함 / Weariness 피곤함, 싫증 / Staleness 진부함

rejoicing

기쁨,
축하, 환희

rejoicing은 통상 동사형 rejoice로 쓰이며, "There was much rejoicing."(많은 이가 기뻐했다)에서처럼 동명사로도 사용된다. 기념하고 축하한다는 의미가 있어서, 축제나 행복한 특별 행사를 말할 때도 흔히 쓰인다. 이런 면에서, rejoicing은 merriment나 gaiety와 상당히 유사하지만, 더 커다란 기쁨을 의미하며 강조한다고 볼 수 있다.

#rejoicerejoice 같은 단어를 두 번 반복하며 기쁨을 누리라고 권하는 명령문

#everyonerejoicing 행복하고 즐거운 특별 행사에 사용

#victoryrejoicing 큰 승리를 거둔 후의 축하 행사를 묘사할 때

#rejoiceandbemerry 약간 구식의 느낌이 나는 어구로, 반어적 유머를 의도한 해시태그로도 사용

cause for rejoicing Ⓒ 기쁨의 이유

— The end of extreme floods in Bangladesh is a huge *cause for rejoicing*. 방글라데시의 홍수 사태가 마침내 일단락됐고, 사람들이 이를 크게 반겼다. (국제 사회 보도)

이 콜로케이션을 사용하면, 사람들이 어떤 특정 이유 때문에 크게 기뻐한다는 것을 암시할 수 있다.

to rejoice in/at (something) Ⓟ ~을 기뻐하다, 누리다

— Old and cynical as they were, the couple *rejoiced in* the carefree play of their grandchildren. 부부는 이제 늙고 냉소로 가득했지만, 손주들의 태평한 장난에 기꺼워했다. (현대 소설)

이 구동사는 즐거움의 이유를 거론할 때 유용하게 쓰인다. 사실상 rejoice about something(~에 대해 기뻐하다)의 의미지만, about 대신 특이하게 in/at을 써서 방향성을 나타낸다.

rejoice, and be merry Ⓟ 기뻐하며 즐기라

— Hey, it's Christmas, let's *rejoice and be merry*! 와, 드디어 크리스마스네요. 모두 다 함께 기뻐하면서 즐깁시다! (페이스북 게시글)

이 표현은 그 기원이 오래되었지만, 사람들에게 축제에 참여해 즐기라고 격려하는 명령문으로 여전히 가끔 사용된다. 크리스마스나 추수 감사절 같은 명절에 쓰면 적합하다.

Ⓢ Delight 기쁨, 환희 / Merriment 왁자지껄, 흥겨움, 명랑 / Elation 의기양양

Ⓐ Grief 비탄, 고민, 슬픔 / Sorrow 슬픔, 비애 / Gloom 암울, 의기소침

relaxation

휴식, 완화,
기분 전환

relaxation은 휴가 및 휴식과 관련이 있다. relaxed하다는 것은
스트레스로부터 거리가 멀다는 뜻이다. 이런 이유로 노동과 잡
일에서 벗어나 즐겁게 노는 것을 서술할 때 대개 relaxation을
쓴다.

#relaxing 마음을 느긋하게 해주는 것들에 널리 사용되는 해시태그
#relax 기분이 안 좋은 사람에게 기운을 북돋우며 쓸 수 있는 표현
#relaxyourbodyandmind 어쩌면 요가 수업에서 들을 법한 말
#myrelaxationstation 침대 같은 물건을 묘사하는 말

form of relaxation ⓒ 휴식의 형태, 기분 전환의 방법

— Cooking is a *form of relaxation* for me and I'm so
excited to share some recipes with you all. 저는 요리로
기분 전환을 합니다. 여러분에게 몇 가지 레시피를 기쁜 마음으로 공유하고
자 합니다. (요리 인스타그램 설명문)

relaxing한 무언가를 form of relaxation이라고 부를 수 있다.
위 경우에서처럼, 누구에게나 당장 relaxing한 것이 아니라도
본인에게는 relaxing한 대상을 말할 때 흔히 사용된다. 예를 들

자면, 단순 반복 노동, 두뇌 퍼즐, 야외 활동 등 마음과 몸에 리듬을 주고 움직이게 하는 활동들이 해당한다.

deep relaxation ⓒ 심호흡, 깊은 휴식

— Experience our massages for *deep relaxation*, now at a reduced price for spa members. 깊은 이완 상태를 체험하고 싶다면 저희 마사지 서비스를 이용해 보세요. 스파 회원들께는 가격 할인이 제공됩니다. (온천 휴양 시설 광고)

명상이나 마사지처럼 근육 조직을 이완해 주고 마음의 긴장까지 풀어주는 활동에 가장 잘 쓰이는 어구이다. 불교에서 말하는 선(禪) 상태의 행복이다.

just relax ⓒ 긴장을 풀어라, 걱정하지 말라

— *Just relax*, okay? Everything is going to be fine. 걱정 그만 해, 응? 다 잘 될 거야. (기차를 놓쳐버린 친구와의 대화)

압박감을 받거나 흥분한 사람에게 흔히 사용하는 명령문으로, calm down과 비슷하다. just relax는 따뜻하게 격려하는 투로도, 짜증을 부리는 식으로도 쓰일 수 있는데, 이는 스트레스를 받는 사람과의 관계나 그 사람이 무엇을 하고 있는지에 따라 달라진다. 글보다는 말로 할 때 더 자주 사용된다.

rest and relaxation ⓟ 휴식과 여유[기분 전환]

— Taking some time off work for some much needed *rest and relaxation*. 휴식과 여유가 너무나 필요해 휴가 내고 쉬는 중. (개인 트윗)

흔히 R&R로 축약되는 이 표현은 일을 잠시 쉬고 휴가를 내서

심신을 회복하려는 것을 말한다.

sit back and relax (P) 착석해서 대기해 주세요, 뒤로 기대 앉아 긴
장을 푸세요

— So *sit back and relax*. The show is about to begin!
자리에 앉아 기다려 주십시오. 곧 쇼가 시작합니다! (극장의 안내 방송)

극장 관객이나 텔레비전 쇼 방청객이 흔히 듣는 말이다. 또한
마사지를 받는 상황처럼 긴장을 풀고 즐기라고 할 때도 쓸 수
있다.

(S) Comfort 안락, 위로 / Chilled out 아주 느긋한 / Calm 고요, 평화, 진정

(A) Stress 압박감, 스트레스 / Tension 긴장, 갈등 / Worry 걱정, 불안

relief

안도, 안심,
완화, 위안

relief는 어려움이 끝났음을 가리킬 때 탄력적으로 쓸 수 있는 어휘이다. 크게 두 가지 유형의 relief가 존재한다. 흔히 말하는 relief는 마감 시간 같은 가벼운 스트레스를 겪은 후 안도감을 느끼는 것을 말한다. 또는 굶주림이나 엄청난 통증 같은 심각한 문제에서 '구호' 되거나 '구조'되는 것을 의미한다.

#relieved 좋은 소식을 들었을 때 쓸 수 있는 표현

#sucharelief 안도했다고 말하는 또 다른 방식

#thatsarelief 안도감을 나타내는 일반적 표현

#pleaserelieveus 강의처럼 지루하고 따분한 상황에 처해 있을 때 유머러스하게 쓸 수 있는 표현

out of relief ⓒ 안도하여 ~하다

— As soon as I saw my daughter emerge unharmed from the rubble, I cried *out of relief*. 딸이 무너진 잔해에서 무사히 빠져 나오는 게 보였고, 저는 안도감에 기쁨의 눈물을 쏟았습니다. (재난 피해자의 증언)

이 콜로케이션은 안도감을 느끼고 어떤 반응 행동을 했을 때만 사용할 수 있다. 울음, 포옹, 한숨 따위가 그런 행동이 될 수 있는데, 상황의 정도에 따라 행동의 유형은 달라진다.

to seek relief ⓒ (고통 따위를) 피하다

— It is common to *seek relief* from trauma by hiding away from similar situations, but it is necessary to address these issues properly with therapy and counseling. 유사한 상황이 발생했을 때 외면하고 숨는 방식으로 트라우마에서 벗어나려고 하는 일이 흔합니다. 하지만 치료와 상담을 받아서 이러한 문제들을 적절히 해결해야 합니다. (정신 건강 관련 조언을 제공하는 웹사이트)

relief, 그러니까 '구제와 안도'를 얻는 행위를 언급할 때, 동사 seek를 쓴다. 아마도 relief를 찾는 행위(finding relief)가 탐색하고 여행하는 행위와 유사하기 때문일 것이다. 비슷하게, 동사 find도 쓸 수 있는데, "I found relief in comfort food."(나는 소울푸드를 먹으며 위로를 받았다.)와 같이 쓸 수 있겠다.

wave/flood of relief ⓒ 안도의 물결

— I was so worried that I'd messed up my exams, but I was hit with a *wave of relief* when I opened my results. 시험을 망쳤을까 봐 엄청 걱정했는데, 성적표를 받아보니 좀 안심이 되네요. (학생 정보 포럼에 올라온 게시글)

안도감은 물결이 덮치는 느낌으로 표현될 수 있다. 안도감을 느끼면 상황을 식히고 진정하는 효과가 있는데, 이런 이유로 wave와 flood라는 물과 관련된 어휘를 사용하는 것이다.

moment of relief Ⓟ 구원의 순간

— There was a brief *moment of relief* during the fall before Covid restrictions were reintroduced. 가을에 잠깐이나마 한숨을 돌릴 수가 있었지만, 곧이어 코로나19 관련 제재 조치가 다시 시행됐습니다. (방송 뉴스)

짧게 안도하는 시기가 있었으나 곧이어 여러 문제가 발생했음을 서술하려 한다면, 예문에서처럼 moment of relief를 쓰면 된다.

that's a relief Ⓟ 그거 다행이다, 마음이 놓이는 소식이다

— Whew! *That's a relief*! He should've resigned sooner! 휴! 정말 다행입니다. 그 사람은 더 일찍 자리에서 물러났어야 했지요. (정치 트윗)

여기서 지시대명사 that은 안도감을 유발하는 사건을 말한다. 따라서 마음이 놓이는 일이 생기면, 흔히 이렇게 외칠 수 있겠다. That's a relief!

Ⓢ Respite 한숨 돌리기, 휴식 / Gratification 만족감, 희열 / Peace 평화

Ⓐ Stress 압박감, 스트레스 / Pain 통증, 고통 / Pressure 압박, 압력

revelry

홍청망청, 웃고
떠들기, 파티

revelry는 더 활기 넘치는 형태의 merriment(유쾌하게 떠들썩함)를 말한다. 흔히 먹고, 마시고, 춤추고, 노래하는 행위가 동반되는데, 소란스럽기는 해도 선의로 하는 행동으로 받아들여진다. gaiety와 유사하게, 다소 예스럽게 들리기 때문에 일반적인 대화에서는 쓸 일이 거의 없을 것이다. 그럼에도 불구하고, 미묘한 뉘앙스의 차이를 의도한다면, '기쁨, 환희, 만족'을 묘사하는 joy 계열 단어군에서 이 어휘를 꺼내 쓸 수 있을 것이다.

#revel revelry의 동사형

#revelryinthehouse reverly라는 고어체 용어와 in the house(~가 있는, 도착한)라는 슬랭을 결합해 풍자적으로 나타내는 유머 표현

#revelon 계속 즐기라고 격려하는 표현

#therevelryistoomuch 가령 이웃이 시끄러운 경우에 쓸 수 있음

Christmas/Thanksgiving revelries ⓒ 크리스마스 축제, 추수 감사절 파티

— Will you be joining us for *Christmas revelries* this year? 올해 크리스마스에는 집에 와서 가족과 함께 하지 않으련? (가족이

보내온 우편엽서)

크리스마스 같은 구체적 행사에 쓸 경우, 복수형 revelries로 쓰여 해당 축제 과정에서 벌어지는 전 과정을 가리킨다.

to revel in (something) ⓟ ~을 한껏 즐기다, ~에 매우 기뻐하다
— He is now the world champion: he can *revel in his victory.* 이제 세계 챔피언으로 등극했으니, 승리를 만끽해도 좋을 것이다. (스포츠 보도)

특정한 무엇을 즐길 때 revel in을 쓸 수 있다. 여기서 이 표현은 의미상 merriment보다는 '감상, 음미'(appreciation)에 가깝다. 성공, 승리, 행운과 관련해 자주 사용되는 이유다.

sounds of revelry ⓒ 시끌벅적한 소리
— *Sounds of revelry* emanated through the walls of his apartment, thoroughly annoying the neighbors. 왁자한 소리가 그의 아파트 벽을 뚫고 새어 나와 이웃 주민들은 정말이지 짜증이 났다. (소설)

축제 행사에서 발생하는 여러 소리를 말한다. 웃음 소리, 음악 소리, 잡담 소리, 때로는 외설적 행동의 소리 같은 것들이 그 예다.

Ⓢ Gaiety 흥겨움, 유쾌 / Mirth 즐거움, 명랑, 쾌활 / Merriment 유쾌, 왁자지껄

Ⓐ Sorrow 슬픔, 비애 / Mourning 애도, 비탄 / Solemnness 침통, 엄숙

satiation

만족, 물림,
싫증남

satiation은 굶주림이나 갈증 등의 욕구가 충족되었음을 표현할 때 주로 사용한다. 또한, satisfaction과도 비교해 볼 수 있는데 satisfaction이 더 일상적이라는 함의를 지님에 반해, satiation은 보다 근본적인 필요와 욕구가 충족되었음을 의미한다.

#areyousatiated 날이 선 도발적인 질문

#satiatedontingratiate 인생을 살아가면서 받기보다는 베풀어야 한다는 말을 라임에 맞춘 표현

#satiationforeverynation 전 세계의 기아 종식을 지지한다는 뜻으로, 기발하게 라임을 맞춘 표현

#satiateme 만족하기를 원한다는 표현을 할 때

to be satiated ⓒ 배부르게 먹다, 충족되다

— Stalin's thirst for power *was satiated* after Lenin's death. 레닌이 사망했고, 드디어 스탈린의 권력에 대한 갈증이 해소되었다. (역사 교과서)

satiation은 종종 강력한 충동이 충족되는 것을 가리킨다. 그래서 권력에 대한 욕망, 나아가 연애 또는 성욕의 충족에도 쓸 수 있다.

satiate hunger/thirst Ⓒ 굶주림을 달래다, 갈증을 해소하다

— The drought has continued for several months now, and humanitarian organisations are hoping that their aid packages will *satiate the hunger* of the country's inhabitants. 현재 가뭄이 여러 달째 지속되고 있으며, 인도주의 단체들은 준비한 지원 물품으로 이 나라 주민들의 굶주림이 조금이나마 해소되기를 바라고 있습니다. (방송 뉴스)

흔히 수동태를 써서, 어떤 사람이 충분히 만족감을 느끼거나 (someone is satiated), 그들의 굶주림 또는 갈증이 충족되었다 (their hunger or thirst is satiated)고 쓴다. satiation은 은유적으로 사용되는 경우가 많아서(가령 권력과 관련하여), 실제 배고픔과 갈증을 말할 때는 satiate hunger/thirst를 사용해야 더 정확한 의미를 전달할 수 있다.

point of satiety Ⓟ 포만감의 지점[경계]

— I was so hungry after I'd been released. I just kept eating and eating, beyond the *point of satiety*.
석방된 후로는 정말이지 너무나 배가 고팠다. 먹고, 또 먹고, 배가 가득 찼는데도 계속 먹었다. (전쟁 포로였던 사람의 회고록)

satiety와 satiation 둘 다 (배고픔 등이 해결되어) 만족한 상태를 나타낸다. 보통, 그 상태를 넘어서 너무 많이 먹었거나 지나친 상태가 되었을 때, point of satiety/satiation을 언급하게 된다.

Ⓢ Satisfaction 만족 / Refreshment 상쾌 / Contentment 만족

Ⓐ Starvation 굶주림 / Longing 갈망, 열망/ Dissatisfaction 불만

satisfaction

만족, 흡족,
충족, 성취

satisfaction은 필요의 충족이다. 뭔가가 웬만큼 좋다고 할 때, 흔히 satisfaction을 쓴다. '웬만큼 좋다'(just good enough)가 어느 정도 일까? 놀랍거나 탁월하지는 않지만, 그냥 괜찮은 (merely okay) 정도를 말한다. satisfied라고 하면, 어떤 필요조건이나 요구 사항이 기본적인 수준으로 채워져 만족스러운 것이다. satisfaction은 '완성, 완전함'(completeness)의 뉘앙스를 갖기도 하며, 일/식사와 관련된 생활 습관을 얘기할 때도 쓴다.

#Icantgetnosatisfaction 충족되지 않았음을 얘기하는 유명한 노래 가사다

#justsatisfied 좋지도 않고, 나쁘지도 않고, 그 중간 어딘가를 말할 때

#customersatisfactionguaranteed 흔히 쓰는 광고 문구

#jobsatisfaction 사람들이 중요하게 여기는 목표

sense of satisfaction Ⓒ 만족감

— The film's ending was pretty good: it left me with a *sense of satisfaction*. 영화의 결말이 상당히 좋아서, 나는 만족감을 느꼈다. (영화평)

'만족하다'(be satisfied)를 달리 표현하고 싶다면 '만족감을 갖다'(have a sense of satisfaction)라고 쓸 수 있다. 말하고자 하는 만족감이 일상의 평범한 것이라면 보통 have a sense of satisfaction을 쓴다.

to derive great/huge/mild satisfaction ⓒ 엄청난/큰/어느 정도의 만족감을 얻다[누리다]

— I *derive great satisfaction* from my work as a nurse, but the pay is admittedly low. 저는 간호사로 일하고 있는데, 만족감이 아주 커요. 하지만 다들 알다시피, 보수가 적죠. (보건 분야의 임금 삭감 관련 TV 인터뷰)

satisfaction이란 단어를 쓰는 경우, 동사 자리에 get이나 possess 대신 derive를 활용하기도 한다. 중간에 들어가는 형용사로 만족의 정도를 알 수 있다.

feeling satisfied ⓒ 만족스럽게 느끼는

— The fried chicken burger left me *feeling satisfied*. 그 가게의 프라이드 치킨 버거는 꽤 만족스러웠다. (레스토랑 리뷰)

배고픔과 갈증 얘기가 나오면 satisfaction이 사용되는 경우가 많다. 음식을 먹고 음료수를 마신 뒤 만족감을 느끼면, feel satisfied라고 말할 수 있는 것이다.

to your satisfaction ⓟ (당신의) 마음에 드는

— Was the hotel room *to your satisfaction*? 객실이 귀하의 마음에 드셨는지요? (호텔이 제공하는 고객 평가 양식)

공식적인 상황에서 빈번히 사용되는 어구로, Are you satisfied?보다 약간 더 격식적인 표현이다.

satisfaction guaranteed ⓟ 만족 보장

— This product is 99.9% effective against bacteria. *Satisfaction guaranteed*! 이 제품은 세균을 99.9퍼센트 제거하며, 고객 만족을 보장합니다. (청소 용품 광고)

기업들이 광고에 이런 문구를 자주 쓰는 이유는 자사 제품이 소비자들의 기대를 충족해 줄 것이라고 설득하기 위해서다.

ⓢ Contentment 만족, 자족 / Satiation 만족, 포만감 / Gratification 만족감, 희열

🅐 Longing 열망, 갈망 / Discontent 불만 / Dissatisfaction 불만족

schadenfreude

남의 불행에
대해 갖는 쾌감

독일어는 아주 구체적인 감정이나 상황을 지정하는 어휘들이 많다. schadenfreude도 그 가운데 하나로, 영어가 채택한 단어다. 남의 실패나 굴욕을 접하고 느끼는 고소함 내지 즐거움이 schadenfreude다. 대개 경쟁자를 상대로, 그 사람의 곤경과 분투를 보며 느끼는 우쭐함이 schadenfreude라는 감정의 핵심이다.

#touchofschadenfreude 남의 고통을 접하고 느끼는 약간의 쾌감

#seriousschadenfreude (남의 불행에 대해) 너무 지나치게 기뻐하는 경우

#tryingtoresistschadenfreude 남의 불행에 쾌재를 부르고 싶지 않은데 어쩔 수가 없는 경우

#theschadenfreudeisstrong 남의 실수나 실패에 쾌재를 부를 때

touch of schadenfreude ⓒ 약간의 통쾌함

— Have to admit, I felt a *touch of schadenfreude* after the election. 선거 결과가 약간 통쾌했음을 인정하지 않을 수 없다. (정치 관련 트윗)

schadenfreude는 거의 대부분 단독으로 사용된다. 콜로케이션 형태로 쓰이지 않고, 의미를 보충해주는 어구도 없이 쓰인다. 또, 구어체보다는 문어체로 쓰이는 경우가 대부분이다. 하지만 touch of schadenfreude라고 한다면, 타인의 실패나 몰락에 작은 행복을 느낀다는 것이다. 여기에는 schadenfreude를 느끼는 주체가 실패한 사람의 지인이거나, 도덕적으로 즐거워해서는 안 되는데도 타인의 고통에 작게나마 쾌감을 느끼는 걸 주체하지 못한다는 숨은 뜻이 깔려 있을 것이다.

ⓢ Epicaricacy 남의 불행을 기뻐함 / Sadism 사디즘, 가학 성애 / Pleasure 즐거움, 기쁨, 쾌감

Ⓐ Sadness 슬픔 / Empathy 감정 이입, 공감 / Consideration 사려, 배려

solace

위로,
위안, 평화

solace가 복잡한 정서임을 알아야 한다. 모종의 어려움을 겪은 후 찾아오는 내적 평화가 solace다. 일종의 정신 치유여서 큰 슬픔을 겪은 후 새롭게 느끼는 기쁨과 환희를 서술할 때, 많이 사용된다. 실제로 solace의 콜로케이션은 동사로 쓰이는 경우 몇 가지밖에 없는데, 다른 사람들에게 solace가 주어지거나, 자신이 solace를 발견하는 경우를 말하는 정도뿐이다.

#peaceandsolace 하이킹이나 자연 관련 포스팅을 할 때 유용할 듯

#greatsolace 커다란 기쁨을 언급할 때

#solaceforthesurvivers 자연 재해에 반응하여 할 수 있는 말

#findingsolace 안타까운 일을 겪고 나서 기운을 내려고 할 때

to find solace Ⓒ 위안으로 삼다, 위안을 찾다[얻다]

— After the accident, I *found solace* in being alone.

그 사고 이후 나는 홀로 시간을 보내며 마음의 평화를 찾았다. (감상적인 페이스북 게시글)

find solace는 스스로의 행위를 통해 solace를 갖게(possess) 되었다는 뜻이다. 사람들은 각기 다른 대상에서 solace를 찾는다.

관념일 때도, 삶의 방식일 때도, 술 같은 중독 물질일 수도 있다.

to bring solace ⓒ 위로하다, 위안을 가져다주다

— Our humanitarian aid package will hopefully *bring solace* to those who are suffering the most. 우리의 구호 물자기 가상 고통받고 있는 사람들을 위로해 주기를 희망한다. (국제 구호 단체 웹사이트)

다른 누군가에게 solace를 줄 때, 가장 많이 사용되는 동사가 bring이다.

to take solace ⓒ 평화를 얻다, 위안으로 삼다, 위로를 받다

— He *took solace* from the idea that she might be in the next life, looking down on him and the children. 그는 아내가 다음 생에서 자신과 아이들을 내려다보고 있을지도 모른다고 생각하며 위안을 얻었다. (슬픈 내용의 소설)

사실상 find solace와 동일하지만, 뭔가에 의존해 새로운 행복을 추구하고 있음이 강조된다.

Ⓢ Relief 안도, 안심 / Comfort 안락, 편안, 위안 / Consolation 위로

Ⓐ Distress 고통, 고충, 곤경 / Pain 통증, 고통 / Misery 가난, 비참, 고통

spirit

영혼, 기분,
활기, 자세, 태도

감정이라는 맥락에서 봤을 때, spirit은 활기 넘치는 긍정적 생명력을 의미한다. spirit에 '신비주의'(mysticism)라는 함의도 담긴 것은 이 단어가 중의적으로 쓰여 형태가 없는 추상적 본질을 나타내기도 하기 때문이다. 이처럼, 사람에게 있을 수도 있는, 설명할 수 없는 특별한 종류의 긍정적 에너지를 말할 때 spirit을 아주 유용하게 쓸 수 있다.

#highspirits 긍정적이며 낙관하는 마음을 서술할 때

#spiritual spirit이 있는 상태

#keepspirityall 격의 없는 동기 부여 어구

#getsomespirit 좀 더 의욕을 가지라고 말하는 힘찬 명령문

in high/low spirits ⓒ 의기양양한, 기분이 좋은/의기소침한, 기운이 없는

— The party was *in low spirits* by the time they reached the castle walls, battered by the wind and drenched in goblin blood. 파견대는 사기가 가라앉은 채로 성벽에 도달했다. 혹독한 바람이 그들을 난타했고, 마귀의 피까지 뒤집어 쓴 채였

으니, 그럴 만도했다. (판타지 소설)

일이 잘 풀려서 사람들이 행복한 집단적 상황이라면 high spir-its를 쓴다. 반면, 궁핍과 비참, 비관과 염세주의, 암울과 의기소침이 공유되는 상황이면 low spirits로 묘사된다.

fighting spirit Ⓒ 투지, 두쟁심

— I'm telling you, I'm gonna come back with a *fighting spirit*. 복귀해서 다시금 투지를 갖고 최선을 다하겠다고 다짐합니다. (스포츠 분야 인터뷰)

여기서 spirit은 fighting에 의해 의미가 증강되어서, 확실하고 단호한 경계 상태를 뜻한다. 전투적 어조에 spirit의 긍정적 에너지가 더해진 것이라, 고난과 역경에 용감하게 맞서는 것을 묘사할 때 유용하다.

lift/dampen the spirit Ⓟ 기분을 고조시키다/망치다, 사기를 돋우다/꺾다

— There's nothing like a breath of fresh air to *lift the spirit* and feed the soul. 신선한 공기만큼 기분을 고조시키고 영혼을 충만하게 하는 것도 없다. (웰빙 블로그 게시글)

기분이 나아졌다고 말할 때는 특정적으로 lift나 raise를 사용한다. 하지만 기분이 저조한 경우는 특이하게도 dampen(축축하게 하다, 기를 꺾다)이라는 동사를 쓴다. dampen에는 무언가의 부피를 줄이고 낙천성을 떨어뜨린다는 의미가 있는데, 바로 이 점 때문에 spirit이 천상의 광대한 무언가를 나타낸다는 뉘앙스가 드러난다.

in the right spirit ⓟ 올바른 정신으로

— We can see that, despite the obvious problems with the housing block, local developers have acted *in the right spirit* by prioritising disabled access. 그 주거 단지에 여러 분명한 문제들이 있음에도 불구하고, 지역 개발업자들이 장애인 접근성을 우선시하여 올바르게 조처했음을 알 수 있다. (새 아파트 단지 보고서)

이 표현은 잘못을 저질렀지만 그 의도는 칭찬해 줄 만하다는 얘기다. 포괄적인 면에서 보자면, 개발업자들이 해당 과업을 충실히 수행했다는 뜻이다. 따라서 이 표현은 대개 용서와 화해의 어조로 사용된다.

that's the spirit ⓟ 그렇지!, 그대로 해, 할 수 있어!, 그게 바로 투지야!

— Go on, keep pedalling, *that's the spirit*! 어서, 페달을 계속 밟아, 할 수 있어! (자선 자전거 경주 온라인 생중계)

누군가 어떤 문제로 고군분투하고 있지만 약간의 저항에 부딪힐 때, 이 어구를 써서 그 사람을 격려할 수 있다. 비슷한 어구들로 You can do it이나 Keep it up이 있다.

Ⓢ Liveliness 원기, 활기, 명랑 / Zeal 열의, 열성 / Pep 생기, 활력

Ⓐ Dourness 뚱함, 뽀로통함, 음침 / Downer 우울한 일 / Forlornness 황량, 적막, 쓸쓸

triumph

승리,
성공, 환희

triumph는 승리와 성공의 일종이다. 과거에는 군사적 승리를 서술할 때 사용되었지만, 요즘은 일만 잘 풀리면 어떤 상황에도 다 쓴다. triumph는 다른 사람의 희생으로 얻어진 승리를 의미하기 때문에, 승리 이전에 '경쟁, 시합'이 있었음을 암시한다.

#triumphant 누군가가 승리를 즐기고 있다고 말할 때

#greattriumph 크고 의미 있는 성공을 강조할 때

#suchatriumph 갓 거둔 승리가 아주 만족스러울 때

#triumphantlook 성공을 거둬 행복한 표정을 짓는 사람을 가리킬 때

to triumph over/against ⓒ ~을 상대로 승리를 거두다

— They have done the unexpected and *triumphed over* all adversity. 그들은 온갖 역경을 딛고 승리했는데, 사실 전혀 예상 밖이었다. (스포츠 보도)

triumph가 스포츠 분야에서 널리 사용되는 것은 이 분야가 대개의 경우 경쟁이 기본 요소이기 때문이다. 게임 분야에서도 많이 쓰인다.

resounding triumph ⓒ 확실한 승리, 장엄한 승리

— This decision is a *resounding triumph* for democracy and the rule of law. 이 결정은 민주주의와 법치의 장엄한 승리입니다. (정치 관련 트윗)

resounding이 다른 형용사들보다 triumph와 어울리는 빈도가 높다. resounding에는 먼 곳까지 크게 울려퍼진다는 함의가 있는데, 해당 승리로 사회가 더 많은 이익을 누리게 되므로 널리 선포되어야 한다는 것을 강조한다.

personal triumph ⓒ 개인적인 승리

— I've finally reached 500 hours of gameplay time, a *personal triumph*. 드디어 게임 수행 시간 500시간을 달성했다. 이것은 나 개인의 승리다. (레딧 게시글)

personal triumph는 딱 한 사람한테만 의미 있는 승리이다. 남들은 이 업적이 전혀 안중에 없다.

moment of triumph ⓒ 승리의 순간

— A picture of me in my *moment of triumph* 승리의 순간에 찍은 내 모습 (마라톤을 완주한 직후 찍은 셀카 설명문)

통상 놀라운 위업을 성취해 낸 직후 자신의 승리를 만끽하는 상황을 가리킬 때 moment of triumph를 쓴다.

Ⓢ Victory 승리 / Success 성공 / Pride 자부심, 자랑

Ⓐ Failure 실패 / Embarrassment 낭패, 당혹, 곤란 / Disappointment 실망, 낙담

vibing

분위기, 느낌,
인상, 느긋함, 침착

vibing은 vibe의 현재 분사형으로, 아주 느긋하고 편안한 상태로 즐기는 것을 가리키는 신조어이다. vibe는 vibrations(떨림, 진동)에서 유래한 말이고, 주변 환경에서 느끼는 감정들을 말한다. 중요한 것은 이 감정들이 좋은 vibes와 나쁜 vibes로 분류될 수 있다는 점인데, vibing한다면 이때는 항상 좋은 것을 뜻한다. 미국에서는 보통 vibin'으로 축약해서 쓴다.

#justvibing 느긋하고 편안하다고 말하는 경우
#positivevibes 즐겁고 생산적인 분위기를 좋게 말할 때
#summervibes 햇빛 찬란하고 여유가 느껴지는 사진을 보면서 말할 때
#vibinrightnow 느긋하고 즐거운 마음 상태를 서술할 때

just vibing ⓒ 그냥 기분 좋은, 단지 느긋하게 있는

— I'm *just vibing* right now, dude. 그냥 기분 좋게 쉬고 있어.
(친구와의 대화)

vibing을 쓰는 가장 흔한 방법이 바로 이 표현이다. just를 덧붙이면서 특별히 하는 일은 없다는 뉘앙스가 보태졌다. 어쨌든 vibing은 relaxing이기 때문이다.

to give good/bad vibes ⓒ 분위기를 좋게 하다/나쁜 분위기를 퍼뜨리다

— This hotel *gave* me really *bad vibes*. 이 호텔은 정말 기분이 찜찜했어요. (트립어드바이저 리뷰)

vibes는 대단히 추상적인 개념이고 사람들은 대상과 관련해 느낌은 있지만 이유가 확실하지 않을 때 통상 이 말을 쓴다. vibes 앞에 good이나 bad 같은 형용사를 써서 주변 환경에 대한 전반적인 느낌을 나타낸다.

a 1970s vibe ⓒ 1970년대 분위기

— The movie has *a 1970s vibe*: the wardrobe team really nails the beige colours, flairs and crazy hair. 이 영화는 분위기가 딱 1970년대이다. 의상팀이 베이지색, 나팔 바지, 말도 안 되는 미친 헤어스타일을 선택한 것만 봐도 그 사실을 잘 알 수 있다. (영화평)

예문에 쓰인 70년대 대신 60년대, 80년대, 90년대 등을 써도 된다. 복고적 분위기를 내뿜는 패션이나 실내 장식을 언급할 때 흔히 이 표현을 쓴다.

give off a vibe ⓒ 분위기를 내뿜다

— He *gave off a* weird *vibe*, I couldn't put my finger on it. 그 사람 분위기 정말 이상하지 않았어요? 꼬집어 말할 수는 없지만요. (비공식 구인 면접 후 채용 담당자들끼리 나누는 대화)

일반적으로, 뭐가 됐든 장소나 환경은 '분위기를 전달한다'(give a vibe)고 하고, 반면 사람은 '분위기를 내뿜는다'(give off a vibe)고 표현한다. vibe는 상대적으로 새로 등장한 속어이고,

그 용법이 계속 변화하고 있으므로, 방금 말한 내용도 절대적인 규칙은 아니다.

vibe with　Ⓒ　~와 어울리다, ~가 편하다[좋다]

— Those socks don't really *vibe with* those sneakers.　그 양말은 이 스니커즈와 안 어울린다. (인스타그램에 올라온 비평)

vibe with는 어떤 사람이나 사물과 '잘 어울리다'(get along) 또는 '편하게 지내다'(be comfortable)라는 뜻이 기본이다. 패션 영역에서 널리 쓰이며, 사람들이 많은 점에서 의견이 다를 때 서로 vibe with하지 않다고도 말한다.

Ⓢ Relaxation 완화, 휴식 / Contentment 만족, 자족 / Feeling 느낌, 감정, 분위기

Ⓐ Stress 압박감, 스트레스 / Fear 두려움, 공포 / Discontent 불평, 불만

warmth

온기, 따뜻함,
친절, 온정, 열심

영어에서는 온도를 나타내는 단어들이 대개 감정 관련 의미도 갖는다. coldness는 '엄격함과 준엄', hotness는 '분노와 화', coolness는 '동요하지 않는 침착'인 식이다. '동정과 친절'을 의미하는 warmth는 친화성의 한 형태로, 마음이 끌리게 하는 친절한 태도를 말한다.

#warm 모호하긴 하지만, 우호적이고 친절한 반응을 나타낼 수 있다

#warmsmile 친절해 뵈는 얼굴 표정을 서술할 때

#warmresponse 많은 사람이 뭔가를 동정해서 수용했다고 말할 때

#warmsmyheart 행복하고 아늑할 때

to radiate warmth Ⓒ 온기를 내뿜다

— She was known to *radiate warmth* and kindness.

그녀는 따뜻하고 친절한 사람으로 유명했다. (현대 소설)

이 콜로케이션은 친절하고 다정한 기운이 몸가짐을 통해 뿜어져 나온다는 얘기이다. radiate warmth할 수 있는 능력은 대개 성격 특성으로 간주되며, 문학의 캐릭터 묘사에 자주 나온다.

genuine warmth ⓒ 꾸밈없는 온정, 진정한 환대

— The *genuine warmth* of this group really lifts me up. 그 사람들의 꾸밈없는 온정에 정말로 기분이 좋았다. (레딧 게시글)

사람이 보이는 따뜻한 태도가 거짓인 경우도 있다. 말하자면, 남들을 달래려고 온화한 모습을 가장하는 것이다. 그렇기 때문에, genuine warmth는 '진정한 온정'(real warmth)을 말한다. 이 표현을 쓰면, 사실은 '가짜 온정'(false warmth)을 예상했는데 온정이 진짜라는 사실을 확인하고 긍정적으로 놀란 마음을 갖게 되었음도 짐작할 수 있다.

warm smile ⓒ 따뜻한 미소

— You have such a *warm smile* in this picture! 이 사진에서 당신은 정말 따뜻한 미소를 짓고 있군요! (페이스북 댓글)

warmth는 주로 사람의 행동을 통해 전달된다. 하지만 얼굴 표정, 가장 흔하게는 웃음을 통해서도 warmth를 느낄 수 있다. 사람은 우호적인 미소를 통해, 이렇듯 온정을 전달할 수 있다.

to warm to (someone) ⓒ 좋아하기 시작하다, 마음의 문을 열다, 흥미를 보이다

— Voters seem to be *warming to the new party leader*. 유권자들이 새로운 당 대표에게 마음의 문을 열기 시작한 것 같다. (정치 보도)

warm을 동사로 써서 warm to someone이라고 하면, 누군가를 인정하면서 좋아하기 시작했다는 말이다. 과거에는 그 사람이 내키지 않았거나 그 사람에게 무관심했다는 함의가 있다. 사람은 물론이고, 구체적인 유형 대상이나 관념에도 쓸 수 있다.

warm welcome Ⓒ 따뜻한 환영, 환대

— Would recommend this hotel to anyone who wants a *warm welcome* and efficient staff. 따뜻한 환대와 유능한 스태프를 원하는 분 모두에게 이 호텔을 적극 추천합니다. (호텔 리뷰) warm welcome은 누군가를 친절히 맞이해 후하게 대접하는 것을 말한다. 식음료를 제공하고, 존중하는 태도로 대하며, 시간을 할애해 상대방의 니즈(needs)를 충족해 주면, 바로 이 행동을 warm welcome이라고 서술할 수 있다.

Ⓢ Kindness 친절, 다정함 / Congeniality 친화성, 마음이 맞음 / Affection 애착, 보살핌, 애정

Ⓐ Coldness 냉담, 쌀쌀, 준엄 / Frigidity 냉랭, 냉담 / Hostility 적의, 적대, 반감

zeal

열심, 열성,
열중, 열의

zeal은 기본적으로 활력을 뜻한다. 하지만 어느 정도의 열정과 야망도 암시한다. 성공과 출세, 부와 재산, 명예, 권력 얘기를 할 때 zeal이 많이 쓰이는 이유다. 특정한 목표를 달성하고자 하는 긍정적인 의미의 굶주림이 zeal이다.

#zealous zeal의 형용사형

#thezealisreal zeal을 보여주고 난 후, 라임을 써서 이를 긍정하고 있다

#realzeal 열의가 충만함을 서술하는데, 'real deal'(굉장한 것)을 따라한 말놀이

#findingmyzeal 열정을 논할 때

overzealous Ⓒ 지나치게 열성적인

— The plot was *overzealous* and far too complicated. 열의가 지나쳤던지, 줄거리가 너무 복잡하다. (영화평)

pep이나 spirit과 달리, zeal은 너무 많이 지니면 그 정도가 지나칠 수 있다. 너무 열심히 애쓰거나 너무 심하게 노력할 때 이 말을 쓴다.

burning zeal ⓒ 불타오르는 열의

— His eyes were ablaze with *burning zeal*. 그의 두 눈이 열의가 불타오르며 빛났다. (스릴러물)

zeal을 '내면의 불길'(internal fire)이라고 떠올리면 적절하다. 불은 흔히 야망을 은유하고, zeal도 똑같이 쓰일 수 있다.

demonstrate zeal ⓒ 열의를 보이다

— I was impressed by that candidate: I thought she *demonstrated zeal*. 그 지원자는 무척 인상적이었어요. 열정이 있다고 생각합니다. (면접 대상자들을 평가하는 채용 담당)

상당히 직설적인 이 콜로케이션은 흔히 직업 관련 맥락에서 등장해 누군가의 헌신과 탁월한 성과를 서술하는 데 쓰인다.

lack of zeal ⓟ 열의 부족

— I think we showed a *lack of zeal* on the pitch today. 오늘 시합은 선수들의 열의가 부족했다고 봅니다. (축구 감독의 경기 후 인터뷰)

관련자들이 매우 신중하고, 방어적이며, 에너지가 떨어진 상황을 서술하기에 적합하다.

Ⓢ Pep 생기, 활력 / Ambition 야망, 포부, 의욕 / Spirit 원기, 활력, 영혼, 기분

Ⓐ Apathy 무관심, 냉담 / Despondency 낙담, 의기소침 / Dejection 실의, 낙담

zen

젠, 선(禪),
고요, 평화

zen은 일본 대승 불교에서 유래한 말로 명상 수련의 일종이다. 최근 들어 서양 사람들은 '고요, 평온'을 뜻하는 일반적인 용어로 zen을 사용해왔다. 누군가 zen하다고 하면, 그 사람은 깊은 생각에 잠겨 가만하고 고요하며, 자신의 생각을 다스릴 수 있는 상태다. I am feeling zen(기분이 잠잠하다)처럼 형용사로 쓰인다.

#feelingzen 고요와 만족을 느낄 때

#zenthoughts 긍정적이고 침착한 태도를 서술할 때

#findingmyzen 마음을 진정하려고 애쓸 때

#thiscatlookssozen 행동이 아주 느긋한 고양이를 가리키는 경우

zen thoughts Ⓒ 선 사상, 선 수련

— It's okay, just calm down, think *zen thoughts*. 좋아, 진정하자구, 마음을 비우고 집중하면 돼. (시험을 앞두고 혼잣말을 중얼거리는 학생)

think zen thoughts는 마음을 깨끗이 비우고 침착하게 생각하며 스스로를 진정시킨다는 말이다.

to feel zen ⓒ 기분이 잠잠하고 평화롭다

— It's Saturday and I'm *feeling zen*. 오늘은 토요일이고, 나는 무척이나 평화롭다. (인스타그램 설명문)

이 콜로케이션이 zen을 쓰는 가장 흔한 어법이다.

Ⓢ Calmness 고요, 평온, 냉정, 침착 / Composure 평정 / Chill 느긋, 편안

Ⓐ Anxiety 근심, 걱정, 불안, 염려 / Stress 압박감, 스트레스 / Aggression 호전성, 공격

JOY

zest

열정, 열의, 흥미, 매력, 활력, 생기

감귤류 과일의 껍질(zest)은 신선하고 발랄한 풍미를 지니며, 바로 여기서 zest가 어떤 정서를 비유하게 됐는지 단서를 얻을 수 있다. zest는 특별한 생기이자 활력으로, enthusiasm, enjoyment, spirit 사이 어딘가에 위치한다. 사람들은 zest(열정)를 가질 수 있다. 또한, zest는 게임이나 라이프 스타일 또는 대화에서 생기는 흥분과 열정의 동의어로도 쓰인다.

#lemonzest 왕성한 에너지를 톡톡 튀는 과일의 느낌과 결부한 말

#zesty 역동적 느낌의 형용사

#zingzestzap z로 시작하는 단어들을 연달아 써서 역동성과 활기를 의도한 경우

#zestupmylife 활발한 라이프 스타일 개선과 관련해 사용

add some/a little zest ⓒ 재미[흥미]를 약간 더하다

— Let's try something daring like abseiling to *add some zest* into our lives! 암벽 등반 같은 걸 해보는 건 어때? 조금쯤 우리의 삶이 재미있어질 거야! (부부의 대화)

어떤 면에서는 add some zest를 요리에 비유해 생각해 볼 수

있다. 레몬이나 라임 껍질로 요리의 풍미를 살리는 것처럼, 라이프 스타일에 재미와 흥미진진함을 더할 수 있는 것이다.

renewed zest Ⓒ 새로운 열정, 새로운 흥미

— I've come back after my sabbatical with a *renewed zest*. 안식년을 마치고 돌아오니, 다시금 열정이 샘솟는 것 같습니다. (직원과 사장의 대화)

zest는 소진되기도 한다. 그런 이유로 장기 휴가나 방학을 통해 renewed zest를 갖게 되는 일도 흔하다.

zest for life Ⓟ 삶의 열의, 열정적 삶, 삶에 대한 열정

— The *zest for life* of these people is incredible: really inspiring! 이 분들의 열정적 삶은 정말이지 믿을 수 없을 정도입니다. 영감을 주고, 격려가 되지요. (어르신 공동체를 소재로 한 유튜브 다큐멘터리의 내레이션 한 대목)

이 어구는 인생을 최대한 활용하고자 하는 전반적 노력과 헌신을 가리킨다. 삶을 힘껏 열심히 살며 기회를 놓치지 않으려는 사람들을 묘사하며 흔히 쓰인다.

Ⓢ Pep 생기, 활력 / Zeal 열의, 열성 / Liveliness 원기, 활기, 명랑

Ⓐ Dispiritedness 낙심, 허탈, 의기소침 / Depression 우울, 암울 / Ennui 따분함, 권태, 무료

Sadness

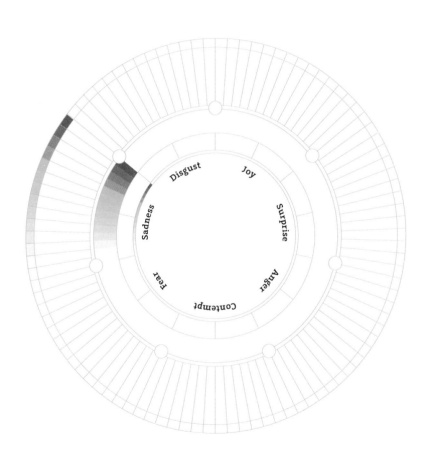

abjection

비참, 비천,
비열, 비굴

abjection은 대개 형용사형 abject로 쓰여 최고로 비참하고 악화된 모습을 나타낸다. abjection의 어원을 보면, 바깥 또는 아랫쪽으로 내친다는 의미이다. 풀이 죽은 의기소침 상태인 downcast란 정서와 abjection이 함께 쓰이는 이유이다.

#abject 버려져서 불쌍하고 애처로울 때
#abjectfailure 나쁜 결정을 비판할 때
#endabjectpoverty 복지비를 늘리라고 부추기는 슬로건
#abjectdisaster 일이 엉망으로 꼬여 버렸을 때

abject poverty ⓒ 극빈, 극심한 가난
— This athlete has worked her way up from *abject poverty* to the world stage. 이 선수는 극빈층 출신이지만 노력을 거듭해 세계 최고 수준의 부자로 등극했다. (스포츠 보도)
가난이 abject하면, 매우 형편이 안 좋아 돈이나 재산이 매우 부족한 상태를 말한다. abject에는 노예 상태와 '열등감'이라는 뜻도 숨겨져 있어서, 자연스럽게 사회 계급의 이미지가 떠오른다.

abject misery Ⓒ 극도의 고통, 극심한 비참함

— The portrayal of *abject misery* experienced by those in the trenches is pretty evocative. 참호에 투입된 병사들은 극도로 비참한 상태에 놓였으며, 그 참상에 대한 영화의 묘사가 매우 설득력 있다. (전쟁 영화 관람평)

abject misery 상태에 놓였다는 것은 전쟁이나 자연 재해 상황에서 질식할 것 같은 최악의 슬픔을 체험하는 것이다.

abject failure Ⓒ 비참한 실패, 낭패

— Most people surely agree that their foreign policy has been an *abject failure*. 그들의 외교 정책이 비참하게 실패했다는 사실에 대다수가 틀림없이 의견을 같이 한다. (레딧에 올라온 정치 토론 글)

abject failure는 당혹스럽고 굴욕적일 만큼 뭔가가 심각하게 잘못 되었다는 뜻이다.

abject apology Ⓒ 철저한 사과

— I want to issue my *abject apology* to all those who felt hurt by my comments. 제 발언 때문에 상처받으신 모든 분들에게 고개 숙여 사과하고자 합니다. (유명인의 사과 트윗)

abject apology는 잘못된 행동을 속죄할 때 쓰는 매우 극단적인 형태의 사과다. 자신의 행동이 형편없고 끔찍했을 뿐만 아니라, 낮은 자리에서 겸손한 마음으로 사과도 한다는 뜻이다.

Ⓢ Humiliation 창피 / Degradation 비하, 악화 / Servility 굴종

Ⓐ Superiority 탁월 / Pride 자부심 / Command 지배, 장악

anguish

아픔, 괴로움,
비통, 고뇌, 번민

anguish는 격심한 육체적 아픔이나 정서적 고통이 섞인 형태를 가리킨다. 비명, 죽음, 트라우마, 고문 등 인간 행동의 가장 어두운 측면들과 연관성이 있다.

#pureanguish 해시태그로 쓰일 법하지 않지만, 쓰인다면 일 관련 회의처럼 지루한 것에 반어적으로 쓰인다

#painandanguish 고문만큼 심한 고통을 언급할 때

#tearsofanguish 어쩌면 인류에 의해 발생한 재난 사태를 언급하는 경우

#inanguish 해시태그로 쓰일 경우, 우스꽝스럽고 반어적으로 사용

cry/scream of anguish © 고통의 비명, 번민의 외침

— She *cried in anguish* as she clutched the corpse of her dead son. 그녀는 아들의 시신을 부여잡으며 울부짖었다. (소설)
cry/scream of anguish는 사랑하는 사람을 잃는 경우처럼 매우 슬프고 고통스런 상황에 처해 격렬하게 울부짖는 것이다.

tears of anguish © 비통한 눈물

— Amongst those in the encampment, *tears of an-*

guish **flowed.** 난민 캠프에 있는 사람들은 비통한 눈물을 흘렸다. (전후 난민 사태를 접하고 저널리스트가 보인 반응)

anguish가 '눈물'을 야기하리라는 것은 충분히 이해 가능하다. 하지만 대부분의 눈물과 달리, tears of anguish는 주어진 상황에 대한 뿌리깊은 슬픔과 고통을 나타내기 때문에 그야말로 참혹한 눈물일 것이다.

in anguish ⓒ 슬퍼하는, 괴로워하는

— My heart goes out to all the victims and people *in anguish* after tonight's events. 오늘 밤 사건으로 고통을 받고 있는 모든 희생자들에게 심심한 위로를 전한다. (아파트 붕괴 사고 이후 쏟아진 트윗)

보통 사람이 주어일 때 be in anguish로 쓰는데, 고통스러운 감정이 그 사람을 에워싸고 사로잡을 만큼 포괄적인 것을 말한다.

to suffer the anguish of (something) ⓒ 고통을 겪다

— Never again should humanity *suffer the anguish of genocide*. 이제 인류는 더 이상 집단 학살의 고통을 겪어서는 안 됩니다. (유엔 평화 캠페인 선언문)

'일반적인 슬픔'(plain sadness)이 '겪는'(be experienced) 것이라면, anguish는 '고통받고 시달리는'(be suffered) 것이다. 당연한 말이지만 너무나 고통스럽기 때문이다. 이 콜로케이션 다음에는 흔히 anguish의 원인이 뒤따르는데, 위 예문의 경우에는 '집단 학살'이 원인이다.

Ⓢ Agony 극심한 고통, 괴로움 / Sorrow 슬픔, 비애 / Grief 비탄, 슬픔, 고민

Ⓐ Bliss 지극한 행복 / Ecstasy 황홀경, 엑스터시 / Heaven 천국

bleakness

황량, 적막,
암울, 절망, 삭막

감정을 나타내는 의미가 아니라면, bleak는 척박해서 사람이
살기 힘든 환경을 말한다. 여기서 파생하는 정서적 의미도 비슷
할 수밖에 없다. 우울하고 활력이나 희망이 없는 것이다.

#bleak 희망이라고는 전혀 없는 상황을 가리키는 형용사

#bleakclothing 칙칙하고 우울한 패션을 가리키는 경우

#futureisbleak 앞으로 펼쳐질 미래에 기회가 많지 않을 거라고 말할
때, 흔히 bleak를 사용한다

#bleakforest 으스스하고 음울해 보이는 수풀 사진을 묘사하는 경우

to look bleak ⓒ 암울해 보이다, 삭막하다, 절망적이다, 불리하다

— Things are *looking bleak* for the members of Task
Force Alpha as they plan their assault on the Da-
mascus lair. 특수부대 알파 팀이 다마스쿠스 은신처 급습을 계획 중이
지만 팀원들의 상황은 암울해 보인다. (넷플릭스 드라마 시리즈 개요)

feel bleak이라고 쓰는 게 불가능하지는 않다. 하지만 그보다는
bleakness를 경험하고, 그 결과 우울함을 느낀다고 해야 자연
스럽다. 그런데 이 경험은 'bleak해 보이는'(look bleak) 것에서

비롯한다. bleakness와 결합하는 가장 흔한 동사가 바로 expe-
rience이다.

bleak future ⓒ 어두운 미래, 암울한 미래
— For young people, the *future* looks *bleak* amidst ris-
ing costs of living and saturated job markets. 물가 상승
및 노동 시장 포화 상태로, 젊은이들의 미래가 암울해 보인다. (경제 전망 보도)
미래를 회의적으로 바라보는 사람들이 많다. 이런 이유로, 그들
은 미래를 지금보다 상황이 안 좋은 '암울한'(bleak) 곳으로 서
술한다.

(to paint a) bleak picture ⓒ 암울한 그림[상황](을 그리다)
— The live music scene is a pretty *bleak picture* right
now, so let's change that. 라이브 음악계는 현재 상황이 매우 어
둡습니다. 우리 다 함께 이 현실을 바꿔 봅시다. (인스타그램에 올라온 라이브
음악 공연장 사진과 관련 글)
무언가가 암울하고 황량해 보이면(look bleak), 이를 살짝 변형
해 something is a bleak picture라고 할 수 있다. 또는 "The
news paints a bleak picture of the live music scene."(뉴스
에 의하면 라이브 음악 업계는 상황이 암울하다고 한다)이라는
예문처럼, paint a bleak picture를 써서 무언가가 bleak하다고
말할 수도 있다.

Ⓢ Hopelessness 절망 / Melancholy 멜랑콜리 / Forlornness 쓸쓸

Ⓐ Optimism 낙관주의 / Hopefulness 희망 / Felicity 더할 나위 없는 행복

boredom

지루함, 따분함,
권태, 재미 없음

boredom을 영어에서 많이 볼 수 있는 것은 지루함이 매우 일반적인 감정이기 때문일 것이다. boredom이 포함된 콜로케이션 다수는 심하게 과장된 면이 있다. 가령, bored to death라는 표현을 쓰지만, 지루하다고 해서 사람이 죽지는 않는다. 그런데도 이런 과장된 표현을 쓰는 이유는 불편한 상황을 강조해 극적인 효과를 얻으려는 것이다. 사람들이 지루함을 느끼면 언어를 다채롭게 생각할 시간이 더 많아지는 것은 아닐까?

#bored 정말 자주 쓰이는 간단 해시태그
#boredaf 굉장히 지루하다는 의미로 board at fuck을 의미
#boredatwork 가장 흔히 지루함을 느끼는 곳
#aloneandbored 외롭고 쓸쓸하다는 슬픈 해시태그

bored stiff ⓒ 심심해서 죽을 지경인
— The plot of this movie was so lame, I was **bored stiff**. 이 영화는 줄거리가 너무 설득력이 없다. 지루해 죽는 줄 알았다. (로튼 토마토 관객평)
stiff는 뻣뻣하게 경직돼 움직임이 없다는 뜻이다. 주의를 끌 만한 것들이 너무 없어서 천천히 돌로 변해가고 있는 듯한 느낌에 빗대어 표현한 것이다.

bored out of one's mind (P) 지루해서 미쳐버릴 것 같은

— In class right now, and I'm *bored out of my mind.*
지금 수업 듣고 있는데 지루해서 미쳐 버릴 것 같아. (스냅챗 문자)

기본적으로 아주 심심하고 권태롭다는 이 표현은 너무 지루한 나머지 미쳐가는 듯한 느낌이 들기 시작했다는 뜻이다.

to die of boredom (P) 지루해서 죽을 지경이다

— This hiking trip sucks, I'm gonna *die of boredom* soon. 이번 하이킹은 정말 최악이에요. 조만간 지루해서 죽을지도 몰라요. (아이가 토라져서 부모한테 던지는 말)

이 콜로케이션은 너무나 연극적이어서 좀 유치하게 들리기까지 한다. 하지만 그럼에도 불구하고 허물 없는 관계에서 빈번하게 사용되는 표현이다. 너무나 지루하고, 당장에 환경 변화가 필요하며, 안 그러면 더 이상 버티기 힘들다는 뜻이다.

bored to tears/death (P) (눈물이 날 만큼) 몹시 지루한

— Man, I hate lockdown, anyone else *bored to tears*?
락다운 정말 미치겠다. 나만 무료해서 눈물 날 지경인 거야? (개인 트윗)

이 어구 역시 눈물이 날 만큼 무료하고 권태롭다는 뜻이다. die of boredom과 같은 의미로 bored to death도 쓸 수 있다.

to go mad with boredom (P) 지루해서 미칠 지경이다

— If I had to move out to the countryside, I think I'd

go mad with boredom. 시골로 이사해야 한다는 생각만으로도 무료
하고 심심해서 미쳐 버릴 것 같다. (페이스북 메시지)

boredom이 madness(광기, 정신 이상)와 관련이 있는 것은 할
일이 없어 한가한 사람이 정신적으로 방황하다 이상한 상태가
되는 경향이 있기 때문이다. 오랜 시간 무료함이 계속되어서 정
상적으로 생각할 수 없는 상황에 이 표현을 쓸 수 있겠다.

Ⓢ Ennui 따분함, 권태감 / Mopeyness 나른함, 시무룩 / Weariness 권태,
피로, 지루함

Ⓐ Excitement 흥분, 들뜸, 신남 / Animation 생기, 활기 / Engagement
관계, 참여

brooding

음울한,
시무룩한, 음침한

brooding은 안으로 곱씹으며 신경이 날카로워진 상태로 우울해하는 것이다. 이 감정은 지속 기간도 대개 긴 편이다. broody라고도 쓰이는데, broody는 알을 품고 있는 암탉을 가리키는 말이기도 하다. 최근 들어 brooding이 성적 매력을 나타낼 때도 쓰이는데, 조용히 사색하는 걸 즐기는 유명인사나 배우들의 침울한 듯 진지한 표정에 대중이 빠져들고 있기 때문이다.

#broodinglook 슬픔과 자기성찰의 표정
#sobrooding 매우 우울한 표정을 말할 때
#broodingmodel 시무룩하지만 매력적인 모델을 가리킬 때
#broodingcharacter 소설 속의 음울한 주인공을 가리킬 때

brooding look ⓒ 음울한 표정

— He gave her a **brooding look** before burying his eyes back into the book. 그가 음울한 표정으로 그녀를 바라보더니, 이윽고 다시 책으로 눈을 돌렸다. (현대 소설)

brooding look은 슬픔과 안 좋은 기분이 살짝 배어 있는 얼굴 표정이다. 이때 대개는 시선을 마주치는 시간이 길다. 하지만

'외모'라는 측면에서, 보다 정확하게는 '패션'의 의미로 brooding look을 쓰기도 한다. 후자의 의미라면 부드러운 질감을 가진 어두운 색 옷이 brooding해 보인다고 할 수 있겠다.

brooding silence ⓒ 음울한 침묵

— Our office politics has now just descended into *brooding silence*. 사내 정치 때문에 음울하게 침묵하는 분위기가 되어 버렸어. (배우자와의 대화)

brooding silence는 슬픈 긴장감을 느끼며 침묵하는 상태이다. 아마도 분노와 화, 짜증의 기미도 있을 것이다. 이 예문을 보면, 사람들이 불행하지만 그 사실을 드러내지 못하고 침울하게 아무 말도 할 수 없는 상태이다.

brooding figure ⓒ 침울한 캐릭터, 음울한 인물

— Why is there always one *brooding figure* sitting alone in the corner of the bar? 음울한 캐릭터들은 도대체 왜 항상 술집 구석에 혼자 앉아 있는 것인가? (레딧 게시글)

brooding에는 비밀스러움이라는 요소가 있다. figure(인물, 사람)란 단어가 인물에 대해서 별다른 정보를 제공하지 않기 때문에 brooding과 잘 어울린다. 종합해 보면, brooding figure는 비밀스럽고 침울한 캐릭터를 말하는 것이라 소설과 영화에 자주 등장한다.

Ⓢ Moodiness 침울 / Sulkiness 부루퉁함 / Mopiness 침울

Ⓐ Sprightliness 활기 / Bubbliness 활기찬 상태 / Affability 상냥함

bummer

실망, 불쾌,
기대와 다름

주로 미국에서 쓰는 속어로, 일이 틀어져서 결과적으로 기분이
저조한 상태를 이른다. 상대방의 말에 bummer라는 한 단어
로 응답할 수도 있고, Something is a bummer라는 문장을 쓸
수도 있다. 차례로 예문을 소개하면, 첫째, "Damn, I forgot to
bring the donuts." "Bummer."("망할. 깜박하고 도넛을 안 가
져왔네." "실망인데."). 둘째, "That's a bummer"(아쉽네).

#totalbummer 분위기를 완전히 망치는 무언가를 일컬을 때
#bummerdude 미국 구어
#summerbummer 여름에 일어난 실망스러운 일
#bitofabummer 실망한 무언가를 얼버무려 말할 때

that's a bummer ⓒ 아쉽다!, 실망스럽다!
— "Excuse me, do you know the way to the nearest
liquor store?" "No, sorry." "Ah, *that's a bummer*." "저,
가까운 주류 판매점 아세요?" "아니요, 미안합니다." "아이고, 아쉽군요." (행
인들의 대화)
bummer는 속어이기 때문에 격식을 따지지 않는 대화 상황에

서만 쓴다. 이 예문을 보면, 행인이 가까운 주류 판매점의 위치를 몰라서 말을 건 사람이 실망한 것이다.

total bummer ⓒ 대실망, 완전 실망
— I've been to, like, five hardware stores and none of them have the right size screws, it's a *total bummer*. 철물점을 다섯 군데 정도 돌았는데도 맞는 크기의 나사를 갖고 있는 곳이 한 군데도 없었어. 완전 낭패야. (배우자와의 대화)
뭔가가 짜증스럽고 낙심되는 상황에서 total bummer를 쓰면 되겠다.

real bummer ⓒ 실망, 낙심
— You dropped your ice cream? Oh, haha, that's a *real bummer*! 아이스크림 떨어뜨렸니? 크크크, 정말 안 됐네! (친구를 놀리는 대화)
real이 붙으면 표현의 강도가 약간 세진다. bummer라고만 하는 것보다 그 정도를 약간이나마 강조할 때 이렇게 쓴다.

bummer, dude ⓒ 애석하군, 안 됐네, 유감이야
— "Dude, I just did this sweet nollie but I fell and think I sprained my arm." *"Bummer, dude."* "이봐, 방금 놀리(보드의 앞부분을 눌러서 하는 점프)를 근사하게 성공했는데, 팔이 삔 것 같아." "안 됐군, 친구." (스케이트보더들의 대화)
bummer는 속어고, 다른 속어 단어인 dude(친구, 놈, 녀석)와 함께 사용된다. 이 표현은 스케이트보드를 타는 사람이나 게으름뱅이들이 많이 쓸 법하다. 사람들이 bummer와 함께 dude를

많이 쓰는 것은 1990년대에 미국에서 스케이트보드를 타던 사람들이 쓰던 화법을 따라하는 것이다.

bummed out ⓒ 완전 낙담한, 상심한

— Feeling pretty *bummed out* about the loss today. 오늘의 패배는 상실감이 성발이지 크디. (운동 선수의 트윗)

bummed out은 bummer를 경험했다는 뜻이다. 이 예문에서는 loss가 bummer다. 선수는 상심했고, 실망했고, 의기소침한 상황이다.

Ⓢ Disappointment 실망, 낙심 / Dispiritedness 의기소침, 낙심 / Letdown 낙심, 실망

Ⓐ Blessedness 행운, 행복 / Spirit 활기 / Felicity 더할 나위 없는 행복

cheerlessness 음산, 쓸쓸,
칙칙, 음울

cheerlessness는 밝고 행복한 느낌이 없는 것이다. 긍정적 의미를 부여하는 것이 아니라 어떤 것의 부재를 나타낸다는 사실이 중요하다. 하지만 부족한 활기나 행복이 앞으로 생길 거라는 기대를 드러내기도 한다.

#cheerless 활기와 명랑함이 없을 때

#purecheerlessness 따분하고 재미없다고 말할 때

#cheerlesstask 지루하고 힘겨운 과제를 일컬을 때

#cheerlesscrowd 음악회 관객이 열의를 보여주지 않을 때

cheerless surroundings ⓒ 활기 없는 환경, 칙칙한 주변

— This bar does great cocktails but it is situated in some *cheerless surroundings*. 이 집은 칵테일을 정말 잘 합니다. 하지만 위치가 좀 그래요. 주변 환경이 칙칙하거든요. (트립어드바이저 리뷰)

재미 없고 우중충하고 불쾌한 장소를 서술할 때 cheerless가 빈번히 사용된다. 어떤 장소의 설계 목적이 기능과 역할이어서 재미있는 특징이나 녹지 공간 등이 없으면, 그곳은 cheerless하다고 여겨질 수 있다.

cheerless mood Ⓒ 쓸쓸한[칙칙한] 분위기

— Be careful in your meeting later, the boss is in a *cheerless mood.* 나중에 미팅할 때 주의하세요. 사장님 분위기, 매우 칙칙합니다. (직장 동료들의 대화)

cheerless를 사람한테 쓰면 유머라든가 붙임성이 없는 차갑고 근엄한 표정을 일컫는다.

Ⓢ Gloom 우울, 의기소침 / Moodiness 변덕, 침울 / Seriousness 심각, 진지

Ⓐ Mirth 웃음, 즐거움 / Revelry 흥청망청, 환락 / Merriment 유쾌

cynicism

냉소, 비꼼,
냉소주의

cynical한 태도는 긍정적인 결과를 믿지 않는 자세다. cynical 한 사람들은 최악을 생각한다. 더 깊이 들어가면, cynicism은 인간 자체에 대한 의심과 회의다. 냉소주의자들은 인간이 자기중심적이고 도덕적으로 부패한 존재일 뿐이라고 생각한다.

#cynical 최악을 생각하는 성격 특성을 일컬을 때
#bittercynic 냉소적일 뿐만 아니라 악의적이기까지 한 사람
#whatacynic 늘 최악을 생각하는 사람에게 쓸 수 있는 말
#cynicalattitude 모든 일에 활기 없이 반응할 때

bitter cynicism ⓒ 신랄한 냉소
— I'm so tired of the *bitter cynicism* on social media. 소셜 미디어의 매우 냉소적인 분위기가 너무 피곤하다. (레딧 게시글) 특별히 분노하는 cynicism을 표현할 때 형용사 bitter를 써서 수식한다. 요컨대, 강렬한 혐오인 셈인데, 어떤 특정한 종류의 냉소주의가 악의적이고 복수심에 차 있을 정도라는 의미다.

healthy cynicism ⓒ 건전한 냉소주의

— I tend to approach the entertainment industry with a *healthy cynicism*. 나는 엔터테인먼트 산업에 대해서는 건전한 냉소주의를 갖고 접근하는 편이다. (개인 트윗)

healthy cynicism은 긍정적인 냉소(주의)이다. 이상주의적이거나 비현실적인 목표는 멀리하고, 사태에 효과적으로 대응하기 위해 일이 틀어질 수도 있다며 조심한다는 의미인 것이다.

unduly cynical ⓒ 지나치게 냉소적인

— My sister is *unduly cynical* of people, which is why she has no friends. 내 여동생은 사람들을 지나치게 부정적으로 바라본다. 여동생에게 친구가 없는 이유다. (틱톡 캡션)

unduly cynical한 세계관은 필요 이상으로 암울한 마음가짐이다. 이 어구를 쓰는 것 자체가 그렇게 부정적일 필요는 없다고 제안하는 것이다.

cynical remark ⓒ 냉소, 비꼬는 말

— I'm seeing a lot of *cynical remarks* in this comment section. 여기 댓글들은 시니컬한 말들뿐이네. (유튜브 댓글)

cynicism, 그러니까 일반적인 불만은 보통 짧고 신랄하게 표현되기 마련이다. 그런 이유로 remark라는 어휘가 꽤 적절하다. 구체적인 의도로 간결하게 묘사하는 어구가 remark이기 때문이다.

cynical view ⓒ 냉소적 견해

— This author has a *cynical view* on monogamy. 이

책 저자는 일부일처제에 대해 냉소적인 견해를 가지고 있다. (서평)

cynical view는 일반적인 관점보다 더 부정적인 견해이다.

Ⓢ Scepticism 회의론, 회의적 / Pessimism 염세주의, 비관 / Mistrust 불신

Ⓐ Optimism 낙관주의, 낙천 / Belief 믿음, 신념 / Faith 믿음, 신뢰, 신앙

dejection

실의,
낙담, 우울

dejection은 라틴어 어원 때문에 대략적으로 cast down(낙담하다)을 의미하는데, 그래서 저조한 기분을 뜻하는 downcast(낙담)와 뜻을 같이 한다. dejection은 jaded(물린, 싫증난)의 동의어로도 쓰인다. 안 좋은 상황에 처했거나 실패했다는 뜻이다.

#dejected 슬프다는 형용사

#utterdejection 극도의 실망과 비참함을 일컬을 때

#feelingdejected 기분이 저조할 때

#dejectedabouttheresult 경기 결과와 관련해 쓰는 경우

utter dejection ⓒ 대실망, 완전 낙담

— It's hard to avoid the feeling of *utter dejection* after being rejected from my tenth job application this month. 이번 달 들어서만 10번의 입사지원에 떨어져서 낙담하지 않을 수 없네요. (링크드인 포스트)

보통 일반적인 dejection을 겪은 다음 utter dejection, 극단적 형태의 비참과 절망이 찾아온다. 누군가 utterly dejected하다면 최악으로 비참한 상황에 처한 것이다.

to hang (one's) head in dejection ⓟ 낙심하여 고개를 떨구다

— The manager *hung his head in dejection*, no doubt assessing whether his job was on the line. 감독은 낙담하여 고개를 떨궜다. 자신이 감독직을 계속 유지할 수 있을지 가늠하는 게 틀림없었다. (축구 기사)

이 표현은 결국 dejection의 몸짓 언어이다. 고개를 푹 수그리고 침울한 표정을 지으며 시선을 회피한다. 다른 사람의 비난과 주변 현실을 피하고 싶기 때문이다.

Ⓢ Gloominess 음울, 비관 / Melancholy 우수, 비애, 멜랑콜리 / Glumness 무뚝뚝함, 침울

Ⓐ Gaiety 흥겨움, 유쾌함 / Blessedness 행운 / Felicity 더할 나위 없는 행복

depression

우울(증),
억압, 저기압

depression은 안 좋은 정신 건강 상태를 지칭하는 용어이다. 어떻게 안 좋을까? 주로 실의, 비참, 부적응 등 여러 부정적인 감정을 느끼는데, 대개의 경우 직접적인 원인이 없다. depression은 병명으로 가장 많이 쓰이고, 주로 온라인 상에서 정신 건강과 웰빙을 말할 때도 흔히 볼 수 있다. 하지만 우울증 진단을 받은 경우가 아니라면 일반적으로 슬픈 감정을 나타낼 수도 있다.

#depressed 슬프고 무력감을 느낀다고 말할 때

#seriousdepression 우울증이 심각하다고 말할 때

#gettingoverdepression overcoming과 마찬가지로 getting over는 긍정적인 메시지

#aloneanddepressed 도움이 필요하다는 간절한 외침일 수도 있겠다

clinical depression Ⓒ (임상적, 병리적) 우울(증)

— For years I thought my *clinical depression* would hold me back, but now I feel like I can take on the world. 여러 해 동안 우울증에 시달렸지만, 이제는 세상으로 나아갈 수 있겠다는 생각이 든다. (페이스북 게시글)

clinical depression은 의료 전문가들이 규정하는 우울증이다. 누군가 depression이 clinical하다고 말하면, 공식적으로 우울증 진단을 받은 것이다.

bout of depression Ⓒ 한 차례의 우울증, 우울증 발병

— Been struggling with a *bout of depression* for the last two months: any advice for getting out of it? 최근 두 달 동안 우울증으로 고생하고 있습니다. 이겨낼 수 있는 좋은 방법이 없을까요? (정신 건강 조언을 구하는 포럼)

bout는 어떤 움직임이 일어나거나 모종의 경험을 하게 되는 짤막한 기간이다. 단기적으로 우울증을 앓다가 곧 정상 상태로 복귀할 때 이 표현을 쓴다.

to overcome depression Ⓒ 우울증을 이겨내다

— I found painting crucial in *overcoming depression*. 우울증을 극복하는 데 그림 그리기가 큰 역할을 했다. (미술을 테마로 한 인스타그램 계정의 설명문)

우울증이 치유되는 과정을 언급할 때 널리 사용되는 동사가 overcome이다. 고군분투해서 결국 승리했다는 얘기다. get over나 recover from도 쓸 수 있겠다.

to suffer from depression Ⓒ 우울증으로 고통받다, 우울증을 앓다

— Having *suffered from depression* most of my life, I know how hard life can be. 거의 평생 우울증을 앓았기 때문에 삶이 얼마나 힘든 것인지를 나는 잘 압니다. (정신 건강을 테마로 한 레딧

suffer는 우울증과 관련해서 가장 자주 쓰이는 동사이다. suffer 를 써서 우울증에서 기인하는 부정적 감정과 고통을 강조할 수 있다.

to sink into depression ⓒ 우울증에 빠지다

— After my boyfriend left me, I *sank into depression* and didn't want to leave the house. 남자친구와 헤어진 후, 나는 우울증에 빠져 집 밖으로 나갈 생각도 안 들었다. (자서전)

앞에서 언급한 콜로케이션 대다수가 우울증이라는 공식 병명 을 다루지만, sink는 좀 더 문학적인 느낌이 든다. sink를 씀으 로써 우울증의 느낌이 go down(가라앉다, 나빠지다) 내지 get stuck(옴짝달싹 못하다)하다는 게 강조된다.

Ⓢ Misery 가난, 비참, 고통 / Melancholy 우수, 비애, 멜랑콜리 / Dejection 실의, 낙담

Ⓐ Happiness 행복, 만족 / Gladness 기쁨, 반가움 / Delight 기쁨, 환희

despair

절망,
체념, 비관

despair는 긍정적인 미래를 전혀 바랄 수 없는 깊고 절망적인 슬픔을 말한다. 대화하는 상황이나 글로 쓸 때 despair는 크게 두 가지 용법으로 쓰인다. 첫 번째는 사랑하는 사람을 잃는 것과 같은 커다란 비극을 겪는 극단적인 상황에서 쓸 수 있다. 두 번째는 도무지 나아지지 않을 것 같은 상황을 과장해서 말할 때 쓸 수 있다. 예를 들자면, 낙제생들 때문에 선생이 골머리를 앓으며 despair할 수 있다.

#despairing 희망이 없다고 말하는 형용사

#momentofdespair 구체적으로 슬픔을 겪는 순간을 서술할 때

#ledtodespair 절망에 이르는 과정을 가리킬 때

#nothingbutdespair 매우 비참한 감정을 말할 때

deep despair ⓒ 깊은 슬픔[절망]

— Sometimes, I cannot contain my *deep despair* and I break down in public. 제가 느끼는 깊은 절망감이 억눌러지지 않을 때가 있습니다. 사람들 앞에서 감정을 주체하지 못하고 무너지는거죠. (레딧 게시글)

deep은 흔히 despair 앞에서 절망감의 강렬함을 강조한다. depths of despair의 형태로도 가끔 사용된다. despair가 저 아래 뭔가의 바닥만큼 '깊다'(deep)는 뜻이다.

cry of despair ⓒ 절망 어린 외침, 절망의 절규

— Her *cry of despair* ripped through the night as she clutched the lifeless remnants of her son. 그녀는 아들의 시신을 부여잡고 절규했다. 그녀의 울부짖음이 밤의 적막을 찢었다. (드라마 소설)

드라마나 공포물에서 흔히 사용되는 이 표현은, 비극을 겪고 나서 슬픔과 탄식이 터져나온다는 뜻이다.

moment of despair ⓒ 절망의 순간

— I had a *moment of despair* this morning when I realized I had left my papers at home. 오전에 서류를 집에 두고 나왔음을 깨닫고서, 절망했지 뭐예요. (직장 동료와의 대화)

despair의 moment는 해당 despair를 느끼는 시간이다.

to be driven to despair ⓒ 절망에 빠지다

— Mrs Johnson has *been driven to despair* by her class this year. 존슨 선생님은 올해 맡은 학급 때문에 절망에 빠져 계셨죠. (고등학교 선생님들의 대화)

이 표현은 누군가 또는 어떤 것이 분명 절망감을 불러일으켰다는 것을 나타낸다. 보통 문장 내에서 전치사 by 뒤에 그 원인을 명시한다.

counsel of despair ⓟ 절망스러운 충고

— The boss has given a *counsel of despair* on the future of the company. 회사의 미래와 관련해 사장님께서 한 말씀이 절망스럽습니다. (동료와의 대화)

counsel은 '조언' 내지 '충고'를 말한다. 누군가 counsel of despair를 해준다면, 상황을 해결할 수 없는 비관적 평가만을 한 셈이다.

Ⓢ Hopelessness 가망 없음, 절망 / Bleakness 절망, 암울 / Forlornness 절망, 허망

Ⓐ Hope 희망, 기대 / Optimism 낙관주의, 낙천 / Elation 크게 기뻐함

despondency

낙담, 의기소침,
실의, 실망

despondency는 계속해서 안 좋은 일을 경험하면서 희망을 잃어버린 것이다. 이 단어는 직장 생활, 시사 문제, 안 좋은 생활 방식 등 여러 맥락에서 사용된다.

#despondent 가장 널리 쓰이는 형태
#despondentagain 아마 이전에도 경험해 보았을 듯
#burnoutdespondency 일하다 번아웃이 왔을 때
#despondentabouttheworld 삶의 희망을 잃었을 때

to feel despondent Ⓒ 낙담하다, 실의에 빠지다
— Would you say you *feel despondent* about your life at the moment? 지금 이 순간 당신의 삶에 낙담하고 있다고 말씀하시겠습니까? (정신 치유 과정에서)
감정을 표현하는 동사로 feel이 쓰인 것은 너무 뻔한 듯하지만, despondent와 짝을 이루는 가장 흔한 어휘이다.

to become despondent Ⓒ 실의에 빠지다, 풀이 죽다, 실망하다
— Over time, the court clerk had *become despondent*

191

from hearing about so much mindless crime. 오랜 세월 그토록 무분별한 범죄 건들을 접하면서 법원 서기는 실의에 빠졌다. (법정 소설)

despondency는 희망이 없음을 계속해서 깨달으며 천천히 발생한다. 그래서 사람은 시간의 흐름 속에서 despondent '되어 가는'(become) 것이다.

utterly despondent ⓒ 크게 낙심한, 완전히 절망한

— I saw Katie yesterday. She's not doing well. In fact, she's *utterly despondent*. 어제 케이티를 봤는데, 상황이 안 좋더라고. 실은 완전히 실의에 빠져 있었어. (우울증이 심각한 친구를 두고서 또 다른 친구와 하는 대화)

utterly despondent는 환멸감 속에서 극히 비참한 것이다. 이런 상황에 처한 사람은 흔히 임상적으로 우울증 진단을 받을 수도 있고, 이 세상에서 그 어떤 기쁨과 즐거움도 느끼지 못한다.

somewhat despondent ⓒ 약간 상심한, 다소 풀이 죽은

— My wife has been a teacher for seven years and she's *somewhat despondent* about it. 제 아내는 7년 동안 교사로 일했는데, 이 직업에 대해 다소 상심한 상황입니다. (직업 경력 조언을 구하고 답하는 포럼에 올라온 글)

다소 실의한 상태를 말한다. somewhat despondent의 의미는 cynicism(냉소)이나 disillusionment(환멸)에 더 가까워서 약간 신물이 나고 침울한 상황에 쓰인다.

Ⓢ Disillusionment 환멸 / Hopelessness 절망 / Misery 비참

Ⓐ Enthusiasm 열심, 열의, 열정 / Zeal 열의, 열성 / Ardor 열중, 정열, 열렬

discontent

불평,
불만, 불쾌

discontent는 '만족'(contentedness)의 반대 감정으로, 어떤 상황에서 불안감을 갖고 우려하는 것이다. 정부의 억압이나 악화 일로의 사회 상황 등 사회에 대해 다수가 느끼는 불만족을 드러낼 때 가장 많이 사용된다. 물론, 처우가 형편없을 때 개인 역시도 discontent를 체험한다.

#seriousdiscontent 사회가 불안하고 혼란스러울 때

#voicingmydiscontent 개인적 불만을 표출할 때

#seethingwithdiscontent 학대 내지 혹사에 격렬하게 분노할 때

#discontentdoggo 개의 기분이 좋지 않은 경우를 가리킬 때 (doggo는 dog를 가리키는 속어)

public discontent ⓒ 대중의 불만[불평]

— Widespread *public discontent* has led to a significant change in taxation policy. 많은 대중이 불만을 토로했고, 결국 과세 정책이 크게 바뀌었다. (경제 보도)

public discontent는 한 집단이 행복하지 않다는 느낌을 공유하는 것이다. 이 표현은 다른 많은 것에도 적용될 수 있다. 가령,

정치인들의 악행, 자원 부족 문제 등등.

to voice (one's) discontent ⓒ 크게 불평하다, 불만의 목소리를 높이다

— Did you see that the player wants fans *to voice their discontent* to him personally? 그 선수가 팬들이 자신에게 직접 불만의 목소리를 들려줬으면 하는 걸 봤나요? (스포츠 관련 트윗)

이 표현은 다른 콜로게이션과 달리, 개인적 불만을 얘기할 때 널리 사용된다. 물론 군중이나 지역 사회가 겪고 있는 문제점과 관련해 당국에 항의할 때도 쓸 수는 있다.

source of discontent ⓒ 불만의 원인[대상]

— Poor school meals seem to be a major *source of discontent* for students. 학생들은 형편없는 급식에 매우 분노하고 있는 듯해요. (교사 회의)

이 콜로케이션은 문제와 어려움을 야기하는 것을 단도직입적으로 얘기한다.

murmurs of discontent ⓒ 웅얼거리며 불평하는 소리

— We could hear the *murmurs of discontent* from the crowd, it was a horrible gig. 관객들이 불만을 느꼈는지 웅성거렸거든요. 끔찍한 연주였습니다. (뮤지션 인터뷰)

discontent가 직접적으로 표출되는 일은 많지 않다. murmurs, 그러니까 짤막하고 조용한 중얼거림으로나 여겨지는 이유다.

simmering/growing discontent ⓒ 언제 폭발할지 알 수 없는 불만/서서히 증폭되는 불만과 분노

— Apparently, there has been *simmering discontent* amongst the band members for years. 보아 하니 수 년째 밴드 멤버들 사이에 불만이 끓어오르고 있었던 게 분명하다. (음악 비평)

뜨거운 스튜 냄비가 '부글부글 끓는'(simmer) 것처럼, discontent도 '부글거리'(bubble)면서 '끓을'(brew) 수 있다. 무리나 인구 집단 사이에서 서서히 심화되는 것이다. discontent가 증가하는 걸 표현할 때 growing 같은 평범한 단어도 쓴다. 하지만 simmering이 표현력이 더 풍부하고 재미있는 단어라는 건 분명하다.

Ⓢ Dissatisfaction 불만 / Uneasiness 불안, 걱정, 불쾌 / Displeasure 불쾌, 불만

Ⓐ Happiness 행복, 즐거움 / Contentment 만족, 자족 / Satisfaction 만족, 흡족, 충족

| # disillusionment 환멸, 대실망

disillusionment는 어떤 대상이 생각한 대로가 아님을 깨닫고서 갖게 되는 감정이다. 말 그대로 illusion(환상, 착각)을 없애는 것인데, 물론 illusion 그 자체가 나쁜 것은 아니다. 하지만 disillusionment에는 부정적인 함의가 있어서, 따분하고 우울한 현실에 실망했다고 할 때 사용된다.

#disillusioned disillusionment가 사용되는 가장 흔한 형태
#totallydisillusioned 더 강렬한 형태의 disillusionment를 표현할 때
#nothingbutdisillusionment 무언가가 정말로 실망스러울 때
#disillusionedyouth 환멸을 느낀 젊은이들을 가리킬 때

to be disillusioned with ⓒ 환멸을 느끼다
— It has been four years and people *are disillusioned with* the government. 4년이 흘렀고, 대중은 정부의 행태에 환멸을 느끼고 있다. (정치 보도)
totally, completely, very 같은 부사를 첨가해 disillusionment의 정도를 강조할 수도 있다.

widespread disillusionment Ⓒ 만연한 환멸감

— Such *widespread disillusionment* suggests a lack of faith in markets amongst millennials and Gen Z. 환멸이 만연했다는 얘기이고, 이를 통해 MZ 세대가 시장을 불신함을 짐작해 볼 수 있다. (경제 보도)

이 어구는 환멸감이란 사회 의식이 널리 공유되고 있다는 얘기다. 전반적 여론이 바뀌고 있음을 언급할 때 사용하기 좋은 표현이다.

to become disillusioned Ⓒ 환멸감을 느끼다

— My dad has *become disillusioned* with technology, any advice for the easiest way to set up an email account for him? 제 아버지는 기술을 불신하시는데, 이메일 계정 만들어드릴 수 있는 손쉬운 방법 없을까요? (기술 포럼 게시글)

become disillusioned는 무언가의 결함을 서서히 인지하는 것이다.

to grow disillusioned Ⓒ 점점 환멸을 느끼다

— Suzanne had *grown disillusioned* with her job over the years, and now saw it as simply a means to an end. 수잔은 여러 해에 걸쳐 자기 일에 점점 환멸을 느꼈고, 이제는 그저 목적을 위한 수단 정도로만 여겼다. (현대 소설)

의미가 become disillusioned와 비슷하다. disillusionment의 과정이 오랜 시간에 걸쳐 일어났을 때 이 콜로케이션을 쓴다.

increasingly disillusioned Ⓒ 점점 더 환멸을 느끼는, 갈수록

싫은

— Local authority officials are becoming *increasingly disillusioned* over the budget cuts from the central government. 중앙 정부의 예산 삭감에 지자체 관계자들은 갈수록 환멸을 느끼고 있다. (정치 커뮤니케이션)

disillusionment가 정치 맥락에서 널리 사용된다. 보통 사회 개혁이나 경기 부양 같은 사람들의 기대가 충족되지 않은 채 불만족스러운 상황에 놓여 있음을 나타낸다.

Ⓢ Jadedness 지침, 지겨움 / Letdown 환멸, 실망 / Disappointment 실망, 낙심

Ⓐ Satisfaction 만족, 흡족 / Contentment 만족, 자족 / Triumph 승리, 대성공

dismality

음울, 울적,
참담, 쓸쓸

대개 형용사 dismal로 쓰이는 이 단어는 중간 정도의 슬픔에 약간의 절망이 더해진 의미이다. 단, 사람을 주어로 feel dismal 이라고 말하는 일은 거의 없다. 차라리 휴가가 dismal해서 그로 인해 사람이 슬프고 절망한다고 말할 수 있다.

#dismal 뭔가가 울적하고 안 좋을 때

#dismalperformance 운동 선수나 경진 대회 참가자들의 성적이 저조하여 팬들이 아쉬움을 느끼는 경우

#dismalday 날씨가 안 좋을 뿐만 아니라, 전반적인 사태까지 우울하고 슬플 때

#dismaljourney 이런저런 일이 꼬여버린 여행의 경우

dismal performance ⓒ 형편없는 성적

— Such a *dismal performance* on the stock market is indicative of wider problems in the industry. 주식 시장의 성적이 형편없는 걸 보면 이 업계에 더 많은 문제가 있음을 알 수 있다. (금융 보도) 뭔가가 역할을 형편없이 수행하거나 기대에 부응하지 못하면 dismal performance로 이 상황을 진술할 수 있겠다.

dismal weather Ⓒ 음울한 날씨, 음산한 기후

— There is lots to do in the UK, regardless of the *dismal weather*! 영국은 할 거리가 아주 많아요. 음산한 날씨는 중요하지 않습니다. (관광 안내 책자)

비가 오고 음산한 날씨라면, dismal로 묘사할 수 있다.

dismal look Ⓒ 침울한 표정

— His *dismal look* made it obvious he wasn't expecting to win. 그의 침울한 표정을 보아, 그가 우승을 기대하지 않는다는 게 분명했다. (현대 소설)

dismal look은 우울한 얼굴 표정이거나, 생기 없는 외모를 일컬을 때 쓰인다. 또한, 비관적으로 생각하여 '검토'(examination)한다는 의미로도 쓸 수 있다. 가령, a dismal look at the future of the company는 회사의 장래를 비관한다는 뜻이다.

dismal picture Ⓒ 음울한 그림

— Academics have painted a *dismal picture* of the country's exports, which have been steadily decreasing. 학자들은 이 나라의 수출을 비관적으로 전망했다. 그 하락세가 꾸준하기 때문이다. (경제 보도)

문장에서 흔히 동사 paint도 함께 나오는 이 표현은 전반적으로 상황을 전망했을 때 희망적이지 않다는 뜻이다.

Ⓢ Gloominess 음침, 음울 / Dolefulness 애절함 / Depression 우울

Ⓐ Zeal 열의, 열성 / Gaiety 흥겨움, 유쾌함 / Merriment 유쾌, 명랑

dispiritedness

낙심, 위축,
허탈, 의기소침

dispirited는 '기세'랄까, '추진력'(impetus)을 잃은 것이다. disillusionment와도 비슷하며, 열의와 패기가 다 빠져나간 후 일종의 낙담 상태를 말한다. 대개는 의욕을 꺾어 버리는 슬픈 상황이 원인이다. dispiritedness는 약간 격식적이고 전문적인 느낌도 있어서 문어체에서 많이 쓰인다.

#dispirited 신념과 에너지 상실을 드러낼 때 널리 쓰이는 해시태그

#dispiritedanddesperate 인생의 저점에 놓여 있는 사람을 일컬을 때

#dispiritedbysociety 사회 생활의 나쁜 측면들에 허탈할 때

#disp 너무 dispirited해서 해시태그마저 다 못 씀

to become/grow dispirited ⓒ 사기가 떨어지다, 기력을 잃다

— Over the years, the once-great artist has *become dispirited* and paints with less and less vitality. 세월이 흐르면서 한때 엄청났던 그 화가는 기력을 잃었는지 그림에서 활력이 사라지고 있다. (미술 비평)

spirit이 누군가의 긍정적 에너지를 말하는 거라면, become dispirited는 시간이 흘러 그 에너지가 사라지고 당사자는 지칠

대로 지친 상태를 말한다.

tired and dispirited ⓒ 지치고 의기소침한

— The travelling companions, slouching in the saddle of the old donkey, were *tired and dispirited*. 다 늙은 당나귀 안장에 구부정하게 앉은 여행 동료들은 지치고 의기소침한 상태였다. (역사 소설)

이 두 단어는 종종 함께 쓰여 힘거운 상황에 직면해 희망을 잃어버렸음을 드러낸다.

dispirited performance ⓒ 저하된 사기 속에서[의기소침하게] 치뤄진 공연/경기

— Well, Bobby, quite frankly the Bucks have put on a *dispirited performance* today and they deserve the loss. 그래요, 바비, 솔직히 말해 벅스 팀은 오늘 의기소침한 경기를 펼쳤기 때문에 패배할 만합니다. (미식 축구 중계)

'극적인 장면이나 연기'(dramatic performance)에 구동사 put on을 쓰듯이, 일반적인 맥락에서 봤을 때 열의가 부족했던 상황에도 put on a dispirited performance라는 표현을 쓸 수 있다.

Ⓢ Disappointment 실망, 낙심 / Disillusionment 환멸 / Letdown 실망

Ⓐ Enthusiasm 열광, 열정, 열의 / Motivation 의욕, 동기 / Spirit 활기

distress

고통, 괴로움,
고충, 고뇌

distress는 압박감을 받는 상황에서 감정이 극심하게 혼란스러운 것이다. 보통 전치사 in과 함께 쓰이는데, be in distress는 '괴로워하다'라는 뜻으로 distress에 점유된 상태를 말한다. 때로 '호흡 곤란'(respiratory distress)이나 '심혈관계 질병'(cardiovascular distress)과 같은 육체적 고통에 쓰이기도 한다.

#indistress 감정적으로 고통스럽고 불편한 상황

#fearanddistress 어떤 상황에 겁을 먹었을 때

#distressful distress와 stressful을 합친 단어 놀이로, 의미도 비슷

#distressedunderpressure 주변 환경의 압박이 심해 일하기가 어려울 때

(to show) signs of distress Ⓒ 괴로운 표시, 고통의 기색, 힘들다는 조짐(을 보이다)

— The dog was showing obvious *signs of distress* as we approached her. 우리가 다가갔을 때, 그 개는 확실히 힘겨워하고 있었다. (동물 구조 보고서)

distress는 확실히 시각적 정서라서 사람들은 대개 distress의 신호를 보인다. 허둥지둥 주위를 둘러보거나 숨을 가쁘게 쉬는 것이 대표적이다. signs of distress가 건물이나 소파 같은 물체에 가해진 물리적 마모를 가르키기도 한다. 마치 그 물체들 자체가 '고통을 겪고 있다'(be in distress)고 말하는 것처럼 말이다.

emotional/psychological distress Ⓒ 정서적/심리적 고통

— Going out into big, open spaces was a source of *emotional distress* for me. 저는 널찍하게 개방된 공간에 나서면 고통스러웠습니다. (레딧의 광장 공포증 포럼에 올라온 글)

자신의 고통과 괴로움이 육체적인 것이 아니라 감정과 관련이 있다고 구체적으로 말하고 싶을 때 emotional 또는 psychological이라는 어휘를 덧붙인다.

acute/severe distress Ⓒ 급성 통증 / 극심한 고통

— An increased heart rate can signal *acute distress*. 심박수가 늘었다면 급성 통증을 의심해 봐야 한다. (의료 신문)

통증 또는 고통이 크다고 말할 때 이들 어휘를 쓴다. 이 콜로케이션은 의학적 느낌이 물씬 나서 정신 의학 또는 의료적 맥락에서 쓰일 확률이 높다.

distress signal Ⓟ 위험 신호

— Jess has been acting very strange lately, I wonder if it's a *distress signal*. 제스가 최근에 행동이 진짜 이상하거든. 위험 신호가 아닌가 하는 생각이 들 정도야. (친구에게 보낸 문자)

위험에 처해서 도움이 필요하면 distress signal을 보내게 마련이다. 보통 뱃사람들이 무선 통신 장치를 통해 구조대와 교신하는 것을 의미하지만, 더 일반적인 상황에도 이 어구를 쓸 수 있다. 요컨대, 사람들이 도와달라고 요청할 수 있는 상황은 많으니까 말이다. 위의 문장은 distress signal이 은유적으로 사용된 예이다.

damsel in distress ⓟ 곤경에 치한 어자, 도움이 필요한 여자, 비탄에 빠진 소녀

— You could pretend to be in trouble to get his attention, you know, be the *damsel in distress*. 곤경에 처한 척하면 그 애가 관심을 보일지도 몰라. 비탄에 빠진 소녀가 돼 보라는 거지. (친구들끼리의 연애 잡담)

damsel in distress는 남자가 (위험에서) 구해주기를 기다리는 공주나 처녀를 가리키는 오래된 비유적 표현이다. damsel은 결혼하지 않은 젊은 처녀를 가리키는 옛날 말이다.

Ⓢ Stress 압박감, 긴장, 스트레스 / Anxiety 불안, 염려, 근심, 걱정 / Consternation 실망

Ⓐ Calm 침착, 차분 / Bliss 지극한 행복 / Relaxation 휴식, 완화

dolefulness

애절, 수심,
슬픔, 음울

dolefulness는 일종의 melancholy(우수, 비애, 멜랑콜리)인데, 보이는 겉모습이 슬퍼 보일 때만 쓴다. 사람을 주어로 삼아 feel doleful이라고 쓰는 일은 거의 없다. 사람을 주어로 해서는 look doleful과 have a doleful expression이라고 하는 경우가 대부분이다.

#doleful 슬퍼 보이는 걸 묘사하는 형용사

#dolefullook 누군가 당신을 슬픈 시선으로 바라볼 때

#dolefuldog 얼굴 표정이 슬픈 개를 가리킬 때

#dolefulandonthedole dole은 실직해서 처량한 상태를 합친 말장난 (dole은 비공식적으로 '실업 수당'을 가리키는 말)

doleful expression ⓒ 슬픈 표정, 처량한 얼굴

— The statue of Dostoevsky is a powerful monument, but I can't help feeling depressed by his *doleful expression*. 도스토예프스키 동상은 나름 강렬한 이미지의 기념물이지만, 동상의 애절한 표정 때문에 울적해지는 건 어쩔 수 없다. (트립어드바이저 리뷰)

doleful해 보이는 것은 긍정적인 에너지와 열의를 모두 잃은 마냥 우울하고 비관적으로 보이는 것이다.

doleful-looking Ⓒ 표정이 처량한, 애절한 표정의

— Naww, that is such a *doleful-looking* doggo :))) 참말로 표정이 애절한 개일세 :))) (레딧 댓글)

이 예문처럼, 슬퍼 보이는 것들을 가끔 귀엽다고도 한다. 이것은 보통 동물에게만 적용되는 명제라서, 사람이 doleful-looking하다면 그 사람이 단순히 불쌍하고 비참해 보이는 것일 뿐이다.

doleful look Ⓒ 애절한 표정, 슬픈 시선

— He gave her a *doleful look* as they realized they would need to trek all the way back to town. 그가 그녀에게 슬픈 시선을 던졌고, 비로소 두 사람은 깨달았다. 마을까지 내내 걸어서 돌아가야 한다는 것을. (모험 소설)

doleful-looking과 비슷해 보이지만, 이 콜로케이션은 우수에 찬 표정으로 남을 바라본다는 구체적 내용을 언급하고 있다.

Ⓢ Mournfulness 애절, 침통 / Gloominess 우울, 침울, 어둠 / Sorrow 슬픔, 비애

Ⓐ Zeal 열의, 열성 / Pep 생기, 활력 / Delight 기쁨, 즐거움, 환희

down

down에는 많은 의미가 있다. 정서적으로 be down한 것은 슬프고 가라앉았다는 뜻이다. 최근 들어서는 불특정한 슬픔을 모호하게 나타내기 위해 사용되는 경우가 많다. 가령, 기분이 즐겁거나 행복하지 않다고 표현하고 싶으면서 동시에 자세한 얘기는 하고 싶지 않을 때 down을 쓰면 적절하다.

#feelingdown 넓은 의미에서 슬픔을 표현할 때

#downtoday 오늘 일진이 안 좋다고 말할 때

#downallthetime 더 근본적인 차원에서 슬프다고 말하거나 우울증을 얘기하는 것일 수도 있음

#downbutnotout down and out을 가지고 말장난을 한 것으로, 슬프지만 미래에는 다시금 행복할 것이라는 뜻

a bit down ⓒ 약간 다운된, 조금 슬픈

— Been feeling *a bit down*. Anyone got any ideas to cheer me up? 기분이 약간 저조합니다. 뭔가 '업'시킬 방법이 없을까요? (스냅챗 캡션)

down이라는 감정을 포함하는 여러 콜로케이션은 down의 강

도를 여러 각도로 표현하며 대화에서 많이 사용된다.

kind of down ⒞ 좀 우울한, 약간 다운된

— Sorry I missed the deadline, I've been *kind of down* lately, I hope you'll understand. 마감 시한을 지키지 못해 죄송합니다. 최근에 좀 다운돼 있었어요. 부디 이해해 주시길 바랍니다. (사장과의 대화)

kind of는 문자 그대로 파악해야 하는 수식어구가 아니라 비유적 표현이다. kind of를 쓰면 진술의 직접성을 누그러뜨릴 수 있다. 자신이 down돼 있다고 스스로 말하는 것은 개인을 드러내는 것이어서 kind of 같은 '얼버무리기'(hedge) 어구로 이를 감추려고 하는 것이다.

pretty down ⒞ 퍽 우울한, 꽤 저조한

— So I've been feeling *pretty down*, anything you could suggest to help? 계속해서 기분이 계속 우울한데요, 도와주실 수 있는 방법이 있을까요? (정신 건강 클리닉에서 주고 받는 대화)

down이 암시적으로 사용돼 가벼운 임상적 우울증을 가리키기도 한다.

Ⓢ Glumness 무뚝뚝함, 침울 / Gloom 우울, 침울, 어둠 / The Blues 우울, 우울증

Ⓐ Animation 생기, 활기 / Gaiety 흥겨움, 유쾌함 / Glee 기쁨, 환희

downcastness

downcast는 슬프다는 뜻인데, 문자 그대로는 실의와 낙담으로 눈을 내리 떴다는 얘기다. 이 때문에 downcast의 콜로케이션은 주로 표정 내지 이목구비의 특징과 관련된다. 사람을 주어로 삼아 feel downcast라고 말하기보다 (역시 사람을 주어로 삼지만) look downcast라고 표현하는 것이 더 일반적이다. 동사 feel은 miserable(비참한)이나 glum(침울한) 같은 단어들과 더 잘 어울리기 때문이다.

#lookingdowncast 슬프고 우울해 보이는 사람을 일컬을 때

#downcastexpression 슬퍼서 눈을 내리뜬 사람을 묘사할 때

#downcastdaniel 슬픈 표정의 사람을 일컫는 경우 (예를 들자면 Daniel)

#downcastinshame 수치심과 슬픔을 느낄 때 시선을 아래로 두는 경우 등을 일컬을 때

downcast eyes ⓒ 내려뜬 눈

— His *eyes* were *downcast* and his upper lip wavered. 그의 시선은 아래를 향했고 윗입술은 떨렸다. (슬픈 내용의 소설)

이 콜로케이션은 문장 내에서 다양하게 배열될 수 있다. 어떻게 진술할 수 있는지 그 사례들을 보자. Someone's eyes are downcast. They have downcast eyes. 다음처럼 종속절도 가능하다. He looked miserable, his eyes downcast(두 눈을 내려뜬 모습이 참말이지 불쌍해 보였다).

downcast face/expression ⓒ 풀이 죽은 표정

— Look at their *downcast faces*, they look like the match is already over. 선수들이 고개를 떨구고 있는 게 마치 경기가 끝나 버린 듯합니다. (골을 내어준 팀을 향해 축구 해설가가 하는 중계 논평)

이 콜로케이션은 의미와 용법을 감안할 때 downcast eyes와 거의 똑같다. 그냥 범위를 더 넓혀서 얼굴을 가리키는 것뿐이기 때문이다. 슬퍼서 찡그린 표정이나 숙인 고개가 당연히 포함될 것이다.

to look downcast ⓒ 고개를 푹 숙이고 아래를 바라보다

— She *looked downcast* as she explained the situation. 그녀는 시선을 아래로 둔 채 처한 상황을 설명했다. (소설)

look downcast는 슬픈 얼굴로 고개를 숙인채 시선을 아래에 두는 것을 말한다.

Ⓢ Down 슬픔, 낙담, 실의 / Low 낮음, 저조 / Dispiritedness 낙심, 위축

Ⓐ Happiness 만족, 행복 / Gladness 기쁨, 반가움 / Glee 기쁨, 환희

downner

우울, 낙담

downer는 상황에 부정적이고 우울한 시각이나 견해를 제시하는 사람이나 경험이다. 격의 없이 쓰는 속어로, 부정적 전망에서 비롯하는 상한 감정 내지 풀이 죽은 상태를 가리킨다. 문자 그대로는 기분이 down한, 즉 high하거나 up하지 않고 low한 상태를 말한다.

#realdowner 하루 일진을 완전 엉망으로 만든 대상을 가리키는 경우
#suchadowner 부정적인 사람을 가리키는 경우
#downerandout down and out의 말장난으로, 사람이 뭔가 우울한 일을 하다가 그만두고 떠나버렸다는 의미
#upanddowner 급변하는 기분을 언급할 때

a bit of a downer ⓒ 좀 낙담스러운 것, 약간 우울한 경험 내지 대상
— Well, that's *a bit of a downer*, isn't it? 음, 이 영상은 좀 우울하네요, 그죠? (유튜브의 슬픈 내용 동영상에 달린 댓글)
downer의 의미를 약간 누그러뜨릴 때 이렇게 쓴다. 무언가가 a bit of (something)이라면 something과 아주 조금 비슷하다는 뜻이다.

a real downer Ⓒ 정말로 우울한 일, 완전 실망

— Today's loss was *a real downer*, we're going to need new management in my opinion. 오늘 패배는 정말 실망스럽다. 새 감독을 선임해야 할 것 같다. (축구 관련 트윗)

여기서 real은 의미를 강조하는 역할을 한다. 안 썼을 때보다 더 우울한, 부정적 느낌을 전달하는 셋이나.

to put a downer on (something) Ⓟ 엉망으로 만들다, 저하/하락/감퇴시키다

— The rain has really *put a downer on things* today, so I think I'll just make some hot tea and watch movies. 비가 오는 바람에 오늘 일진이 완전 엉망이 돼버렸다. 뜨거운 차라도 마시면서 영화를 봐야겠다. (인스타그램 설명문)

어떤 일이 기분을 down하게 만들면 통상 이 콜로케이션을 쓴다. 문장의 목적어(대상어)로는 things란 어휘를 쓰면 전반적 분위기를 잘 드러낼 수 있다. 물론 mood나 situation을 쓰기도 한다.

a Debbie Downer Ⓘ 반대론자, 부정적인 말로 남들을 의기소침케 하는 자

— Don't want to be *a Debbie Downer* but I really didn't like this show. 여러분의 기분을 망치고 싶지는 않지만, 이 영화는 정말 형편없어요. (로튼 토마토 관객평)

Debbie Downer는 비판적인 발언을 하거나 우울한 측면에만 치중함으로써 부정적인 감정을 불러일으키는 사람이다. Debbie Downer란 말이 널리 쓰이게 된 것은 미국의 유명한 텔레비전

코미디 캐릭터 때문이다. 이 캐릭터가 시종일관 모든 것에 부정적이었다.

Ⓢ Bummer 실망 / Buzzkill 기분을 망치는 것[사람] / Let-down 실망스러운 것

Ⓐ Enthusiasm 열광, 열정, 열의 / Pep 생기, 활력 / Cheer 쾌활함, 생기, 환호

dysphoria

불쾌감, 위화감,
정신 불안, 슬픔

dysphoria는 심각한 불안감을 가리키는 용어로, 의학적 냄새도 물씬 난다. 의미론적으로 보면, euphoria(행복감, 희열)과는 반대의 의미이지만 극단의 감정 치고는 그 정도가 약간 덜하다. 정신과적 맥락에서 depression(우울증) 및 anxiety(불안, 걱정)와 함께 자주 쓰여 엄청난 정서적 고통을 가리키는데, 대개 장기적이고 지속적인 원인을 가지고 있다.

#feelingofdysphoria 잘 쓰이지는 않지만 전반적으로 슬플 때
#genderdysphoria 자신의 성별이 불편하게 느껴질 때
#depressionanddysphoria 정신 건강 상태를 말할 때
#dysphoriasucks 슬픈 감정이 짜증스럽다고 말할 때

gender dysphoria ⓒ 성별 불쾌감, 젠더 위화감
— That feeling of *gender dysphoria*, of not being comfortable in your own body, I wouldn't wish it upon anyone. 자기 몸이 편하지 않다는 바로 그 느낌, 이 성별 위화감을 누구도 겪지 않았으면 좋겠습니다. (레딧의 하위 포럼인 트랜스젠더 커뮤니티에서)

gender dysphoria는 자신의 성별이 불만이고 슬픈 심리적 감정을 가리킨다. 아마도 일상 대화에서 dysphoria가 나오는 가장 흔한 어구일 것이다. 트랜스젠더의 권리라든가 그들의 경험과 관련한 얘기가 대표적이다.

feeling of dysphoria ⓒ 위화감, 불쾌감, 슬픔

— How long have you been experiencing a *feeling of dysphoria*? 얼마나 오랫동안 불쾌감을 겪어왔나요? (간호사의 정신 건강 상태 점검)

depression(우울증)이 계속 기분이 저조하고, 울음이 터져 나오며, 어떤 기쁨도 찾을 수 없는 엄청난 심리적 슬픔을 광범위하게 겪는 것이라면, dysphoria는 좀 더 구체적이다. 슬픔이란 정신적 감정 바로 그 자체인 것이다.

Ⓢ Depression 우울증 / Unease 불안감, 우려 / Dissatisfaction 불만

Ⓐ Euphoria 행복감, 희열 / Bliss 지극한 행복 / Contentment 만족, 자족

ennui

따분함,
권태감, 무료함

원래 프랑스어 단어인 ennui는 boredom 대신 쓸 수 있는 좋은 어휘이다. 그래도 두 단어 사이에는 미묘한 차이가 있다. ennui는 안락한 삶이나 다소 허무주의적이고 우울한 사고방식에서 비롯된 boredom(지루함)을 말한다. 삶과 삶의 조건에 지치고 피곤한 상태다. 그렇기 때문에 ennui가 boredom보다 더 강렬하다. 더 근본적인 차원에서 이 세상에 무관심한 것이다.

#feelingofennui 따분함과 권태감을 느낄 때

#personalennui ennui가 개인의 경험에 바탕할 때

#cantescapetheennui 인생의 무게에 짓눌려 있다고 말할 때

#ennuivibes 환상이 깨진 나른한 분위기를 가리킬 때

personal ennui ⓒ 개인적 권태[따분함]

— Can't seem to escape this bout of *personal ennui*.

이 권태감에서 벗어날 수 없을 것 같아요. (레딧 게시글)

대부분 개인적 차원에서 ennui를 느끼지만, 그래도 personal ennui라고 구체적으로 언급하면, 개인 생활의 특정 측면 때문에 '권리 박탈'(disenfranchisement)이 일어났다는 뜻이다.

intellectual ennui Ⓒ 지적 피로, 지적 우울, 지적 고뇌

— In Paris, he grew weary of the prevailing philosophical zeitgeist, finding himself in a state of *intellectual ennui*. 파리에서 그는 당시를 주도했던 철학적 시대 정신에 지쳐갔다. 그는 지적으로 권태 상태에 빠진 듯했다. (학업 이력)

intellectual ennui는 관념과 사상이 지루하고 따분한 것과 연결된다. 작가, 철학자, 학자 같은 지식인들이 흔히 이런 감정을 경험하기노 한다.

Ⓢ Boredom 지루함, 따분함 / Disenfranchisement 권리 상실, 자격 박탈 / Disenchantment 환멸감, 각성

Ⓐ Pep 생기, 활력 / Spark 번뜩임, 활기, 생기 / Zeal 열의, 열성

forlornness

쓸쓸, 황량, 허망,
절망, 막막, 적막

forlornness는 melancholy(우수, 비애), misery(비참, 고통), sorrow(슬픔, 비애) 등과 비슷하다. 하지만 외로움이나 무언가로부터 분리된다는 감각이 두드러진다. forlornness는 포기 또는 패배 같은 비극에서 발생하는 종류의 슬픔이다. 제대로 관리되지 않는 건물은 '쓸쓸하고 황량해'(forlorn) 보일 수 있다. 길을 잃고 두려워하는 사람도 '비참하고 절망적으로'(forlorn) 보일 테다.

#forlorn 비참하고 가망 없어 보일 때

#forlornfriday 금요일인데, 아주 슬프고 외로울 때

#lostandforlorn 외롭고 쓸쓸할 때

#forlornandwithouthope 상황이 매우 비참할 때

to look forlorn ⓒ 쓸쓸해 보이다, 처참해 보이다

— The hotel *looked forlorn* from the outside but the interior was really nice. 그 호텔은 바깥에서 보면 황량해 보이는 게 사실입니다만, 내부는 아주 좋습니다. (트립어드바이저 호텔 리뷰)

forlorn은 bleak와 아주 흡사하다. 사람을 주어로 해서 feel

forlorn이라고 말하는 일은 거의 없다. forlornness는 슬프거나 길을 잃고 뭔가 잘못되어 보이는 사물 또는 사람에 귀결되는 정서이다.

to sound forlorn ⓒ 쓸쓸하게 들리다, 절망적이다

— Just spoke to Max on the phone. He *sounded for-lorn*, do you know if he's okay? 방금 맥스랑 통화했어요. 목소리가 쓸쓸하게 들리던데, 괜찮은 게 맞나요? (사무실 동료들이 탕비실에서 나누는 대화)

forlornness가 사람들의 목소리로 드러나기도 한다. 내는 소리가 낮고 가라앉아 있는 데다 중간에 한숨을 쉬고 말이 끊긴다면, 사람을 주어로 해서 sound forlorn이라고 말할 수 있다.

forlorn hope ⓒ 헛된 희망, 절망적 행동

— Every day, she looked out across the bay in the *forlorn hope* that he might return. 그 남자가 돌아올지도 모른다는 헛된 희망을 품고서, 그녀는 매일같이 만 건너편을 바라봤다. (연애 소설)

생각해 보면, 이 콜로케이션은 이상하다. forlonness는 희망이 없는 상태를 말하기 때문이다. 무언가에 대한 forlorn hope는 실현될 가능성이 없음에도 불구하고 여전히 희망한다는 뜻이다.

Ⓢ Loneliness 고독, 외로움 / Downcastness 의기소침함 / Melancholy 우수, 비애, 멜랑콜리

Ⓐ Jubilation 승리, 의기양양 / Glee 기쁨, 환희 / Merriment 유쾌, 명랑

gloominess

음침, 음울, 비관,
음산, 침울, 어둠

gloom은 어둡고 음울한 분위기이다. 따라서, gloom의 정서에는 우울한 어둠과 긍정적 태도의 결여란 관념이 압축되어 있다. gloominess는 비관적 정서이며, 개인의 기분뿐만 아니라 전망이나 더 광범한 대중의 시각에도 쓸 수 있다.

#gloomy 우울한 소식을 접했을 때

#feelinggloomy 기분이 우울하고 저조할 때

#alightinthegloom 슬픈 일들 중에도 희망이 있다고 말할 때

#doomandgloom 안 좋은 소식이 차고 넘친다는 뜻

gloomy outlook ⓒ 암울한 전망

— Northern California's small wineries have a *gloomy outlook* at the moment with US consumption levelling off. 캘리포니아 북부 소규모 와인 농장들은 앞날이 암담하다. 현 시점에서 미국 소비량에 변화가 없기 때문이다. (식음료 관련 보도)

견해가 비관적이거나 상황이 안 좋을 것으로 예상한다는 뜻이다. 일이 꼬이고 있고, 이런 상황이 계속될 것으로 예상한다면 gloomy outlook을 갖는다고 할 수 있다.

gloomy forecast/prediction Ⓒ 우울한 예상/예측

— I'm going to make a *gloomy forecast*: we are about to head into another big recession. 우울한 예측을 하나 하려한다. 다시금 심각한 불경기로 치닫기 직전이다. (경제 관련 트윗)

gloomy forecast는 심한 비나 강추위를 예측하는 날씨 예보와 공통점이 있다. 따져보면, 의미는 gloomy outlook과 비슷하다. 당혹스럽고 불쾌한 사태를 예상한다는 뜻이기 때문이다.

to lift/dispel the gloom Ⓒ 우울을 걷어내다/떨쳐내다

— The news of Catherine's survival *lifted the gloom* amongst us mountaineers. 캐서린이 살아 있다는 소식을 접했고, 우리 산악인들은 한시름 놓았다. (유명 산악인의 자서전)

gloom에는 묵중함이란 복잡한 함의가 있다. 마치 짙은 안개 같은 것이 깔려 암울함이 빚어지는 것이다. 이런 내용을 바탕으로, 비관주의나 슬픔을 없애는 상황에 동사 lift를 흔히 쓴다. 안개가 걷히고 다시 햇빛이 찬란하게 비치는 것과 유사하다.

doom and gloom Ⓟ 비관적인 전망, 암담한 상태

— I don't watch the news anymore, too much *doom and gloom*. 더는 뉴스를 보지 않아. 너무 암담하거든. (친구와의 대화)

운율을 맞춘 이 숙어는 냉전 시대에 핵 전쟁이라는 지속적인 위협을 언급하기 위해 생겨났다고 전해진다. 요즘은 각종 뉴스로 인해 우울하고 또 경악스러울 때 널리 사용된다.

Ⓢ Pessimism 비관주의, 염세 / Brooding 음울한 / Moodiness 침울, 변덕

Ⓐ Sprightliness 명랑함, 활기 / Pep 생기, 활력 / Zeal 열의, 열성

graveness

엄숙, 심각,
중대, 중요

graveness는 seriousness와 뜻이 같은 또 다른 말이다. 엉뚱함이나 까부는 일 따위가 전혀 없는 태도라고 할 수 있겠다. 사람이 grave하면 대개 안 좋은 소식을 전해야 하거나 마음이 상한 것이다. 질량을 가진 물체가 끌어당기는 힘인 '중력'(gravity)이라는 단어와 관련이 있다. 그렇기 때문에, lightheartedness(가벼운 마음)와 대조를 이루는 일종의 감정적 중압감으로 파악할 수도 있다.

#grave 진지해 보이는 것을 일컬을 때

#graveface 근엄해 보이는 사람 사진을 일컫는 경우

#thatwasagravemistake 중대한 실수를 저질렀음을 막 깨달았다고 말할 때

#thesituationlooksgrave 상황이 긍정적으로 여겨지지 않을 때

grave face ⓒ 진지한 얼굴, 근엄한 표정

— The image of the doctor's *grave face* as he told me I had cancer is etched into my mind. 내가 암에 걸렸다고 말하던 의사 선생님의 진지한 얼굴이 잊히지가 않는다. (화학요법 블로그 게시글)

grave face는 강철 같고 진지한 표정으로, 엄숙함도 약간 느껴질 것이다.

gravely ill ⓒ 매우 아픈

— My wife has been *gravely ill* for several weeks now so I'm going to need some time off. 아내가 몇 주째 심각하게 와병 중이어서 아무래도 휴가를 좀 내야 할 것 같습니다. (사장에게 보낸 이메일)

여기서 gravely는 seriously와 very의 완벽한 동의어이다. 하지만 죽음의 위험을 암시하기도 해서 좀 더 섬뜩함이 함축되어 있다고 볼 수 있다.

grave consequences ⓒ 심각한 결과, 중대한 결과

— The central bank has warned of *grave consequences* if banks keep on lending in this way. 시중 은행들이 계속해서 이런 식으로 대출을 하다가는 심각한 결과를 맞이할 거라고 중앙 은행은 경고했다. (재정 및 금융 보도)

grave consequences는 재난이 곧 닥칠 거라는 얘기다. 특정한 행위가 원인으로 작용해 중대한 문제가 야기될 거라는 뜻이다.

grave mistake ⓟ 커다란 실수, 중대한 과오

— You've made a *grave mistake* in challenging me. 나한테 도전하다니, 넌 엄청나게 실수한 거야. (MMA 파이터가 기를 죽이겠답시고 상대 선수에게 모욕적인 언사를 퍼붓는 중)

해로운 결과를 낳는 악성 실수라는 뜻이다. 금융 손실이나 치명적인 사고가 grave mistake의 예들이겠다. 제시한 예문에서처럼, 상대에게 위협을 주는 상황에서도 과장되게 사용된다.

grave danger Ⓟ 중대한 위험, 심각한 위험

— My boy, you are in *grave danger*. You must hurry and find the enchanted stone. 오 맙소사, 자네는 큰 위험에 처했어. 서둘러 마법의 돌을 찾도록 하게나. (판타지 영화의 대사)

gravely ill과 마찬가지로 grave danger도 목숨이 위태로울 수 있을 정도의 상당한 위험을 말한다. 문자 그대로의 뜻일 수도 있고, 경고의 의미로 사용되는 일도 많다. 앞으로 위험한 일이 닥칠 거라고 말이다.

Ⓢ Seriousness 심각함, 진지함 / Sobriety 냉철함, 진지함 / Solemnity 근엄, 엄숙

Ⓐ Mirth 즐거움, 명랑 / Lightheartedness 가벼운 마음 / Cheer 쾌활함, 생기

grief

grief는 상실 및 죽음과 결부된 슬픔(sadness)의 또 다른 형태이다. grief는 sorrow(슬픔)나 mourning(애도)과 비슷하다. 하지만 사색적인 측면은 덜하고 감정적으로는 더 격렬하다. 근래에 일어난 구체적인 상실이나 패배에 보다 분명하게 반응하는 것이기도 하다. 사람이 sorrow가 있다고 해서 치료사를 찾지는 않지만, grief라면 상담을 받을 가능성이 아주 많다.

#grieving 상실에 대한 슬픔이 덮쳐 올 때

#griefsupport 슬퍼서 받는 상담을 언급할 때

#dealingwithgrief 슬픔을 극복 중임을 밝히는 진지한 태도의 해시태그

#goodgrief 맙소사! 등과 같이 놀라움이나 충격을 나타내는 감탄 표현

to bear grief ⓒ 슬픔을 견디다

— It hurts - I'm not sure that I can *bear the grief*.

상심이 커. 이 비통함을 견뎌낼 수 있을지 자신이 없어. (패배나 상실을 겪고서 친구에게 보낸 매우 사적인 메시지)

'추위'(cold)나 통증을 견디는 것처럼 grief도 bear하는 것이다. '견딘다'(endure)는 뜻이다. 결국, 슬픔을 얼마나 잘 다루느냐는 얘기겠다. 썩 잘 하지 못하면 can't bear the grief라고 말할 수 있을 것이다.

to overcome grief ⓒ 슬픔을 이겨내다

— As many of you may know, Neil will be taking a few weeks off to *overcome* his *grief*. 많은 분이 아시겠지만, 닐이 일이 있어 몇 주 휴가를 낼 예정입니다. (사무실 전체 이메일)

극심한 슬픔을 이겨내는 긴 과정을 언급할 때 이 표현을 종종 쓴다. 앞서의 bear grief와 달리, overcome은 상실과 패배를 극복한다는 의미이다.

collective grief ⓒ 집단적인 슬픔

— We'll be holding a small get-together at Jill's for us to share our *collective grief* and remember Gary. 함께 슬픔을 나누고 개리를 추모하기 위해 질의 집에서 작은 모임을 가지려고 합니다. (페이스북 게시글)

collective grief는 많은 이가 공유하는 집단적 슬픔과 비탄이다.

private grief ⓒ 개인적인 슬픔

— In the worst cases, journalists have intruded upon people's *private grief* by hacking their phones and surrounding their houses. 기자들이 사람들의 전화를 해킹하고 사는 집까지 에워싸면서 개인의 사적인 불행을 침해한 사례들은 최악이었다. (정부의 언론 자유 보고서)

private grief는 개인이 느끼는 구체적인 grief이다. 생각해 보면, private grief는 해당 grief를 남에게 알리지 않고 혼자 간직

한다는 얘기이다. 그 정반대라 할 수 있는 public grief는 collec-tive grief라고도 한다.

good grief! ⓘ 이런, 아이고, 맙소사, 세상에
— *Good grief*! Those cyclists aren't wearing any clothes! 어머나! 저 사람들은 옷을 홀딱 벗고 자전거를 타고 있네! (보행자가 충격을 받고서 내뱉은 말)

이 이디엄은 영국에서 충격, 불신, 격앙의 감탄사로 쓰인다. 아마도 미국 사람이라면 good God이나 good gracious!를 쓸 테다.

ⓢ Mourning 애도, 비탄, 슬픔 / Sorrow 슬픔, 비애 / Anguish 괴로움, 비통

ⓐ Heaven 하늘, 천국 / Delectation 즐거움, 기쁨 / Gaiety 흥겨움, 유쾌함

guilt

죄책감, 유죄,
책임, 죄

guilt는 실수나 나쁜 짓을 저지르고 슬퍼하거나 후회하는 감정이다. shame(수치심, 창피)이 스스로나 자신이 처한 곤경에 느끼는 슬픔이라면, guilt는 언제나 행동과 연관된다. 범죄 맥락에서 guilt가 빈번하게 언급되는 이유인데, 이때 사람들은 자신이 타인에게 가한 피해를 후회한다. 그렇지만 gulit는 불친절하게 굴어놓고 후회하는 등 사소하고 일상적인 감정도 표현할 수 있다. 사무실 주방에 사용한 스푼을 씻지 않고 방치한 것에 죄책감을 느끼는 것이 한 예이다.

#guilty 소셜 미디어 상황에서 즉흥적으로 쓰이는 경우가 많은데, 실수를 했거나 사치나 방탕한 생활에 빠졌다는 얘기다
#pureguilt 죄책감이 아주 클 때
#cantgetovertheguil 뭔가를 아주 크게 후회할 때
#guiltyascharged 한 짓을 인정한다는 뜻의 숙어

overwhelming guilt ⓒ 엄청난 죄책감
— Any advice for dealing with the *overwhelming guilt* after relapsing? 다시 술병에 손을 대고 나서 휩싸이게 되는 이

guilt가 사람의 마음을 장악할 만큼 강렬하면, overwhelming 이란 형용사가 적합하다.

pang of guilt ⓒ 격렬한 죄책감

— He felt a *pang of guilt* as he looked down on the buildings he had destroyed. 자신이 파괴한 건물들의 잔해가 눈에 들어왔고, 그는 순간 죄책감을 느꼈다. (수퍼 영웅이 나오는 소설)

pang은 짧은 순간에 느껴지는 예리한 아픔이다. 많이 나오는 어휘는 아니어도 guilt와 함께 쓰면 짧지만 강렬하게 죄책감을 느낀다고 나타낼 수 있다.

consumed with/by guilt ⓒ 죄책감에 사로잡힌

— I was *consumed with guilt* when I could see how the divorce was affecting the children. 이혼으로 아이들이 받게 될 악영향이 눈에 선했고, 나는 죄책감에 사로잡혔다. (유명인의 회고록)

여기서 with나 by 어떤 전치사를 쓰더라도 뜻은 같다. 누군가의 마음에 죄책감이 무겁게 자리 잡고 생각을 차지해 지속해서 양심의 가책을 느끼게 한다는 뜻이다.

guilty party ⓟ 가해자 측, 죄인 측, 피고인, 유죄 측

— Who stole the last cookie? My guess is that Todd is the *guilty party*. 마지막 쿠키를 누가 먹은 걸까요? 제 생각에는, 토드가 범인인 것 같아요. (동료와의 대화)

guilty party는 법률 용어로, 범죄를 저지른 사람이나 집단을 이른다. 하지만, 모종의 행위를 한 개인이나 집단에게도 이 말을 쓸 수 있다. 이 맥락에서 해당 행위는 대개 부정적이지만, 그렇다고 또 반드시 그런 것은 아니다.

guilty as charged Ⓟ 기소 내용 그대로 죄가 있다, 인정!
— "Todd, did you eat the last cookie?" "*Guilty as charged.*" "토드, 당신이 한 개 남은 마지막 쿠키를 먹었어요?" "네, 죄송합니다." (사무실 대화)

이 법률 용어는 피고가 기소 내용을 인정한다는 뜻이다. 하지만 법정 밖에서도 흔히 사용된다. 당신이 (실제로 했는데) 뭘 했다고 의심을 받는다면 guilty as charged라고 대꾸할 수 있다. 이 표현에는 엉뚱함과 기발함의 뉘앙스가 있어서 흔히 유머러스하게 쓰인다.

Ⓢ Remorse 후회, 회오, 회한 / Shame 수치심, 부끄러움, 창피 / Regret 후회, 유감, 애석

Ⓐ Shamelessness 파렴치함, 뻔뻔 / Indifference 무관심, 냉정, 차분 / Ignorance 무시, 외면, 홀대

heartache

심적 고뇌,
상심, 비탄, 고민

많은 문화에서 심장이 강렬한 감정과 연관되는 경우가 많다. '마음이 아픈 것'(aching heart)은 어떤 상실이나 감정적인 트라우마를 겪고 고통스럽게 슬퍼하는 것이다. 연애 관계가 끝나거나 큰 비극을 겪었을 때 가장 많이 사용된다.

#heartisaching 패배나 상실을 경험 중일 때

#joysandheartaches 어떤 일에 좋은 순간과 나쁜 순간이 다 있을 때

#toomuchheartache 아픔과 고통이 너무 클 때

#myachingheart heartache라는 단어의 구성을 달리해 표현함

to suffer (from) heartache ⓒ 마음이 아프다

— I was *suffering from* some pretty intense *heartache* after my girlfriend broke up with me. 여자 친구한테 차였고, 마음이 아파서 상당히 고생하고 있었죠. (연인 관계 조언을 나누는 레딧의 하위 포럼 게시글)

사람들은 heartache를 일종의 감정 질병으로 여긴다. 일정 기간 동안 영향을 미칠 수 있지만, 결국에는 그로부터 벗어나 회복할 가능성이 높다.

nothing but heartache ⓒ 다만 마음이 아플 뿐

— That boy has given you *nothing but heartache*. 그
녀석은 너에게 상처만 줬어. (딸한테 건네는 엄마의 말)

nothing but은 받은 게 heartbreak(비통)뿐이라는 얘기다. 인
간관계나 공동 프로젝트 등 어떤 상황에서 긍정적인 결과를 기
대했는데, 결과적으로 정서적 트라우마를 안았을 때 이 콜로케
이션을 흔히 쓴다.

pang of heartache ⓒ 마음의 격렬한 고통

— He'd been gone for five years now. Standing there,
clutching his old toy train, she felt a *pang of heart-
ache*. 아들은 5년째 돌아오지 않고 있다. 그녀는 아들의 낡은 장난감을 들
고 그곳에 서서, 가슴이 미어지는 아픔을 느꼈다. (슬픈 내용의 소설)

pang은 아주 구체적인 맥락에서만 사용되는 비일상적 어휘로,
육체나 감정의 급작스런 아픔을 가리킨다. 심적 고통은 물론,
죄책감이나 후회에도 쓸 수 있다.

Ⓢ Heartbreak 비통, 애끓는 마음 / Lovesickness 상사병 / Grief 슬픔, 비탄

Ⓐ Love 사랑 / Happiness 행복, 즐거움 / Fulfilment 실현, 성취, 충족

heartbreak

슬픔, 비탄, 비통,
애끊는 마음, 상심

heartbreak는 heartache와 비슷하지만, 고통스럽게 그리워함을 나타내기보다는 결별이나 큰 비극을 겪은 직후의 슬픔을 묘사한다. 흔히 연애 트라우마와 관련해 언급되지만, 부모나 애완동물을 잃었을 때와 같이 결속이 강했던 관계가 단절되었을 때도 쓴다.

#heartbroken 특정 사건으로 아주 슬픈 감정을 겪게 되었을 때
#absolutelyheartbroken heartbroken보다 더 강렬한 감정 상태
#dontbreakmyheart 해당 어구가 문장으로 전환된 경우
#yourebreakingmyheart 팝 음악에서 흔히 접할 수 있는 가사

absolutely heartbroken ⓒ 크게 상심한

— I'm *absolutely heartbroken* to have lost my beautiful pet frog, Benjamin, last night 어젯밤 사랑스러운 나의 반려 개구리 벤저민을 떠나보내고 정말 마음이 아프다. (페이스북 게시글)

absolutely는 heartbroken과 함께 쓰이는 아주 흔한 강의어로, '굉장한 슬픔'(serious grief)을 뜻한다.

broken-hearted Ⓟ 마음이 아픈, 상심한, 비탄에 잠긴

— Family left *broken-hearted* by husband's gambling addiction 남편의 도박 중독으로 비탄에 잠긴 가족 (타블로이드 신문의 헤드라인)

형용사 heartbroken을 달리 표현한 것이지만, 비슷한 빈도로 등장하기 때문에 주목할 필요가 있다.

to break (someone's) heart Ⓟ 가슴 아프게 하다, 상심시키다

— When he left me, it *broke my heart*. 그 사람이 절 떠났을 때, 내 마음은 찢어졌습니다. (레딧의 연애 관계 조언을 나누는 하위 포럼 게시글)

heartbreak를 이렇게 동사화할 수 있다. 이 어구를 통해, 감정의 중심이라 할 수 있는 심장에 상처를 입었다는 관념을 전달할 수 있다.

Ⓢ Heartache 심적 고통, 마음의 고뇌 / Grief 슬픔, 비탄 / Melancholy 우수, 비애, 멜랑콜리

Ⓐ Gladness 기쁨, 반가움 / Delight 기쁨, 환희 / Blessedness 행운, 행복

hopelessness

hopelessness는 말 그대로 희망이 전혀 없다는 느낌이다. 명사 hopelessness는 전반적으로 체념하고 받아들인다는 느낌이고, 부사 hopelessly는 irredeemably(바로잡을 수 없게)와 같은 뜻으로 어떤 일을 끝낼 수 있으리라는 희망이 없다는 뜻이다. 따라서 hopelessly in love라는 구문은 사랑의 감정을 떨쳐버릴 희망이 전혀 없다는 말이다.

#hopeless 희망 없는 상황을 가리키는 포괄적 해시태그

#hopelesssituation 더 좋아질 수 없는 상황을 일컬을 때

#hopelesslyinlove 완전한 사랑과 헌신을 표현할 때

#hopelesswithoutyou 누군가가 없어서 상황이 안 좋다고 말하는 감상적 해시태그

pretty hopeless Ⓒ 가망이 상당히 없는, 꽤 절망적인, 형편없는

— I'm normally *pretty hopeless* at strategy games, but this one is easy to get into. 전략 게임은 대체로 젬병인데, 이건 진입하기가 쉬웠다. (스팀 사이트에 올라온 사용자 게임 평)

영국 영어에서 hopeless는 의미가 하나 더 있다. 목표를 달성할

수 없다는 뜻이 바로 그것이다. 이런 의미로 쓰일 경우 흔히 부사 pretty를 덧붙이는데, 여기서 pretty는 kind of나 slightly와 의미가 같다. 사람이 무언가에 굉장히 서투르다는 뜻이다.

absolutely hopeless ⓒ 완전히 절망적인

— My boyfriend burnt the dinner again, he's *absolutely HOPELESS* lol 남자친구가 또 저녁을 태워먹었어요. 정말로 구제 불능이네요, 하하하. (틱톡 캡션)

이 어구는 남자친구에게서 요리를 잘할 희망을 전혀 볼 수 없다고, 그 정도로 요리 실력이 형편없다고 빈정대는 표현이다.

completely hopeless ⓒ 완전히 절망적인

— It's *completely hopeless*, we'll never make it out in time. 완전 망했어. 절대로 제시간에 맞춰 갈 수 없을 거야. (액션 영화의 대사)

completely hopeless는 어떤 상황에 희망이 전혀 없어서 뭔가 나아질 수도 없다는 뜻이다.

hopeless case ⓒ 가망 없는 사람, 가망 없는 일

— My apprentice is a bit of a *hopeless case*, but he tries his hardest. 견습생 녀석은 도대체가 가능성이 안 보여. 그런데도 최선을 다하고 열심히 노력한단 말이지. (대장장이 기능 보유자가 친구한테 하는 말)

hopeless case는 특정한 상황에서 가능성이 전혀 없어 보이는 사람을 가리킨다. 온갖 악조건에 맞서 분투하는 사람을 언급할 때 흔히 사용되는 이유이다. 다음과 같은 문장을 예로 들 수 있다. Despite them being a "hopeless case", they achieved their goal of being a karate master(사실 그들은 전혀 희망이 안 보이는데도, 결국 가라데 사범이 되겠다는 목표를 이루어 내고 말았다).

hopelessly in love Ⓟ 사랑에 빠져 어쩔 줄을 모르는, 사랑 앞에 무기력한

— My wife and I visited here in '76, back when we were young and *hopelessly in love*. 아내와 나는 1976년에 이곳을 찾았었다. 당시 우리는 젊었고, 깊이 사랑하고 있었다. (낭만적인 해변을 방문하고 적은 구글 맵스 리뷰)

깊이 사랑하고 있으며, 그 사랑에 의심의 여지가 없다는 뜻의 숙어 표현이다. 적어도 당시에는 그 사랑의 감정에서 벗어날 희망 내지 가능성이 전혀 없어 보이기 때문에 hopeless가 들어간 것이다.

Ⓢ Desperation 자포자기, 필사적임 / Bleakness 적막, 음침 / Misery 가난, 비참, 고통

Ⓐ Hopefulness 희망 / Ardor 열정, 정열, 열심 / Motivation 자극, 의욕

jadedness

jaded는 너무 많이 갖거나 먹어서 심신이 지쳤다는 뜻이다. 노동이나 가사 같은 반복적 일과 관련해서 흔히 쓰인다. 뭔가에 물려서 더는 즐겁지 않은, 가령 같은 음식을 계속 먹는 상황에서도 흔히 사용된다.

#jadedtoday 기분이 좋지 않을 때

#jadedaboutlife 전반적으로 인생이 같은 일만 반복되고 지루할 때

#jadedpalate 특정 음식을 너무 많이 먹었을 때

#jadedfromoverworking 일이 식상할 때

to become jaded Ⓒ 싫증나다, 지치다

— I've worked for this company for twenty years and I've *become jaded*: the office culture is monotonous and the work is very, very dull. 20년째 이 회사에서 일하고 있는데요, 정말이지 지겨워요. 사무실의 분위기는 단조롭고, 일도 너무너무 지루해요. (직원의 기업 평가)

be jaded는 당장에 일어나는 일이 아니다. 무언가에 지루함을 느끼고 싫증 나려면 시간이 걸리기 때문이다. 이런 과정을 통해

become jaded해진다.

jaded palate/appetite ⓒ 식욕 부진

— This place is great for anyone with a *jaded palate*. Their food is unusual and full of unexpected flavors! 식욕을 잃은 사람이 있다면, 이 가게를 적극 추천한다. 이곳에서 만드는 음식은 특별하고, 예기치 못한 맛으로 가득하다. (포장 음식 가게 리뷰)

특정 음식을 너무 많이 먹으면 따분하고 즐겁지 않기도 하다. jaded palate를 써서 이런 상황을 효과적으로 진술할 수 있다.

Ⓢ Apathy 무관심, 냉담 / Cynicism 냉소, 비꼼 / Disillusionment 환멸

Ⓐ Satisfaction 만족, 흡족, 충족 / Satiation 포만 / Zeal 열의, 열성

letdown

실망,
허탈, 낙심

뭔가가 letdown이라면, 기대 수준 이하로 감소, 쇠퇴, 하락한 것이다. downer와 마찬가지로, letdown도 부정적인 쪽으로 down했다는 뜻이다. 더 구체적으로 규정해 보면, 이전의 '의기양양했던 기분'(elation)으로부터 끌려 내려와 의기 소침해졌다는 개념이다. 실망시킨다는 뜻의 구동사 let down과의 관계도 염두하기 바란다.

#suchaletdown 실망감을 자아내는 것들을 일컬을 때
#letdownagain 예전에도 여러 번 실망한 듯
#moviewasaletdown 영화들이 기대 이하일 때
#tryingnottobealetdown 누군가를 실망시키지 않으려 애쓰는 중일 때

total letdown ⓒ 대실패, 총체적 환멸
— The four corners monument in the US was a *total letdown*: I don't know what I was expecting, but it was just a plate on the ground! 미국의 포 코너스 기념물[Four Corners monument, 애리조나, 뉴멕시코, 유타, 콜로라도, 이렇게 네 개 주가 만나는 지점]은 무척이나 허탈했다. 내가 뭘 기대했는지 몰라도, 땅에 판때기

하나 있는 게 다였다. (관광 정보 포럼)

뭔가가 정말로 실망스러워서 약간 짜증이 나는 경우 이 콜로케이션을 쓰면 된다.

massive letdown ⓒ 엄청난 환멸, 총체적 난국, 대규모 쇠퇴
— Restaurant was a *massive letdown*: cold food, waited ages, poor service. Zero out of five. 식당은 총체적 난국이었어요. 음식은 식어서 나오고, 얼마나 기다렸는지 모르겠고, 서비스도 형편없었죠. 5점 만점에 0점. (구글의 레스토랑 리뷰)

뭔가가 극도로 실망스러우면 영국과 호주 사람들은 massive란 단어를 많이 써서 해당 감정을 표출한다.

such a letdown ⓟ 큰 실망
— All the tickets are sold out, it's *such a letdown*. 표가 다 팔렸대. 완전 실망이야. (친구한테 보낸 문자)

such를 첨가하면 이 어구의 의미가 약간 증강된다. 사람을 묘사할 때나 더 일반적인 상황에까지 쓸 수 있다.

a bit of a letdown ⓟ 약간의 실망
— The new strawberry flavor is *a bit of a letdown*. 새로 나온 딸기 맛은 약간 실망스럽습니다. (식료품에 대한 고객 피드백)

약간만 실망스러운 것에는 이 표현을 쓰면 된다. 기대치에는 못 미쳤을지도 모르지만, 일진을 망칠 만큼은 아니다.

ⓢ Downer 우울 / Disappointment 실망 / Bummer 실망
Ⓐ Felicity 더할 나위 없는 행복 / Spirit 기분, 마음 / Cheer 쾌활

| # longing | 열망, 갈망, 동경,
간절, 그리움

longing은 무언가가 부족해서 그것에 대한 갈증을 충족해야 한다고 느끼는 감정이다. 달리 말하면, longing은 행복이 없어서 슬픈 것이다. longing의 종류에는 여러 가지가 있는데, 대표적으로 과거에 대한 그리움, 낭만적이고 성적인 것에 대한 동경, 또는 모험이나 흥분되는 일 같은 추상적인 개념을 열망하는 것 등이 있다.

#fulloflonging 뭔가가 없어서 불만일 때
#longingforyou 누군가가 그리울 때
#longingforadventure 뭔가 좀 더 흥미진진한 취미 활동이 필요한 듯
#sadnessandlonging 슬픈 상황을 언급하는 슬픈 해시태그

to long for (something) ⓒ 열망하다, 갈망하다, 동경하다, 그리워하다

— I've been *longing for* this kind of thrill for a long time! 저는 정말이지 오랫동안 이런 종류의 스릴을 갈망해 왔습니다. (스카이다이빙 체험 서비스 회사에 대한 고객 리뷰)
어떤 방식으로 갈망하든, 구체적인 무엇을 원하든, 다 가능하

다. 이 예문의 고객은 약간의 흥분을 갈망해온 것이다.

desperate longing ⓒ 간절한 열망

— Her eyes betrayed a *desperate longing* for him as they flickered red in the candle-light. 촛불에 비친 그녀의 두 눈은 붉은 빛으로 깜빡거리며 그를 간절히 원하고 있었다. (성적인 내용이 나오는 소설)

longing이 매우 강렬하다면, desperate를 첨가하면 딱이다.

nostalgic longing ⓒ 노스탤지어, 향수

— My grandfather had a *nostalgic longing* for his childhood days in the rural South. 할아버지께서는 남부 농촌에서 보낸 어린 시절을 늘 그리워했다. (자서전)

longing은 강렬하고 구체적이거나 좀 더 아쉬운 축에 속하며 추상적일 수도 있다. 어느 쪽이든 longing의 형태로 과거를 그리워하는 걸 서술하려면 흔히 nostalgic longing을 쓴다.

to have longings ⓒ 열망하다, 갈구하다, 동경하다

— Been *having* some serious *longings* for pickled eggs lately. Weird, right? 최근에 계란 피클이 정말 생각나네요. 이상하죠? (개인 트윗)

복수 명사 longings는 갈구하고 원하는 대상이다. 이 복수형의 longings는 통상 음식과 관련되거나 육체적인 욕구를 나타낸다.

to be filled with longing ⓟ 욕망으로 가득하다, 열망이 가득하다

— Ist204n caught a whiff of the next table's Hungarian goulash and *was filled with longing* for his homeland. 옆 테이블에서 헝가리 음식 굴라쉬 냄새가 훅 하고 피어 올랐고, 이슈트반의 마음은 고향에 대한 그리움으로 가득찼다. .

이 표현은 흔히 저항하기 힘든 압도적인 열망의 감정이 '사람을 가늑 채운다'(fill somebody up)는 뜻이나, be full of longing 을 써도 동일한 효과를 달성할 수 있다.

Ⓢ Yearning 갈망, 동경 / Craving 갈망, 열망 / Pining 그리움, 연모, 갈망

Ⓐ Satisfaction 만족, 흡족, 충족 / Contentment 만족, 자족 / Pleasure 기쁨, 즐거움, 쾌락

lovesickness

lovesickness는 열렬한 사랑에서 비롯하는 감정이다. 이 어휘로 두 개의 감정을 설명할 수 있다. 하나는 온전히 생활할 수 없을 정도로 누군가를 대단히 사랑하는 것이고, 다른 하나는 누군가가 너무 그리워서 비참하고 때로 몸이 아프기도 하는 것이다.

#lovesick 사랑의 열병을 두고 이르는 말

#lovesickforyou 몹시 감상적인 해시태그

#dyingfromlovesickness 굉장히 극적으로 들린다

#lovesickandmissingyou 누군가가 당신을 사랑하고 그리워한다고 적은 게시글

lovesick suitor ⓒ 상사병이 난 구혼자

— She had handfuls of *lovesick suitors* at her beck and call, but none did she love like Ricardo. 부르기만 하면 달려올 정도로 상사병에 걸린 구혼자들이 많았지만, 그녀가 리카르도만큼 사랑한 사람은 없었다. (야담 소설)

suitor(구혼자)는 누군가의 마음을 얻겠다고 애쓰는 사람을 가리키는 고어이다. 요즘에는 lovesick suitor라고 해야 그 의미가 명확해지지만, 이 말은 연애 스타일이 매우 격식적이라는 것을 뜻할 수도 있다.

lovesick teenager ⓒ 사랑에 빠진 10대

— Stop acting like a *lovesick teenager*, you'll be together again soon. 싱사병에 걸린 십대처럼 굴지 좀 마. 애인은 곧 다시 생길 거야. (친구의 문자 메시지)

처음으로 사랑에 빠진 10대들이 어떻게 행동하는지 언급하는 직유 표현이다. 대개 10대들은 그 첫사랑에 큰 영향을 받기 때문에 상사병의 주요 표적이 되기 십상이다. 사랑의 열병에 걸린 사람을 종종 10대에 비유하는 것도 이런 이유에서다.

Ⓢ Infatuation 열병, 심취, 매혹 / Devotion 헌신, 몰두, 전념 / Melancholy 우수, 비애, 멜랑콜리

Ⓐ Apathy 무관심, 냉정 / Bitterness 쓴 맛, 신랄함, 비통 / Contentment 만족, 자족

low

낮은, 저조한, 기운이 없는
처지는, 별로 좋지 못한

high와 low라는 범주는 기분을 비유적으로 나타내기에 적절하다. 흥분 상태나 긍정적 활력을 high로 느끼는 것처럼, 슬프거나 가라앉아 있다면 low를 느낄 수 있겠다. '기분이 저조하다'(feel low)는 하락과 수축, 우울이라는 함의를 지니고, 그 의미가 feel down과 아주 가깝다. 격식을 차리지 않는 표현으로, 노래 가사에 유난히 많이 사용된다.

#feelinglow 슬플 때

#highsandlows 솟구쳤다 가라앉는 삶의 본질을 강조할 때

#thatlowfeeling 침울함을 느꼈던 구체적 경험을 언급할 때

#lowasicango 한계에 다다를 정도로 심각하게 우울하다는 뜻으로, 운을 맞춘 표현

feeling low ⓒ 기분이 저조한[별로인]

— I'm *feeling low* today. Gonna hide away and cry okay bye 오늘은 기분이 '꿀꿀'합니다. 어디 숨어서 울어야겠어요. 안녕. (인스타그램 설명문)

너무 뻔한 콜로케이션처럼 보일지도 모르겠으나, low를 쓰는 가장 일반적인 방법이기 때문에 주목할 필요는 있다.

low mood ⓒ 저조한 기분, 가라앉은 분위기

— How often do you experience a *low mood*? 우울한 기분은 얼마나 자주 경험하시나요? (온라인으로 이루어지는 정신 건강 조언)

low mood는 딱히 원인이나 이유도 없이 슬픈 것을 일반화하여 나타내는 표현이다. 그래서 정신 건강을 논의할 때, 꼬집어 말하기 힘든 우울감을 언급하는 한 가지 방법으로 low mood라는 표현을 흔히 사용한다.

low mood는 복수형으로도 쓸 수 있다. low moods라고 하면 슬픈 일이 주기적으로 계속된다는 소리이다.

pretty low ⓒ 꽤 처지는, 상당히 저조한

— Not sure I can make it to the party tonight, dude. I'm feeling *pretty low* right now. 오늘 밤 파티에 갈 수 없을 듯. 기분이 안 좋네. (친구한테 보낸 문자 메시지)

격식을 차리지 않고 일상적으로 쓰이는 이 콜로케이션은 low와 같은 뜻이다.

Ⓢ Down 저조한, 가라앉은, 낮은 / Gloomy 우울한, 침울한 / Depressed 우울한, 침체된

Ⓐ Happy 즐거운, 행복한 / Cheerful 발랄한, 쾌활한 / Peppy 기운이 넘치는

meh

별로인,
지루한, 따분한

meh는 최근 유행하기 시작한 속어로, 무언가 흥미롭지 않고 시시할 때 쓴다. 못 믿겠다며 어깨를 으쓱하는 몸짓과 함께 쓰인다. meh는 형용사이면서 동시에 일반적 감탄사이기도 하다. 따라서 사물을 주어로 be meh 형태로 쓰거나, 어떤 것에 대해 특별히 확고한 의견이 없을 때 그냥 meh라고 답할 수도 있다. 다음 대화를 참고하자. "What did you think of that movie?" "Meh."("그 영화 어땠어?" "별로.")

#justmeh 뭔가가 영 별로일 때

#thisismeh 뭔가가 시시할 때

#meeeeh 따분한 듯 길게 내쉬는 한숨을 표현하려 단어를 장난스럽게 늘인 형태

#mehmehmeh 그 무엇에 대해서도 열의가 전혀 없을 때

a bit meh ⓒ 좀 별로인

— The online gameplay is *a bit meh*. 이 온라인 게임은 좀 별로다. (비디오 게임 이용자 평)

이 페이지에서 소개하는 콜로케이션들은 이도저도 아닌 '얼버무리기' 신공의 좋은 예다. 언어학에서는 이를 hedging이라고 하는데, 표현의 직접성을 누그러뜨리고 의미론적으로 신중함과 모호성을 끼워 넣는 용도로 쓴다. 아래의 두 콜로케이션도 마찬가지이지만, 단어가 덧붙었다고 해서 meh에 별다른 의미가 첨가되는 것이 아니다. 이 hedging 기법은 문장이 좀 덜 무례하게 들리게 하고 동시에 노골적 직접성을 '다운'시키는 역할을 한다.

just meh ⓒ 그냥 별로인

— My exam results? They were *just meh*. 시험 성적? 그냥 그래. (친구와의 대화)

아주 미묘한 차이지만, 여기 소개한 나머지 두 콜로케이션보다 조금 더 최상급임에는 틀림이 없다. just meh는 말하려는 것에 meh 말고는 다른 특징이 없다는 뜻이기 때문이다.

kind of meh ⓒ 그냥 별로, 시시한 정도

— Been feeling *kind of meh* today, but this super cute pistachio cruffin is cheering me up! 오늘 기분이 계속 별로였는데, 최고로 귀여운 이 피스타치오 크러핀을 먹으니 좀 살 만하군! (인스타그램 캡션)

거듭 말하지만, kind of는 표현하고자 하는 어구의 의미를 누그러뜨리는 역할을 한다. 덜 퉁명스럽게 들리도록 하는 것이다.

Ⓢ Bored 지루한, 따분한 / Down 저조한, 낮은, 가라앉은 / Low 가라앉은, 낮은, 저조한

Ⓐ Cheerful 쾌활한, 발랄한 / Happy 행복한, 만족하는 / Zealous 열성적인

melancholy

우수, 비애, 슬픔,
멜랑콜리, 침울

melancholy는 고요하고 사색적인 슬픔이랄 수 있다. melan-choly는 오랫동안 저조한 기분에 사로잡혀 허덕이는 고독한 사람들의 모습을 떠올리게 한다. melancholy가 창의성과 느슨하게 연결돼 있다는 사실은 무척이나 흥미롭다. 음악과 미술 얘기를 할 때, sad나 miserable 같은 어휘 대신 melancholic이 빈번히 나오는 이유도 그래서다. 왜 그럴까? 통상적인 슬픔에는 빠져 있는 사색과 숙고가 melancholy에 담겨 있기 때문일 것이다.

#melancholic 음악이 슬프고, 느리고, 정서적일 때
#melancholia melancholy를 뜻하는 예전 단어로, 요즘도 가끔 볼 수 있다
#melancholymonday 월요일은 대개 슬프고 따분한 법이니까…
#melancholicvibes 분위기가 슬플 때

melancholy thoughts Ⓒ 우울한 생각

— Sometimes I just put this song on and let my brain think *melancholy thoughts.* 저는 가끔 이 노래를 들으면서 우울한 생각에 빠져들곤 합니다. (슬프고 사색적인 노래에 달린 유튜브 댓글)

melancholy가 명사이기도 하고 형용사로도 쓰인다는 사실을 알아야 하겠다. melancholy thoughts와 She is feeling melancholy(그녀는 우수와 비애를 느끼고 있다.)는 모두 melancholy를 형용사로 사용한 예이다.

air of melancholy ⓒ 우수 어린 분위기, 멜랑콜리한 분위기
— There was an *air of melancholy* about her as she began to play the piano. 피아노를 연주하기 시작한 그녀에게서 우수 어린 분위기가 감돌았다. (음악 실황 공연 리뷰)

사람에게(around or about somebody) air가 있다는 것은 해당 정서의 분위기가 발산된다는 뜻이다. 아마도 이 예문의 공연자는 연주 동작이 느릴 테고, 생각에 잠긴 듯 보일 것 같다. 눈물을 좀 흘리고 있을지도.

melancholy smile ⓒ 우울한 미소, 씁쓸한 웃음
— He turned and gave her a *melancholy smile* before walking off into the sunset, never to be seen again. 그가 몸을 돌려 그녀에게 우울한 미소를 지어보였다. 그러더니 걸어서 황혼 속으로 떠났다. 이제 그를 다시는 볼 수 없을 터였다. (연애 소설)

melancholy smile이라니…… 해당 인물은 행복한 표정으로 커다란 슬픔을 드러내는 셈이다. 어쩌면 시련을 겪는 중에 결단력과 의지를 보여주는 것일 수도 있고, 타인을 정서적으로 깊이 이해한다는 느낌을 전달하는 것일 수도 있다.

ⓢ Misery 가난, 비참 / Mournfulness 침통 / Sorrow 슬픔, 비애

ⓐ Jubilation 승리감, 의기양양 / Delight 기쁨, 환희 / Glee 신남, 환희

misery

가난, 비참, 고통,
괴로움, 비탄, 곤궁

misery는 깊은 형태의 슬픔으로, 절망적인 고통에 가깝다고 해야 할 것이다. 가난, 큰 슬픔, 테러, 전쟁, 기타 형태의 갈등 및 불화로 절망적인 상황이 빚어지고, 이런 조건에 처한 사람들의 감정 상태를 서술할 때 흔히 misery를 쓴다. misery의 형용사형 miserable은 의미의 강도가 좀 덜해서 보다 일상적인 슬픔에도 쓸 수 있다.

#miserable 큰 슬픔을 드러내는 형용사형

#puremisery 어떤 것이 비참하다고밖에 할 수 없을 때

#examsaremisery 시험 결과에 크게 낙심했을 때

#miserableday 날씨나 상황이 안 좋을 때

utter misery ⓒ 절대 빈곤, 극심한 가난

— The population is in a state of *utter misery*: humanitarian aid is of paramount importance. 이 나라 국민은 극심한 가난에 시달리고 있고, 인도주의 지원이 절실하다. (국제 사회 기사)

여기서 utter는 extreme이란 뜻이다. 국제 사회 분쟁이라든가 자연 재해 같은 어떤 근본적인 갈등과 다툼의 대상이 존재하면,

흔히 이 표현이 동원된다.

to alleviate/relieve misery ⓒ 고통을 완화하다

— Advances in AI technology won't *alleviate the misery* faced in developing countries. 인공 지능 기술이 발달하더라도, 개도국들이 직면한 고통이 완화되지는 않는다. (기술 보도)

misery가 사람을 짓누르는 하중이라고 생각하고 그 misery를 들어올려 제거한다는 뜻이다. 이 표현의 핵심 관념은 슬픔이 중량감, 부동성, 침체 경향과 결부된다는 것이다. letdown(허탈, 실망)이나 the dumps(비참하고 불쾌한 것) 같은 어구에서도 이런 개념을 확인할 수 있다.

prolonged misery ⓒ 비참의 지속, 장기간의 불행

— Will someone please end this *prolonged misery* and take the bins out? 누군가 이 오랜 고통에 종지부를 찍고 쓰레기통을 좀 비워주겠니? (학생 동거인들끼리의 왓츠앱 메시지)

여기서 misery는 과장법으로 쓰였다. prolonged를 동사로 전환해, prolong the misery of 등으로 바꿔쓸 수도 있겠다.

nothing but misery ⓟ 오직 고통뿐, 비참 그 자체

— The desire to be accepted and loved by others will bring you *nothing but misery*. 타인들한테 인정을 받고, 또 사랑받고 싶다는 욕망을 품으면, 그저 비참하고 고통스러워질 뿐이다. (자기 계발서)

뭔가 다른 것을 경험하고 싶다고 바라고 기대하지만 현실은 참혹한 비참과 슬픔뿐이라는 뜻이다. 그래서 비판이나 충고를 할 때 널리 사용된다.

to make (someone's) life a misery ⓟ (누군가의) 삶을 불행하게 만들다

— My boss is *making my life a misery* this week.
사장 때문에 이번 주가 완전 엉망이야. (승강기 안에서 회사 동료들끼리 나누는 대화)

이 어구는 문자 그대로도, 비유적으로도 해석이 가능하다. 문자 그대로라면, 사람이나 사물이 커다란 슬픔을 야기한다는 의미이겠다. 이 어구가 비유적으로 사용되었다면, 당신이 누군가를 짜증나게 하거나 모종의 어려움을 겪게 만든 경우를 과장하는 것이겠다.

Ⓢ Melancholy 비애, 우수, 멜랑콜리 / Sadness 슬픔 / Sorrow 슬픔, 비탄, 후회, 유감

Ⓐ Joy 기쁨, 즐거움 / Delectation 기쁨, 재미, 쾌락 / Bliss 지극한 행복

moodiness

서글픔, 변덕, 침울,
까다로운 성미

moodiness는 mood와 가깝기 때문에 혼란스러운 게 사실이다. mood가 사람의 전반적인 감정을 나타내는데, 그 '기분'이 좋을 수도 나쁠 수도 있기 때문이다. 아무튼 moodiness는 안 좋고 우울한 기분이다. 이 어휘는 대개 형용사 moody로 사용된다. 콜로케이션으로 쓰이는 경우가 많지 않지만, 아래에 몇 가지 예들을 제시해 놓았다.

#moody 슬픈 기분을 서술하는 형용사

#moodymood 의미와 형태의 유사성을 가지고 한 말장난

#moodymusic 음악이 슬프거나 침울할 때

#moodymystique 사람이나 미학의 어둡고, 매혹적인 특성을 묘사할 때

moody teenagers ⓒ 기분 변화가 심한 10대

— Life's hard when you have *moody teenagers* who don't want to go anywhere or do anything with you. 변덕이 죽 끓듯 하는 10대 자식과 함께 사는 건 정말 힘들어요. 엄마와는 아무 데도 가려 하지 않고, 아무것도 하지 않으려 하니까요. (엄마들끼리의 대화)

아마도 10대가 변덕을 가장 빈번하게 보이는 이들일 것이다. 10대들의 전반적 열의 부족과 침울한 태도를 말하는 데 moody teenagers가 썩 괜찮은 콜로케이션인 이유다.

moody atmosphere ⓒ 차분한 분위기

— There was a *moody atmosphere* in there, the lights were dim and people were hushed, and then they brought out the astonishing first course. 그곳은 분위기가 묘했다. 조명이 어둑했고, 가게를 찾은 손님들도 숨죽인 채 소리를 낮췄다. 그리고 정말 놀라운 첫 번째 코스 요리가 나왔다. (푸드 비평가의 리뷰)

moody atmosphere가 꼭 나쁜 것은 아니다. 어떤 장소가 어두침침하고 우울하게 느껴지기도 하지만, 동시에 차분하게 마음을 끄는 분위기가 될 수도 있다. 이렇듯 moody는 dark blue(암청)라는 색 또는 분위기와 연관성이 있다.

moody cow ⓘ 변덕스러운 사람 (흔히 여성을 모욕적으로 지칭한다)

— She's such a *moody cow*! 저 여자는 변덕이 죽 끓듯 하네! (경멸적인 말)

기분 변화가 심한 사람을 겨냥해 사용되는 무례하고 모욕적인 언사다. 대개는 여성을 경멸할 때 쓴다.

Ⓢ Gloominess 음침, 음울, 음산 / Stroppiness 화를 잘 내는 기질 / Sulkiness 샐쭉함, 부루퉁함, 골이 남

Ⓐ Merriment 유쾌, 떠들썩함 / Gaiety 흥겨움, 유쾌함 / Cheer 쾌활함, 생기

mopiness

침울, 풀 죽음, 나른,
시무룩, 생기 없음

mopey는 침울한 행동을 서술하는 형용사다. mopey한 사람이라면 시무룩한 기분으로 집에서 빈둥거릴 거라고 짐작해 볼 수 있다. 기분 변화가 심한 10대 청소년과 아이들을 언급할 때 mopey가 널리 사용되는 이유다.

#mopeytoday 기분이 저조할 때

#somopey 슬프고 비참할 때

#dontbesomopey 짜증이 나서, 기운을 내라고 독려하는 명령문

#mopeyteens 게으르고 짜증까지 몸에 밴 10대의 행동을 말할 때

mopey teenagers ⓒ 생기 없는 10대, 10대 청소년의 나른함

— I know it's common to have *mopey teenagers*, but my boys are so miserable all the time and won't do any of the housework. What should I do? 10대가 되면 대개 시무룩하고 까다롭게 군다는 것쯤은 저도 알고 있습니다만, 저희 집 아이들은 항상 뚱해 있고 집안 일도 전혀 하지 않으려고 해요. 제가 어떻게 하면 좋을까요? (양육 조언을 나누는 포럼의 게시글)

불공평하게 특징짓는 것일 수도 있지만, 감정이 널뛰고, 행동

이 게으르며, 전반적으로 열의가 없다는 특성 때문에 10대는 mopey하다는 이미지가 있다.

all mopey ⓒ 완전 생기가 없는, 대단히 시무룩한

— Freya was *all mopey* today, not sure why. 프리야가 오늘 완전 기운이 없었는데, 그 이유를 모르겠어. (동료에게 보낸 문자)

대개 mopey는 가정사와 같은 개인적인 함의를 지니지만, 일터에서도 완벽하게 적용할 수 있다. 침울한 동료가 있다고 한 번 생각해 보라.

moping around/about ⓒ 침울하게 어정거리기

— Stop *moping around* and help me move the sofa! 축 처져 있지 말고, 소파 옮기는 것 좀 도와요! (가정에서 벌어진 다툼)

mopey한 행동을 가리키는 이 콜로케이션을 접하면, 이 말과 결부되는 '게으름 및 나태'(idleness)가 구체적으로 연상된다. '게으름을 피운다'는 뜻의 lounge around와 같은 표현인 셈이다. 여기서는 about과 around가 같다.

Ⓢ Listlessness 무기력, 무관심함 / Gloom 우울, 침울, 어둠 / Dejection 실의, 낙담

Ⓐ Cheer 쾌활함, 생기, 환호 / Pep 생기, 활력 / Zeal 열의, 열성

SADNESS | # mournfulness 침통, 애절, 슬픔, 애도, 애석함

동사 mourn은 죽음에 슬픔을 느끼거나 표출하는 것이다. 상태를 서술하는 (be) in mourning은 정해지지는 않았더라도 일정 기간 슬퍼하는 것이다. 명사 mournfulness는 상을 입고 드러내는 애도이다. 잠잠히 내면을 들여다보는 슬픔이 떠오른다.

#mournful 겉모습과 침울한 분위기에 쓸 수 있음

#inmourning 뭔가가 음침하거나 피해를 입은 것처럼 보일 때

#mournfulatmosphere 어딘가가 어둡고 침울할 때

#lookingmournful 뭔가가 슬프고 사색적일 때 쓴다

to go into mourning ⓒ 상(복)을 입다, 애도하다

— The family have *gone into mourning* and ask that people respect their privacy in these difficult times. 가족은 현재 상 중이고 힘든 시기를 보내고 있으므로 사생활을 존중해 주실 것을 당부드립니다. (가족 구성원의 사망 이후 변호사가 발표한 성명)

이 콜로케이션은 사람이 죽고서 슬퍼하는 과정을 시작했다는 말이다. 죽음을 알게 된 순간부터 슬픈 것은 분명하다. 하지만 mourning은 더 확실한 반성적 묵상의 기간이다. 사람들은 바

로 이 시간을 통해 슬픔을 받아들이려 애쓰고, 바라건대 극복하는 법을 배우기도 한다.

mournful look ⓒ 애절한 표정, 슬픈 표정

— She gave him a *mournful look* as he sat on the couch scoffing chips, unwilling to move. 남자가 꼼짝 않고 소파에 앉아 감자칩이나 먹어대는 동안, 그녀는 그를 안 됐다는 시선으로 바라봤다. (현대 소설)

이것은 슬픈 표정이다. 상대방 때문에 정말로 속이 상하거나, 보다 일반적으로는 무언가에 화가 나서 말조차하고 싶지 않다면, 상대방에게 슬픈 표정을 지어보일 수도 있을 것이다.

mournful occasion ⓒ 우울한 일, 슬픈 사건

— I don't want my last day before retirement to be a *mournful occasion*, so bring lots of cake and games! 은퇴 전 마지막 날이 우울하지 않았으면 해요. 그러니 다과도 가져오시고 게임도 합시다. (동료 직원들에게 보낸 왓츠앱 메시지)

mournful occasion이라면 장례식이나 뭔가의 종결을 기념하는 모임일 가능성이 있다. 어떤 평범한 파티가 정말 지루할 때도 mournful occasion이라고 에둘러 말할 수 있다.

national mourning ⓒ 국상, 국장, 국가 애도, 국민적 추모

— There will be a period of *national mourning* for the death of the Queen. 전 국민이 여왕의 서거를 추모하는 기간이 선포될 예정입니다. (방송 뉴스)

국민이 유명인이나 널리 사랑받던 인물을 다 함께 애도하는 것을 national mourning이라고 한다.

period of mourning (P) 상 중, 애도 기간

— I need a *period of mourning* before I can talk to anyone else, but thank you for all your kind support. 너무 슬퍼서 지금은 누구랑도 소통이 힘듭니다. 시간이 필요해요. 그럼에도 여러분 모두의 친절함과 지지에 감사드립니다. (개인적 비극을 겪은 사람이 페이스북에 올린 게시글)

위에도 나왔듯이, 이 표현은 상을 입은 사람들이 애도하는 기간을 말한다.

(S) Grief 슬픔, 비탄 / Sorrow 슬픔, 비애 / Melancholy 우수, 비애, 멜랑콜리

(A) Rejoicing 기쁨, 축하 / Merriment 왁자지껄, 명랑 / Gaiety 흥겨움, 유쾌함

negativity   부정적, 비관

감정적 의미에서 보자면, negativity는 냉소적이고 비관적인 전망을 말한다. '부정적'인 사람은 안 좋은 일이 벌어지리라 예상하고 최악의 측면을 본다. 아주 광범위하게 쓰이는 용어로, 나쁘고, 원치 않으며, 이상적이지 않다는 전반적인 느낌을 전달할 때 사용한다. negativity에는 건설적이거나 긍정적인 피드백은 전혀 없이 '비판만 한다'(critical)는 의미도 있다.

#negative 비판이 전혀 건설적이지 않을 때

#negativeattitude 항상 결과가 안 좋을 거라고 생각하거나 남들을 비판하는 사람을 일컬을 때

#dontbesonegative 남에게 비판 좀 그만하라고 할 때

#negativeperson 전반적으로 비관적인 데다가, 좋은 점을 보지 못하는 사람을 일컫는 경우

negative attitude ⓒ 부정적인 태도

— Your son has a *negative attitude* that is adversely affecting his learning. 아드님은 태도가 부정적이어서 학습에도 악영향을 받고 있습니다. (소년의 부모와 상담하면서 교사가 건넨 말)

negative attitude는 남들에게 문제를 일으키는 마음가짐이나 전반적인 태도라고 말할 수 있겠다. 가령, negative attitude towards unrestricted gun ownership(무제한적인 총기 소유에 부정적인 태도)와도 같이 구체적인 특정 사안에 냉소적일 때도 negative attitude를 쓸 수 있다.

negative reaction/response ⓒ 부정적 반응/대응

— There has been an overwhelmingly *negative reaction* to this show and it should be cancelled. 이 프로그램에 대한 부정적인 의견이 압도적으로 많았기 때문이 폐지해야 한다. (방송 관련 보도)

사람이나 집단이 뭔가를 몹시 싫어하거나 매우 비판적이면, 이런 양상을 가리켜 negative reaction이라고 할 수 있다.

negative stereotype/portrayal ⓒ 부정적 고정 관념, 부정적 묘사

— I wish I could combat the *negative stereotypes* of my religion. 내가 믿는 종교에 대한 틀에 박힌 부정적 이미지와 맞서 싸우고 싶다. (개인 트윗)

문화 억압이나 정치적 올바름에 관한 논의에서 많이 사용되는 스테레오타입은 특정 유형의 사람을 경멸할 때 '부정적'(negative)이라고 여겨진다. 이는 편견으로 이어지고, 이런 이유로 negative stereotype가 흔히 비판을 받는 것이다. 때로 많은 사람이 해당 고정 관념을 갖고 있다고 하더라도 말이다.

negative publicity Ⓒ 부정적인 여론, 악평

— The affair has attracted much *negative publicity* for him and his political party. 그 일로 그와 그가 속한 정당에 대한 여론이 매우 부정적으로 바뀌었다. (뉴스 보도)

여기서 negative는 adverse(불리한) 또는 unconstructive(건설적이지 못한)의 의미로 사용됐다. 그러니까 어떤 형태의 공적인 의사소통이 개인의 평판이나 명예에 해를 끼친 것이다. 어쩌면 이런 밀 앞에는 명예를 실추시킨 추문이나 기타 형태의 사건이 나올 것이다.

negative Nancy Ⓘ 매사 부정적인 사람

— Wow, there are a lot of *negative Nancys* in the chat! 와우, 채팅 창에 투덜이 스머프들이 넘쳐나는군요! (트위치 사이트의 스트리머)

이 경멸적 관용구는 세상 만사에 시종일관 부정적인 사람을 가리킨다. 주변 환경에 끊임없이 불평을 해대거나 불합리한 비판을 남발하면, 누구든지 negative Nancy가 될 수 있다. 이 관용구는 남자와 여자, 단수와 복수를 불문하고 누구에게나 쓸 수 있다. Nancy가 여자 이름인 것은 중요하지 않다.

Ⓢ Pessimism 염세주의, 비관 / Cynicism 냉소주의, 비꼼 / Defeatism 패배주의

Ⓐ Positivity 긍정, 적극, 확신, 명료 / Optimism 낙관, 낙천 / Confidence 신뢰, 자신, 확신

pessimism

비관, 비관주의,
염세(주의)

pessimism은 특정 사태, 나아가 세상 만사에서 부정성을 보는 자세이다. pessimistic한 사람은 어떤 일이 생각보다 더 나쁠 거라고 내다본다. 끊임없이 부정적인 행동을 보이는 사람은 누구나 pessimist(비관주의자)라고 할 수 있다.

#pessimistic 패배주의적 진술이나 언급을 두고 일컫는 말

#pessimisticattitude 부정적인 마음가짐을 이르는 말

#noneedforsuchpessimism 우울하고 비관적인 의견을 배제하려고 할 때

#alwaysapessimist 어떤 일이 일어나기도 전에 항상 나쁠 거라고 의심부터 하는 사람을 가리킬 때

pessimistic attitude ⓒ 비관적 태도

— My boyfriend's *pessimistic attitude* is really taking a toll on me mentally. 남자친구가 어찌나 비관적인지, 나까지 정신적으로 피폐해지는 중입니다. (연애 관계 조언을 주고받는 사이트의 게시글)

pessimistic attitude는 일상 생활의 갖은 측면에 대해 끊임없이 부정적이라는 뜻이다. '태도'가 '비관적'인 사람들은 남을 불신하고, 재미있는 활동에도 덜 참여하는 경향이 있다.

pessimistic forecast ⓒ 비관적 예측

— It seems as though sea levels are rising faster than even some *pessimistic forecasts* have predicted. 심지어는 일부 비관적 예측보다 더 빠른 속도로 해수면이 상승 중인 듯하다. (기후 보도)

미래에 대한 어떤 예측이 긍정적인 결과를 기대하기 어려운 것이면, 그 예측을 pessimistic forecast라 할 수 있다.

overly pessimistic ⓒ 지나치게 비관적인

— We think your predictions are *overly pessimistic*, and would like to suggest some of our own. 우리는 당신들의 예측이 너무 비관적이라고 봅니다. 따라서 우리가 예측하는 내용 일부를 발표하고자 합니다. (업무 회의)

자신이나 남의 비관주의에 이의를 제기할 때 이 표현을 쓴다. 무언가에 대해 그 정도로 부정적인 견해는 불필요하고, 애초에 생각했던 것만큼 상황이 나쁘지 않다는 뜻이다.

ⓢ Negativity 부정적, 소극성, 비관 / Cynicism 냉소, 비꼼 / Gloominess 우울, 침울, 어둠

🅐 Optimism 낙관주의, 낙천 / Positivity 확신, 명료, 적극성, 긍정적 / Faith 믿음, 신념, 신앙, 신의, 성실

poignancy

날카로움, 매서움,
신랄, 슬픔

무언가 poignant하다면, 그것으로 인해 사색에 잠기고 슬퍼지게 된다. 보통의 감정과 달리, poignancy는 표정으로 드러나지 않는다. poignancy는 감정적으로 커다란 영향을 미치는 행위와 시나리오에서 비롯되고, 대개는 진지한 느낌이다.

#poignant 감동적인 영화나 자선 호소와 같이 감정적으로 뭉클한 것에 대한 반응을 보일 때

#poignantreminder 무언가로 인해 심각한 상황을 떠올렸을 때

#poignantspeech 감동적인 연설을 두고 이르는 말

#poignantandsaddening 아마도 안 좋은 소식에 대한 반응으로

to find (something) poignant ⓒ 뭉클하다, 통렬하다, 신랄하다, 사무치다, 마음이 아프다

— I *found the climax* of this documentary *poignant* and it made me think twice about how I would act in that situation. 이 다큐멘터리의 클라이맥스가 뭉클했다. 나라면 그 상황에서 어떻게 했을지 다시 한번 생각해보게 되었다. (범죄 관련 다큐멘터리에 달린 유튜브 댓글)

뭔가가 poignant하다고 생각한다고 말할 때, 단연코 가장 많이 사용되는 동사가 바로 find이다. 주어가 poigancy라는 감정을 받았거나 발견했다는 뜻이다.

deeply poignant ⓒ 매우 감동적인, 엄청 신랄한

— Spoke to a military veteran yesterday and this guy's stories about the horrors of war were *deeply poignant*. 어제 참전 용사와 이야기를 나눌 기회가 있었는데, 그분이 겪은 참상에 가슴이 미어지더라구. (친구한테 보낸 문자)

poignant의 의미를 강화할 때 흔히 사용하는 부사가 deeply이다. 과거에 철썩같이 믿었던 근본적 진실을 다시 생각해보지 않을 수 없게 되었다면 poignancy가 deep한 것이다.

particularly poignant ⓒ 매우 신랄한, 통렬한

— One of the things my therapist said that was *particularly poignant* was that anxiety can be caused by wider social factors and not just bad life habits. 담당 치료사가 해준 말 가운데서 특히나 인상적이었던 것은 사람의 근심과 걱정이 나쁜 생활습관 때문만이 아니라 여러 사회적 요인들 때문이기도 하다는 말이었어요. (정신 건강을 토론하는 레딧의 하위 포럼에 올라온 글)

시나리오에서 어떤 요소가 다른 요소보다 더 poignant하면 부사 particularly를 붙여 쓸 수 있다. 그렇게 하면 상황상 어떤 측면이 가장 심각한지 구분할 수 있다.

poignant reminder ⓟ 가슴 아프게 상기시키는 것

— Leave the ruins as they are – it will serve as a

poignant reminder of humanity's violence. 폐허를 그대로 남겨둡시다. 인간의 폭력성을 가슴 아프게 떠올리도록 말이죠. (지역 개발 사업에 관한 페이스북 게시글)

무언가 poignant하다면, 그것을 poignant reminder라고 지칭할 수 있다. 이런 식으로, 다른 사람들도 인정해야 할 진지한 메시지라는 상징이 되는 것이다.

Ⓢ Seriousness 심각함, 진지함 / Reflectiveness 반성, 사색 / Contemplation 사색, 명상

Ⓐ Blissful 더 없이 행복한 / Carefree 근심 걱정 없는 / Happy-go-lucky 태평스러운

regret

후회, 유감, 애석,
회한, 슬픔, 비탄, 낙담

regret은 과거에 내린 결정을 달리했었더라면 하고 느끼는 안타까운 감정이다. 다양한 맥락에서 쓰이고, 결정의 크기나 중요성 정도에 제한을 두지도 않는다. 동사로 사용될 뿐만 아니라, 셀 수 있는 명사로 쓰여 특정 행위에 대한 회한(remorse)을 나타낸다.

#regretful 후회를 느끼는 상태

#bigregret 크게 후회하는 일을 두고 이르는 말

#fullofregret 후회되는 일이 많을 때

#regretthisdecision 지금이라도 되돌릴 수 있으면 하고 바라는 나쁜 결정을 이미 했을 때

biggest regret ⓒ 가장 후회스러운 일, 가장 큰 후회

— My *biggest regret* is smoking my first cigarette. 담배를 배운 것이 내가 가장 후회하는 일이다. (레딧 게시글)

인생에서 가장 후회하는 일들을 biggest regrets라고 말하곤 한다.

deep regret ⓒ 절실한 후회, 깊은 유감

— I want to express my *deep regret* at the post I

made last week. 지난 주에 올린 글에 깊은 유감을 표합니다. (트위터에서 말실수를 한 유명인의 또 다른 트윗)

deep은 널리 쓰이는 강의어로, 큰 후회와 유감을 느낀다는 얘기다.

to live to regret (something) ⓒ (~을) 후회하며 살다

— I knew that if I didn't break up with her then, I would *live to regret it*. 그때 그 여자와 헤어지지 않았다면, 살면서 평생 후회하게 될 것임을 알았다. (연애 관계 조언을 주고받는 포럼의 게시글)

come to regret과 유사한 이 표현은 어떤 행동을 하면 결국 후회하게 될 거라는 뜻이다. 하지만 쓰는 방식은 다르다. live to regret은 사람들에게 주의를 주는 식으로 가장 많이 사용되는데, 그렇게 하지 않아서 결국에는 후회하지 않도록 용기를 내 행동에 옮기라고 격려하는 것이다.

to come/grow to regret (something) ⓒ 후회하게 되다, 후회하다

— I kept running while I had a leg injury and I have *come to regret it* now. 다리를 다쳤는데도 계속 달리기를 했고, 지금은 크게 후회하고 있다. (트윗)

come to regret은 후회한다는 뜻이다. 모종의 행위가 실수였음을 서서히 깨닫게 된다는 말이다. 이런 후회의 과정은 환경이 바뀌거나 그저 시간이 지나면서 시작되기도 한다.

Ⓢ Remorse 회한, 자책 / Guilt 죄책감, 유죄, 책임 / Rue 후회, 연민, 비탄

Ⓐ Satisfaction 만족 / Gladness 기쁨, 반가움 / Contentment 만족, 자족

remorse

회한, 자책, 연민,
비탄, 양심의 가책

remorse는 죄책감에서 비롯하는 정서적 고통이다. remorse를 느끼는 사람이라면 자신의 행동에 대해 사과를 하거나 보상을 하고자 할 것이다. 여러 다양한 상황에 remorse가 사용된다. 예의 없는 행동처럼 의도치 않은 사소한 잘못부터 형사 범죄 같은 중대 행위에 대한 뉘우침에 이르기까지 정말로 그 범위가 넓다.

#remorseful remorse를 느낀다는 뜻의 형용사형
#fullofremorse 아주 미안하고 죄책감이 들 때
#remorsehorse 어쩌면 말이 죄책감을 느끼는 듯...
#noremorse 전혀 후회하지 않을 때

deep remorse ⓒ 깊은 후회

— I'm so sorry, everyone. I feel *deep remorse* for my actions. 여러분, 정말 죄송합니다. 제 행동에 깊이 후회합니다. (페이스북의 공개 사과글)

great remorse나 very remorseful도 같은 표현이다.

stab/pang of remorse Ⓒ 후회의 고통, 마음을 에는 회한

— I have to admit, I felt a *stab of remorse* going for that fourth slice of cake. 솔직히 말해서, 케이트를 네 조각째 먹을 때는 후회의 고통이 밀려왔어요. (다이어트 포럼 게시글)

remorse는 대개 별안간 느끼게 된다. 왜냐하면 깨달음과 자각이 불현듯 이뤄지기 때문이다. 그렇게 때문에, stab이나 pang 이란 어휘를 써서 칼로 찌르는 듯한 예리한 감정을 별안간 느끼는 고통스러운 감정이라고 나타내는 것이다.

to be filled with remorse Ⓒ 회한으로 가득 차다

— As I came to understand the impact of my decision, I *was filled with remorse*. 내 결정이 미칠 영향을 깨닫게 되자 회한이 가득 밀려왔다. (정치인의 회고록)

말 그대로, 생각이 마비될 정도로 엄청난 후회가 밀려왔다는 뜻이다.

to show remorse Ⓒ 후회하다, 자책하는 마음을 보이다

— The defendant has *shown remorse* for his actions and the jury have therefore taken this into account in their decision. 피고가 자신의 행동을 후회하고 있고, 배심은 이 점을 고려하여 다음과 같이 판결한다. (법정 심판)

show remorse는 어떻게 할까? 말로 표현할 수 있다. 때로는 그저 슬픈 표정으로도 가능하다.

without/no remorse Ⓒ 가차없이, 사정없이, 후회 없이

— The outlaw took what he pleased, and killed

without remorse. 그 도망자는 원하는 것을 가져갔고, 가차없이 살인을 저질렀다. (서부 영화의 내레이션)

without remorse한 행위는 자신이 하는 행동을 살피지 않는다는 뜻이다. 서부 영화의 이 살인자처럼 냉담하고 잔혹한 사람을 서술할 때 without remorse가 널리 사용된다. with no remorse도 같은 뜻이다.

tears of remorse ⓟ 회한의 눈물

— He began to realise that the soldiers he had slain were just frightened boys like him, and he shed *tears of remorse*. 그는 자신이 죽인 군인들이 자기와 다를 바가 없는, 그저 겁에 질린 소년일 뿐임을 깨달았고 회한의 눈물을 흘렸다. (전쟁 소설)

tears of remorse는 엄청난 죄책감 때문에 우는 것을 말한다. 일상 생활에서 '회한의 눈물'을 흘리는 일은 극히 드물다. 이런 어구는 미디어나 문학에서 접하게 될 가능성이 가장 많다.

Ⓢ Guilt 죄책감, 유죄, 책임 / Repentance 뉘우침, 회개, 후회 / Regret 후회, 유감, 애석

Ⓐ Indifference 무관심, 냉담 / Carefreeness 근심 걱정 없음, 태평함 / Gladness 기쁨, 반가움

| # resignation | 감수, 체념,
단념, 포기

사람들은 달갑지 않은 운명을 받아들이면서 resigned(체념하는, 받아들이는)한다. resignation은 giving up(포기)의 감정과 비슷하다. 자신의 행동과는 상관없이 안 좋은 일이 일어날 수 있음을 받아들이는 마음가짐이다.

#resigned 자신이 처한 상황이 믿기지 않는다고 말할 때

#resignedsigh 이를 통해 당신이 체념했음을 남들이 안다

#resignedtomyfate 안 좋은 상황이나 사태를 기꺼이 받아들일 때

#nothingbutresignation 투지와 열의를 죄다 잃었을 때

to resign (oneself) to (something) ⓒ 체념하다

— Really want one of these but they are too expensive and I've *resigned myself to not having* one. 정말 갖고 싶었지만, 다 너무 비싸서 그냥 없던 일로 했습니다. (레딧의 취미 포럼에 올라온 글)

흔히 현재 완료 시제가 쓰여 과거 분사 resigned가 나오는 것은 과거의 불특정 시점에 이미 포기를 했고, 그 상황이 현재의 경험으로까지 이어지기 때문이다.

weary resignation ⓒ 지쳐서 하는 체념

— The public now only respond to such scare stories with *weary resignation*. 대중은 이제 그런 무서운 이야기는 지쳐서 체념한 상태이다. (시사 보도)

resignation에 weary를 보태면 무관심에 피로감이 들어가 있음을 나타낼 수 있다. 사람들이 일상 생활의 지루함에 싫증이 나서 weary resignation이 야기되는 것인지도 모르겠다.

look of resignation ⓒ 체념의 표정

— The last thing I saw of him was a *look of resignation* before he disappeared into the black, unfeeling night. 나는 그에게서 마지막으로 체념의 표정을 보았다. 이윽고 그가 어둠 속으로 사라졌다. 밤은 무정했다. (현대 소설)

모든 것을 내려놓고 운명을 받아들이기로 했음이 드러나는 표정이나 눈빛이라면 look of resignation이라고 할 수 있지 않을까?

sigh of resignation ⓒ 체념의 한숨

— Lol you can hear her *sigh of resignation* right here. 너무 웃겨. 이 부분에서 그녀가 포기하고 한숨 쉬는 소리를 들을 수 있어. (유튜브 퀴즈 쇼 영상에 달린 댓글)

sighing은 사람들이 단념하며 흔히 하는 행위이다.

Ⓢ Capitulation 항복 / Apathy 냉담 / Acceptance 수락, 인정

Ⓐ Resistance 저항, 반대 / Ardor 열정, 열심 / Devotion 헌신

seriousness

진지함, 심각함,
성실함, 진심

형용사 서술어로서의 serious는 목표에 전념하고, 농담이나 유
머를 거부하며, 전반적으로 따분하고 진지한 분위기를 택하는
것이다. serious한 사람은 유치한 것을 멀리하고 심각한 어조를
취하는 편이다. seriousness는 어른의 행동과 연관성이 있다.

#seriousselfie 특색 없이 단조로운 표정의 셀카 사진을 가리킬 때
#seriously 믿기지 않을 때
#seriouslythough 뭔가에 진심일 때
#getserious 다른 사람에게 유치하게 굴지 좀 말라고 하는 명령문

to get serious ⓒ 진지하다, 유치하게 굴지 않다
— Thought it was time to *get serious* with my exer-
cise regime, so I got a gym membership and com-
mitted to improving my cardio. 이제 진지하게 운동 요법을
시작해야겠다고 생각했고, 그래서 체육관도 끊었습니다. 그렇게 심혈관계 개
선 과제에 몰두했죠. (레딧의 스포츠 포럼에 올라온 게시글)
뭔가에 전념하지 않고 느긋한 자세로 있다가 '진지하게'
(getting serious) 행동 양상을 바꾼다는 얘기다. 다이어트, 운

동, 학습 등에서 get serious를 쓰는 이유다.

serious person ⓒ 진지한 인물, 근엄한 사람

— My dad is a *serious person*, doesn't laugh much, but this movie really cracked him up. 제 아버지는 진지한 편으로 웃음이 많지 않습니다만, 이 영화는 그런 아버지마저 무너뜨려 버렸답니다. (로튼 토마토의 코미디 영화 관객평)

농담이나 까불기 따위를 전혀 하지 않고 삶의 책무에 헌신하는 사람을 서술할 때 흔히 serious person을 쓴다.

be serious ⓒ 농담하지 마라, 진지해 봐라

— Okay, *be serious* now, who would you rather date out of these two? 자, 이제 진지하게 묻겠습니다. 당신이라면 이 두 사람 가운데서 누구랑 데이트를 하시겠습니까? (남자 둘이 나오는 틱톡 동영상의 캡션)

농담이 아니라 진지한 답변을 원할 때 쓸 수 있다. 위의 예문처럼 비유적 표현으로 가볍게 쓸 수도 있지만, 진짜 농담 그만하고 진지하게 얘기하고 싶을 때 쓰기도 한다.

are you serious? Ⓟ 정말이야?, 진짜야?, 진심이야?

— Dude, *are you serious?* I can't believe you would think that! 정말이야? 네가 그런 생각을 하다니 도저히 믿을 수가 없는데. (페이스북 논쟁 중의 댓글)

못 믿겠다는 말이다. You can't be serious?란 의문문으로 표현할 수도 있다. 처음에는 농담이라고 생각했는데 그게 아님을 서서히 깨달았을 때 쓴다.

dead(ly) serious (P) 아주 진지한

— Oh, I'm *deadly serious*, I'm gonna rip your guts out and feed them to the pigs! 내 말을 허투로 듣지 마라. 네 놈 배를 가르고 내장을 꺼내서 돼지 먹이로 주겠어! (악당 영화의 대사)

사람은 진지할 때 이 말을 한다. 물론 제시한 예문은 매우 험악한 말투이다. 하지만 대개의 경우는 구체적인 행위 과정에 성실히 임하겠다는 뜻이다.

(S) Somberness 우울, 침울 / Graveness 엄숙, 심각성 / Solemnity 침통, 근엄, 엄숙

(A) Sillyness 어리석음, 유치함 / Whimsy 엉뚱, 기발, 변덕 / Merriment 명랑, 유쾌

shame

부끄러움, 수치,
창피, 애석, 아쉬움

shame은 각기 다른 동사 및 전치사와 함께 쓰이는 경우가 무척 많다. 사람은 여러 방식으로 '부끄러움을 느낄'(have shame) 수 있다. 무언가로 인해 '창피함을 느낄'(shamed by) 수 있는데, 이는 누군가 당신의 '치부'(shameful thing)를 드러낸 것이다. 아니면, 무언가가 '부끄러울'(ashamed of) 수도 있는데, 이는 '수치심'(shame)이 머릿속에 자리 잡고 있다는 뜻이다.

#shameful 수치심을 유발하는 무언가를 묘사할 때

#ashamed 부끄러움과 창피를 느끼는 상태

#shameonyou 비열하고, 당혹스러우며, 수치스러운 짓을 한 사람한테 쓸 수 있는 말

#shameandembarrassment 너무 창피해 아무 말도 할 수 없을 때

to put (something) to shame ⓒ 부끄럽게 하다, 창피를 주다, 곤혹스럽게 하다

— This game *puts all other racing games to shame* with its incredible depth and playability. 놀라운 입체감과 게임 구현성을 자랑하는 이 게임의 등장으로 다른 모든 레이싱 게임들이

무색해졌다. (레이싱 게임 전문가의 리뷰)

당신이 put someone to shame한다고 하면, 당신이 그 사람을 큰 격차로 능가해서, 그 사람이 형편없는 결과에 대해 창피함을 느끼는 것이다. 이 표현은 스포츠, 공부, 일, 외에도 경쟁 노력이면 그 어떤 것에도 다 적용해 쓸 수 있다.

to bring shame upon ⓒ 창피를 주다

— You have *brought shame upon* your family with what you have done! 네가 한 짓 때문에 너의 가족이 얼마나 큰 창피를 당하고 있는 줄 알기나 해! (범죄자와 그의 가족 사이의 대화)

이 콜로케이션은 불명예스러운 당사자와 가까운 사람들의 평판 얘기다. 그 대상은 가족일 수도, 회사일 수도, 또는 다른 집단일 수도 있다. 그러니까 불명예스러운 당사자는 유대 관계를 통해 소속된 집단도 수치심을 느끼도록 그 범위를 넓힌다. 사람들은 많은 경우 이에 대해 분노하고 언짢아한다.

to publicly shame (someone) ⓒ 공개적으로 창피를 주다

— We have decided *to publicly shame this man* for his affair by leaking his saucy messages to our readers. 우리는 불륜을 저지른 이 남자를 공개적으로 망신주기로 방침을 정했습니다. 독자들에게 그가 작성한 성적으로 노골적인 문자 메시지를 공개하도록 하겠습니다. (타블로이드 신문)

이 콜로케이션은 shame을 동사로 쓰고 있고, 상대방이 해당 행위를 부끄럽게 여기도록 만든다는 뜻이다. 이 예문의 경우는 상대방이 자신의 행동과 관련해 더 굴욕을 당하도록 그 일을 공개적으로 처리하겠다는 얘기이다.

to hang one's head in shame Ⓟ 창피해서 고개를 숙이다, 부끄러워서 고개를 떨구다

— He should *hang his head in shame* for that performance. 저런 성적을 내고 부끄러워서 고개를 못 들겠네요. (골프 중계)

이 표현은 창피스런 일을 하고서 남들과 시선을 마주하지 않기 위해 바닥만 내려다보는 행위를 가리킨다. hang이란 동사를 통해 사람의 머리가 처졌고, 완전히 낙담했다는 것을 알 수 있다.

to die of shame Ⓟ 창피해서 죽을 지경이다, 부끄러워서 죽겠다

— Pleeease don't screenshot this, I will *die of shame*! 제발 부탁인데, 화면 캡쳐하지 마세요. 저 창피해 죽습니다! (우스꽝스럽게 머리를 자른 사진에 달린 스냅챗 캡션)

무언가가 엄청나게 수치스럽다고 말할 때 쓰는 과장법이다.

shame on you! Ⓟ 부끄러운 줄 알아!, 창피스럽지 않은가!

— You broke into a police car and stole their donuts? *Shame on you!* 경찰차를 부수고 도넛을 훔쳐 먹었다고? 부끄러운 줄 알아! (자식을 꾸짖는 엄마의 말)

꽤 나쁜 짓을 했을 때만 이 표현을 쓴다. 이 예문에서 어머니는 아들이 자신의 비행을 뉘우쳤으면 하고 바라는 마음에서 창피함을 알라고 다그치고 있다.

Ⓢ Humiliation 창피, 굴욕, 면목 없음 / Embarrassment 곤란, 난처, 어색 / Indignity 수모, 모욕, 치욕

Ⓐ Pride 자부심, 긍지, 자랑 / Carefreeness 근심 걱정 없음 / Glory 영광, 영예

| # shittyness | 비열, 열등,
조악, 불쾌

이 속어는 욕설인 shit에서 출발했다. 정서의 맥락에서 살펴볼 때, shittyness는 안 좋고 불쾌한 감정이다. shittyness는 크게 두 가지 상황에 쓸 수 있다. 자신의 상황, 예컨대 따분한 직장과 관련해 '진절머리 날'(feel shitty) 수가 있다. 몸이 아픈 경우도 feel shitty할 수 있는데, 이때는 '불쾌함을 느끼는' 것이다. 엄밀히 따지면 비속어이기 때문에 격식에 얽매이지 않는 상황에서 조심스럽게 써야 한다.

#shitty shittyness를 뜻하는 형용사

#pureshittyness 삶이 뜻대로 되지 않을 때

#feelingshittyrightnow 기분이 안 좋다고 얘기하는 스스럼 없는 말투

#shittyjob 일로 우울할 때

feeling shitty Ⓒ 기분이 안 좋은, 기분이 더러운

— *Feeling shitty* today, not gonna lie. 오늘 진짜 기분 더럽네, 거짓말 아니고. (틱톡 캡션)

상대적으로 새로운 형태의 속어라서 shitty라는 단어가 들어가는 콜로케이션이 많이 발달하지는 못했다. 그래서 feel shitty라

고 말하는 것이 가장 일반적이다.

a bit shitty Ⓒ 좀 짜증나는, 엉망진창인, 형편없는

— I've been feeling *a bit shitty* lately. Life's been getting me down. 요즘 기분이 영 그래. 사는 게 왜 이리 짜증 나냐! (친구에게 터놓고 하는 말)

a bit을 붙여 약간만 shitty한 느낌이라는 것을 나타낸다. shittyness는 전반적으로 기분이 저조한 상태인데, 괴로니 기벼운 우울증에서 비롯한 것일 수도 있다.

really shitty Ⓒ 정말 짜증나는, 엉망진창인, 몸 상태가 매우 불쾌한

— Sorry, babe, I can't make our date tonight. I'm feeling *really shitty*. 미안. 오늘 밤 데이트 못 할 것 같아. 컨디션이 너무 안 좋아서 말이야. (여자 친구에게 보낸 문자)

really shitty는 a bit shitty와는 정반대로 기분이 정말 안 좋다는 뜻이다. 이 불쾌한 기분은 정서적인 것일 수도 있고 인플루엔자나 식중독 같은 병 때문일 수도 있다.

Ⓢ Lowness 풀이 죽음, 기운 없음 / Gloom 우울, 침울 / Blues 우울, 슬픔

Ⓐ Pleasure 기쁨, 즐거움, 쾌락 / Delight 기쁨, 즐거움, 환희 / Elation 의기양양

solemnity

침통, 근엄,
엄숙, 장엄, 위신

solemnity는 seriousness(진지함)의 일종으로, 질서 정연하고 예의를 갖춘 태도라는 뜻이 숨어있다. '엄숙한'(solemn) 행사의 대표적인 보기가 장례식이다. 슬퍼하는 사람들이 모였지만 조용하게 처신하며 격식을 지키는 모습을 한 번 생각해 보라.

#solemn 슬프고, 조용하며, 진지한 무언가를 말할 때

#solemnresponsibility 진지한 책무로서 뭔가를 해야 할 때

#isolemnlyswear 뭔가에 진지하게 동의할 때

#solemntone 슬픈 사건이나 매체를 조용한 방식으로 설명할 때

mock solemnity ⓒ 가짜 엄숙함, 진지한 척하기

— 'A soldier's duty must be taken seriously', he said with *mock solemnity*. '군인의 의무를 진지하게 받아들여야 합니다.' 그는 짐짓 엄숙하게 말했다. (전쟁 소설)

mock solemnity는 어떤 상황을 농담으로 넘기거나 분위기를 가볍게 하려고 진지한 척하는 것이다. 풍자를 할 때 흔히 이용된다.

solemn vow/promise/oath ⓒ 굳은 맹세, 엄숙한 약속, 정식 선서

— I made a *solemn vow* to her that I would never leave her again. 저는 그녀에게 다시는 떠나지 않겠다고 굳게 맹세했습니다. (연애 관계 조언을 나누는 포럼)

어떤 약속이 특별히 중요하고 진지하기가 이루 말할 수 없을 때, 그 약속을 solemn vow라고 할 수 있겠다.

solemn responsibility ⓒ 진지한 책임, 엄숙한 의무

— The medical community has a *solemn responsibility* to adhere to facts and to inform the public of the realities of certain treatments. 의료계는 사실에 입각해 특정 치료법의 실상을 대중에게 정확히 알릴 엄중한 책임이 있다. (의료 보도)

진지하게 행동해야 하는 책임감을 말할 때 solemn responsibility라는 표현을 쓸 수 있다. 보통 대중의 안녕과 같은 중대한 이해관계가 걸려있는 상황이다.

Ⓢ Somberness 우울, 침울 / Seriousness 진지함, 심각함 / Pensiveness 깊은 생각, 수심에 잠김

Ⓐ Glee 기쁨, 환희 / Lightheartedness 근심 없음, 가벼운 마음 / Flippancy 경솔, 경박

somberness

우울, 침울,
칙칙, 음산

somberness는 차분한 슬픔이라고 생각하면 가장 좋다. somber한 사람은 슬프지만 사색적이고, 고요하고 가만하며 쓸쓸하다. gloomy와 moody처럼, 상황이나 일이 어둡고 우울할 때 그 전반적 느낌과 분위기를 서술하는 데에도 somberness를 쓸 수 있다.

#somber 조용하고 슬픈 무언가를 묘사할 때
#sombermood 상황의 전반적 분위기가 슬프고 조용할 때 쓰면 좋다
#sosomber 모종의 이유로 지나치게 슬플 때
#feelingsomberrightnow 기분이 저조하고 수심에 젖어있을 때

somber mood Ⓒ 엄숙한 분위기, 암울한 느낌, 우울한 기분

— The nation is in a *somber mood* after the passing of the King. 국왕의 서거로 전 국민이 우울해 하고 있습니다. (뉴스 보도) 이 표현은 개인의 슬픈 정서 상태를 가리킬 수도 있고, 더 큰 집단, 가령 국민이 공유하는 우울감을 드러내기도 한다.

somber colors Ⓒ 칙칙한 색깔

— This piece makes great use of *somber colors* to communicate a drab, yearning angst. 이 작품은 칙칙한 색감을 잘 활용해 단조로운 동경과 고뇌를 전달하고 있다. (미술 비평)

어떤 색상이 슬픔을 떠올리는 경우가 종종 있는데, 이럴 때 그 색상이 somber하다고 할 수 있다. 파랑과 초록 계열, 어두운 색조와 은은한 담채색은 모두 이러한 특성을 보인다.

somber atmosphere Ⓒ 엄숙한 분위기, 암울한 느낌, 우울한 분위기

— There was a *somber atmosphere* in the waiting room, as if someone had just died. 대기실 분위기가 침울했다. 마치 누가 죽기라도 한 것처럼. (현대 소설)

물리적인 공간에 뭐라고 딱히 꼬집어 말할 수 없는 슬픔이 있다면, 이런 상태를 somber atmosphere라고 묘사할 수 있겠다.

somber tone Ⓒ 침울한 말씨, 우울한 어조

— The President's *somber tone* is indicative of how serious the situation is. 대통령의 침울한 말투로 보건대, 상황이 매우 심각함을 알 수 있다. (정치 트윗)

연설이나 글쓰기에서 somber tone을 채택할 수 있을 것이다. 방송, 기타 매체, 동영상 컨텐츠 등 다른 형태의 커뮤니케이션도 마찬가지다.

Ⓢ Solemnity 침통 / Gloominess 음침, 음울 / Moodiness 변덕

Ⓐ Gaiety 흥겨움, 유쾌함 / Revelry 흥청망청 / Delectation 기쁨

sorrow

슬픔, 비애, 애도, 비탄,
후회, 유감, 아쉬움

sorrow는 슬픔의 일종으로, grief 및 mourning과 연결돼 있다. 약간 문어체로 들리는 게 사실이다. 오늘 '엄청난 비애를 느낀다'(feel great sorrow)고 친구에게 말할 일은 거의 없다. 그보다는, 애도의 메시지라든가 장례식 같은 더 공식적인 맥락에서 깊고 오래된 슬픔을 묘사하는 데 쓸 수 있다.

#greatsorrow 아주 슬픈 사건을 일컬을 때

#sorrowful sorrow의 형용사형

#feelingofsorrow 슬픔이 오래 지속되는 감정 상태를 나타낼 때

#alonewithmysorrow 자신의 슬픔을 내적으로 대처하고 있을 때

to express (one's) sorrow ⓒ 슬픔을 표현하다, 비애를 표출하다

— I want *to express my* deep *sorrow* for your loss. 당신의 겪은 상실에 심심한 애도의 말을 전하고자 합니다. (누군가의 죽음 이후 지인이 보낸 따뜻한 메시지)

고통스러워하는 사람을 위로할 때 흔히 이 동사를 쓴다. 화자도 슬픔을 느끼며 피해 당사자의 괴로움에 공감한다고 예의를 갖춰 하는 말이다.

to hide (one's) sorrow ⓒ 슬픔을 감추다, 비애감을 숨기다

— I tend to roll through life *hiding my sorrow*. 저는 슬픈 일이 있어도 내색을 안 하는 편입니다. (고백하는 내용의 인스타그램 게시글)

sorrow는 그 본질이 사색적이어서 남들에게 숨기는 게 가능하다. 자신이 느끼는 슬픔과 비애를 감추는 사람은 내면의 슬픈 감정과 무관하게 겉으로는 만족스러워 보일 수도 있다.

time of sorrow ⓒ 슬픔의 시간, 비탄의 시기

— Our thoughts and prayers are with the victims' families in this *time of sorrow*. 모두가 비통함을 느끼는 이 시기에, 우리는 마음을 다해 기도하며 희생자 가족과 함께합니다. (치명적인 사고 이후 발표된 정부 성명)

사랑하는 사람이 죽었거나 고난의 시기를 보내고 있다면 분명 슬플 것이다. 이런 슬픔의 시간을 격식을 차려 진술할 때 이 콜로케이션을 사용하면 된다.

tears of sorrow ⓒ 비탄의 눈물, 슬픔의 눈물

— His body lay there lifeless, and she wept *tears of sorrow* from behind the glass. 바로 거기에 그의 몸이 생명력이 빠져 나간 채 놓여 있었고, 그녀는 유리창 너머에서 슬픔의 눈물을 흘렸다. (슬픈 소설)

슬퍼서 흘리는 눈물 대부분이 사실상 tears of sorrow이다. 하지만 이 표현은 그 눈물 뒤에 큰 슬픔이 도사리고 있음을 암시한다.

more in sorrow than in anger ⓘ 분노보다 슬픔이 더 큰, 화나기보다는 오히려 슬픈, 노여움보다 슬픔으로

— I really let the team down with my late report at work, but they reacted *more in sorrow than in anger*.

보고서를 늦게 내는 바람에 팀원들이 정말로 실망했는데, 화를 내기보다는 슬퍼하더라고. (배우자와의 대화)

셰익스피어는 영어라는 언어에 엄청난 영향을 미쳤다. 이 어구도 《햄릿》에 처음 나오고, 이후로 널리 사용되고 있다. 뜻을 음미해 보자. 누군가 잘못을 저질렀을 때, 상대방은 그 행동에 대해서 화를 낼 수도 있지만 슬퍼한다는 뜻이다.

Ⓢ Grief 슬픔, 비탄, 고민 / Mournfulness 침통, 애절함 / Woe 고민, 비애, 문제

Ⓐ Gladness 기쁨, 반가움 / Joy 기쁨, 즐거움, 환희 / Rejoicing 기쁨, 축하

the blues

우울, 비애,
멜랑콜리

서양 문화에서는 파란색(blue)과 슬픔이란 정서 사이의 연관성
이 깊다. have the blues는 우울한 감정을 느낀다는 말이다. 20
세기 초 미국 남부 지방에 사는 흑인들이 불렀던 우수 어린 노
동요에 '블루스'라는 이름이 붙었다는 사실은 특기할 만하다.
처한 상황이 대체로 불만이라는 뜻으로도 the blues가 널리 사
용된다.

#blue 슬픔을 느낄 때

#caseoftheblues 여기서 case는 특정 질병을 일컬어 a case of a
disease라고 표현하는 경우

#gottheblues 우울할 때

#kindofblue 기분이 약간 안 좋은 경우

to have/get the blues ⓒ 우울하다, 우울함을 느끼다

— I ain't comin' out tonight, I *got the blues*. 오늘 밤에
못 나갈 것 같아. 기분이 우울하네. (미국 남부 출신자와의 대화)

미국 방언의 속어로 대화체에서 자주 사용되듯이, have 대신
got을 대신 쓸 수 있다. I have got the blues가 I got the blues

가 되는 것이다.

to feel/be blue Ⓒ 우울하다, 슬프다

— If you are *feeling blue*, try exercising to stimulate endorphins, reduce alcohol consumption and do something that you enjoy. 우울하세요? 운동으로 엔도르핀을 자극하세요. 음주량을 줄이고, 재미있는 일도 시도해 보세요. (생활 방식 조언을 담고 있는 소책자)

의료 상황에서는 feel blue란 말을 듣기가 힘들다. 정신과 전문의가 이런 말을 할 가능성은 거의 없다는 뜻이다. 하지만 사람의 wellbeing(안녕)과 관련해 가볍게 토론할 때는 이 말이 폭넓게 사용된다.

case of the blues Ⓟ 우울증, 슬픈 일

— Woke up with a *case of the blues*, any tips for cheering myself up? 잠에서 깼는데, 무척 우울합니다. 뭔가 기분이 '업'될 만한 일이 없을까요? (스냅챗 캡션)

the blues는 질병일까? 막연히 그럴 거라고 사람들은 생각한다. the blues는 대개의 경우 일시적이고 막을 수 있으며, 시간과 노력을 통해 치료를 할 수도 있다. 우리가 the blues를 case, 그러니까 질병이라고 말하는 이유다. 사람들이 우울증 진단을 받는 것은 독감 같은 신체적 질병에 걸린 것과 같은 셈이다.

the blue devils Ⓘ 우울(증)

— I know you loved that toy, Bobby, but you have to move on in life, or *the blue devils* will get you. 바비, 네

가 그 장난감을 많이 좋아했다는 걸 잘 알지만, 이제 잊고 지내야지. 안 그러면 우울증에 빠질 거야. (애지중지하던 장난감을 잃고 낙심하는 아들을 달래는 엄마의 말)

17세기 영국에서 유래된 이 관용구는 원래 술을 지나치게 마셔대서 생긴 우울한 일화 얘기였다. 요즘은 그 뜻이 바뀌어, the blues(비애, 비참함)와 정확히 같은 의미로 쓰인다.

Ⓢ The Dumps 우울, 의기소침 / Lowness 풀이 죽음, 기운 없음 / Depression 우울증

Ⓐ Gladness 기쁨, 반가움 / Happiness 행복, 즐거움 / Delight 기쁨, 환희

the dumps

우울, 의기소침, 무기력

down in the dumps는 불행하고, 낙담했으며, 억압받는 느낌이다. 비유하자면, 정신 상태가 쓰레기장에 있는 듯 안 좋다는 뜻이다. 이런 면에서, downwardness, 즉 '침체 경향'이라는 은유법이 계속된다. 이 책에서 해설한 여러 항목, down, letdown, low 같은 표제어들에서도 이를 확인할 수 있다. the dumps는 슬픈 감정에 '더럽고, 추잡함'까지 추가된 것이다.

#downinthedumps dumps가 나오는 가장 흔히 쓰이는 관용구
#cantescapethedumps 도무지 기운이 나지 않을 때
#beeninthedumps 한동안 기분이 저조했다고 말할 때
#dumpedandinthedumps 연인에게 차여서(dumped) 고통스럽고 비참할 때

down in the dumps ⓘ 기분이 우울한, 의기소침한
— Sorry that I've stopped posting recently, everyone. I've been *down in the dumps* lately after my pet frog, Manuel, sadly died. 최근 포스팅을 중단해 죄송합니다. 반려 개구리 마누엘을 떠나보내 최근 무척 힘들었습니다. (인스타그램 설명문)

down in the dumps는 중간 정도의 슬픔이라고 생각하면 되 겠다. 가령, mopeyness나 평범한 disappointment보다는 심 각하지만 misery나 woe만큼 심각하지는 않다. down in the dumps는 사람들이 다시금 회복하는 종류의 슬픔이기도 하다. 지금은 슬프지만 머잖아 저조한 기분에서 다시금 솟아올라 정 상 상태로 회복할 수 있는 정도라고 이해해도 좋겠다.

Ⓢ The Blues 우울, 블루스, 멜랑콜리 / Misery 고통 / Melancholy 우울

Ⓐ Elation 기쁨, 의기양양 / Bliss 지극한 행복 / Glee 기쁨, 환희

tribulation

고난, 시련, 고민

tribulation은 시련과 고생이다. '내리누르다, 압박을 가하다'(press)를 뜻하는 라틴어 tribulare에서 유래한 tribulation에는 압력과 하중의 의미가 있다. tribulation은 통상 복수형 tribulations로 쓰여 사람이 직면하게 되는 이런저런 '어려움, 곤란'을 가리킨다.

#tribulations 일련의 힘겨운 상황을 언급할 때
#greatribulation 어떤 일이 극복하기 매우 어려운 경우
#trialsandtribulations 어려움과 고난을 언급하는 흔한 어구
#toomanytribulations 이런저런 일들이 사람을 방해할 때

source of tribulation Ⓒ 고난의 원인, 시련의 이유
— Studying has always been a *source of tribulation* for me because of my dyslexia. 저는 난독증 때문에 공부하기가 항상 괴로웠어요. (학습 장애 관련 조언을 나누는 포럼)
어떤 문제나 어려움에 구체적인 이유가 있으면 source of tribulation을 쓰면 된다.

trials and tribulations Ⓟ 갖가지 고난, 온갖 역경, 시련과 고난

— This book is designed to help you through the *trials and tribulations* of raising a newborn baby. 이 책의 목적은 독자 여러분이 갓난아기를 키우면서 겪게 되는 시련과 고난을 헤쳐나갈 수 있게끔 돕는 것이다. (육아 도서의 서문)

어떤 시스템 내부에 있는 수많은 문제를 지칭하기 위해 이 두 명사를 함께 사용하는 경우가 빈번하다. 온갖 종류의 문제에다 쓸 수 있겠지만, 일상 생활의 문제에 주로 적용된다. '욕실을 새로 설치하며 겪는 고생'(trials and tribulations of fitting a new bathroom)거나, '자식을 넷이나 키우며 경험하는 시련'(trials and tribulations of raising four children)이라고 표현하는 식이다.

tribulations of everyday/modern life Ⓟ 일생 생활의 고충/현대인의 고난

— The *tribulations of everyday life* are really getting me down. 일상 생활의 각종 문제로 정말 진이 빠집니다. (인스타그램 게시글)

구체적으로 이 어구는 가정사나 판에 박힌 일상 생활 요소를 가리킨다. 출근하기, 집안일 하기, 다른 사람 돌보기, 식료품 구매하기 등이 대표적이다. 평범한 삶이라 해도 이와 관련된 여러 특성으로 인해 우울해질 수 있다는 뜻이 이 표현에 담겨 있다.

Ⓢ Adversity 역경, 고난 / Struggle 투쟁, 고투 / Difficulty 어려움, 곤란

Ⓐ Fortune 행운 / Felicity 더할 나위 없는 행복 / Blessedness 축복

unhappiness

불만,
불행, 슬픔

unhappiness는 가장 기본적인 형태의 슬픔이다. sadness(슬픔)라는 단어 자체를 제외하면, unhappiness가 불만과 고통이라는 감정을 두루 나타내는 가장 흔한 용어이다. 가벼운 불만부터 심각한 불만족에 이르기까지 그 범위가 넓기 때문에 특별한 조건이 필요 없을 때 사용된다.

#unhappy unhappiness를 표출하는 솔직한 해시태그

#veryunhappy 좀 더 단호하게 unhappy하다고 말할 때

#unhappyliving 가정 환경이 비참할 때

#unhappyeverafter happy ever after를 가지고서 말 장난을 했는데, 뜻은 또 정반대다!

to seem unhappy ⓒ 불행해 보이다, 즐거워 보이지 않다

— Have you noticed that Jane *seems unhappy* lately?

최근에 제인이 슬퍼 보이는 거 눈치 챘어? (직장 동료들끼리의 대화)

unhappiness는 전반적인 슬픔을 나타내기에 슬퍼 보이는데 자세한 내막은 모를 때 이 말을 사용한다. 누군가가 어쩌면 눈물을 흘리며 눈을 내리깔고 이상하게 행동한다면, unhappy해 보인다고 말할 수 있다. 상대방이 화가 났는지, 우울한지, 피곤한지, 아니면 더 구체적으로 원인을 추측하는 것보다 이렇게만 말하는 것이 나을 때가 있다.

to lead to unhappiness ⓒ 불행에 이르다, 불행을 낳다
— Staying indoors all day is thought to *lead to unhappiness*. 하루 종일 실내에만 머무르면, 불행해진다고 봅니다. (정신건강 관련 조언을 해주는 웹사이트)

'불행'(unhappiness)은 모두가 피하고 싶은 것이어서, 사람들은 궁극적으로 슬픔을 유발하는 것에 leading(이끄는, 인도하는)이라는 수식어를 붙인다. 그것은 누군가에게 서서히 불행을 '가져온다'(bring)는 뜻이다.

widespread unhappiness ⓒ 만연한 불만
— There has been *widespread unhappiness* across the nation at this set of reforms. 그 일련의 개혁 조치에 대해 전국민의 불만이 팽배하다. (정치 보도)

이 표현은 많은 사람이 불만을 느낀다는 얘기이다. 가난이나 지나친 환경오염 같은 부정적인 사회 문제들이 대두했을 수도 있다.

deeply unhappy ⓒ 매우 불행한, 깊이 슬퍼하는
— On the face of it, I have it all: a good job, two beautiful children and a loving husband, but I'm still *deeply unhappy*. 겉으로만 보면, 전 다 갖추었습니다. 좋은 직장에, 아이들 둘도 잘 자라고 있고, 사랑스런 남편까지요. 하지만 그럼에도 저는 여전히 매우 불행해요. (레딧의 우울증 포럼에 올라온 글)

부사 deeply가 붙어서, 불행의 원인 잠재의식 속에 있어서 정확히 밝히기가 힘들다는 뜻이다. 우울증 같은 슬픔의 여러 형태는 deep unhappiness로 표현하면 좋다.

desperately unhappy Ⓒ 매우 불행한, 지독하게 슬픈

— My elderly mother has been stuck inside for months during lockdown and is *desperately unhappy*. 봉쇄 정책이 실시되면서 제 어머니께서는 여러 달 동안 집 안에만 머무르셨고, 몹시 언짢으신 상태에요. (왓츠앱에서 벌어진 코로나19 정책 관련 토론)

desperately가 붙었으니 최악의 불행이라 할 만하다. 자신의 상황을 바꾸려고 필사적으로 노력하고 있다는 뜻이기 때문이다.

Ⓢ Sadness 슬픔, 비애 / Melancholy 우수, 비애, 멜랑콜리 / Misery 고통, 비참, 가난

Ⓐ Happiness 행복, 만족, 기쁨 / Glee 신남, 환희 / Joy 기쁨, 환희

woe

고민, 문제, 비통, 비애, 슬픔,
괴로움, 고뇌, 불행, 재난

woe는 흔히 불운이나 고생으로 야기되는 커다란 슬픔이다. 이 말에는 구식이면서도 격식을 차린 듯한 느낌이 있다. 고대 영어에 있는 슬픔의 감탄사 wa!에서 유래했으며, 관용어 "woe is me"(오, 슬프도다!)에서도 이러한 감탄하는 특성이 여전히 느껴진다. 사람들은 woe is me를 써서 자신의 슬픔을 공공연하게 드러낸다. woe는 대개의 경우 복수로 쓰여, 상황에 여러 문제가 많음을 드러낸다.

#woeful 엄청나게 슬플 때뿐만 아니라, 어떤 일을 형편없이 했을 때도 쓰임
#fullofwoe 아주 woeful하다는 얘기
#woebetideyou 위협하는 문구
#tellmeyourwoes 상대방의 슬픈 사연을 듣고 공감하겠다는 표시

full of woe ⓒ 비애로 가득 찬, 몹시 슬픈

— The monks were *full of woe* at the loss of their beloved Abbot. 따르던 수도원장이 죽자, 수도승들은 몹시 슬퍼했다. (역사 소설)

full of woe는 very woeful이나 experience much woe라는 말

의 대체 표현으로, 나머지 둘보다 약간 더 문어적이다.

financial woe ⓒ 재정적 재앙, 금융 불행, 재무적 고통

— The recent *financial woes* felt by many have triggered a massive credit surge. 최근 많은 이가 재정적으로 고통을 받았고, 그로 인해 대출이 대규모로 급증했다. (금융 및 재정 부두)

financial woe는 대개의 경우 복수로 쓴다. 이 표현은 단순히 돈이 없다는 뜻일 수도 있고, 더 복잡한 금전 문제를 의미할 수도 있다. 자산 가치가 하락하거나 수익을 내지 못하는 투자 같은 것들 말이다.

tale of woe ⓒ 넋두리, 우는 소리, 고뇌에 찬 이야기

— Can't stand talking to Rebecca, she's always spouting some new *tale of woe*. 레베카랑은 도무지 얘기가 안 돼. 항상 뭔가 새로운 넋두리를 해대니 말이야. (친구와의 대화)

tale of woe는 슬픈 이야기인데, 여기에는 멜로드라마처럼 과장된 구석이 있다. 고상하고 문학적인 느낌이 있어서, 당사자가 너무 진지하고 경건할 때 사용한다.

woe is me ⓘ 오, 슬프도다!

— Oh, *woe is me*, I've forgotten my car keys! 오, 슬프도다! 차 열쇠를 잊어버렸어. (친구들에게 풍자적으로 탄식하는 사람의 말)

고통스럽고 슬프다는 얘기를 할 때 사용되는 옛스런 표현이다. woe가 고대 영어에 뿌리를 두고 있기 때문에 사실 문법적으로는 아무 의미가 없고 진지하게 사용되는 일도 많지 않다. 오히려 사람들이 이 말을 쓸 때는 유머러스하거나 아이러니한 효과를 의도하는 쪽에 가깝다. 몹시 슬퍼하면서 과장되게 행동하는 사람을 흉내내는 것이다.

woe betide (somebody) ⓘ 화를 당할지니라, 재앙이 있으라, 무사하지 못할 것이다

— *Woe betide anyone* who steals my chocolate! 내 초콜릿을 훔쳐가는 자는 화를 당할지니라! (하우스 파티에서 유머를 의도해 한 말)

이 표현 역시도 익살스럽게 고어적 말투를 흉내낸 것이다. 일종의 경고로, 규칙을 지키지 않으면 고통을 받게 될 것이라는 뜻이다.

Ⓢ Sorrow 슬픔, 비애 / Anguish 괴로움, 비통 / Misery 가난, 고통, 비참

Ⓐ Rapture 황홀, 환희 / Delight 기쁨, 환희 / Glee 신남, 기쁨, 환희

Anger

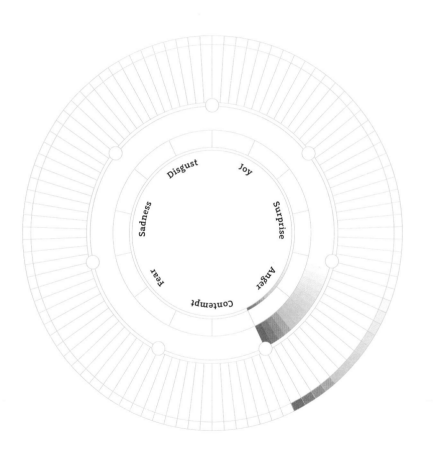

| # annoyance | 짜증,
성가심, 화

annoyance는 화나기 직전의 감정 상태이다. 온갖 형태의 '짜증'과 '화'를 묘사하는 탄력적인 어휘여서, 미묘하게 마음이 혼란스러운 것부터 적의를 갖고 대치하는 것에 이르기까지 꽤 많은 범위를 포괄한다. '짜증스럽다'(annoyed)는 것은 마음의 평정을 잃었다는 얘기로, 분노를 야기하는 무언가에 영향을 받았다고도 할 수 있겠다. irritation처럼 annoyance도 흔히는 부정적 자극의 반복에 의해 유발된다.

#annoying 부정적인 것이 반복적으로 사람을 짜증나게 할 때
#soannoying 뭔가가 매우 귀찮고 짜증스러울 때
#stopbeingsoannooooying 누군가에게 그만 짜증나게 하라고 격분해서 하는 말
#annoyedicantgoouttonight 그 어떤 제약으로 나가서 놀 수 없다는 사실에 화가 났을 때 쓰는 표현

obvious annoyance ⓒ 명백한 불쾌감
— She flicked her hair in *obvious annoyance*. 그녀가 머리를 쥐어뜯다니 화가 난 게 틀림없었다. (현대 소설)

전치사 with, in, to the는 누군가 어떤 식으로 '명백하게' 화를 내는지 보여주는 역할을 한다. 누군가가 짜증이 난 게 '분명하다'면 어떤 제스처나 행동으로 그 짜증을 드러내기 마련이다.

surge of annoyance ⓒ 치밀어 오르는 화

— Even as I write this article, I can feel a **surge of annoyance**. 이 기사를 쓰면서도 화가 치밀어 오른다. (저널리즘 분야의 논쟁적인 글)

surge of anger처럼 annoyance도 순식간에 정도가 심해지기도 한다. surge란 말은 일반적으로 전류가 급증할 때 쓰는 전기 용어이다. 따라서 이 콜로케이션은 짜증과 분노가 급격하고 폭발적이기까지 하다는 얘기이다.

starting/beginning to annoy ⓒ 짜증나기 시작하는

— Please stop singing, you're **starting to annoy** me! 제발 노래 좀 그만 불러! 짜증나려고 하니까. (배우자가 화가 나서 쏘아붙이는 반응)

누군가가 이렇게 말한다면, 가벼운 협박 정도라고 볼 수 있다. 어떤 행동이 상대방의 화를 키웠고, 성가신 행동을 계속한다면 문제가 발생할 테다!

clearly annoyed ⓒ 화가 난 게 틀림없는

— He was **clearly annoyed** at being heckled. 그는 야유를 받았고, 틀림없이 짜증이 났을 것이다. (컨트리 뮤직 공연에 대한 비평글)

obvious annoyance와 상당히 유사한 이 콜로케이션은 겉으로 보이는 행동과 표현으로 자신이 격앙돼 있음을 드러낸다는 의미이다.

much to (someone's) annoyance (P) 정말 짜증스럽게도

— *Much to my boyfriend's annoyance*, I always steal the duvet hehe. 내가 항상 이불을 뺏어가기 때문에, 남자친구가 짜증을 많이 내요, 히히. (버즈피드에 올라온 라이프스타일 기사에 대한 댓글)

이 표현을 쓰면 화난 사람과 그 이유를 동시에 밝힐 수 있다.

(S) Irritation 짜증, 화 / Vexation 성가심, 짜증 / Ire 분노, 노여움

(A) Gladness 기쁨, 반가움 / Bliss 지극한 행복 / Pleasure 기쁨, 쾌락, 즐거움

boiling point

끓는점, 폭발
일보 직전의 상황

이 비유적인 표현을 쓰면, 화가 폭력 행위로 전환되는 순간을 묘사할 수 있다. 물이 끓는점에서 역동적으로 분출하며 수증기로 바뀌듯이, 개인의 분노든 집단의 분노든 마찬가지로 작용한다.

#boilingrage 누군가의 분노가 매우 강렬함을 드러낼 때

#bolilingpoint 화난 정도가 매우 심할 때

#reachedmyboilingpoint 무척 화가 났고, 난폭해지기 직전 상태를 가리킴

#tensionsrisingtoboilingpoint 폭력 사태의 위험이 스멀거리는 대중의 상황을 언급하고자 할 때

to reach boiling point ⓒ 폭발 일보 직전 상황까지 가다

— Tensions in the house have *reached boiling point*.

그 집의 긴장 상태가 최고조에 달했다. (텔레비전 리얼리티 쇼의 내레이션)

anger나 tension이 "끓는점에 도달했다"(reach boiling point)고 표현할 수도 있고, 누군가의 "화가 머리 끝까지 치솟았다"(reach one's boiling point)고 얘기해도 같은 말이 된다.

to be at boiling point Ⓒ 화가 머리 끝까지 치솟다, 폭발 일보 직전이다, 부글부글 끓다

— Don't go in the kitchen, mom *is at boiling point*!
엄마 화났어, 주방에 가지 마. (형제 간의 대화)

누군가 끓는점'에' 있다면 이미 굉장히 화가 나 있고, 그 화를 고함, 폭력, 공격적 행동으로 드러낼 가능성이 높다. 위 예문에서 엄마가 난폭하게 변하지는 않을 것이다. '끓는점'이란 표현이 누군가에게는 그 성노가 가상 심한 수준의 분노일 수 있기 때문이다. '끓는점'은 누군가에게는 짜증일 수 있지만, 또 다른 누군가에게는 물리적 공격일 수도 있다.

boiling with rage Ⓟ 분노로 들끓는, 격렬한 분노에 휩싸인

— She was *boiling with rage* when she heard about his affair. 그의 불륜 소식을 듣고 그녀는 화가 나서 돌아버릴 지경이었다. (타블로이드 신문)

위에서 언급한 콜로케이션들과 같은 의미이지만, 누군가의 실제 분노를 더 구체적으로 언급할 수 있는 또 다른 표현이다. 숙어의 구조를 보면, 분노 이외의 다른 것으로 '끓어오르는' 것 (boiling with)이 가능할 것 같지만 그렇지는 않다.

Ⓢ Rage 분노, 격노 / Violence 폭력, 난폭 / Fury 분노, 격분

Ⓐ Calmness 진정, 차분함 / Zen 고요, 평화 / Happiness 행복, 만족, 기쁨

botheredness

bothered는 약간 걱정스러운 것이다. 당사자는 이 감정이 없어지지 않고 계속 따라다님을 느끼게 된다. not bothered처럼 부정문으로 사용되면 not interested의 의미를 지니게 된다. 예컨대, 누가 저녁으로 뭘 먹고 싶은지 물었을 때 I'm not bothered라고 대꾸하면, 무엇을 먹어도 상관없거나 저녁을 먹고 싶은 생각이 별로 없다는 뜻이다.

#bothered 뭔가 신경이 거슬려 짜증이 날 때

#hotandbothered 안절부절못하겠을 때

#ohbother 고충과 괴로움을 드러내는 구식 감탄사로 가끔 쓰인다

#amibothered 남의 문제에 관심이 없음을 드러내는 의문문

spot of bother Ⓟ 곤란한 상황, 다소 성가심, 약간의 문제 또는 곤경
— We got into a *spot of bother* trying to park here so it's worth planning ahead. 여기서 차를 대느라고 약간 애를 먹었으니, 미리 계획을 세우는 것이 좋다. (관광지 리뷰)
spot of bother는 심하지 않은 걱정이나 고충을 안기는 일이다. 전반적인 상황을 언급하는 표현으로, 압도적으로 영국 영어에

서 사용된다.

no bother (P) 별거 아님

— I can look that up for you, sir, it's *no bother*.

제가 찾아봐 드릴게요, 고객님. 전혀 문제 없습니다. (고객 상담 서비스)

어떤 일이 no bother 또는 not a bother면 끝마치기가 쉽다는
말이다. 예의를 차려야 할 때 이 표현을 쓴다는 사실을 잊지 말
자. 그러니까, 어떤 상황이 '문제'(bother)의 소지가 있어 골치
가 아파진다 하더라도 상대방에게 좋은 인상을 주기 위해 이렇
게 말하기도 하는 것이다.

cannot/can't be bothered (P) 구애받지 않다, 신경 쓰지 않다, 굳이 하지 않겠다

— I *can't be bothered* to deal with all the media hype:
my mind is focused on the next game. 온갖 미디어 선전
을 일일이 다 신경 쓰지 않습니다. 저는 오직 다음 게임에만 집중할 뿐입니다.
(스포츠 분야 유명 인사의 성명)

이 표현은 특히 영국에서 아주 흔히 쓰는 말이다. 어떤 일을 처
리하느라 자신의 에너지를 쓰지는 않겠다는 뜻이다. 걱정하고
싶지 않으며, 그런 일쯤은 그냥 사라지기를 바란다는 의사 표현
인 셈이다.

hot and bothered (P) 안절부절못하는, 화난

— Whenever I discuss politics with my family, I get
really *hot and bothered*. 가족과 정치 얘기를 할 때마다 정말이지
화가 난다. (친구한테 보낸 문자)

물리적으로 뜨거워진다는 얘기인데, 사람이면 대개 활달하게 움직이거나 스트레스를 받을 때 그렇다. 보통 이 상태는 '변덕스러움'(crankiness), 그러니까 안 좋은 기분과 연관된다. 하지만 이 표현이 상대방의 육체적 매력에 바싹 '달아오른'(hot and bothered) 사람을 완곡어법으로 말하는 때도 있으니 조심해야 한다.

Ⓢ Irritation 화, 짜증, 격노 / Worry 근심, 걱정, 불안, 염려 / Stress 스트레스, 압박, 긴장

Ⓐ Calmness 냉정, 침착, 고요, 평온 / Relaxation 안심, 진정, 완화 / Indifference 무관심, 냉담

| # bugged | 골치 아픈,
짜증 난

bug라는 단어에는 많은 뜻과 용법이 있지만, 동사로 쓰이면 누군가를 짜증 나게 한다는 의미가 될 수 있다. 보통은 계속해서 끈질기게 괴롭히는 식이다. bug의 또 다른 뜻인 벌레처럼, 물리적으로 졸졸 따라다니며 다소 화나게 하는 말을 함으로써 괴롭힘을 당하는 경우도 이에 해당한다.

#bugging 짜증 나는 상태가 진행 중임을 암시할 때

#bugsomeoneelse 누군가에게 혼자 있게 해달라고 요구하는 경우

#stopbuggingme 짜증 나게 구는 사람에게 하는 말

#thisbugsme 짜증의 원인으로 어떤 특정한 것을 가리킬 때

to bug (someone) ⓒ (누군가를) 괴롭히다, 짜증 나게 하다

— Can everybody stop *bugging me* by sending direct messages? 여러분, 계속 저한테 DM 보내면서 괴롭히는 것 좀 멈춰주세요. (인플루언서의 인스타그램 설명문)

동사 bug 다음에는 항상 귀찮게 하면서 괴롭히는 원인이 따라나온다.

What's bugging you? Ⓘ 무슨 걱정[고민] 있니?

— Are you okay today, Evelyn? *What's bugging you?*

에블린, 오늘 괜찮나요? 무슨 걱정이라도 있어요? (동료와의 대화)

누군가가 심란하고 불안해하는 것을 알 수 있고, 그 이유를 알고 싶을 때 흔히 묻는 말이다. 그러므로 여기서 쓰인 bugged는 annoyed(짜증 난)보다는 '미묘하게 심란한'(subtly distracted)이라는 의미로 사용되었다.

Ⓢ Bothered 걱정하는, 신경 쓰는 / Irked 귀찮은, 짜증스러운 / Peeved 짜증 난

Ⓐ Relaxed 느긋한, 편안한 / Contented 만족해하는 / Peaceful 평화로운

conniption

발작적인 분노,
히스테리, 분통

주로 미국에서 쓰는 말로, 흥분, 두려움, 통제력 상실 등의 요소가 합쳐진 분노가 폭발한다는 뜻이다. 격분하게 하는 소식을 접했을 때 흔히 경험하게 되는 tantrum(성질 부리기)이 극단적으로 드러나는 형태이다. 약간 엉뚱하고 구식이라는 느낌도 있어서 대개는 비공식적 구어로 사용되는 편이다.

#conniptionfit 분노 폭발
#conniptions 복수로 쓰여, 여러 번 분통이 터진다는 의미
#donthaveaconniption 누군가에게 진정하라고 충고할 때
#watchoutforhisconniptions 격렬하게 화를 내는 사람에게 쓸 수 있다

(to throw a) conniption fit ⓒ 불같이 화를 내다, 분통을 터뜨리다

— When I first told my Dad I was pregnant, he *threw a conniption fit*. 처음 아버지한테 임신했다고 말했더니 불같이 화를 내셨다. (페이스북 포스트)

throwing a tantrum처럼 throwing a conniption fit도 격렬

하게 격분 상태에 진입한다는 의미이다. fit이란 단어는 통상 비교적 짧게 지속되는 신체 경련을 가리키지만, 여기서처럼 분노로 절규하거나 격렬히 화를 내는 행동을 나타내는 데도 쓸 수 있다.

to have a conniption ⓒ 화를 내다, 히스테리를 부리다

— Dude, it's only a game, don't *have a conniption*. 이봐 친구, 히스테리 부리지 마. 그냥 게임일 뿐이잖아. (온라인 게임 사이트에서 이뤄지는 채팅의 한 대목)

have는 conniption과 함께 쓸 수 있는 또 다른 동사이다. 복수형 conniptions를 쓰는 것도 가능한데, 이 경우 의미가 살짝 달라진다. 단수 conniption의 경우 분노가 한 번만 분출하는 것인 반면, conniptions는 계속 화풀이를 한다는 얘기이다.

prone to conniptions ⓟ 화를 잘 내는

— The production manager is *prone to conniptions*: I'd steer clear of him if I were you. 그 생산 관리 책임자는 화를 잘 냅니다. 제가 당신이라면 가까이 하지 않을 거예요. (직장 동료가 승강기 안에서 해준 조언)

이 표현은 누군가 빈번하게 화를 내고 성질을 부린다는 뜻이다. 마치 불운이 따르거나 흔한 병에 걸리기 '쉬운'(prone) 것처럼, 거의 천성적으로 화를 내는 사람을 일컫는 말이다.

Ⓢ Outrage 격분, 격노 / Tantrum 성질, 짜증 / Frenzy 격앙, 광분

Ⓐ Calmness 평온, 침착 / Composure 마음의 평정 / Peacefulness 평화로움

| # crankiness | 짜증, 심술, 변덕, 괴팍스러움

be cranky는 쉽게 짜증을 내는 것이다. 수면 부족이나 교통 체증에 갇히는 등 안 좋은 특정 상황에 부닥칠 때 생기는 감정으로, crankiness는 이런 면에서 grouchiness(투덜거림)나 crabbiness(심술 맞음)와 같은 단어들과 구별된다. cranky는 가끔 '이상한'(strange)나 '특이한'(unusual)이라는 뜻으로도 쓰이는데, 책이나 영화에 나오는 사회와 동떨어져 세상에 분노하는 기이한 세계관의 캐릭터들과 흔히 연관된다.

#cranky 누군가가 어떤 이유로 짜증을 낼 때

#crank cranky한 사람을 나타내는 명사형

#crankyoldman 나이 든 사람들을 '괴팍하다'(cranky)라고 묘사하는 일이 잦다

#feelingcrankytoday 누군가가 기분이 나빠서 방해받고 싶지 않다는 것을 암시할 때

cranky old man Ⓒ 괴팍한 노인네, 까다로운 늙은이
— Call me a *cranky old man*, but these people shouldn't be messing about on the roof like that.

나를 괴팍한 노인네라고 할 수도 있겠지만, 이 사람들 지붕에서 저렇게 난리를 치면 안 되지. (위험해 보이는 스턴트 영상에 대한 댓글)

노인들에게 흔히 '괴팍하다'(cranky)라고 꼬리표를 붙이는 것은 불공평하게 느껴질 수도 있지만, 냉소적이고 실리를 따지며 종종 젊은이들의 행동에 짜증을 낸다는 것이 통상적인 문화적 해석이다.

cranky idea Ⓒ 기이한 생각, 괴팍한 아이디어

— All he could come up with was a *cranky idea* about installing drinks fountains in the elevators. 그가 생각해낸 것이라고는 엘리베이터에 식수대를 설치하자는 기이한 아이디어가 전부였어요. (동료와 미팅 후 갖은 브리핑)

위 예문에서 cranky는 strange(이상한)의 의미가 있다. cranky idea는 정상 범주에서 벗어난 다소 어리석은 생각으로, 약간 못마땅하게 여긴다는 뉘앙스를 내포하고 있다.

to get cranky Ⓒ 짜증 내다, 심술부리다

— Honey, we should go home now. The kids are *getting cranky*. 여보, 이제 집에 가야 해요. 아이들이 짜증 내기 시작했어요. (배우자와의 대화)

짜증이 나는 '과정'을 강조하는 표현으로, 사람들이 짜증 내며 화를 내고 있음을 암시한다.

Ⓢ Grouchiness 불평 / Grumpiness 심술 / Strangeness 이상함

Ⓐ Pleasantness 유쾌함 / Affability 상냥함 / Ordinariness 평범함

cross

주로 영국에서 사용하는 cross는 분개해 화를 낸다는 뜻이다. 보통 다른 사람들과 그들의 짜증나고 성가신 행동을 겨냥하는 분노의 한 형태이다.

#verycross 화와 분노를 표현할 때

#crosscats 심술궂게 생긴 고양이를 보고 일컫는 말

#crosswithyou 누군가에게 화가 났을 때

#thismakesmecross 가령 오염된 호수 사진이라든가 낙서로 엉망이 된 벽 같은 것을 보고 화가 날 때 할 수 있는 말

to be cross with (someone) Ⓒ ~에게 화를 내다

— Please don't *be cross with me*, I didn't know this was private land! 부디 노여움을 거둬 주세요. 이곳이 사유지인지 몰랐습니다. (화를 내는 농부에게 실수로 침입한 사람이 건네는 말)

get cross를 쓸 수도 있다. be cross가 지금 화를 내는 것이라면, get cross는 곧 화를 낼 걸로 예상될 때 사용한다.

quite cross ⓒ 꽤 화가 난

— I was *quite cross* at the way the waitress spoke to me. 여자 종업원한테 들은 말 때문에 꽤 화가 났습니다. (트립어드바이저에 올라온 레스토랑 리뷰)

분노의 수준은 quite, very, extremely와 같은 '정도 부사'(degree adverbs)로 명시되는 경우가 흔하다. quite cross라고 말하면 남에 대한 짜증과 화를 공격성이나 과도함의 뉘앙스를 빼고 전달할 수 있다.

extremely cross ⓒ 매우 화가 난

— My mom is *extremely cross* with me right now because I set fire to my sister's doll house. 지금 엄마는 머리 꼭대기까지 화가 나 있어. 여동생 인형의 집을 내가 태워먹었거든. (아이들끼리의 대화)

누군가가 그냥 화나 있다고 얘기하는 것만으로는 충분하지 않을 때 이 표현을 쓸 수 있다. 매우 분개한 상태임을 알려준다. 폭력 사태로 비화할 만큼 화가 난 것은 아니더라도, 대가를 치르게 할 정도로 분개한 것이다.

Ⓢ Angry 화가 난 / Annoyed 화가 난 / Mad 미친 듯이 화가 난

Ⓐ Placated 진정된 상태의 / Calm 침착한, 차분한 / Affable 상냥한, 붙임성이 있는

fierceness

강한 확신이 위협적이고 난폭한 성향에 의해 뒷받침될 때 이를 fierceness라고 한다. be fierce는 일전을 벌인다는 뜻이다. 어떤 상황에서 자신의 에너지를 전부 기꺼이 쏟아붓는다는 뜻이기도 하다. 흔히 성난 반응과 연관되지만, 치열하게 선한 행동을 하는 데도 쓰인다. 누군가를 변호하거나 중요한 사회적 가치를 옹호하는 것과 같은 긍정적인 목표를 설정하고 적극적으로 노력하는 것이다.

#fierce 강한 확신을 가진 사람을 가리킬 때
#fierceresponse 무언가에 격렬히 반응할 때
#fierceandscary 위협적이어서 겁이 나는 무언가를 묘사할 때
#fierceopponent 상대하기 만만찮은 사람이 도전해올 때

fierce criticism ⓒ 맹렬한 비판
— The President has been facing *fierce criticism* for his recent foreign policy decisions. 최근의 외교 정책 때문에 대통령이 맹렬한 비판을 받고 있다. (정치 저널리즘)
fierce criticism은 매우 단호하고 공격적인 비판이다. 요컨대,

'맹렬한 비판'이 나왔다면, 어떤 조치들로 인해 심기가 불편해져서 격렬한 반박이 일어난 것이다.

fierce opponent ⓒ 강적

— You guys have been *fierce opponents*, well played. 잘 하는데, 만만찮은 상대였어! (게임 사이트에서 대적자인 상대방에게 건네는 말)

fierce opponent는 높은 수준의 강인함과 확신을 가지고 싸우거나 경기를 치른 적이 있는 상대방을 말한다. 상대방이 두려울 때 fierce opponent라고 할 수 있는데, 경기가 끝난 후 상대방의 기술과 용기를 칭찬할 때도 이 표현을 쓸 수 있다.

fierce determination ⓒ 단호한 결의, 확고한 투지

— We are looking for candidates with a *fierce determination* to succeed. 성공하겠다는 굳은 의지를 가진 지원자를 찾습니다. (취업 광고)

이 두 단어는 정말 잘 어울려서 함께 쓰이는 일이 잦다. 두 어휘 모두 성공하겠다는 일종의 의지와 신념을 나타나기 때문이다.

fierce argument ⓒ 격렬한 논쟁

— Had a *fierce argument* with the finance team. Unfortunately, they are not budging. 재무팀과 한바탕 했어요. 그런데도 뜻을 굽히지 않네요. (직장 동료에게 써보낸 이메일)

양측의 입장과 태도가 명확하고 강력해서 격렬하게 다툴 때 이 말을 쓴다.

fiercely protective Ⓒ 단호하게 지켜내는

— I'm *fiercely protective* of my children and I don't want them to grow up in a world where they can see this kind of violence on the internet! 아이들은 보호 받아야 한다는 제 입장은 확고합니다. 인터넷에서 이런 폭력을 접할 수 있는 세상에서 아이들을 키우고 싶지 않아요. (폭력적인 내용이 담긴 동영상에 대한 유튜브 댓글)

fiercely protective는 적극적이고 능동적인 유형의 맹렬힘이다. 자신이 사랑하는 사람이나 소중히 여기는 대상을 지켜내기 위해 난폭해지는 것도 불사하겠다는 의미이기 때문이다.

Ⓢ Violence 사나움, 폭력 / Aggression 공격 행위, 공격성 / Belligerence 호전성, 투쟁심

Ⓐ Pacificity 평화로움, 평온 / Apathy 무심, 냉담 / Chill 평온, 침착, 냉담

frenzy

frenzy는 극도의 화가 사납고 격렬하게 표출되는 것이다. 이 frenzy가 일시적이라는 사실이 중요하다. 일시적이기 때문에 그런 행동이 색다르다는 의미이다. 이뿐만 아니라, frenzy는 성난 폭력이 일절 없는 매우 활기찬 활동을 가리키기도 한다. 따라서 shopping frenzy(광란의 쇼핑), panicking frenzy(극심한 공황 상태)처럼 frenzy의 유형을 구체적으로 명시하는 용어와 함께 사용된다. 하지만 단독으로 쓰인다면 분노와 화를 의미한다.

#inafrenzy 매우 화난 상태를 가리킴

#frenzied 형용사형

#avoidingthefrenzy 블랙프라이데이처럼, 경쟁해야 하거나 스트레스가 심한 상황을 피하고자 할 때 쓸 수 있겠다

#frenziedresponse 어떤 자극적인 포스팅이 격렬한 반응을 일으켰을 때

shopping frenzy ⓒ 광란의 쇼핑

— Just bought all these: what can I say? I went into a *shopping frenzy*. 이거 다 산 거예요. 글쎄, 제가 무슨 말을 할 수 있을까요? 쇼핑에 미쳤던 거죠. (새로 산 옷들을 잔뜩 찍은 사진을 인스타그램

에 게시하고 써놓은 설명문)

사람들이 가끔은 단시간에 충동적으로 물건을 대량 구매하기도 하는데, 이런 행위를 두고 하는 말이다. 원인을 생각해 보면, 막 무가내로 물건을 사고 싶은 욕구가 생겼기 때문일 수도 있고, 한 정판 제품을 놓고서 다른 소비자들과 경쟁해서일 수도 있겠다.

media frenzy ⓒ 광분하는 언론의 행태, 언론의 광기

— Last time I posted, there was a *media frenzy*, so chill out this time, okay? 지난 포스팅은 언론에서 난리가 났었 는데, 부디 이번에는 냉정을 찾으시길 바라요. (유명인이 틱톡에 패션 클립을 올리며 달아놓은 글)

어떤 이야기나 이미지에 미디어가 뜨겁게 반응할 때, frenzy(광 분, 광란)라는 단어로 이 사태를 묘사할 수 있겠다. 특히 논란의 여지가 있는 내용에 대한 반응인 경우가 많다.

feeding frenzy ⓒ 떼 지어 몰려듦, 미친 듯이 경쟁함

— I dropped my hotdog in the water and the piranhas went into a *feeding frenzy*. 물에 핫도그를 떨어뜨렸더니, 피라냐가 떼 지어 몰려들었어요. (여행 블로그의 포스트)

한 무리의 동물이 극도의 활력과 공격성을 보이며 포식 활동을 할 때 흔히 이 말을 쓴다. 상어나 피라냐 떼가 물 속에서 먹잇감 에 달려드는 광경을 상상해 보라. 하지만 비유적으로 쓰일 때도 있는데, 보기 힘든 연주회의 입장권을 구하려 할 때나, 경쟁이 심한 무언가를 차지하려는 상황에서도 feeding frenzy를 쓸 수 있겠다.

to whip/drive (someone) into a frenzy ⓟ ~를 다그쳐
광란 상태에 이르게 하다

— With those words, he *whipped the crowd into a
frenzy*. 그가 그런 말을 쏟아내자, 군중이 순식간에 열광의 도가니로 빠져
들었다. (유명 정치인의 자서전)

타인의 감정을 자극해 격분케 한다는 말이다. whip(채찍질하
다)은 순식간에 일어나는 격렬한 행동이라서 사람들이 그 즉시
분노한 것을 암시한다. drive도 뜻이 비슷하지만, whip보다는
느리게 분노가 유발되고 오랜 시간에 걸쳐 분노가 유지된다는
뉘앙스가 있다.

frenzy of activity ⓟ 격정적인 활동, 광란의 행위

— The housing market has seen a *frenzy of activity*
in the last quarter. 지난 분기에 주택 시장이 광적으로 폭등했다.
(금융 및 재정 관련 기사)

일반적으로 동적인 활동을 설명하는 중립적인 표현이라고 할
수 있다. 보통 무언가에 자극을 받고 일정 기간 동안만 유지된
다는 특징이 있다.

Ⓢ Violence 사나움, 폭력 / Outrage 격분, 격노 / Energy 에너지, 활력

Ⓐ Calmness 고요함, 침착 / Zen 고요, 평화 / Apathy 무심, 냉담

fury

fury는 여러 방식으로 쓸 수 있다. 우선 fury라는 단어 자체가 극도로 분노한 감정 상태를 말하는데, 때로는 위협적이고 폭력적인 형태로 나타나기도 한다. be furious는 분노로 가득해 '몹시 화가 난'(infuriated) 것인데, 자극을 받아 분노하게 되는 과정을 강조한다. fury는 rage로 바꿔쓸 수 있다. 하지만 rage가 분노의 물리적 특성을 강조함에 반해, fury는 더 구체적인 감정 상태를 드러낸다는 차이가 있다. 물론 fury만으로도 언제든 폭력 사태가 일어날 수 있음을 나타낼 수 있다.

#furious 매우 화가 났음을 말하는 포괄적인 해시태그

#infuriating 뭔가가 자기 안의 격분을 불러일으킬 때

#furiousatyou at 대신 with도 쓸 수 있음

#fumingfury 분노와 자극적인 비유를 결합하는 경우

absolutely furious ⓒ 화가 나서 미칠 지경인

— I am *absolutely FURIOUS* at the way we have been treated by this company. 우리가 이 여행사에서 당한 처우를 생각하면 정말이지 너무 화가 납니다. (온라인 상에 적힌 여행사에 대한 극악의

리뷰)

일상 대화에서는 깊은 분노를 강조해 말하는 방법으로 abso-lutely와 furious를 묶어 콜로케이션으로 사용하는 일이 가장 흔하다.

to spark fury ⓒ 분노를 촉발하다

— A teacher has *sparked fury* in the local community for showing illicit images to children. 한 교사가 아이들에게 사회 통념에 어긋나는 사진들을 보여줬고, 지역 사회에 분노를 일으켰다. (타블로이드 신문)

spark(불꽃을 튀기다)란 동사의 뉘앙스를 확인해 두자. 순식간에 분노가 일었고, 그 대상을 향해 격렬한 반응이 일어났다는 의미이다.

to blaze with fury ⓒ 분노로 이글거리다, 격분하다

— His eyes *blazed with fury* as he bore down over the attackers. 그는 두 눈을 분노로 이글거리며 공격한 놈들을 때려눕혔다. (모험 활극 소설)

이 콜로케이션은 얼굴 표정이나 이목구비를 묘사할 때 빈번하게 사용된다. 하지만 어떻게 보이는지 굳이 언급하지 않은 채로 blaze with fury라고 하면서 내면적으로 격분한 상태임을 말할 수도 있다.

fire and fury ⓘ 분노와 격분

— You don't want to invoke the *fire and fury* of these supporters. 이들 지지자의 분노를 자극할 필요는 없겠죠. (대중을 상대

로 한 트윗)

여기서의 fire는 '무기', '화력'을 뜻한다. 위해를 입힐 가능성이란 말이다. fury는 폭력 사태를 낳을 수 있는 분노와 의도이다. 이 두 단어가 합쳐져, 문자 그대로나 비유적으로 복수심에 찬 파괴를 일으킬 수 있는 개인이나 집단의 능력을 가리킨다.

hell hath no fury (like a woman scorned) Ⓘ (특히 배신당하) 여자가 한을 풀으면 오뉴월에도 서리가 내린다

— Of course she's angry: *hell hath no fury* like a woman scorned. 당연히 화가 났겠지. 여자가 한을 품으면 오뉴월에도 서리가 내린다구. (결별 후 상대방 여자에 관해 나누는 대화)

사랑하다가 차인 여자보다 더 상심하고 격분한 존재는 있을 수 없다는 뜻이다. 낭만적 사랑을 퇴짜맞고서 남자보다 여자가 더 분노한다고 얘기하는 측면이 약간 성 차별적이라고도 할 수 있겠다. 하지만 지역에 따라 편협한 방식으로 여전히 쓰이고 있다.

Ⓢ Rage 격분, 격노 / Frenzy 열광, 광분 / Wrath 분노, 노여움

Ⓐ Calmness 차분함, 고요함 / Contentedness 만족, 자족 / Composure 평정

grouchiness

불평,
볼멘소리, 심술

grouchiness는 grumpiness와 비슷하다. 다른 영어권 국가들보다 미국과 캐나다에서 grouchiness가 더 많이 쓰인다. grouchiness는 짜증이나 화가 난 상태이다. grouchy한 사람은 불평을 쏟아내거나, 남에게 무례한 언동을 할 가능성이 크다. 대개는 별다른 이유가 없는데도 말이다.

#grouchy 화가 약간 났을 때

#suchagrouch 사람을 '불평쟁이'라고 부르는 건데, 약간 비난하는 뉘앙스가 있음

#grouchythismorning 아침에 침대에서 빠져나오는 게 내키지 않을 때

#grouchycat 때로 고양이도 뾰로통한 행동을 한다

grouchy mood ⓒ 썩 좋지 않은 기분, 꿀꿀한 기분

— Don't talk to Mike this morning, he's in a *grouchy mood.* 마이크한테 말 걸지 마세요. 오늘 아침 기분이 별로인 것 같아요. (직장 동료와의 대화)

grouchiness는 현재의 기분과 감정을 말할 때 사용되는 경우가 대부분이다. grouchy mood에 있는 사람은 쉽게 짜증을 부리고

쏘아붙이거나 폭언을 하기도 한다.

what a grouch Ⓟ 대단한 불평꾼이로군!, 정말이지 짜증 나!

— I only asked him if he wanted tea or coffee and he started yelling at me. Jeez, *what a grouch*. 그 손님한테는 차를 줄지 커피를 줄지 물어봤을 뿐이에요. 그런데 느닷없이 소리를 지르더라고요. 맙소사, 정말이지 심술궂은 사람이었어요. (점주와 대화하는 여종업원의 말)

grouch는 grouchy하게 구는 사람이다. 힘을 내 적극적 태도를 보이라고 제안하는 뜻이어서, 비판의 언사로 사용된다.

Ⓢ Grumpiness 언짢은 기분, 심술궂음, 나쁜 성격 / Irritation 화, 짜증 / Crabbiness 괴팍, 심술

Ⓐ Affability 상냥, 붙임성, 사근사근 / Delight 기쁨, 즐거움, 환희 / Positivity 확신, 명료, 적극성, 긍정성

grumpiness

grumpiness는 약한 분노와 저조한 기분이 결합된 것이라고 보면 된다. grumpy(성격이 나쁜)한 사람은 불평이 많고 처한 상황에서 즐거움과 기쁨을 느끼지 못한다. 이 단어는 콜로케이션으로 쓰이는 경우가 많지 않고, '하워드는 까탈스러운 사람이다'(Howard is a grumpy person.)처럼 명사를 직접 수식하는 형용사로 쓰인다.

#grumpy 어쩌면 아침 일찍 일어나야만 했을 때

#grumpyperson 자주 '저기압'인 사람을 묘사할 때

#tiredandgrumpy 수면도 부족하고 기분까지 엉망일 때

#grumpycat 짜증스럽거나 뚱한 표정의 고양이

to be a grump ⓒ 까탈스런 사람이다

— Don't *be a grump*, man. At least come up with some constructive criticism. 이봐, 딴지 거는 짓은 그만하라구. 비판을 하더라도 좀 건설적일 수 있잖아. (토론 사이트 레딧에 올라온 포스트)

명사 grump를 다음에 설명할 grumps와 혼동하지 말자. 둘은 서로 약간 다르다. grump는 grumpy person으로 상황의 전반적인 분위기를 '다운'시키는 사람이다.

the grumps ⓒ 기분이 언짢음, 저기압

— Looks like Mike's got *the grumps* again. 마이크가 또 저기압인 것 같은데. (직장 동료들 사이의 숨죽인 대화)

grumps는 사람이 지닌 어떤 것이라고 할 수 있다. 이 어구는 '성격이 나쁘다'는 것과 정확히 동일한 의미이다. 하지만 마치 병에 걸린 것처럼 까탈스런 성미로 고생한다는 뉘앙스도 있다. 곧잘 성질을 내는 기질이 거듭해서 발현된다고 생각해 보라.

grumpy old man Ⓟ 성질 사나운 노인네

— Got shouted at by a *grumpy old man* in the store earlier, but I don't know why. 아까 가게에서 성질 사나운 할아버지가 나한테 호통을 쳤어. 이유도 없이 말이야. (스냅챗 문자)

노인들이라면 성질이 사나울 거라는 문화적 관념이 있다. 이게 사실이든 아니든 grumpiness는 노인들의 냉소적이고 피로한 행동 패턴과 흔히 연관된다.

Ⓢ Bad-temper 심술, 성마른 기질 / Anger 분노, 화 / Moodiness 저조한 기분, 침울

Ⓐ Joy 기쁨, 즐거움, 환희 / Amusement 즐거움, 재미 / Mirth 유쾌, 명랑

hostility

hostility는 남과 대립하는 종류의 분노이다. 가장 흔하게는 불친절함 정도를 떠올릴 수 있겠지만, 그 의미가 노골적인 호전성으로까지 확장될 수도 있다. 누군가가 hostile하다면 그 이면에 이유가 깊이 자리하고 있을 가능성이 많다. 편견 때문일 수도 있고 부당한 처우를 받았기 때문일 수도 있을 것이다.

#hostile 대립하거나 공격적인 사람을 가리킬 때
#somuchhostility 사람들에게 진정하라고 얘기하고 싶을 때
#hostilereaction 누군가가 뭔가에 날선 반응을 할 때
#hostilitybetweenenemies 둘 이상의 사람 사이에 불화가 뚜렷하게 감지될 때

outright/open hostility ⓒ 노골적인 적의, 명백한 적대 행위
— We live in a multicultural society, but there is still *outright hostility* towards marginalized ethnicities. 다문화 사회에 살고 있으면서도 소수 민족에 대한 노골적 적대감이 여전하다. (사회 비평 기사)
'노골적'이거나 '공개적인' 적대감은 대중이 타인을 겨냥해 드

러내는 일반적인 악의적 감정이다. hostility는 종종 숨겨지거나 억압되는 반면, outright/open hostility는 집단 내에서 반감을 숨기지 않아 일반적으로 느껴지기도 하는 상태를 말한다.

bitter hostility ⓒ 깊은 원한

— I've been fighting with my neighbors for years. Any suggestions on how to end this *bitter hostility*? 수년 이웃과 몇 년째 다툼을 빌이고 있어요. 이 싸움을 끝낼 좋은 수기 없을까요? (웹사이트 레딧의 하위 포럼에 올라온 포스트)

bitter는 비우호적인 행동을 하며 어느 정도의 앙심을 품었는지 알려준다. 사람들이 서로를 무척이나 증오해, 대화는 거부하며 옹졸한 행동을 이어갈 것임을 암시한다.

mutual hostility ⓒ 상호 적대

— You hate K-pop fans? Well, I can assure you, there is *mutual hostility*. 케이팝 팬 싫어해요? 내 장담하는데, 그 사람들도 당신을 싫어할 겁니다. (유튜브 댓글)

의견이 다른 양쪽 집단이 똑같이 서로를 경멸하는 경우 이 말을 쓸 수 있다.

to be hostile towards ⓒ ~을 적대하다, ~에 적의를 보이다

— He *was hostile towards* those he didn't know. 그는 자기가 모르는 사람한테는 적의를 보였다. (현대 소설)

towards를 통해 적대감이 어디를 향하는지 지시한다. 만약 구체적인 무언가를 hostile하게 대한다면 그 대상에게 분노와 증오를 느낀다는 얘기이다.

hostile reaction Ⓒ 적대적 반응

— I hope this doesn't get a *hostile reaction*, but I'm going to post this picture anyway. 이 사진 때문에 사람들이 적대적으로 나오지 않았으면 좋겠다. 뭐 어쩔 수 없다. 그래도 이 사진은 올려야지. (인스타그램 캡션)

hostile reaction은 아주 간단하다. 어떤 것에 대한 매우 부정적인 반응이자 대응이다. 비판과 분노를 유발하는 것이다. 특히나 자극적이고 도발적인 의견에 대한 반응으로 hostile reaction을 자주 볼 수 있다.

Ⓢ Antagonism 적의, 반감, 반목 / Opposition 반대, 항의, 대립 / Hatred 증오, 원한

Ⓐ Friendliness 친함, 사이 좋음 / Affability 상냥함, 붙임성 / Congeniality 마음이 맞음, 친화

huff

huff는 무언가에 질린 사람이 화를 분출하는 것이다. 말 그대로 씩씩거리는 것이다. 따라서 약이 오른 상태에서 숨을 내뱉는 소리처럼 들리는 의성어라고 할 수 있다. 사람이 오랜 시간 huff 하지는 못하기 때문에 huff는 짤막하게 화를 내다가 이내 멈추는 것이다.

#inahuff 일시적으로 화가 난 상태

#huffingandpuffing 조급해하며 애쓰는 모습을 표현할 때

#momisinahuff 엄마가 화가 나서 외출 금지령을 내렸을 때

#dontgetintoahuff 성내지 말라고 주의를 주는 말

in a huff ⓒ 발끈하는, 성을 내는

— **Pongo is *in a huff* today!** 오늘은 퐁고가 화가 단단히 났어요. (심술궂은 표정의 개 사진을 올리고 적어놓은 인스타그램 캡션)

huff는 당신이 '안'에 들어가 있는 어떤 것이라고 할 수 있다. 당신이 불쾌한 기분을 '살고' 있는 것이다.

to go off/leave in a huff Ⓟ 씩씩거리며 자리를 뜨다, 홱 토라
져서 가버리다

— The contestant that *went off in a huff* was SO bad,
it was hilarious. 참가자가 화를 내고서 가버리다니 정말 난감했어요.
웃기는 상황이 연출된 거죠. (장기 자랑 대회를 논한 트윗)

뭔가에 난난히 화가 나서 현장을 떠나 버리는 버릇을 얘기할 때
쓴다. 위 예문의 경우, 참가자가 심사위원들의 악평에 분을 참
지 못하고 자리를 뜬 것 같다.

to get into a huff Ⓟ 불끈 하고 화를 내다, 파르르 떨다

— Don't *get into a huff*, it's only paint, it will come
out in the wash! 화내지 마! 물감일 뿐이라고. 세탁하면 괜찮아질 거
야. (상대방이 아끼는 티셔츠에 물감을 쏟고서 배우자와 나누는 대화)

get into a huff는 huff의 시작 단계에서 화를 내는 행위이다.
다른 사람이 화를 낼 것을 예상하고 그러지 말라고 말릴 때 널
리 쓰인다. 다음 두 문장을 예로 들 수 있다. "We don't want
him to get into a huff about this"(그가 이 일로 화를 내지
않길 바란다), "I'm about to get into a huff if you continue
annoying me!"(자꾸 짜증 나게 하면 화낼 거야!)

to huff and puff Ⓟ (짜증이 나서) 씩씩대다, 헉헉거리다

— We *huffed and puffed* a bit and our order came
pretty swiftly after that. 우리가 약간 씩씩대자 곧바로 주문한 음
식이 나왔다. (레스토랑 리뷰)

puff는 날숨을 가리키는 또 다른 말이다. 발음을 해보면 알 수
있듯, huff란 단어와 운이 맞아 함께 잘 쓰인다. 이 숙어는 이러

한 운율 때문에 약간 장난스럽게 쓰이며, 아동 도서에서 사소하게 화난 상황을 묘사하는 데에도 흔히 사용된다. 그리고 터무니없이 화를 내는 사람을 재미있게 놀리는 데 쓰이기도 한다. 그밖에 격렬한 신체 활동 후 헉헉거리는 경우를 말할 수도 있다. 분노와 화를 얘기한다고만은 할 수 없는 셈이다.

Ⓢ Tantrum 성질, 울화, 짜증 / Strop 심한 짜증 / Paddy 성질, 짜증, 화

Ⓐ Congeniality 마음이 맞음, 친화성, 친절 / Affability 상냥함, 붙임성 / Friendliness 우정, 친절, 호의

impatience

impatience는 annoyance가 완화된 형태로, 시간과 관련이 있다. impatient한 사람은 무언가가 더 빨리 일어나기를 바란다. impatience는 일상 생활의 불편함에 짜증을 느낄 때 쓴다. 대중교통이 지연되거나, 대기시간이 길어지고, 사람의 행동이 굼뜬 경우가 그 예이다.

#impatient 더는 못 기다리겠을 때

#soimpatient 행동이 초조하고 성급할 때

#impatientformyresults 결과를 알고 싶어 못 기다리겠을 때

#growingimpatient 처한 상황에 점점 더 화가 날 때

growing impatience ⓒ 커져가는 조급함, 줄어드는 인내심

— There is a sense of *growing impatience* amongst the public at the government's reluctance to act. 정부의 미온적 대처에 대중 역시 인내심이 한계에 도달했다. (정치 기사)

impatience는 시간의 영향을 받는 감정이라서, 시간이 지남에 따라 impatience라는 감정이 '커진다'(grow)고 할 수 있다. 마치 그 감정이 자라나는 것처럼, 사람들이 더욱 더 참을성을 잃

게 되는 것이다.

to grow impatient ⓒ 참을성을 잃다, 조바심을 내다

— It took 40 minutes for the starter to arrive and we were *growing impatient*. 전채 요리가 나오는 데 무려 40분이 걸렸답니다. 우리는 점점 인내심을 잃어갔죠. (트립어드바이저에 올라온 레스토랑 리뷰)

앞서 언급한 콜로케이션의 동사 형태이다. growing impatience가 대개 인간 집단의 부글거리는 불만을 의미한다는 점에서 미묘하게 다르다. 반면 grow inpatient는 그보다는 덜 위협적이어서 누구에게나 쓸 수 있다.

to contain (one's) impatience ⓒ 조바심을 억누르다

— I can't *contain my impatience*, I want to know what sex the baby is! 도저히 못 참겠어, 사내 아이일까, 아니면 여자 아이일까? (임신부에게 친구가 보낸 문자)

contain one's impatience는 기다림의 성가심과 짜증을 견딘다는 뜻이다. 누군가가 더 이상 기다리지 못하고 행동에 나설 때 부정형으로 흔히 사용된다.

sigh of impatience ⓟ 조바심에 내쉬는 한숨

— He looked at his watch and let out a *sigh of impatience*. 그가 시계를 보더니, 답답했는지 한숨을 내쉬었다. (현대 소설)

무언가를 기다리면서 답답하고 초조할 때 사람들이 내쉬는 날숨의 소리를 뜻한다.

sign of impatience Ⓟ 초조하다는 표시

— The crowd were restless and fidgety, clearly showing *signs of impatience*. 관객들은 조바심에 들썩였는데, 안절부절못하는 기색이 역력했다. (연극 평론)

이 숙어는 대개의 경우 동사 show 및 exhibit와 함께 쓰여 사람들이 안절부절하는 표정과 몸짓을 묘사한다. 앞서 배운 숙어 표현 sigh of impatience가 포함되기도 한다.

Ⓢ Annoyance 화, 짜증 / Irritation 짜증, 화 / Anticipation 예상, 예측, 기대, 고대

Ⓐ Contentment 만족, 자족 / Patience 인내, 참을성 / Gratification 만족, 희열

indignation

분개, 의분

이 단어는 불공정한 상황에 느끼는 분노를 묘사한다. 부당한 처우를 받았다고 쳐보자. 상대방이 비열하게 나오거나 존중하지 않는 태도를 보인다면 분개할 것이다. indignation이란 어휘는 어떤 행동에는 그 토대를 이루는 정확하고 형식적인 기준이 있어야 함을 암시한다. 따라서 규칙을 위반하거나 정의가 어긋날 때 indignation을 흔히 쓴다.

#indignant 무언가에 대한 분노와 당혹을 드러낼 때

#fullofindignation 엄청나게 분개한 경우

#indignantaboutthistreatment 불공정한 처우를 받았고, 이에 항의하고자 할 때

#pureindignation 불공정한 뭔가에 분노가 끓어오를 때

righteous indignation Ⓒ 정당한 분노

— She was ablaze with *righteous indignation*: how dare she question her morals! 그녀는 의로운 분노로 타올랐다. 감히 그녀의 도덕성을 의심하다니! (역사 소설)

도덕적으로 올바르단 의미의 righteous가 보태진 것인데, 누군가

가 어떤 도덕적 잘못에 화가 나서 이에 대한 조치를 취하고자 한다는 의미이다. 이 용어에는 기독교적 함의가 있는데, 기독교 교리상 불의를 향한 분노를 정당한 것으로 인정해왔기 때문이다.

public/widespread indignation ⓒ 대중의 분노, 공분

— Undoubtedly, there has been a great deal of *public indignation* at the project. 이 사업에 많은 이가 분노했다는 것은 틀림없는 사실이다. (사회 기반 시설 프로젝트에 관한 정부 보고서)

간단히 말하자면, 공동체 차원에서 느끼는 분노를 말한다. 대중을 상대하는 역할과 책임을 맡은 사람들이 권력을 남용하거나 스캔들을 일으키는 등의 행동을 했을 때 흔히 볼 수 있는 반응이다.

mock indignation ⓒ 가짜 분노

— She gave him a look of *mock indignation*. 그녀는 그에게 가짜로 화가 난 체했다. (현대 소설)

mock indignation은 일종의 유머다. 누가 하는 말에 가짜로 화난 체하는 것인데, 그 사람을 놀리거나 불쾌한 체하다가 나중에 장난임을 밝히는 식이다. 또한, 상대방과 도덕적 가치를 공유한다는 뜻으로 가짜로 화난 척하며 그 사람의 마음을 편히 해줄 목적으로 쓰기도 한다.

rising indignation ⓒ 깊어지는 분노

— Walking through town, we got a sense of *rising indignation* amongst ordinary people at the super-rich in their lofty towers above. 동네를 걸으며, 탑처럼

높은 집에 사는 부자들을 향한 보통 사람들의 분노가 깊어지고 있음을 깨달았다. (사회 비평 기사)

이 말은 분노가 커지고 있다는 얘기다. 수프가 부글부글 끓고 있는 장면을 떠올려 보라.

to be full of indignation ⓟ 분노로 가득차다, 엄청 화가 나다

— As you can imagine, when I heard about the plan to vote against the Bill, I *was full of indignation*. 여러분도 상상할 수 있겠지만, 그 법안에 반대 투표하려는 계획을 알고서 나는 화가 머리 끝까지 치솟았다. (정치인의 자서전)

이 표현은 indignation의 정도가 매우 높다는 말이다. 집단보다는 개인의 분노를 묘사할 때 더 많이 사용된다. 하지만 예를 들어 "Crowd were full of indignation."(사람들은 분노로 들끓었다)이라고 할 수는 있다.

Ⓢ Outrage 격분, 격노 / Fury 분노, 격분, 복수 / Offence 침해, 모욕

Ⓐ Gratitude 고마움, 감사 / Placation 진정, 달램 / Satisfaction 만족

ire

분노, 노여움

ire는 맹렬한 분노이다. 우리는 이 말에서 무언가에 격정적으로 반응한다는 인상을 받는다. ire가 들어가는 콜로케이션은 전부 ire를 마치 지펴야 할 불처럼 언급한다. 형용사형 irate는 화가 난 어떤 개인을 묘사할 때 더 자주 쓰이고, 명사형 ire는 일반적으로 대중의 반응을 표현하기 위해 사용된다. 이렇게 구분하긴 했지만, 이런 용법으로만 쓰이는 것은 아니다.

#irate 굉장히 분노한 상태임을 가리키는 형용사형

#provokingire 뭔가가 노여움을 불러일으킬 때

#iratetoday 뭔가에 굉장히 화났음을 말할 때

#feartheire 누군가에게 당신이 화났음을 알리고자 할 때

to provoke the ire Ⓒ 분노를 야기하다, 노여움을 사다

— The country's boisterous foreign policy has *provoked the ire* of surrounding nation states. 그 나라의 활발한 외교 정책이 주변 국가들의 반발을 불러일으켰다. (외교 정책 기사)

이 콜로케이션은 개인, 집단, 국가의 불쾌하거나 분노를 유발하는 행위에 의해 어떻게 ire가 생겨나는지 보여준다.

to draw the ire Ⓒ 분노를 자아내다, 노여워하다

— This kind of offensive comment is *drawing the ire* of lots of people, and for good reason. 그 역겨운 발언에 많은 이가 분노하고 있고, 과연 그럴 만하다. (선동적인 발언의 리트윗)

draw는 뽑아낸다는 뜻이다. 여기서는 이 사람의 선동적 발언으로 다른 사람들의 화에 불이 당겨진 셈이다.

to raise/arouse the ire Ⓒ 분노를 일으키다, 분노가 자라다

— Will the local authorities please stop *raising the ire* of our residents and fix the roads?! 과연 지방 자치 단체들이 우리 주민들의 화를 가라앉히고 도로 보수에 나서겠습니까?! (지자체 웹사이트에 실린 댓글)

이것도 다른 콜로케이션들과 의미가 비슷하다. 하지만 분노 '수준'이 높고 계속 상승 중이라는 함의가 있다.

Ⓢ Anger 분노, 화 / Wrath 분노, 노여움 / Fury 격분, 격노, 복수

Ⓐ Gladness 기쁨, 반가움 / Cheer 쾌활, 환호 / Delectation 즐거움, 기쁨

irked

귀찮은,
짜증스러운

be irked는 '귀찮은'(irksome) 것이 일상적인 활동과 가치관을 방해해 짜증스럽다는 뜻이다. 이웃이 소란스럽게 굴거나, 누군가 당신의 주차 공간에 차를 대거나, 또 손님이 그릇을 엉뚱한 곳에 치우는 등 사소한 일이 원인으로 작용해 짜증 나고 성가실 수 있다.

#veryirked 굉장히 짜증나고 언짢을 때

#irkedrightnow 구체적으로 바로 이 순간 짜증스러울 때

#irkedbyyournonsense 다른 사람이 짜증나고 거슬리는 행동을 해서 심기가 불편할 때

#considermeirked 본인이 '저기압' 상태임을 남들에게 알리는 방식

it irks (someone) that Ⓟ ~의 신경을 긁다, ~때문에 화를 내다

— *It irks me that* some people don't mute their background noise when on a call. 통화하면서 배경 소음을 음소거하지 않는 사람들이 있는데, 정말 짜증난다. (개인 트윗)

대개 irked(짜증스러운)를 쓰면서 바로 이어 무엇이 짜증나게 하는지 말하는 경향이 있다. 이때 that을 써서 다음과 같이 표

현할 수 있다. "It irks me that you leave the washing up af-ter eating."(밥 먹고 설겆이를 안 하는 너는 정말 짜증 난다)

increasingly irked ⓒ 점점 화가 나는

— Just on the train, getting *increasingly irked* by the crying baby on the seat behind me. 막 기차를 탔는데, 바로 뒷좌석에서 우는 아기 때문에 점점 더 미치겠음. (메신저 서비스 스냅챗 문자)

무언가가 줄곧 신경을 긁는 행동을 한다면 짜증이 쌓이게 되고, 그 일이 거듭될수록 사람은 점점 화가 나게 된다.

ⓢ Miffed 화난, 짜증스러운 / Peeved 짜증난 / Irritated 짜증난, 화가 난

Ⓐ Pleased 기쁜, 즐거운 / Content 만족한, 자족하는 / Gratified 만족하는, 기뻐하는

irritation

짜증, 격앙,
흥분, 화

irritation은 약을 올리는 골칫거리가 계속된다는 의미다. 지속적인 소음이나 타인의 반복되는 성가신 행동처럼 괴롭히는 것들을 irritating하다고 할 수 있다. irritation의 수준(level)도 생각해보자. 파리가 머리 주위에서 윙윙거릴 때 느끼는 가벼운 irritation부터 낮은 수준의 분노를 일으키다 폭발하게 하는 irritation까지 아우른다. 주로 분노와 화를 말하지만, 의학적 맥락에서는 몸에 생긴 염증을 나타낼 수도 있다.

#irritated 뭔가에 화가 났을 때
#irritating 뭔가가 짜증스러울 때
#irritatingvoice 누군가가 신경을 거스르는 방식으로 말을 할 때
#mildlyirritating 뭔가가 약간 거슬릴 때

to find irritating ⓒ 성가시다(고 느끼다), 화가 난다

— I *find* it *irritating* when people don't hold the door open for others. 뒤에 오는 사람들을 위해 문을 잡아주지 않을 때 정말 짜증나. (친구와의 대화)

find something irritating은 뭔가가 계속 거슬리고 짜증난다

는 얘기이다. 이와 비슷한 상황들도 마찬가지로 '비위에 거슬릴' 것이다.

a bit/mildly irritating ⓒ 조금 거슬리는, 약간 신경을 긁는 정도의

— I find this guy *a bit irritating*. 이 자식 좀 거슬리네! (어떤 희극인의 동영상에 달린 페이스북 댓글)

겉으로 드러날 수준으로 화가 난 것은 아니지만, 어떤 것이 못마땅해서 외면하거나 회피할 수도 있는 정도를 말한다.

really irritating ⓒ 정말로 짜증나는, 몹시 거슬리는

— Can people in the chat please stop typing in all caps? I find it *really irritating*. 여기서 채팅하시는 분들 제발 대문자 좀 안 쓰면 안되나요? 정말 거슬리거든요. (트위치의 채팅 문자)

짜증의 경계를 넘어 분노의 영역으로 넘어갈 때 이 말을 사용한다.

minor/major irritation ⓒ 사소한 짜증/큰 화, 분노

— We had to take a short detour to get here, which was a *minor irritation* for us. 여기 오려고 잠깐 우회해야 했는데, 그것 때문에 약간 짜증이 났다. (트립어드바이저에 올라온 관광지 비평)

minor irritation은 뭔가가 약간 신경에 거슬리지만 그냥 무시할 수도 있음을 드러내는 표현이다. 반면, 앞의 형용사를 major로 바꾸면 뭔가가 대단히 짜증스러워서 해결해야 하는 일을 의미한다.

ⓢ Irksomeness 지루함, 귀찮음 / Annoyance 짜증, 화 / Vexation 짜증

ⓐ Contentedness 만족, 자족 / Bliss 지극한 행복 / Relaxation 진정

mad

mad는 의미가 광범위하다. 미국인들이 편하게 말하는 상황에서는 대개 일상적 분노의 특징을 나타낸다. annoyance보다 강도가 세고, 의미상 tantrum이나 huff를 포함하기도 한다. 적대적인 행동이 동반될 때도 있지만 난폭 행위로 이어지지는 않는다.

#somad very mad의 동의어

#makingpeoplemad 화를 자극하는 뭔가를 두고 이르는 말

#thismakesmesomad 뭔가가 짜증나서 흥분했을 때 쓰는 표현

#dontgetmad 잘못되거나 무례한 행동을 한 후에 상대방에게 화내지 말라고 부탁하는 것

to make (someone) mad ⓒ 화를 돋우다, 약 올리다

— I don't understand why this YouTuber *makes everyone mad*, she's just speaking her mind. 왜 다들 이 유튜버한테 화를 내는지 모르겠다. 그녀는 다만 자기 속마음을 얘기하고 있을 뿐인데. (유튜브 댓글)

영국인들이 많이 쓰는 cross와 상당히 비슷하게, get mad와 be mad가 모두 가능하다. 또한 사역동사 make를 써서 무언가가

미친 듯이 화나게 한다고 표현할 수도 있다. 어떤 사건이나 행위와 뒤따르는 분노 감정 사이에 인과적 연계가 있음을 알 수 있다.

so mad ⓒ 정말 화가 난

— The referee made me *so mad* - it was clearly a penalty! 심판 때문에 정말 화가 났어. 페널티 킥이 주어져야 했다고! (축구 경기와 관련해 주고받은 왓츠앱 문자)

so는 분노와 화의 수준이 높을 때 흔히 사용되는 정도 부사(degree adverb)이다. very나 extremely보다 더 많이 사용된다. 물론 very나 extremely를 써도 된다.

don't get mad, get even ⓟ 화내지 말고 되갚아 줘라

— He beat you at chess? *Don't get mad, get even*. Beat him next time. 네가 체스로 졌다고? 화내지 말고 복수해. 다음에 이기면 되지. (친구와의 대화)

누군가가 단지 신경에 거슬리거나 불만스러운 정도가 아니라 화나게 하는 행동을 했다면, 상황을 좋게 만들거나 어떤 식으로든 보복을 해야 한다는 의미로 이 어구를 사용한다. 여기서의 even은 equality, 곧 '평등' 내지 '동등'을 뜻한다. 따라서 get even은 그 상대방과 동등한 수준으로 되갚아 준다는 의미이다. 폭력 사태나 해로운 행동을 부추기는 측면이 있긴 해도, 여기에는 나름의 지혜가 담겨 있다.

hopping mad ⓘ 미치고 펄쩍 뛰는, 화가 나서 길길이 날뛰는

— My girlfriend hid my games console and I'm *hop-*

ping mad. 여자친구가 내 게임 콘솔을 숨겼어. 정말 미치겠다니까. (친구에게 보낸 문자 메시지)

크게 화가 난 상태를 드러내는 구식 표현이다. hop이 jump, 그러니까 한 발로 '깡충거린다'라는 얘기인데, 누군가가 단단히 화가 나서 물리적으로 팔짝팔짝 뛴다는 소리다. 보고 있으면, 행동이 정상이 아니라고 느껴질 것이다.

Ⓢ Cross 짜증난, 화난 / Angry 화가 난 / Irritated 짜증이 난

Ⓐ Placated 진정된 / Conciliatory 달래는, 회유적인 / Appeased 진정된

miffed

화난,
짜증스러운, 발끈

miffed는 대부분 영국에서 사용되는 일상 용어로, 심하지 않은 화와 짜증을 표현한다. 어원은 수백 년 전으로 거슬러 올라가는데, 화가 났을 때 내뱉는 감탄의 huff 음을 의성한 것으로 여겨진다. "She was miffed."(그녀는 좀 화가 났다)처럼 과거분사형 형용사로도 쓰이고, "It miffed him."(그가 그것에 발끈했다)처럼 동사로도 사용된다.

#abitmiffed 약간 화났음을 말할 때

#miffedtoday 바로 지금 이 순간 기분이 매우 나쁘다고 얘기할 때

#miffedabouttheweather 궂은 날씨에 짜증을 부릴 때

#onemiffeddude 대상 인물이 매우 화났다고 말할 때

a bit/little miffed Ⓒ 약간 화난, 좀 짜증스러운

— I'm *a bit miffed* about that last goal. It shouldn't have been allowed in my opinion. 마지막 골은 좀 당황스럽다. 내 생각에는 골이 허용되지 말았어야 했다. (축구 관련 트윗)

소리를 치거나 주변의 뭔가를 부수지는 않겠지만, 불만스럽다고 말하거나 짜증의 한숨을 내쉴 수도 있다.

secretly miffed ⓒ 속으로 짜증난, 속을 끓이는

— He keeps leaving dirty socks around the house. I don't show it, but I'm *secretly miffed*. 자꾸 더러운 양말을 집 안 아무 데나 벗어둔다니까. 대놓고 말하지는 않지만 속으로는 짜증나지. (게으른 남자친구를 두고 친구들끼리 하는 대화)

사람들은 남의 행동에 화가 나는 일이 잦다. 하지만 그 회기 심하지 않아서 내색하지 않는 경우가 많다.

seem miffed ⓒ 화나 보인다

— Food was good, but the waiter *seemed* a bit *miffed*. 음식은 좋았어요. 하지만 웨이터가 약간 뚱해 보였답니다. (고객의 레스토랑 평가)

누군가가 뼈 있는 말이나 딱딱한 표정으로 약간 화나 있어 보인다면 seem miffed라고 표현할 수 있다.

somewhat miffed ⓒ 약간 뿔이 난, 다소 불만인

— Local hospitality businesses seem *somewhat miffed* at recent government policy restricting their opening hours. 영업 시간을 제한하는 정부 정책이 최근 발표되면서 접객 업계는 다소 불만스러운 기색을 보인다. (신문 기사)

a bit miffed와 비슷하고, 실상 같은 의미이다. 여기서 some-what이라는 단어는 '얼버무리기'(hedging) 용도로 쓰였다.

Ⓢ Irritated 짜증난 / Irked 귀찮은, 짜증스러운 / Peeved 짜증이 난

Ⓐ Content 만족스러운 / Pleased 기쁜, 즐거운 / Satisfied 만족하는

outrage

outrage는 분노와 화를 밖으로 표출하는 것인데, 그 원인은 도발이나 모욕일 것이다. outrage는 indignation보다 더 공격적인 형태이다. 형용사형으로 outraged한 반응을 보였다면, 모욕적인 행동이나 발언이 어느 선을 넘어서 맹렬한 반응을 이끌어냈다는 의미이다.

#outrageous 뭔가가 극단적인 반응을 유발할 때
#hugeoutrage 부정적인 쪽으로 대단히 격렬한 반응이 일어났을 때
#seriouspublicoutrage 대중이 분개하고 있는 큰 논쟁거리가 있을 때
#delaysoutrage 뭔가가 계속해서 지연되어서 이 사태가 분노스러울 때

genuine outrage Ⓒ 진짜 분노

— Interesting to watch the *genuine outrage* of tennis fans after his unfair disqualification from the tournament. 그가 대회에서 불공정하게 실격 처리를 당하자 테니스 팬들은 정말 분노했는데 그것도 볼 만했다. (스포츠 관련 트윗)

여기서의 genuine은 real 또는 serious다. 사람들이 분노를 솔직히 표출하고 가슴 깊은 곳에서 우러난 감정임을 알 수 있다.

moral outrage ⓒ 도덕적 분노

— The UN has expressed *moral outrage* at the unwillingness of rich countries to assist with healthcare provision in developing nations. 선진국들이 개도국에 의료 서비스 지원을 거부하자 유엔이 격분했다. (시사 기사)

outrage는 낮은 경우 도덕적 판단과 연결된다. 이미도 도덕을 저버리면, 내면에 깊이 자리한 분노가 유발되기 때문인 것 같다. '도덕적 분노'가 있다면, 그 분노는 정당한 것이어서 구체적으로 비윤리적인 대상을 겨냥하게 된다.

to spark outrage ⓒ 분노가 점화되다

— Her outfit *sparked outrage* within Hollywood circuits and in the media sphere beyond. 그녀의 복장에 할리우드는 물론이고 언론까지 난리가 났다. (문화 기사)

이 어구를 쓰면, 엄청난 반응이 '시작'되었다는 느낌을 썩 잘 표현할 수 있다. 뭔가를 spark한다는 말은 엄청난 속도로 그것을 시작한다는 의미이다. spark에 전기와 관련된 함의가 있기 때문에, 뒤이어 격한 반응들이 확산될 거라는 것도 알 수 있다. 위 예문의 경우는 언론을 통해서이다.

cry of outrage ⓟ 분노의 포효, 성난 함성

— There have been *cries of outrage* over plans to redevelop the old dock buildings. 구항의 건물들을 재개발한다는 계획이 나오자 각계각층에서 분노가 터져나왔다. (시 의회 보고서)

생리 현상으로서의 '울음'이나 '고함'이 아니다. 이 숙어는 어떤 대상에 대한 반발을 의미한다. 어떤 상황에서 격분해 불평을 늘

어놓는다면 '분노의 포효'를 하는 것이다.

to be greeted with outrage Ⓟ 분노에 직면하다

— Didn't expect my new content to *be greeted with* such *outrage*. 제가 올린 새 컨텐츠가 그렇게 심한 반발을 불러일으키리라고는 생각하지 못했습니다. (틱톡 캡션)

어떤 대상에 대한 반응이 '격분'임을 알리는 또 다른 표현이다. greeting, 즉 '인사'는 누군가와 만났을 때 하는 첫 반응이다. 따라서 greeting with outrage는 간단히 말해, 강한 분노를 유발하는 어떤 것에 적의와 분개를 갖고 대응한다는 얘기이다.

Ⓢ Hostility 적의, 원한 / Indignation 분개, 분노 / Rage 분노, 열광

Ⓐ Delight 기쁨, 환희 / Appreciation 감탄, 감사 / Gladness 기쁨, 반가움

| # peeved | 짜증이 난

peeved는 짜증으로 인해 정말 괴로워한다는 뜻이다. peeved는 형용사로도 동사로도 쓸 수 있는데, 동사 peeve는 누군가를 굉장히 못살게 군다는 의미로 쓰인다. irked, miffed, annoyed, irritated와 뜻이 상당히 비슷하다. 하지만 보다 직접적이고 날카로운 적대감이 두드러진다.

#verypeeved 상당히 성가시고 짜증이 날 때

#petpeeve 특히 싫어하는 것

#peevedandreadytotweetaboutit 짜증이 제대로 났고, 트위터에서 그 대상에 대해 불평하고자 할 때

#peevedaboutthis 뭔가에 화가 났을 때

(to have a) pet peeve ⓒ 특히 싫어하는 것(이다)

— Leaving the toilet seat up is one of my *pet peeves*, I'm sorry. 변기 시트를 안 내려놓는 건 내가 정말 싫어하는 거라고 미안. (개인 트윗)

pet peeve는 사람을 줄기차게 괴롭히는 대상이다. 집적거리면서 약 올리는 대상이 반려 동물처럼 항상 붙어 있다고 한 번 생각해 보라. 어떤 면에서는 사람들이 peeve를 자기 정체성의 일부인 양 사용하고 있다. 가령, 영화관에서 떠들어 대는 인간이 '극혐'이라고 말하며 불만이 본인 성격의 일부라는 태도를 드러내는 식이다.

peeved off ⓒ 짜증 난, 약오른, 화난

— The queue was so long, we all left feeling *peeved off*. 기다리는 줄이 너무 길었고, 우리는 다들 짜증을 냈습니다. (관광지 리뷰)

peeved off는 욕설이나 다름없는 '아주 화났다'는 뜻의 pissed off를 좀 더 점잖게 표현한 말이다.

Ⓢ Irked 짜증스런, 귀찮은 / Irritated 짜증이 난 / Annoyed 짜증이 난

Ⓐ Relaxed 느긋한, 여유 있는 / Peaceful 평화로운 / Gratified 만족하는

petulance

petulance는 언어학적으로 보면 compete(경쟁하다) 및 impe-tus(원동자, 추진력)와 멀지만 친척 관계이다. 모두 '쫓다, 추구하다', '공격하다'는 뜻의 라틴어 petere에서 기원했기 때문이다. 그래서 petulance가 호전성이란 함의를 갖는다. petulance는 비사교적이고 무례한 행동을 하거나 느닷없이 화를 내는 등 싸우기 좋아한다는 뉘앙스가 있다. stroppiness(반항, 호전성)처럼 petulance도 유치한 행동과 연관성이 있다.

#petulant 무례한 행동을 언급하는 형용사형

#petulantchild 누군가가 유치하다고 말할 때

#stopbehavinglikeapetulanttoddler toddler는 어린 아이를 지칭하는 또 다른 말

#petulancemakesmepetulant 몹시 짜증이 난 사람들에 의해 짜증이 나는 경우

(like a) petulant child ⓒ 심술궂은 아이(처럼), 말썽꾸러기(처럼)

— He should stop behaving *like a petulant child* and apologize to his fans. 그는 말썽은 그만 부리고 팬들에게 사과해야

한다. (추문이 터진 유명 인사에 대한 틱톡 댓글)

이 표현은 유명인이 무례하게 행동한다는 의미이다. 아마도 다른 사람의 탓을 하거나 무언가를 은폐하려고 할 수도 있다. 게다가 아이처럼 유치하게 굴며, 합리적인 행동을 거부하고 자신의 행동을 인정하지도 않는 것이다.

a fit of petulance ⓒ 심술 부리기, 행패, 건방진 행동

— The batter is walking off now, he's not happy, looks like he's in *a fit of petulance*. 타자가 걸어나오고 있는데, 표정이 좋아 보이지 않네요. 단단히 화가 난 것 같습니다. (야구 해설)

이런 식으로 철부지 같이 화를 내는 일을 가리키는 단어와 숙어가 무척 많다. strop(심한 짜증), tantrum(성질부림), paddy(성질, 짜증), throwing one's toys out of the pram(유모차 안에서 장난감을 밖으로 던지다, 행패 부리다) 등이 대표적이다. fit of petulance는 이런 행동을 묘사하는 정형화된 표현으로, 일상 대화에서보다는 글로 적혀있는 것을 더 자주 접할 수 있다.

Ⓢ Irritation 짜증, 격앙, 화 / Peeve 짜증 / Grumpiness 기분이 언짢음, 심술궂음

Ⓐ Affability 상냥함 / Gallantry 용맹, 정중함 / Politeness 예의바름

rabidity

형용사 rabid는 말 그대로 '광견병'(rabies)에 감염됐다는 의미이다. 광견병에 감염되면 사람이든 동물이든 침을 질질 흘리며 미친듯이 행동하게 된다. 따라서 누군가가 rabid하다는 것은 그 사람이 신체 통제력을 상실할 정도로 매우 화가 났다는 말이다. 더 일반적으로는, 어떤 신앙이나 이데올로기에 대한 열정이 전혀 흔들림 없이 유지되는 것을 의미하는데, 그런 식의 생각에 '미쳐 있다'(crazy)고 해석할 수 있겠다.

#rabid 견해와 주장을 독선적으로 고집하는 사람을 이르는 말

#rabidsupporters 어떤 것을 열정적으로 지지하는 사람들의 집단에 사용

#rabidpoliticalviews 매우 극단적인 정치 신념

#rabidreaction 자신의 신념에 반하는 무언가에 이성을 잃을 정도로 격분하는 반응 (두운이 적용되었다)

rabid fans Ⓒ 광적인 팬들, 열렬한 추종자들

— The star is renowned for her *rabid fans* that fill out every venue she plays. 이 음악가는 광적인 팬들을 거느린 것으로 유명하다. 그녀의 열렬한 추종자들이 매번 연주회 장을 가득 메운다.

(음악 비평 기사)

대중 문화 스타나 그 외 예술가들의 광적인 팬을 흔히 rabid하다고 묘사한다. 해당 아티스트에 대한 그 어떤 비판도 참지 못하고 sns에서 공격할 정도로 팬층이 종교와 유사해지면, 이들 팬을 rabid하다고 할 수 있다.

rabid fanatic/fanaticism ⓒ 대단한 열정, 극단적 광신

— This kind of *rabid fanaticism* will not be tolerated in our community. 우리 사회는 이런 형태의 극단적 광신을 용인하지 않을 것입니다. (광신적 종교 집단이 폭력 행위를 저지르고 난 후의 경찰 발표)

fan과 fanatic이 생긴 게 비슷하다고 해서 착각하면 안 된다. fanatic에는 훨씬 부정적인 뉘앙스가 담겨 있기 때문이다. 누군가가 다른 관점과 견해를 철저하게 외면할 때 fanatic을 쓴다. 이런 태도라면 불관용, 극단 행위, 폭력 사태가 벌어질 수도 있는 것이다.

rabid support ⓒ 열렬한 지지

— I don't understand why this nationalist, "strong man" figure enjoys such *rabid support*. 국가주의를 표명하는 그 '철권 통치자'가 이토록 열렬한 지지를 받고 있다는 사실이 난 도무지 이해가 안 된다. (레딧에 정치적 견해가 담긴 글이 올라오자 달린 댓글)

rabid support는 맹목적으로 어떤 사상을 열렬히 지지하는 것이다.

rabidly right/left-wing ⓒ 열혈 우파인/좌파인

— Her supporters are *rabidly left-wing*. 그녀를 지지하는 사람들은 열혈 좌파이다. (정치 비평 기사)

rabid는 독단적인 교리 및 신조와 결부되기 때문에 극단적 정치를 묘사하는 데 흔히 사용된다. 정치 이념의 스펙트럼이 있다고 했을 때, 그 양 극단인 극좌와 극우를 설명할 때 널리 사용되는 이유이다. 하지만 요즘은 '열혈 중도'(rabid centrism)도 있다. 어떤 사람이 중도 정치에 광적으로 집착한다면 '극중'이 되는 셈이다.

Ⓢ Extremism 극단주의 / Fanaticism 광신주의 / Frenzy 광분, 광란

Ⓐ Composure 평정 / Ambivalence 병존, 모순, 양면성 / Calmness 고요, 평온, 침착

rage

rage는 극단적인 분노의 정서다. 흔히 일정 시간 지속되고, 모종의 격분에 평정심을 잃었음을 드러낸다. '격분하거나'(enraged) '발끈한'(in a rage) 사람은 해를 끼치고 공격적이며 난폭하게 굴어서 주변 사람들에게 부정적인 행동을 보인다는 말이다.

#inarage 누군가가 매우 화가 났음을 나타낼 때

#fullofrage 분노가 누군가의 유일한 정서 상태일 때

#rageatracism 사회의 인종 차별적 생각들에 분노를 표출할 때

#channeltherage 사람들이 자신의 화를 어떤 행동이나 공동 목표를 위한 에너지로 전환해야 한다고 호소할 때

to burn/seethe with rage Ⓒ 분노가 들끓다, 분노로 이글거리다

— This image makes me *burn with rage*. 나는 이 사진을 보면 분노에 휩싸인다. (레딧에 올라온 도발적인 사진에 달린 댓글)

'불'(fire)과 분노가 결부된 또 다른 형태의 은유법이다. 매우 화가 난다는 의미이다. 격한 감정이 불꽃의 열기 및 역동성과 결합하는 광경을 상상해 보라. 동사 seethe는 '물이 끓는' 것을 의

미한다. 다른 맥락이라 하더라도 같은 효과를 내는 은유 표현으로 seethe를 쓸 수 있다.

pent-up rage ⓒ 억눌린 분노
— These kids obviously have lots of *pent-up rage* and no way to vent it. 이 아이늘는 심각하게 분노가 억눌린 채로 살아가고, 이를 해소할 방법도 마땅치 않다는 게 분명하다. (지자체 경찰이 페이스북 페이지를 개설하고 올린 포스트에서)

pent-up은 '갇혀서 사방이 막혀 있다'는 의미이다. 억눌려 결국 폭발할 것이라는 얘기다. 따라서 pent-up rage는 은폐된 내면의 분노이고, 어떤 난폭한 행동으로 분출될 가능성이 있다고 할 수 있다.

blind rage ⓒ 맹목적인 분노
— John slammed the courtroom door in a *blind rage*. 존은 너무 화가 나서 분별력을 잃을 정도였고, 법정 출입문을 부수듯이 닫았다. (범죄 소설)

매우 극단적으로 화가 날 때가 있다. 이럴 때는 다른 모든 관점과 생각이, '전혀 안 보이게'(blind) 된다. 당신이 이런 상황에 처해 있다면, 남들이 제지할 수 없다. blind rage는 이런 파괴적 형태의 광란이다.

drunken rage ⓒ 음주 상태의 격렬한 분노
— Breaking news: a man has killed two local civilians in a *drunken rage*. 속보: 한 남성이 만취 상태로 시민 두 명 살해 (뉴스 보도)

이 표현은 의식이 없는 상태에서 분출되는 분노를 가리킨다. 보통은 술을 마시면 이렇게 된다.

trembling with rage Ⓟ 분노로 (파르르) 떠는

— He loomed over me, *trembling with rage*. 그는 분노에 떨며 내 쪽으로 다가왔다. (현대 소설)

이 표현은 누군가가 몹시 화가 나서 몸을 떨며 도저히 가만히 있을 수 없음을 가리킨다. 상당히 불길한 상황을 묘사하는 표현이라서, 누군가가 곧 폭발해 난폭 행위를 할 수도 있음을 암시한다.

fit of rage Ⓟ 한바탕 치밀어 오르는 분노

— So, in a *fit of rage*, I deleted my Twitter account. 그래서 화가 치밀어 올라 트위터 계정을 없앴습니다. (공인이 트위터를 그만두고서 한 말)

fit of rage는 격분해서 한 일련의 행동을 말한다. 대개 충동적인 결정에 따른 것으로 오래 가지는 않고 곧 잠잠해진다.

Ⓢ Fury 분노, 광분, 복수 / Outrage 격분 / Frenzy 광분, 광란

Ⓐ Tranquility 평온, 고요 / Peacefulness 평화로움 / Cooperation 합심, 협조

rankling

괴롭힘, 원한,
(원한에) 사무침

rankling은 분노와 원한이다. 원래는 곪아서 통증이 심한 상처를 말했는데, 시간이 흘러 부글거리는 분노란 현대적 의미로 바뀌었다. 하지만 여전히 지겹도록 괴롭힌다는 함의가 있어서 누군가의 분노가 병적이라 할 만큼 뿌리 깊음을 알 수 있다.

#dontrankleme 누군가에게 괴롭히지 말라고 경고할 때
#ranklingthehaters 자기 컨텐츠에 '싫어요'를 누른 사람들을 의도적으로 도발하는 경우

to rankle (with) (somebody) Ⓒ (~를) 괴롭히다, 신경질 나게 하다
— I bet this really *rankles some people*. 내 장담하는데, 몇몇은 이 영상에 짜증낼 거다. (논란이 될 만한 유튜브 동영상에 달린 댓글)
rankle이 자동사와 타동사 둘 다로 쓰이기 때문에 rankle과 rankle with를 바꿔 쓸 수 있다. 물론 rankle with가 괴롭힘의 대상을 더 분명하게 지칭해 준다.

Ⓢ Rage 분노, 격노 / Fury 분노, 격분, 복수 / Resentment 분개, 억울, 원한
Ⓐ Placation 달래기, 진정 / Amiableness 상냥함, 온화 / Gladness 기쁨

| # resentment | 분노,
원한, 적의

resentment는 당신을 부당하게 취급한 누군가 또는 무언가를 상대로 한 내적 형태의 분노이다. resentment는 시간이 흐르면서 커지는 일이 많고 남들에게는 거의 드러나지 않는다. indignation도 비슷한 반응이지만, resentment가 흔히 더 오래 지속된다. 단순한 분노라기보다는 증오에 가깝다.

#resentful 뭔가에 분개할 때

#burningresentment 맹렬한 증오와 원한을 이르는 말

#iresentyou 누군가가 당신에게 악행을 저질렀을 가능성이 많다······

#resentmyjob 하는 일이 지긋지긋하게 느껴질 때

to harbor resentment ⓒ 원한을 갖다, 적의를 품다

— I think Tony still *harbors resentment* for the way Duncan ruined his career. 던컨이 토니 경력을 망쳤잖아. 내가 볼 땐, 토니가 한을 품은 것 같아. (회사 탕비실에서 들을 수 있는 대화)

동사 harbor는 오랜 시간 동안 유지한다는 의미이다. '항구'(harbor)에 정박한 배를 떠올려 보라. resentment(분노, 원한)를 harbor한다면, 그 성난 감정이 마음 속에서 오랜 기간 동

안 곪는 것이다.

deep-seated resentment ⓒ 깊이 자리한 원한, 사무친 분노

— There was still *deep-seated resentment* amongst his opponents within the party. 당 내에서 그를 반대하는 사람들은 여선히 뿌리 깊은 적개심을 보였다. (정치 저널리즘)

deep-seated는 확고하게 자리를 잡았다는 말이다. 뭔가가 오랜 시간 동안 유지돼 견고하게 확립되었다는 의미인 셈이다. 이 콜로케이션은 resentment를 느끼는 사람들의 내면에서 그 원한과 적의가 깊이 뿌리박힐 정도로 근본적인 차원임을 알려준다.

bitter resentment ⓒ 깊은 분노

— This subreddit is full of *bitter resentment*, and I'm tired of it. 이 하위 포럼은 원한과 적의가 넘쳐나는군요. 정말 싫습니다. (토론 사이트 레딧의 하위 포럼에 올라온 게시글)

bitter resentment는 예리하고 분노로 가득 찬 증오를 말한다. 사실 모든 resentment에는 얼마간의 증오가 담겨 있다. 여기에 bitter가 붙었으니 약간 더 신랄하다고 해야겠다.

growing resentment ⓒ 커지는 반감

— The public are demonstrating *growing resentment* towards corporations that contribute significantly to global carbon emissions. 지구적 차원에서 탄소를 대량으로 배출하는 기업들을 향한 대중의 반감이 커지고 있다. (언론의 기후 관련 기사)

resentment가 '커지'(growing)면, 시간이 경과하면서 사태가 악화된다. 분노와 원한을 더 오래 느낄수록 상황과 사태가 나빠

지는 일이 흔하다. 이런 형세를 드러내는 유용한 표현이 grow-
ing resentment다.

Ⓢ Hatred 증오, 원한 / Hostility 적의, 반감 / Indignation 분노, 의분

Ⓐ Harmony 조화, 균형 / Contentedness 만족스러움 / Bliss 지극한 행복

storm

storm은 도발적인 대상에 많은 사람이 느끼는 정서 반응을 설명하는 데 쓴다. 반드시 그런 것은 아니지만, 이러한 반응들은 사실상 화를 내는 것이거나 선동적인 경우가 많다. 감상적인 반응도 나타낼 수 있는데, storm의 성격이나 본질은 나머지 문장에 추가된 맥락에 따라 좌우된다.

#stormreaction 어떤 반응이 널리 퍼졌을 때

#mediastorm   미디어의 활동이 폭증하는 사태를 일컬을 때

#expectingastormofcriticism 논란을 야기할 만한 발언을 했을 때

#whatastorm 반응의 규모를 못 믿겠을 때

to cause a storm ⓒ 소동을 일으키다, 난리가 나다

— This guy has *caused a storm* in the scene: other top level players are looking pretty shaken up. 이 선수가 폭풍을 몰고 왔네요. 다른 정상급 선수들이 상당히 동요한 듯 보입니다. (프로 게이머가 실시간 채팅 중에 한 말)

cause a storm은 소동과 혼란을 불러일으켜 잠잠하던 '현 상태'(status quo)를 뒤엎는 것이다. 어떤 사고 체계나 방식에 안

주하는 사람들의 독설을 부추길 수 있다.

amid a storm of ⓒ ~의 폭풍 속에서, ~가 빗발치는 가운데

— The health minister's reforms come *amid a storm of* allegations of professional misconduct. 보건 장관의 개혁 조치들에 직권 남용 혐의와 주장이 빗발치고 있다. (정치 비평 기사)

이 콜로케이션에는 보통 일의 초기 상태에 대한 어떤 구체적인 반응이 뒤따른다. 일련의 행동이 대중의 반응이나 의견이라는 더 넓은 맥락에서 발생한다는 것을 말할 때 유용하다.

to go down a storm ⓟ 대성공을 거두다

— My joke about raspberry yoghurt in the bedroom *went down a storm*! 침실에 있는 라즈베리 요거트에 대해 농담을 했는데, 다들 웃다고 난리가 났지 뭐야. (결혼식에 다녀온 남자가 자신의 축사가 성공적이었다며 아내에게 하는 말)

storm의 대다수가 분노를 함축하지만 무언가가 go down a storm했다면, 즐거움과 웃음을 선사해 다들 좋아했다는 말이다.

storm of controversy/criticism/abuse ⓟ 갈등/비판/욕설의 광풍

— His dismissive comments on financial protections for the most vulnerable have caused a *storm of controversy*. 그가 최대 취약 계층에 대한 재정 지원책에 대해 무시하는 발언을 하자 난리가 났다. (경제 분야 기사)

언급했듯이, storm은 많은 경우 논란과 비판 같은 부정적인 반응을 의미한다. 도발적인 뭔가를 언급할 때 사용하면 아주 좋다.

media storm Ⓟ 미디어의 광풍

― The nude pictures have circulated online and are causing a *media storm*. 나체 사진이 온라인에 떠돌면서 언론이 난리가 났다. (황색 저널리즘)

storms가 대중의 폭넓은 반응이라면, 여기서 미디어가 중요한 역할을 한다는 것 역시 당연하다 media storm이란 말을 통해 우리는 다음을 추론할 수 있다. 논란이 분분한 사건이 발생하자 다수의 언론 매체가 분주히 기사를 내보내고 있음을 말이다.

storm in a teacup Ⓘ 찻잔 속의 폭풍, 작은 파란, 헛소동

― In my opinion, all the anger with the new education policy is a *storm in a teacup*. 새로 발표된 교육 정책에 사람들이 온갖 야유를 퍼붓는데, 괜한 소동에 불과하다고 생각한다. (정치 현안을 놓고 개인이 써올린 트윗)

'찻잔 속의 폭풍'은 뭔가가 잔뜩 부풀려졌다는 얘기다. 뭔가가 엄청난 분노와 짜증을 자아냈지만, 타당한 이유는 전혀 없고 사실 대수롭지 않은 일이다. 영국 영어에서 쓰이는 관용구로, 미국에서는 tempest in a teapot이라고 한다.

Ⓢ Reaction 반응, 반발 / Scandal 수치, 반감, 험담 / Uproar 대소동, 소란

Ⓐ Calmness 침착, 차분 / Peacefulness 평화로움 / Tranquility 고요, 평온

stroppiness 까탈스러움, 불평, 짜증

주로 영국에서 쓰는 이 말은 화를 내며 남에게 무례하게 구는 행동을 뜻한다. 사람을 주어로 be stroppy라고 할 수 있고, stroppy의 명사형을 써서 exhibit stroppiness라고도 쓸 수 있으며, 어근 명사 strop을 써서 have a strop이라고 표현할 수 있다. 명사 strop은 심술궂은 구체적인 행동을 가리키는데, 의미상 tantrum과 상당히 유사하다.

#stroppy 화가 나 행동을 하는 이를 일컫는 말

#strop 누군가가 성질을 부릴 때

#stroppybehavior 누군가의 까탈스러움을 지적할 때

#stroppymonday 일터에서 기분이 언짢음을 드러낼 때, 특히 월요일

stroppy teenager ⓒ 말썽꾼 십대, 짜증이 몸에 밴 청소년

— Dealing with *stroppy teenagers* is hard, would love some advice please! 십대 아이의 짜증과 화를 다루기가 정말 어렵네요. 조언 부탁드립니다! (양육 관련 조언을 구하는 게시글)

stroppiness라면 당연히 아이들과 십대의 행동 특성이라 할 만하다. 이 단어가 애 같은 유치함과 결부되는 이유이다.

to get stroppy Ⓒ 성질을 부리다, 짜증을 내다

— I rang up customer services to assist with assembling the device, but the man I spoke to *got* really *stroppy* with me.

장비 조립 때문에 고객 서비스로 전화를 했는데, 전화를 받은 직원이 짜증을 내지 뭐예요. (고개 서비스 리뷰)

여기서 get의 과거형 got은 흔히 사용되는 became의 대체 동사이다. get stroppy는 특정 순간에 자극을 받아 성질을 부리는 것이다. 대상 인물에게 불만을 안긴 사건은 하나일 가능성이 크다.

to have a strop Ⓟ 떼를 쓰다, 조르다

— I'm sorry. You can't have an ice-cream. What, are you going to *have a strop* in the middle of the mall?

아이스크림을 못 먹게 돼서 안 됐구나. 뭐야, 쇼핑몰 한가운데서 떼를 쓸 거야? (쇼핑 중에 심술이 난 자녀에게 엄마가 던진 말)

stroppy한 행동이 나이에 상관없이 두루 쓸 수 있는 표현이기는 해도 have a strop이란 표현은 짜증스런 상황에 애처럼 유치하게 화를 내는 것이다.

Ⓢ Grumpiness 심술궂음 / Annoyance 짜증, 골칫거리 / Petulance 무례, 심술

Ⓐ Contentedness 만족스러움 / Satisfaction 만족, 흡족 / Bliss 지극한 행복, 환희

sullenness

sullenness는 anger와 sadness 사이 어딘가에 자리한다. sullenness는 짜증이 났거나 원치 않는 환경에 놓인 데서 비롯하는 슬픔이다. sullen한 사람은 남과 사회적으로 교류할 가능성이 떨어진다. 침울하고 적대적이기 때문이다.

#sullen 슬픈 기미를 보이며 심술이 난 대상을 두고 이르는 말
#sullenly 시무룩하게 뭔가를 할 때
#sullentone 목소리가 슬프고 짜증이 났을 때
#sullenlook 표정이 뚱하고 화가 났을 때

sullen silence ⓒ 가만한 뾰루퉁, 침울한 침묵
— Are you going to sit in *sullen silence* all the way home? 집까지 계속 그렇게 뾰루퉁해서 아무 말도 안 할 거니? (언짢은 기분의 10대 아들에게 말을 거는 엄마)
이 표현은 기분이 안 좋아서 대화에 참여하지 않는 상황을 말한다.

sullen tone ⓒ 시무룩한 어조, 삐친 말투
— The cashier had a very *sullen tone* and was gener-

ally quite rude. 계산원은 말투가 아주 침울한 데다, 태도가 전반적으로 꽤 무례했습니다. (커피 가게 리뷰)

목소리가 당장 듣기에 sullen하면 음높이가 낮고 성량이 작은 것인데, 이런 말투와 어조를 sullen tone이라고 한다.

sullen clouds/sky ⓒ 침울한 구름/하늘

— The *sullen clouds* reflect my mood right now. 침울한 구름이 지금의 내 기분을 보여주네요. (인스타그램 포스트)

날씨를 말할 때 moody나 gloomy 같은 단어들과 연관짓는 경우가 많다. sullen도 예외가 아니다. 흔히 날씨를 sullen이라고 한다면, 우울해질 정도로 어둡고 위협적인 날씨를 말하는 것이다.

Ⓢ Sulkiness 부루퉁함, 골이 남 / Moodiness 변덕, 까다로운 성미 / Petulance 성마름, 심술

Ⓐ Cheer 쾌활함, 생기, 환호 / Congeniality 친화, 적합, 합치 / Affability 상냥, 붙임성

tantrum

tantrum은 화와 분노가 폭발한다는 점에서 huff와 비슷하다. 하지만 tantrum은 더 난폭하고, 흔히 아이들과 결부된다. 아이들은 보통 떼를 부리기 때문에 용인되지만, 어른이 골을 내면 흔히 유치한 짓으로 여겨진다.

#bigtantrum 누군가가 크게 화를 냈을 경우
#tantrums 유아 돌봄 및 양육 관련 미디어에서 자주 쓰는 말
#tempertantrum 아이의 투덜거림을 구체적으로 언급할 때
#tantruminpublic 누군가가 공공 장소에서 극도로 광분했을 때

to throw a tantrum Ⓟ 짜증을 부리다, 떼를 쓰다, 난리를 치다
— Was just at the bus stop and this guy *threw a* big *tantrum* when he wasn't allowed on without paying. 버스 정류장에 있었는데, 돈을 안 내면 탈 수 없다고 하니까 이 사람이 난리를 쳤어요. (버스 운전수에게 화를 내는 남자가 나오는 유튜브 동영상에 달린 설명문) (have를 제외하고) throw는 화를 내는 행위를 묘사하는데 사용되는 거의 유일한 동사이다. 난폭하고 경솔한 움직임이 수반되는데, 이는 이러한 발작적 짜증의 주요 특성인 경우가 많다.

major tantrum Ⓒ 심한 난리, 단단히 난 골

— Matt, can you come over and help? Jacob's having a *major tantrum*. 맷, 이리 좀 와봐요. 우리 제이컵이 골이 단단히 났어요. (골을 내는 아이를 어르고 달래는 부부 사이의 대화)

화와 분노가 분열을 야기하고 대단히 변덕스럽고 불안할 경우, tantrum 앞에 형용사 major를 붙여 묘사하기도 한다. 예컨대, 자녀가 함께 장을 보는데 난리를 피워 밖으로 데려나가야만 할 경우가 있을 수 있다. 바로 이런 상황을 major tantrum이라고 할 만하다.

temper tantrum Ⓟ 울화통, 짜증

— It is normal for toddlers to throw *temper tantrums* when they can't speak and express themselves. 유아는 말로 자신의 의사를 표현하지 못해서 짜증을 내는 게 일반적이다. (양육 관련 정보를 제공하는 웹사이트)

temper tantrum은 구체적으로 아이들이 부리는 울화와 짜증을 말한다. 아이들이야 흔히 '떼를 쓴다'고 말할 수 있을 테지만, 어른이 그렇다고 하면 이상하다. 비유적으로 매우 유치한 행동을 암시하는 것이 아니라면 더욱 그럴 것이다. 이 표현을 흔히 부모가 쓰는 것은 그 이유가 분명한 셈이다.

Ⓢ Strop 심한 짜증 / Huff 울화, 씩씩거림 / Hissy fit 심술

Ⓐ Peacefulness 평화로움 / Calmness 평온, 침착 / Congeniality 친화, 적합성

temper

성질,
기분, 냉정

temper는 사람의 포괄적 정서 상태를 의미하기도 하지만, 대개는 불쾌한 기분을 묘사하는 데 쓰인다. 누군가가 have a temper라면 기분이 안 좋아 타인에게 공격적이고, 신랄하며, 분개하는 태도를 보이는 것이다. temper와 함께 쓰이는 형용사는 다양하다. 각각이 temper에 어떤 미묘한 색조를 입히는지 아래에서 확인해 보자.

#badtemper 보통 화가 나 있는 사람을 가리킬 때

#shorttempered 누군가가 퉁명스럽고 딱딱거릴 때

#bitofatemper 불평 가득한 사람을 언급할 때

#watchyourtemper 화를 삭이고 진정하라고 주의를 줄 때

bad/ill temper ⓒ 성마른 기질, 심술

— Watch out for Molly's *bad temper*. 몰리는 성질이 사나우니까 조심해. (동료의 조언)

have a temper나 be in a temper는 뭔가에 화를 내는 반응이다. bad temper도 이와 비슷하지만, 구체적이고 명백한 이유가 없는데도 화가 나 있다는 의미이다. 같은 의미로, 형용사형을 취해 bad-tempered 또는 ill-tempered로도 쓸 수 있다.

short temper ⓒ 성마른 성향, 급한 성미

— The receptionist was quite *short-tempered* with us. 프론트 접수담당자가 까칠하더군요. (호텔 리뷰)

이 표현은 누군가가 분노를 터뜨리며 빠르게 반응한다는 얘기이다. 인내심이 거의 없어서 장난스럽거나 쾌활한 행동을 할 가능성이 없다고 짐작할 수 있다.

fiery temper ⓒ 불같은 성미, 열정적인 성향

— I have to warn you, I've got a *fiery temper*. 미리 말씀드리는데, 저는 열정이 넘치는 사람입니다. (연애 상대자 주선 앱에 올라온 문자)

fiery는 불같은 열정을 의미한다. 사람이 시종일관 계속해서 화가 나 있다는 뜻은 아니다. 좋은 쪽으로든 나쁜 쪽으로든 뭔가에 열렬히 반응하는 성향이라고 하는 게 더 맞다.

tempers flared ⓟ 분위기가 격양되어, 울화가 치밀어서

— The meeting was pretty intense: *tempers flared*, and the debate got quite heated. 회의 분위기가 상당히 치열했어요. 격양된 분위기에서 열띤 논쟁이 벌어졌죠. (동료에게 회의 분위기를 비공식적으로 전달한 내용)

여기서도 '불'의 은유법을 접할 수 있다. 연료를 더 넣으면 불꽃이 치솟는 것처럼, 분노의 수위가 높아지면 temper도 강화될 것이다. 이 숙어는 개인의 기분보다는 여러 사람의 전반적 분위기를 언급하는 데 사용된다.

to lose (one's) temper Ⓟ 흥분하다, 화내다, 평정을 잃다

— Joseph, be quiet. I'm about *to lose my temper*. 조지프,
조용히 있어! 엄마, 폭발할지도 모르니까. (말썽꾼 아들에게 엄마가 하는 훈계)

lose one's temper는 losing one's cool과 같은 의미이다. 더는
평상심을 유지할 수 없고, 무언가에 분노와 짜증을 폭발하기도
한다. temper가 '분노'와 '화'를 의미한다고 생각하면 헷갈릴 수
도 있는데, 여기는 '평정심'(emotional composure)을 의미한다.

Ⓢ Anger 분노, 화 / Rage 격노 / Ire 분노, 노여움

Ⓐ Calmness 침착, 평온 / Composure 평정, 조화 / Cool 침착, 냉정

tiff

tiff는 친구, 가족, 연인처럼 친밀한 관계에서 흔히 발생하는 사소한 언쟁을 말한다.

#littletiff 사소한 언쟁이 일어났을 때

#inatiff 누군가와 말다툼을 벌일 때

#tifftime 누군가와 말다툼을 하고자 할 때

#justatiff 큰 그림에서 봤을 때 당신의 주장은 하찮은 것이라는 의미

in a tiff ⓒ 다툼을 벌이는

— The board members and I are *in a tiff* right now over some restructuring issues. 구조 조정 문제로 이사들과 현재 다투는 중이야. (동료와의 대화)

be in a tiff는 논쟁을 벌이는 '중'이라는 의미이다. 대개 사소한 것으로서, 독설이나 비방은 거의 없다. 논란이 진행 중임을 뜻한다.

to have a tiff ⓒ 논쟁을 하다, 다툼을 벌이다

— *Had a tiff* with the manager: what a rude, insen-

sitive man. 매니저와 한바탕 했습니다. 어찌나 저속하고 몰지각한 사람 이던지요! (레스토랑 평가)

have a tiff도 기본적으로는 be in a tiff와 같다. 차이라면, 현시점을 기준으로 상황이 종료됐고, 갈등 역시 해소되었다는 뉘앙스가 더 강하다.

lovers' tiff ⓒ 사랑 싸움

— Been caught in a *lovers' tiff* with my boyfriend: which of these curtains do you like most? 커튼 고르는 문제로 남자친구와 싸웠답니다. 여러분은 이것들 중에 어떤 게 가장 마음에 드시나요? (인스타그램 캡션)

연인들이 가끔 하는 언쟁과 사소한 다툼을 '사랑 싸움'이라고 부를 수도 있을 것이다. tiff 때문에 관계가 훼손되지는 않는다는 점에서 그다지 심각하지 않은 다툼임을 알 수 있다.

little tiff ⓒ 사소한 언쟁

— Loved watching that caller have a *little tiff* with the presenter on the show today. 오늘은 전화 참석자가 쇼 진행자와 사소한 언쟁을 벌였는데, 이것 역시 마음에 들었다. (토론 프로그램을 촌평한 트윗)

little tiff는 다툼과 갈등이 사소하여 심각하지는 않은 경우를 말한다. 어쩌면 상대방에게 권위를 앞세우지도 않았을 테고, 갈등 역시 이내 해소되었을 것이다.

Ⓢ Quarrel 다툼, 언쟁 / Squabble 티격태격 / Disagreement 다툼

Ⓐ Consensus 합의 / Agreement 동의, 합의 / Harmony 조화, 균형

umbrage

umbrage는 침해당해 분개한 것이다. umbrage는 라틴어 umbra에서 유래했는데, umbra는 shadow(그늘, 어둠, 그림자)라는 뜻이다. 따라서 umbrage에는 의심 또는 위협을 지각한다는 함의가 있다. 즉, umbrage는 발언이나 대응 자체가 본질적으로 불쾌한 것이라기보다는, 침해를 당해 감정이 상한 사람의 마음속에서 모욕감이 생기는 것이다.

#takingumbrage 성내고 있음을 뜻하는 콜로케이션

#seriousumbrage 크게 분노할 때

#umbrageatyourcomments 기분이 상해 그 반대 의사를 표명하고자 하는 경우

#dumbrage dumb이라는 단어와 합쳐 말장난을 하는 것으로, 누군가의 비합리적인 행동이 어리석고 부당하다는 뜻

to take umbrage ⓒ 성내다, 분개하다, 불쾌감/모욕감을 느끼다

— Um, I think Stacey *took umbrage* at that comment you made about her not being a "people-person." 음, 스테이시가 사람들과 잘 어울리지 못한다고 네가 말했잖아. 그 말에 불쾌감

을 느꼈을 것 같아. (파티가 끝나고서 친구에게 보낸 문자 메시지)

umbrage에는 불쾌감을 느끼는 사람이 자부심이 강하고, 어쩌면 거만하기까지 하다는 뜻도 있다. 불쾌감을 가질 만한 합당한 이유가 없을 수도 있는 셈이다. 이런 사람은 존중과 공정한 대우에 대한 기준이 극도로 높을 것이다.

Ⓢ Offense 무례, 모욕 / Indignation 분개, 분함 / Resentment 억울함, 분개

Ⓐ Appreciation 감탄, 공감, 감사 / Friendliness 우정, 친선, 호의 / Affability 상냥함, 붙임성

waspishness

wasp, 곧 '말벌'은 전 세계인이 위험한 곤충으로 알고 있다. 잘못 건드리면 사람을 쏘기 때문이다. 따라서 어떤 사람을 waspish라고 묘사하면, 그 사람이 대개 심기가 불편하고 화가 나 있다는 의미이다. (이런 감정 상태는 보통 사소한 것들로 일어난다.) 추가로, 누군가가 남들에게 내뱉은 짧고 신랄한 응답 속에 '가시'가 있다는 의미도 있다.

#waspish 신랄하고 화가 난 태도를 나타낼 때

#waspishremark 불쾌감을 야기할 수도 있는 신랄한 발언

#waspishsting 누군가가 후벼파는 말로 기분을 상하게 했을 때

#suchwaspishness 상당히 격분한 행동

waspish remark ⓒ 신랄한 말, 독설

— I think you should take back these *waspish remarks* and apologize. 당신이 그 독설을 철회하고 사과해야 한다고 봅니다. (화가 나서 반사적으로 내뱉은 원래의 트윗들에 대한 리트윗)

누군가의 성격이 화를 잘 내고 까다롭다고 해보자. 그 사람의 폐부를 찌르는 모욕적 언사나 적대적 비판을 waspish remark

라고 할 수 있다.

waspish tongue ⓒ 독설

— When you speak to him, tread carefully: he is known for his *waspish tongue*. 그 사람이랑 얘기할 때는 조심하셔야 해요. 독설로 유명하니까요. (고객과의 미팅을 앞두고 있는 동료에게 해주는 조언)

waspish tongue은 사람의 힐난하는 성향을 가리킨다. 당연히 이런 말들은 불친절하고, 무례하며, 쉽게 짜증을 유발할 것이다.

waspish tone ⓒ 신랄한 어조

— Her analysis takes on a *waspish tone* as she addresses recent failures in the dissemination of public information. 정부 기관의 공개 정보가 최근 제대로 유포되지 못한 사례들이 다루어졌는데, 이 지점에 대한 그녀의 분석이 매우 신랄하다. (정치 분야 넌픽션에 대한 비평)

waspish란 단어가 보통 말하는 그런 분노가 아닐 수도 있다. 예리하고(sharp), 꿰뚫어 보는 듯하거나(piercing), 전투적일 (combative) 수도 있는데, 이런 요소들을 감안하면 critical과 의미가 유사하다. 그러므로 waspish tone은 '짜증을 부리는 어조'일 수도 있지만, 말이나 글이 퉁명스러우면서도 분석적이라는 함의도 갖는다.

Ⓢ Crankiness 심술 / Grumpiness 심술궂음 / Irritation 짜증

Ⓐ Politeness 공손 / Affability 상냥함 / Warmth 온화

wrath

분노,
노여움, 복수

높은 수준의 분노를 나타내는 다른 단어들의 경우 신체 통제가 안 되고 분별력을 잃은 상태를 포함하는데, wrath는 더 나아가 복수에 나설 의도까지 있는 것이다. 따라서 wrath는 계획적이다. 분노를 표출하는 사람은 과실 행위자를 상대로 자신의 분노를 폭발할 작정인 셈이다.

#wrathful 크게 분노하는 사람을 일컬을 때

#feelmywrath 위압적인 인물이나 모습을 흉내내면서 하는 말

#furyandwrath 복수심에 불타는 분노

#wrathofthemasses 대중의 의견이 비판적일 때

to face the wrath (of someone) Ⓒ (~의) 분노에 직면하다, 분노와 맞닥뜨리다

— Either I create conceptual work for a marginal audience or I make more popular stuff with mass appeal but *face the wrath of the critics*. 나는 사람들이 거의 관심을 두지 않는 개념 미술 작품도 만들고, 많은 사람에게 어필하는 보다 대중적인 작품도 제작한다. 하지만 후자의 경우는 비평가들의 분노에 직면하게

된다. (어떤 화가의 인스타그램 캡션)

여기서의 wrath는 격노했다는 메시지를 담아 수행되는 계산된 비판을 의미한다. 이 콜로케이션은 엄격한 의미의 wrath가 아니라, 그보다는 덜 극단적인 분노를 가리킨다. 혹독하고 강압적인 의견들이 제언되는 상황은 아닌 것이다.

to bring down (the/someone's) wrath (upon) ©
(~의) 노여움을 사다

— I really want to make a joke about this, but I don't want to *bring down the wrath* of the fans *upon me*. 이 일로 우스갯소리를 하고 싶지만, 그렇다고 해서 팬들의 노여움을 사고 싶지는 않다. (인기인의 리트윗)

어느 정도는 wrath에 '무게'가 있다고 여겨진다. 무기처럼 휘두를 수 있는 셈이다. 앞에 나오는 동사 bring down은 타인을 상대로 분노가 '켜진다'는 의미이다. '켜진다'라고 했지만 파괴적이고 고의적이기 때문에 능동적으로 '켜는' 것이기도 하다.

to invoke the wrath (of someone) © (~의) 분노를 유발하다

— Any proposals for reform will undoubtedly *invoke the wrath of the committee*. 위원회는 어떤 개혁안에도 틀림없이 분노하고 반대할 것이다. (중앙 정부의 보고서)

bring down upon의 또 다른 표현법이 invoke다. 하지만 여기에 난폭하다는 뉘앙스는 없다. 그보다는 '꺼내어'(drawing out) '조롱한다'(taunting)가 더 연상된다.

the wrath of God/divine wrath ⓟ 하나님의 분노, 신의 분노

— This hurricane is surely *the wrath of God*. 이런 허리케인 사태는 신의 분노가 틀림없다. (페이스북 포스트)

wrath가 전통적으로 하나님 또는 신과 결부되었는데, 이 단어가 분노의 가장 막강한 형태이기 때문이다. wrath가 종교적인 용어로 쓰일 경우, 신이 인류를 상대로 파괴와 보복을 기하는 것을 말한다. 일상 용법에서의 wrath도 보자. 마치 하나님이 주관한 것처럼 도대체가 이유를 알 수 없는 고통과 그 원인을 wrath로 지정할 때가 그렇다.

feel my wrath! ⓟ 나의 분노를 느껴보(아)라!

— Hahaha! *Feel my wrath*! 하하하! 이제 나의 분노를 느껴보라! (온라인 게임에서 대승을 거둔 후의 채팅 대화)

익살스럽게 과시하는 표현이다. 다른 사람들이 당신의 권능과 위엄을 느꼈으면 할 때 이렇게 말할 수 있다. 그런데 이 표현은 아이러니한 방식으로 옛스럽고 고상한 말투를 흉내내는 것이라, 게임 같은 상황에서 남들을 놀릴 때 쓰는 정도이다.

Ⓢ Fury 분노, 복수 / Rage 격분, 격노 / Revenge 복수, 보복, 설욕

Ⓐ Friendliness 우정, 호의 / Affability 상냥함, 붙임성 / Joy 기쁨, 환희

Fear

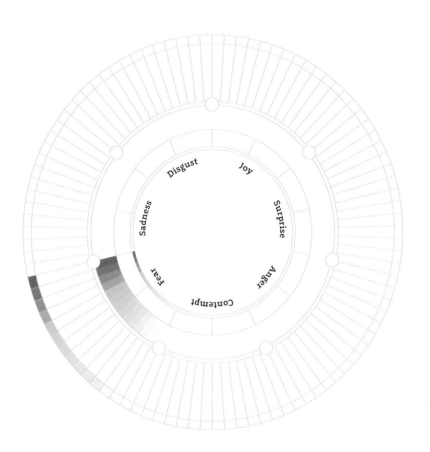

agitation

agitation은 말 그대로 disturbance(방해, 소란, 장애)를 의미한다. 시스템 안에서 뭔가 분열적이고 혼란스러운 움직임이 발생했다는 얘기다. 이 상황을 인간의 감정에 적용하면, 누군가의 기분이 불안정한 상태임을 알 수 있다. 두려움, 불안, 분노 등으로 부정적인 상태임을 말할 수도 있고, 뭔가 좋은 것을 기대하는 들뜬 마음으로 긍정적인 상태임을 의미할 수도 있다. 물론 agitation은 일반으로 부정적 뉘앙스를 지닌다.

#agitated 누가 보더라도 스트레스 상황임이 빤히 보일 때
#gettingagitated 스트레스와 두려움이 커지는 상황을 일컬을 때
#whygetagitated 뭔가를 그렇게까지 걱정할 필요가 없다고 다독일 때
#thisagitatesme 언짢은 느낌을 표현할 때의 해시태그

to sound agitated ⓒ 화난 소리를 내다, 소리에 짜증이 배어 있다

— My cat is starting to *sound agitated* now. lol 제 고양이가 짜증내는 소리를 내기 시작했어요. 정말 웃겨요. (기르는 고양이를 귀찮게 하면서 찍은 동영상을 틱톡에 올리고 단 글)

사람이나 동물 대다수는 스트레스를 받거나 화가 나고 두려우

면 '불안하고 흥분한'(agitated) 듯한 소리를 내게 마련이다.

visibly agitated ⓒ 확실히 동요한

— The foreign minister was *visibly agitated* when his position was challenged by the other member nations. 다른 회원국들이 외무 장관에 이의를 제기하자, 그는 눈에 띄게 동요하는 기색이었다. (국제 회의를 취재한 기자의 단평)

sound agitated뿐만 아니라 visibly agitated로 묘사하는 일도 아주 흔하다. 결국 몸짓으로 자신의 스트레스를 드러낸다는 의미이다.

state of agitation ⓒ 흥분 상태, 들뜬 상태

— The cry of a baby has the capacity to put our bodies into a *state of agitation*. 갓난 아이의 울음 소리에는 사람의 몸을 흥분 상태로 바꾸는 능력이 있다. (과학 기사)

이 콜로케이션은 흥분한 상황을 포괄적으로 표현한다. 신체적 측면뿐만 아니라 정신적 측면에서 흥분이나 들뜸을 말하는 표현이다.

Ⓢ Anxiety 흥분, 불안, 걱정 / Stress 스트레스, 압박, 긴장 / Franticness 광란

Ⓐ Calmness 고요, 평온, 냉정, 침착 / Zen 평화, 고요 / Relaxation 느긋, 차분, 평정

| # angst | 불안, 걱정,
공포, 고뇌

angst는 계속되는 두려움이나 우려로 인해 발생하는 일종의 혼란스러움이다. 자신의 처지에 대한 일반적인 감정으로 느껴지기 때문에, 어떤 면에서는 자신의 삶에 만족하지 못하는 사람을 가리킨다. 따라서 angst를 철학적인 감정이라 할 수 있고, 의학적이거나 심리적인 근거가 없는 경우가 많다. 그 대신, angst는 이 세계와 그 세계 속에서 자신이 처한 위치에 대한 보다 근본적인 불만족을 말한다.

#angsty 불안과 고뇌가 가득한 행동을 묘사할 때
#fullofangst 매우 불안해 하는 사람을 가리킬 때
#existentialangst 불만(족)의 감정을 철학적 견지에서 표출할 때
#thenewsgivesmeangst 시사 문제에 걱정을 표할 때

teenage angst ⓒ 10대의 불안, 청소년기의 고뇌

— The *teenage angst* in this track is so infectious. 이 곡에서 느껴지는 십대의 고뇌는 바이러스처럼 감염성이 매우 높다. (활력이 넘치면서도 어두운 분위기의 대중 가요에 대한 유튜브 댓글)

10대 시절에는 angst가 많다. 이런 이유로 teenage angst가 스

트레스와 걱정 속에 호전성을 보이는 청춘을 나타내는 일반적인 용어로 자리 잡은 것이다.

existential angst ⓒ 실존적 고뇌

— I wake up in the morning, and the *existential angst* starts to creep into my brain once again. 아침에 일어나면, 다시금 실존의 고뇌가 머릿속에서 스멀거립니다. (정신 건강 관련 게시글) existential dread가 동의어인 이 콜로케이션은 인간 존재의 실상에 관한 심오한 차원의 불만이다. 이 철학적 형태의 두려움에는 허무주의와 실존주의 같은 신념 체계가 결부돼 있다. 이 용어는 설명할 수 없는 우울감을 포괄적으로 언급하는 데 흔히 사용된다. 사람들이 자신의 고통을 existential angst의 탓으로 돌리는 이유이다.

Ⓢ Dread 두려움 / Anxiety 불안, 걱정, 근심 / Unease 불안, 우려, 불쾌

Ⓐ Contentment 만족 / Satisfaction 만족 / Gladness 기쁨, 반가움

anxiety

근심, 걱정,
불안, 우려, 열망

anxiety는 일종의 걱정이다. 그 범위를 생각해 보면, 사소한 걱정부터 임박한 무언가에 대한 심각한 두려움까지 다양하다. anxiety는 일시적으로 느끼는 일반적인 두려움을 가리키기도 하는데, 이 경우에는 정신 건강상 불안증으로 진단받을 수 있다. 병증으로서 anxiety는 많은 경우 명백한 원인이 없다. 대개 불행이 곧 닥칠 것 같다거나, 기대하는 내용이 불쾌하다는 감정 상태이다. anxiety는 뭔가를 달성, 성취하고자 하는 열망을 뜻하기도 한다.

#anxious 두렵고, 안절부절 못하는 상태
#seriousanxiety 누군가의 근심, 걱정, 우려, 불안이 강렬할 때
#anxiousallthetime 시종일관 근심과 걱정인 사람을 가리킬 때
#dealingwithanxiety 정신 건강을 위한 노력을 기술할 때

to cause anxiety ⓒ 속이 타다, 근심 걱정을 끼치다, 불안을 야기하다

— Waiting to hear about my fraud refund is *causing* me serious *anxiety*. 부당하게 환급을 받았는데, 심사 결과를 기다리

자니 걱정이 큽니다. (은행 측에 보낸 메시지)

간단한 콜로케이션이지만, 이 표현과 함께 사용된 단어들이 복잡하지 않고 요점에 잘 부합한다는 것을 보여준다.

source of anxiety ⓒ 근심의 이유, 걱정거리

— Law school is a constant *source of anxiety*. 번역 대학원 자체가 걱정거리이다. (학생 대상 온라인 대화방의 게시글)

뭔가가 당신에게 anxiety를 준다(give)면, 그 무언가를 source라고 말할 수 있다. 흔한 원인으로는 특정한 사회 상황이나 업무에서 받는 압박이 있다.

to deal/cope with anxiety ⓒ 불안증에 대처하다, 근심을 이겨내다

— How do you *deal with anxiety* from starting a new job? 새로 일을 시작하며 생기는 불안은 어떻게 극복하나요? (레딧에서 조언을 구하는 게시글)

전반적인 감정이든 병증이든 anxiety에 관한 논의는 많은 경우 이를 '다루고 해결하는' 사안이다. 이때 deal이나 cope를 쓸 수 있다. deal이 해당 감정을 이겨내는 것이라면, cope는 anxiety와 더불어서 살아가는 법을 배우는 것이다.

anxiety attack Ⓟ 불안 발작

— Just had an *anxiety attack* for the first time, was so scary. 처음으로 불안 발작을 경험했는데, 정말 무서웠어요. (정신 건강 토론 사이트에서 조언을 구하는 글)

panic attack이라고도 하는 anxiety attack은 별안간 닥친 극

렬한 공포감과 불길한 예감이다. (이때 생리적 반응이 나타나기도 한다.) 이 attack이란 단어에는 두 가지 뉘앙스가 있다. 이 이상장애의 성격이 매우 괴롭다는 것이 첫 번째이고, 둘째는 증상이 일시적이어서 오래 지속되지 않음을 강조하는 것이다.

Ⓢ Unease 불안, 우려 / Worry 걱정, 우려, 불안 / Nervousness 신경과민, 겁, 소심

Ⓐ Calmness 고요, 평온, 냉정, 침착 / Collectedness 침착, 차분 / Zen 평화, 고요, 평온

chicken

겁쟁이, 겁나서
그만두다, 내빼다

닭(chicken)은 용기가 없는 존재로 여겨진다. 쉽게 놀라고, 대개 과감한 행동과는 거리가 멀기 때문이다. 기본적인 용기조차 없는 이들을 경멸하듯 일컬을 때 chicken이라 부른다. 남들은 흔히 하는 행동을 하지 못하면 '닭'으로 전락할 수 있는 것이다.

#chickenout 두려워서 뭔가를 못 할 때

#chickenhearted 소심한 사람을 가리킬 때

#suchachicken 용기를 내야 하는 상황에서 겁을 집어먹은 사람을 이르는 말

#dontbechicken 누군가에게 행동에 나서라고 압박하는 표현

to chicken out Ⓟ 겁을 먹고 그만두다, 꽁무니를 빼다

— I wanted to jump into the water at the end, but I *chickened out* because it was a bit too high. 막판에는 점프로 입수해 보고 싶었지만, 너무 높아서 겁을 먹고 그만뒀죠. (모험적 휴가를 되돌아보는 내용)

이 구동사는 남들은 다 한 어떤 행동을 하지 않는다는 뜻이다.

대개는 그 행동에 약간의 용기가 필요하지만, 사실 대다수가 해낼 수 있는 행동이다.

you're chicken ⓟ 너는 겁쟁이다

— If you get scared by this movie, then *you're chicken*. 그 영화가 무서웠다고? 너 겁쟁이구나! (아이들끼리의 대화)

이 어구는 용기가 없다고 지적하면서 상대방을 모욕하는 표현이다. 부정관사 a가 없는 것이 눈에 띈다. You're a chicken이 문법적으로 더 정확한 문장이겠지만, 무슨 이유에서인지 a가 생략되는 일이 잦다. 아마도 문장의 정확성에 별로 신경을 쓰지 않는 아이들이 흔히 쓰는 표현이기 때문일 것이다.

chicken-hearted ⓟ 겁 많은, 소심한

— My boyfriend is so *chicken-hearted* – he wouldn't even kill a spider! 제 남자친구는 정말 소심해요. 거미 한 마리 못 죽일 걸요! (집에 출몰하는 벌레에 기겁을 하는 남자친구를 촬영한 틱톡 동영상)

용기와 담력에 관한 표현이라면 흔히 심장이 그 주인공이다. 누군가가 chicken-hearted라면 이 사람은 용기가 없는 것이다.

Ⓢ Cowardice 비겁, 소심 / Wimpiness 나약, 소심 / Timidity 수줍음, 소심

Ⓐ Braveness 용감 / Valor 용맹 / Courage 용기

cold feet

겁, 공포,
초조, 주눅

특이하게 들리긴 하지만, 무언가를 하는 게 내키지 않는다고 할 때 아주 유용하게 쓸 수 있는 어구다. 두려움, 불확실성, 걱정 따위가 '꺼림칙함'(reluctance)을 유발한다. cold feet이 가장 흔히 쓰이는 경우가 결혼식을 앞두고서이다. 신부나 신랑이 별안간 회의감을 느끼게 되는데, 이때 '겁을 먹는다'(have cold feet)고 할 수 있다. 이 관용구가 왜 이런 뜻인지는 사실 불분명하다. 확신에 찬 사람은 발이 뜨거울까?

#gettingcoldfeet 확신이 점점 줄어들 때
#havingcoldfeet 확신하지 못하고 자신이 없을 때
#coldfeetaboutbuyingthis 구매 결정에 확신이 서지 않을 때
#coldfeetrelationship 관계가 행복하지 않을 때

to get cold feet ① 용기를 잃다, 무섭다, 주눅들다
— A few weeks before the wedding, I *got cold feet*. I couldn't go through with it. 결혼 몇 주 전에, 겁이 났다. 결혼을 할 수 없었다. (자서전 단락 일부)
cold feet과 함께 사용되는 동사는 get과 have로 두 개다. 뜻은

거의 비슷하지만 약간의 차이가 있다면, get은 누군가가 거부감을 깨닫는 시점을 중요하게 여긴다는 점이다. 그래서 누군가가 꺼리고 주저하는 과정 중에 있음을 나타내려면 getting cold feet도 쓸 수 있다.

to have cold feet ① 투지가 없다, 겁이 나다

— People often *have cold feet* before buying a house, but our residential team will guide you through the process. 구매자들이 종종 주택 구매에 앞서 주저하곤 하는데, 저희 주택 팀에서 절차를 안내해드릴 겁니다. (부동산 소책자)

반면, have cold feet은 꺼리고 주저하는 과정을 전혀 의미하지 않는다는 점에서 get과 약간 다르다. have cold feet은 그냥 사람이 뭘 하고 싶어하지 않음을 드러낼 뿐이다.

Ⓢ Reluctance 주저, 싫음, 저어 / Nervousness 신경과민, 겁, 소심 / Anxiety 불안, 걱정, 근심, 우려

Ⓐ Confidence 자신, 확신 / Easygoingness 태평, 느긋 / Carefreeness 안락, 태평

concern

우려, 염려,
근심, 배려, 관심

concern은 무언가에 관한 관심이다. 이 관심에는 그 무언가의 성공이나 실효성에 대한 걱정이 동반된다. concern은 여러 용법으로 사용된다. concern이 명사로 쓰이면, 걱정과 우려를 불러일으키는 사안을 말한다. 형용사형 concerned는 누군가가 걱정하거나(someone is concerned), 걱정스러운 표정(concerned expression)을 지을 때 쓸 수 있다. 마지막으로 동사 concern을 쓰면, 무언가가 당신을 걱정하게 만든다(something or someone concerns you)는 것인데, 사소한 우려를 불러일으킨다는 뜻이다.

#seriousconcern 무언가가 어쩌면 심각한 고민거리가 될 것 같을 때
#concerned 걱정스럽고 심각한 표정을 나타냄
#concernedabouttheenvironment 기후 변화에 대한 걱정을 표명할 때
#noneofyourconcern 아무에게 남 일에 상관하지 말라고 쏘아붙일 때

primary concern Ⓟ 주요 관심, 1차적 관심사
— My *primary concern* is the welfare of the people

of this country. 제가 가장 중요하게 여기는 것은 이 나라 국민의 복지와 안녕입니다. (정치인의 취임 연설)

concern의 의미 범위는 두려워하며 걱정하는 것에서부터 뭔가에 대한 진지하고 열렬한 관심에 이르기까지 매우 다양하다. 이 예문은 후자의 경우인데, 해당 정치인에게 가장 중요한 정치 공약을 가리킨다.

serious/great concern ⓒ 엄청난 관심, 심각한 우려, 중대한 관심사

— I have some *serious concerns* about the remake of this game. 이 게임을 리메이크 하겠다니 관심이 큽니다. (게임용 메신저 디스코드 게시글)

관심이 높다는 얘기로, 강조 표현이다. 진지한 자세로 받아들이고 다루어야 하는 무언가이기도 하다.

lack of concern ⓟ 관심 부족, 관심 결여

— There is such a *lack of concern* for health and safety here, how was this allowed to happen!? 건강과 안전은 완전 뒷전이군요. 어떻게 이런 일이 가능한 거죠?! (유튜브에 올라온 위험한 스턴트 동영상에 달린 댓글)

어떤 활동이나 행동이 무모하고 조심성이라고는 전혀 없을 때 lack of concern이라고 말할 수 있다. lack of concern은 무례하고 사려 깊지 못한 것으로도 흔히 간주된다.

cause for concern ⓟ 걱정할 이유, 우려할 만한 이유

— Just bought a new phone and the screen goes

black for like two second every ten minutes: is this a *cause for concern*? 새 폰을 샀는데 화면이 10분마다 2초 정도씩 꺼집니다. 이거, 걱정해야 되는 거 맞죠? (기술 제품을 테마로 한 레딧의 하위 포럼에 올라온 게시글)

cause for concern은 '걱정해야 할 이유'를 표현하는 말이다. 무인가가 곧 닥칠 문제를 암시한다면, 대개 그리 극단적이지는 않을 테지만, 이것은 '우려할 만한 이유'이다.

none of your concern ⓟ 신경 꺼!

— Hey, it's *none of your concern* what I post on here: if you don't like it, unfollow! 이봐요, 내가 여기에 뭘 올리든 당신이 상관할 바가 아닙니다. 싫으면, '언팔'하세요. (인스타그램 댓글)

누군가에게 관심 끄라고 말하고 싶을 때 아주 유용한 표현으로 상대방의 의견 따위에 신경 쓰지 않으며, 외부의 조언과는 상관없이 지금 하는 일을 계속해서 할 것을 확실히 보여줄 수 있다.

Ⓢ Worry 걱정, 우려 / Suspicion 혐의, 의심, 불신 / Seriousness 심각, 진지

Ⓐ Carefreeness 태평, 걱정 없음 / Apathy 무감동, 무관심 / Blitheness 유쾌, 쾌활, 행복

cowardice

소심, 비겁

cowardice는 곤란하고 위험한 상황을 의도적으로 회피하는 coward(겁쟁이)의 자질이다. cowardice에는 부정적 함의가 있다. 겁쟁이는 서툴고, 그래서 애처롭고 한심하다고 보기 때문이다. 따라서 cowardice는 일반적으로 기피되는 특성이다. 전쟁 같은 맥락이 아니라면, 정치를 둘러싼 토론에서 주로 사용된다.

#coward 뭔가를 무서워하는 사람을 언급할 때
#cowardly 뭔가를 겁먹은 채로 할 때
#suchacoward 애처로울 정도로 겁을 내는 사람에게 하는 말
#cowardlybehavior 겁을 집어먹은 수치스런 행동

moral cowardice ⓒ 겁쟁이, 정신적 소심[비겁]

— The events over the last few weeks have been a study in *moral cowardice*. 지난 몇 주 동안 벌어진 사태를 보고 있노라면, 도덕적으로 비겁하다는 게 무엇인지를 알 수 있다. (정부의 위기 대응이 실패로 돌아가고 나온 정치 비평)

cowardice가 도덕 및 도덕성과 연결되는 이유는 소심과 비겁을 이겨내고 어려운 결정을 내리는 것이 대개 도덕적으로 올바르기 때문이다.

branded/labelled a coward ⓒ 겁쟁이로 낙인찍힌

— Either I speak up and risk offending people, or I say nothing and later get *branded a coward*. 내가 목소리를 내서 사람들을 불쾌하게 하거나, 아니면 아무 말도 하지 않고 잠자코 있다가 나중에 겁쟁이로 낙인찍히거나, 둘 중 하나였다. (명사의 자서전)

이 콜로케이션을 잘 살펴보면, 소심하고 비겁한 사람들이 얼마나 무시당하는지 알 수 있다. 뜨겁게 달군 쇠로 소를 '낙인찍는'(brand) 것처럼, 이 말은 다른 사람의 소심하거나 비겁한 행동을 지적해 창피를 준다는 뜻이다.

act of cowardice ⓟ 소심한 행위, 비겁한 짓

— I want to quit being a soldier, but I don't want it to seem like an *act of cowardice*. 더 이상 군에 복무하고 싶지 않아요. 하지만 전역 요구가 비겁한 행위로 비치지 않았으면 좋겠습니다. (대화방에서 익명으로 조언을 구하는 현역 군인의 게시글)

act of cowardice는 비겁하고 소심하게 여겨질 수 있는 특정한 행동이다. 해당 행동이 특정한 관점에서만 비겁하다는 걸 드러내려면, 대개 considered(여겨지다), seem like(~처럼 보이다), come across as(~라는 인상을 주다), described(묘사되다, 서술되다)와 같은 어구들과 함께 사용된다.

the coward's way out ⓟ 겁쟁이의 출구

— Quitting now is *the coward's way out*. 이제 와서 그만둔다고? 겁나니까 도망치겠다는 거야? (심한 스트레스를 주는 대형 프로젝트에

관한 동료 직원의 견해)

coward's way out은 쉽고 편하지만 용기가 없다는 걸 만천하에 드러내는 선택 행동이다. 이 겁쟁이의 길을 사람들은 불신하고 존중하지 않는다.

Ⓢ **Chicken** 겁쟁이 / **Timidity** 겁, 소심, 수줍음 / **Faintheartedness** 심약함, 용기 없음

Ⓐ **Confidence** 자신, 확신 / **Boldness** 용감, 대담 / **Tenacity** 끈기, 완강

dismay

실망, 당황,
경악, 낙담

dismay는 복잡한 정서이다. 일종의 sadness(슬픔)인데, 커다란 임무에 압도되거나, 부정적 행동에 경악하거나, 어떤 일을 할 의욕을 잃었을 때 dismay라는 어휘를 쓰는 것이 적합하다.

#sheerdismay 완전 실망(sheer 대신 great, deep, utter를 쓸 수 있다)
#tomydismay 뭔가로 인해 속이 상하거나, 뭔가가 내키지 않을 때
#dismayedatthisresult 스포츠 경기의 패배가 슬프다고 할 때
#fullofdismay 우울한 느낌의 해시태그

deep/utter dismay ⓒ 깊은 슬픔, 완전 실망
— I would like to express my *deep dismay* at the loss of this brilliant, talented lady. 그녀는 재능이 뛰어난 우수한 인재였다. 그녀의 사망에 깊은 애도를 표한다. (유명인이 죽고나서 올라온 트윗)
이 형용사들은 무언가에 대한 극도의 실망감을 나타낸다. 동시에 애석함을 드러내기 위해서도 흔히 이 형용사들을 쓴다.

to voice (one's) dismay ⓒ 큰 목소리로 절망감을 드러내다
— Olympic volunteers have *voiced their dismay* over

the way the games have been run in a recent state-ment. 올림픽 자원 봉사자들이 최근 발표한 성명서를 보면, 경기 운영 방식에 불만을 느끼고 있음을 잘 알 수 있다. (스포츠 기사)

voice는 동사로 사용되는 일이 드물긴 해도, 이 콜로케이션에서처럼 실망감을 알리는(communicate) 용법도 있다.

greeted with dismay Ⓒ 거부를 당한, 거부에 직면한
— I can guarantee that these changes will be *greeted with dismay* by the fanbase. 이런 각색 내용들을 팬들은 분명히 거부할 것이다. (인기 영화의 텔레비전 각색판을 논하는 레딧 게시글)

사람이 뭔가에 실망한 순간을 나타내려면 greet이라는 단어를 쓰면 된다. greeting(인사, 안부의 말)이 대개 긍정적인 개념이기 때문에 약간 이상하게 느껴질 수도 있지만, 여기에서 greeting은 사람의 반응에 맞닥뜨린다는 의미이다.

much to (someone's) dismay Ⓟ 당혹스럽게도, 실망스럽게도
— *Much to her dismay*, the garden was peppered heavily with empty bottles and cigarette butts. 정원이 빈 병과 담배 꽁초로 초토화된 광경이 눈에 들어왔고, 그녀는 크게 낙담했다. (현대 소설)

이런 식으로 문장의 처음이나 끝에 사용되는 것을 자주 볼 수 있다.

Ⓢ Perturbation 동요 / Disappointment 실망 / Downcastness 의기소침
Ⓐ Satisfaction 만족 / Glee 기쁨, 환희 / Joy 기쁨, 환희, 성공, 만족

doubt

의심, 의혹,
회의, 불신

doubt는 '둘'을 뜻하는 라틴어 duo에서 유래했다. 누군가의 '마음 또는 태도가 두 개'(of two minds)여서, 어떤 것을 따르거나 해야 할지 결정하지 못한다는 의미인 셈이다. doubt는 어떤 전제에 대한 일종의 불신이다.

#doubtful 의혹과 회의를 표시할 때
#havemydoubts 뭔가를 잘 모르거나 불신할 때
#dontdoubtyourself 자신을 격려하는 긍정적 해시태그
#doubtthisexists 뭔가가 실재함을 못 믿겠을 때

to cast doubt on ⓒ 의심하다, 의구심을 던지다
— New research into oxytocin *casts doubt on* the authenticity of natalist care. 옥시토신에 관한 연구 내용이 새로 발표되면서, 산아를 장려하는 서비스가 과연 맞는 얘기인지가 의구심에 휩싸이게 됐다. (과학 기사)
'그림자, 어두움, 그늘'을 뜻하는 shadow처럼, 원래의 가정이나 추정에 doubt를 cast(던지다, 드리우다)할 수 있다. 이전까지 널리 믿어온 사실에 의문을 제기할 때 흔히 이 어구를 사용

한다. 과학 지식이나 사람의 성격과 행동이 대표적인 예들이다.

to harbor doubt(s) ⓒ 의구심을 품다

— To tell the truth, I have been *harboring doubts* about this for a while now. 솔직히 말하면 한참 동안이나 이것에 의구심을 품었고, 그건 지금도 마찬가지예요. (부부 사이의 대화)

harbor(항구)는 배가 정박하는 곳이고, 따라서 harbor doubt(s)는 표출하지 않았다뿐이지 마음 속에 의구심이 여전하다는 얘기이다. 개별적 불확실성과 의심을 얼마나 느끼느냐에 따라, doubt를 단수로도 복수로도 쓸 수 있다.

to have (one's) doubts ⓒ 의심이 들다, 믿지 못하다

— It's been three weeks, and to be honest, I *have my doubts* as to whether it will arrive at all. 주문한 지 3주가 지났는데, 솔직히 말해 물건이 오기는 할지 의심스럽네요. (온라인 장터에 올라온 리뷰)

흔히 전치사 about이 뒤이어 나오는 이 어구는 누군가가 무언가를 불확실하게 여긴다는 얘기다. 이 표현은 상황이 겉보기와 다를 수 있다고 수상쩍어 한다.

beyond (all) doubt Ⓟ 의심의 여지가 없는

— This guy has demonstrated *beyond doubt* that he is the greatest there has ever been. 이 선수는 자신이 역대 최고임을 증명했고, 이는 의심의 여지가 없는 사실이다. (스포츠 관련 트윗)

이 어구는 뭔가가 매우 확실하고 분명하다는 표현이다. 뭔가가 beyond doubt하다면, 누구도 그 사실 여부에 이의를 제기할 수

없게 된다. 약간 더 강조하고 싶은 경우 all을 붙이기도 한다.

without (a shadow of) a doubt Ⓟ 전혀 의심하지 않고

— *Without a shadow of a doubt*, this is the best weapon in the game. 이 게임 최고의 무기가 이거라는 건 분명한 사실이다. (게임봉 메신저 디스코드 게시글)

역시나 이 어구도 불확실하거나 틀릴 가능성이 전혀 없다는 소리다. 여기서의 shadow는 '기미', '조각', '일말'을 뜻하는 hint 나 remnant로 파악하면 된다. 어떠한 의혹의 '그림자'도 남지 않았다면, 그것은 사실일 테니까. 그렇다고 해도, 제시한 예문에서처럼, 의견을 강력하게 개진하면서 단호하게 말하고자 할 때 이 어구를 쓰기도 한다.

Ⓢ Uncertainty 불확실성 / Suspicion 혐의, 의혹, 불신 / Mistrust 불신, 의심

Ⓐ Certainty 확실성, 자신 / Conviction 확신, 신념 / Belief 믿음

dread

두려움, 공포,
불안, 우려

dread는 불길한 예감을 특징으로 하는 공포 내지 두려움이다. 동사형으로 뭔가를 dread한다는 것은 아주 안 좋은 일이 벌어질 것으로 내다보면서 근심하고 걱정하는 것이다. 어떤 과정이나 행위가 두렵다고 말할 때, dread 뒤에 흔히 동명사를 붙여서 "I dread going out alone."(혼자 외출하는 게 두렵다)처럼 표현한다.

#fullofdread 두려움이 가득한 상태를 말할 때

#existentialdread 내면 깊숙히 자리한 심리적 공포의 일종

#dreadingthis 어떤 미래가 전혀 달갑지 않을 때

#dreadedpostingthis 겨우 용기를 내 뭔가를 인터넷에 게시했을 때

greatest dread ⓒ 엄청난 두려움, 최악의 공포, 가장 큰 두려움

— As a manager, my *greatest dread* is having to fire someone. 관리 책임자로서 내가 느끼는 가장 커다란 두려움은 직원을 해고해야 하는 것이다. (링크드인 게시물)

greatest dread는 가장 하고 싶지 않은 무엇을 가리킨다. greatest dread는 거미가 두려운 것과 같은 공포일 수도 있고, 위 예

문처럼 가치 체계와 상충하는 무언가일 수도 있다.

to live in dread Ⓒ 두려움 속에서 살다, 사는 것이 공포다

— Do lawyers *live in dread* of negligence that they might get sued for? 변호사들은 부주의로 고소를 당할 수도 있다고 하는데, 정말 이를 두려워힙니끼? (법률가와 함께 하는 레딧의 '뭐든 물어보세요' 코너)

이 표현은 끊임없이 공포를 느낀다는 뜻이다. 회피하거나 덮어둘 수 없고 자꾸 신경쓰이게 하는 실수나 문제를 말한다.

to be filled with dread Ⓒ 두려움에 사로잡히다, 공포에 짓눌리다

— Just realized I remembered my deadline wrong and I'm now *filled with dread*. 마감 시한을 잘못 알고 있었다는 걸 방금 깨달았다. 아, 죽겠군. (걱정스런 표정의 '셀카'를 스냅챗에 올리고 달아놓은 설명문)

두려움과 공포감에 사로잡혔다는 표현이다. 이 경우 대개는 불길한 예감 속에서 무서워한다.

existential dread Ⓒ 존재의 두려움, 실존적 고통

— Sometimes the *existential dread* is just too much. 때로는 존재에 대한 두려움이 너무 크게 다가올 때가 있다. (무정부주의적 블랙 유머 밈에 달린 캡션)

existential dread는 우리가 세계 안에 존재하는 목적이 없다고 여기고서, 이 세계의 상태와 관련해 마음 속 깊이 느끼는 우울감을 지칭한다. 이런 생각은 온라인 밈 문화를 통해 흔히 표출된다.

to dread the thought of (something) Ⓟ 생각만으로도 끔찍하다

— Argh, I *dread the thought of going* into work next week.

아, 다음 주에 출근할 생각만 해도 끔찍하네. (직장에서 당혹스런 일을 겪고 난 후 배우자와 나누는 대화)

dread the thought of something은 어떤 가능성을 그냥 생각만 해도 두렵고 괴롭다는 뜻이다. 다음과 같이 표현되는 경우도 있으니 알아두자. "I dread to think (of) what will happen to my hamster, Tommy, after escaping into the garden!"(기르는 햄스터가 정원으로 도망가 버렸는데 앞으로 토미가 무슨 일을 겪게 될지 생각하기도 싫다).

Ⓢ Anxiety 근심, 걱정, 불안, 염려 / Foreboding 불길한 예감 / Trepidation 두려움, 공포, 전율, 동요

Ⓐ Confidence 신뢰, 자신, 확신 / Gladness 기쁨, 고마움 / Enthusiasm 열광, 열의, 열정

faintheartedness

비겁, 용기
없음, 소심

faintheartedness는 강인함과 대담함이 없는 것이기 때문에 timidity(소심)와 비슷하다. 하지만 사람이 여리고 내면적 확신이 없음을 뜻한다는 점에서는 timidity와 또 다르다. (faint-heartedness에는 몸이 허약하다는 의미도 있다.) 형용사형으로 fainthearted한 사람은 쉽게 놀라고 다른 감정적인 문제들에 쉽게 흔들린다. 무언가에 쉽게 혐오감을 느끼거나, 모욕을 당했을 때 남들보다 더 마음이 상할 수 있다.

#fainthearted 형용사형이 가장 많이 사용된다

#notforthefainthearted 어떤 일에 관여하려면 용기가 필요하다는 것을 나타내는 일반적 문구

#faintheartedapproach 물러터진 데다, 에두르는 행동을 가리킬 때

#skydivingisnotforthefainthearted 막 스카이다이빙을 했는데, 그 경험이 공포스러웠을 때

not for the fainthearted ⓟ 심약한 사람에게 적합하지 않은

— This spooky ghost video is *not for the fainthearted*!

심약한 사람은 이 귀신 나오는 비디오 못 봅니다! (무서운 비디오에 적힌 설명글)

문제가 되는 것이 심약한 사람을 놀랠 가능성이 크다고 말하는 어구이다. 역겹고 혐오스러운 것에도 이 표현을 쓸 수 있는데, 이런 것들이 기질이 연약한 사람을 화나게 할 수 있기 때문이다.

S Timidity 소심, 비겁, 수줍음 / Worry 걱정, 우려 / Nervousness 신경과민, 겁, 소심

A Courage 용기 / Braveness 용감 / Boldness 대담, 뻔뻔

foreboding

불길한 예감,
흉흉, 전조

foreboding은 '악'(evil)이나 불길한 상황의 도래가 임박했다고 느끼는 것이다. 이 어휘는 gloom(우울, 침울)이나 darkness(어둠) 같은 단어들과 연결되는데, 어두워지는 하늘 또는 폭풍우 치는 날씨가 연상되기 때문이다. 일반적으로는 무언가 불길한 일이 일어날 것 같다고 느끼는 예감을 말한다.

#forebodingsky 어둡고 불길한 하늘을 두고 이르는 말
#forebodingweather 세찬 바람과 폭우를 가리킬 때
#fearandforeboding 매우 불길한 그림이나 상황을 일컬을 때
#forebodingdoom 불행한 결말이 서서히 다가오는 중이라고 얘기할 때

to be filled with foreboding ⓒ 불길한 예감이 가득하다
— He looked out at the crawling hordes of barbarians and *was filled with foreboding*. 밖을 내다보니 야만족 무리가 끝도 없이 기어오고 있었고, 그는 불길한 예감에 휩싸였다. (중세 배경의 판타지 소설)
예문에서는 안 좋은 상황을 예상할 수 있는 이유가 꽤나 분명하다. 하지만 육감이나 직관만으로 foreboding이 구체화되는 경

우도 있다.

sense of foreboding ⓒ 불길한 예감

— Does anybody else get a deep *sense of foreboding* before sitting exams? 시험을 보기 전에 저 말고 예감이 불길했던 사람 또 없나요? (학생 대화방에 올라온 글)

sense란 어휘가 foreboding의 직관적 측면을 드러낸다. 이렇게 느끼는 데 명백한 이유 따위는 없는 경우가 많다. 이런 상황에서 sense of foreboding을 써야 하는 이유다.

foreboding atmosphere ⓒ 찜찜한 공기, 불길한 분위기

— The *atmosphere* was *foreboding*, with downcast people giving sideways glances under the watchful authority of the crescent moon. 분위기가 심상치 않았다. 초승달이 지켜보는 가운데 낙담한 사람들이 곁눈질을 하고 있었다. (역사 소설)

이미 얘기했듯, 날씨, 환경, 분위기를 나타낼 때 foreboding이 널리 쓰인다. 어둠이 깃들어 불안감이 엄습하는 곳이라면 분위기가 foreboding하다고 얘기할 수 있다.

Ⓢ Apprehension 우려, 불안 / Suspicion 혐의, 의혹, 불신 / Presentiment 불길한 예감

Ⓐ Solace 위안, 위로 / Peace 평화 / Relaxation 완화

fright

놀람, 경악,
공포, 섬뜩

fright는 단기간에 겪은 구체적인 사례로, 여기에는 충격 요소가 포함된다. have a fright는 무서운 자극에 화들짝 놀라 움찔하는 것이다. 반면, 수동태 be frightened는 더 지속적으로 두려워하는 개념이다. 단기간이든 장기간이든 무언가를 두려워하는 것을 나타낸다.

#frightened 두려워하는 상태

#frightening 공포 영화처럼 으스스한 뭔가를 가리킬 때

#frightinthenight 으스스한 밤중의 상황을 기술할 때

#frightenedbyfrogs 혹자는 개구리에 겁먹기도 한다

to die of fright Ⓟ 겁에 질려 죽다, 죽을 만큼 놀라다

— Ghosts are real! I saw this old lady in my bedroom one night and I *died of fright*! 귀신은 진짜 있어요! 저도 어느 날 밤 제 방에서 이런 부인을 봤는데, 무서워 죽는 줄 알았어요. (귀신 탐사가 내용인 유튜브 다큐멘터리에 달린 댓글)

이 표현은 뭔가에 믿을 수 없을 만큼 충격을 받고서 두려워했다는 말이다. 극도로 놀라면 심장마비를 일으키는 일도 있지만,

분명 과장법으로 쓰인 표현이다.

to give (someone) a fright ⓒ ~를 깜짝 놀라게 하다

— Jeez, the ending really *gave me a fright*! 맙소사, 영화 결말이 정말 무서웠어요! (공포 영화 관람평)

fright가 사용되는 가장 흔한 문장 구조이다. 가끔씩 강조를 위해 really가 보태진다.

to take fright ⓟ 놀라다, 겁을 먹다, 두려워하다

— Investors *take fright* after recent housing policy change. 주택 정책이 바뀌자, 겁을 먹은 투자자들 (금융 및 재정 기사의 표제)

take fright는 간단히 말해서 become frightened이다. "Criminals should take fright!"(범죄자들이여. 두려워할 지어다!)처럼, 누군가에게 경고하는 명령법으로도 가끔 사용된다.

fright of (one's) life ⓟ 크나큰 두려움

— Last year I had the *fright of my life* when I was diagnosed with cancer. 지난해 암 진단을 받았을 때 살면서 가장 큰 두려움을 느꼈답니다. (암 환자의 회복 관련 트윗)

통상 동사 have나 give가 앞서 나오는 이 어구는 무언가가 사람을 엄청 심하게 놀래켰음을 나타낸다. die of fright처럼 이 표현도 과장법인데, 그 의도는 당연히 강조겠다.

Ⓢ Shock 충격, 경악, 쇼크 / Surprise 놀람 / Terror 공포, 전율, 떨림, 테러

Ⓐ Fearlessness 용감함 / Composure 평정 / Confidence 자신

horror

공포, 경악,
혐오, 질색

horror는 강력한 공포감으로, 그로 인해 충격, 혐오, 경악 속에서 흠칫 놀라는 것이다. horror는 이러한 반응을 불러일으키는 대상을 기술하는 데도 사용된다. 예컨대, 전쟁도 horror로 여길 수 있는 것이다. the horrors of war(전쟁의 참상)처럼, 여러 면에서 '끔찍한'(horrific) 대상을 언급할 때는 복수로도 쓴다.

#horrific 뭔가가 정말로 참혹할 때 흔히 나오는 반응

#shockhorror 무언가에 가짜로 놀란 척하는 반어적 표현

#horrormovie 무서운 영화를 묘사할 때

#horroraddict 무서운 것에 중독된 사람을 언급할 때

to watch in horror ⓒ 공포 속에 지켜보다, 보는 일이 공포다

— The audience *watched in horror* at the gruesome finale. 작품의 피날레는 정말이지 섬뜩했고, 관객은 공포를 느끼며 이를 지켜보았다. (전위적 연극 관람평)

사람은 공포로 얼어붙을 수가 있기 때문에, 실제든 연출이든 끔찍한 사건에 '구경꾼'(spectator)이 되는 일이 흔하다.

abject horror ⓒ 절망적인 공포

— Watched that documentary about the meat industry and it was hard to suppress a reaction of *abject horror*. 육류 산업을 파헤친 다큐멘터리를 보고 참담하게 공포스러운 감정을 억누르기가 힘겨웠다. (개인 트윗)

abject horror는 끔찍히 무섭고, 동시에 혐오스럽다는 얘기이다. 무언가가 겉보기와 다를 뿐만 아니라 실상은 훨씬 충격적임을 별안간 깨닫는 맥락에서 흔히 사용된다.

horror of horrors! ⓟ 공포 중의 공포라니!, 이런 끔찍한 일이!

— Just went to buy toothpaste, and - *horror of horrors* - they had totally run out! 치약 사러 나왔는데, 어떻게. 이런 끔찍한 일이! 다 팔리고 없네. (배우자에게 보낸 문자)

horror of horrors는 모든 끔찍한 일 중에서도 가장 끔찍하다는 말이다. 감탄문 형식의 관용 어구로, 놀랍고 무서운 대상을 얘기하기 직전이나 직후에 잠시 말을 끊으며 이 표현을 끼워넣는다. 하지만 위 예문처럼, 공포나 두려움을 가장하는 식으로 얄궂게 사용하기도 한다. 사용되는 맥락에 세심히 주의를 기울여야 하는 이유이다. 대개는 괄호나 하이픈을 써서 이 감탄 어구와 나머지 문장을 구별한다.

shock horror ⓟ 가짜 공포, 과장된 충격 표현

— *Shock horror*: I'm drinking wine again. 충격 속보: 저 또 와인 마셔요. (인스타그램 게시물 설명글)

horror of horrors는 진지한 상황에서 쓰일 수도 있고 얄궂음을 의도한 경우일 수도 있다. 반면, 숙어 shock horror는 항상 반

어적으로 쓰여 유머를 의도한다. 주로 영국에서 사용되는 이 표현은 상황이 놀랍기는커녕 대단히 정상적이라는 것을 강조하기 위해 일부러 공포에 질린 척하는 상황을 가리킨다.

oh, the horror! Ⓟ 오 맙소사!, 아이고 끔찍해라!

— When it's sunny outside and you forget your parasol. *Oh, the horror*! 햇빛 화창한 날인데, 깜박 하고서 양산을 안 가져왔군요. 오, 맙소사! (밈 설명문)

용법이 horror of horrors와 많이 닮았다. 다시 말해, 문자 그대로 써서 공포 감정을 드러내는 감탄문일 수도 있지만, 반어적 의미일 가능성도 크다.

Ⓢ Terror 충격, 공포, 전율, 테러 / Nightmare 악몽, 불쾌한 예감, 공포 / Fright 놀람, 두려움, 섬뜩

Ⓐ Peace 평화 / Tranquility 평온, 고요, 차분 / Joy 기쁨, 환희, 만족

hysteria

히스테리,
과잉 흥분, 광란

hysteria는 통제할 수 없는 거친 행동인데, 그렇다고 당장에 합당한 이유를 찾기도 힘든 경우이다. 어떤 자극에 대해 전체적으로 통제력을 상실한 상황을 가리킨다. 구체적인 맥락에 따라 hysteria가 흥분일 수도 있고, 극심한 공포일 수도 있으며, 두려움일 수도 있다는 게 중요하다.

#hysteric 히스테리 증세를 보인다는 뜻의 형용사형

#masshysteria 사람들의 공포나 흥분이 만연했을 때

#whysomuchhysteria 공포가 사회에 만연한 것에 의문을 제기함

#totalhysteria 총체적 혼란과 통제력 상실 상태를 묘사할 때

mass hysteria Ⓒ 집단 광란, 대중적 흥분 (상태)
— Not looking forward to the *mass hysteria* of Christmas shopping again this year. 올해에는 크리스마스 쇼핑을 한답시고 작년과 같은 집단 광란을 안 봤으면 좋겠음. (개인 트윗)
위협적이거나 도발적이거나 터무니없이 별난 것에 사람들이 대단위로 반응할 때, 또는 뚜렷한 이유 없이 히스테리를 부릴 때, mass hysteria를 써서 표현할 수 있다.

fit of hysteria ⓒ 히스테리 발작

— He jumped back in a *fit of hysteria*. 그는 히스테리 발작을 일으키며 뒤로 뛰어내렸다. (범죄 소설)

이 어구가 묘사하는 히스테리 상태에서 사람은 스스로를 통제할 수 없다. 그렇다고 fit of hysteria가 꼭 두려움이나 공포일 필요는 없다. fit of hysteria 상태에서 웃을 수도 있기 때문이다. 물론 유머에는 fit of hysterics란 표현이 더 널리 쓰이긴 한다.

wave of hysteria ⓒ 히스테리의 물결

— The nude pictures have set off a *wave of hysteria*. 그 누드 사진들로 난리가 났다. (타블로이드 신문의 기사)

사회에서 놀랍고 자극적인 일이 벌어져 mass hysteria가 유발되면, 이 사태를 wave of hysteria가 촉발되었다고 말할 수 있다.

bordering on hysteria ⓟ 히스테리에 가까운

— Amongst many, there is a real sense of fear *bordering on hysteria*. 많은 이가 사실 히스테리에 가까운 공포를 느꼈다. (신문 기사)

누군가가 통제력을 잃을 정도로 흥분하면 그 사람은 bordering on hysteria 상태이다. 이 어구는 "His panic was bordering on hysteria."(그는 히스테리에 가까운 공포를 느꼈다)처럼 감정 명사 뒤에 붙여 써야 한다.

Ⓢ Panic 공황 상태 / Excitement 흥분, 신남 / Fright 놀람

Ⓐ Calmness 고요, 평온, 침착 / Composure 평정, 균형 / Zen 평화, 고요

mistrust

불신, 의혹

mistrust는 신뢰가 없는 상태이다. suspicion(의혹)에는 비윤리적 행동이라는 함의가 있지만, mistrust(불신)의 경우 그보다는 중립적으로 불신을 드러낸다. 정치인, 외모, 언론 보도 등 신뢰가 필요한 것들에 대해 깊게 자리 잡은 이념적 편견을 언급할 때 mistrust가 빈번히 사용된다. 정확히 같은 의미의 동의어 distrust로 대치될 수 있다.

#mistrustthis 뭔가가 믿음이 안 간다고 말할 때
#seriousmistrust 신뢰가 크게 상실돼 도저히 믿을 수가 없을 때
#atmosphereofmistrust climate of mistrust로 대치할 수도 있다
#mistrustfulofsalesmen 물건 파는 사람들이 미심쩍을 때

mutual mistrust ⓒ 상호 불신

— The two countries have lapsed into *mutual mistrust* over border disputes. 국경 분쟁 때문에 두 나라는 서로를 더욱 불신하게 됐다. (국제 관계 기사)

mutual mistrust는 양측이 똑같이 서로를 의심하며 대하는 현상이다. 국가간에 긴장이 발생했을 때, 관련 논의에서 정말 많이 쓰인다.

to fuel mistrust ⓒ 불신을 부채질하다

— Lying like this only *fuels mistrust* amongst the fans. 이런 식으로 거짓말을 해봤자 팬들의 불신만 깊어질 뿐이다. (오해의 소지가 있는 비디오 게임 예고편 영상에 달린 유튜브 댓글)

불신의 정서가 거세질 때에는 increase나 encourage보다 fuel 이란 어휘가 더 흔하게 사용된다. 보통 팬층이나 정치 집단 같은 광범위한 사람들 사이에서 불신이 '부채질 되었다'(fueled)고 말할 수 있겠다.

climate of mistrust ⓒ 불신하는 분위기

— I don't like the *climate of mistrust* that has developed on here. 이 곳에서 느껴지는 사람들 못 믿는 분위기가 싫습니다. (게임용 메신저 디스코드 게시글)

어디에 climate of mistrust가 있다면, 사람들이 타인을 전반적으로 불신을 갖고 대한다는 것이다. 구성원들 사이에서 사회적 상호 작용이 이루어지는 집단이라면 이 어구를 쓸 수 있고, 사무실 하나 쓰는 정도로 작은 팀에서부터 사회 전반에 이르기까지 그 범위와 수준도 다양하다.

Ⓢ Suspicion 불신, 의혹 / Disbelief 불신, 불신앙 / Doubt 의심, 의혹, 의문

Ⓐ Trust 믿음, 신뢰 / Confidence 자신, 확신 / Surety 확실함, 정말

FEAR | # nervousness 긴장, 초조,
겁, 소심

nervousness는 뭔가를 예상하면서 느끼는 사소한 형태의 두려움이다. 형용사형 nervous는 약간 두려워하는 상태이다. 관련해서 사람의 nerve(신경)라는 개념도 존재한다. 소유격의 수식을 받는 nerve(s)는 anxious할 수 있는 특징이다. 따라서 hold one's nerve(s)는 무서운 상황인데도 냉정함을 유지할 만큼 배짱이 두둑하다는 말이다. 반대로 lose one's nerve(s)라면 두려움에 굴복해 흥분한 상태로 겁을 먹었거나 기가 죽은 것이다.

#nervous 무섭고 불안하다고 말할 때
#nerves 사람이 겁을 먹을 가능성이라고 해두자
#holdyournerve 두려움을 딛고 계속 정진하라고 격려할 때
#nervousaboutthis 압박이 심한 상황에서 글을 게시할 때

to seem nervous ⓒ 긴장한 듯하다, 긴장돼 보인다

— **Are you okay? You *seem nervous*.** 괜찮아? 초조해 보여.
(긴장된 상황에서 친구에게 건넨 말)

nervousness는 대개 눈에 확연히 보이기 때문에 사람들은 누군가가 seem nervous하다고 말한다. 당연하게도 그 상대는 땀

을 흘리고, 안절부절못하거나, 어색하게 주위를 둘러보는 등의 심리 징후를 내보일 것이다.

increasingly nervous ⓒ 점점 더 불안해하는

— These posts are making me *increasingly nervous* about how little I know about raising a child! 여기 글들을 읽다보니, 제가 육아에 대해 몰라도 너무 모르는 것 같아 점점 더 불안해집니다. (레딧의 육아 조언 포럼에 올라온 글)

이 콜로케이션은 긴장되고 불안한 감정이 커지고 쌓이는 상황을 묘사한다. 일련의 깨달음 속에서 근심과 걱정이 고조됨을 알 수 있다.

to make (someone) nervous ⓒ 불안하게 만들다, 긴장시키다

— Can you stop tapping? You're *making me nervous*. 손가락 톡톡 두드리는 거, 그만둘 수 없나요? 그 소리 때문에 불안해지네요. (뭔가를 기다리는 두 사람 사이의 대화)

사역 동사 make를 써서 내면의 긴장과 초조를 불러일으키는 대상과의 관계를 설정할 수 있다.

to hold (one's) nerve(s) ⓟ 냉정을 유지하다

— Made some investments in dogecoin last year. There have been ups and downs, but I *held my nerve* and it paid off. 작년에 도지코인 투자를 좀 했죠. 상승장과 하락장이 여러 번 반복됐지만, 전 냉정을 잃지 않았고, 결국엔 수익을 올렸습니다. (암호 화폐 대화방)

위에서 언급했듯, nerve는 courage(용기)의 다른 말이다. 따라

서 용기를 hold(유지)한다는 것은 전전긍긍하지 않는다는 것이다. 대담함이 도움이 되는 상황에서 이 표현을 쓸 수 있다. 위험을 감수하고 모험에 나서기, 관객 앞에서 공연하기, 뭔가를 소리 높여 말하는 연설 등의 상황을 떠올려보라.

to lose (one's) nerve(s) Ⓟ 주눅이 들다, 기가 죽다, 겁먹다
— When you go to ask your crush out but you *lose your nerve*

홀딱 반해서 데이트 신청을 하려고 접근했으나 잔뜩 주눅이 들었을 때 (겁에 질려 어쩔 줄 모르는 표정을 한 사람의 밈에 달린 설명문)

반면, lose one's nerve(s)는 용기를 잃고서 패닉에 빠지거나 힘겨운 과제나 상황을 포기해 버린다는 뜻이다. '겁을 먹고 그만둔다'는 뜻의 다른 표현으로 chicken out도 있다.

Ⓢ Anxiety 불안, 염려, 걱정 / Worry 걱정, 우려 / Agitation 불안, 동요
Ⓐ Calmness 고요, 평온, 침착 / Relaxation 휴식 / Confidence 자신, 확신

nightmare

악몽,
불쾌, 공포

nightmare는 무서운 꿈이다. 하지만 놀랍고 무섭거나 어렵고 힘겨운 경험을 가리키는 비유적 용법도 있다.

#nightmarish 악몽 같다는 뜻의 형용사

#totalnightmare 상황이 정말로 고되고 어려울 때

#parentalnightmare 아이들이 말썽을 부리는 상황

#nightmaresituation 악몽과도 같은 상황

absolute/total nightmare ⓒ 악몽, 정말 끔찍한 일

— The kids have been an *absolute nightmare*. 애들 때문에 정말 죽을 뻔했어요. (배우자와 실의에 빠져서 나누는 대화)

nightmare를 강조하려면 형용사 absolute를 흔히 사용한다. kids(아이들) 같은 명사보다는 통상 상황을 나타내는 데 쓰이지만, 정말이지 애들은 이 규칙의 예외이다. 부모들이 정확한 문법을 구사할 수 없을 만큼 녹초가 되어서가 아닐까?

nightmare vision ⓒ 악몽 같은 세계관

— The author's *nightmare vision* of a post-apocalyp-

tic dystopia is utterly compelling. 대재앙 이후의 디스토피아를 그려낸 작가의 필력이 매우 설득력 있다. (디스토피아 소설 리뷰)

이 표현은 가설이나마 최악의 시나리오를 뜻한다. nightmare vision은 상황이 끔찍한 악몽과 같을 거라고 예측하는 것이다.

bureaucratic nightmare ⓒ 관료주의적 악몽, 관료주의의 수렁

— Businesses have warned of a *bureaucratic nightmare* if this legislation is put in place. 경제계는 그 법이 시행되면 악몽과도 같은 관료주의의 늪에 빠지게 될 것이라고 경고했다. (입법 관련 보도)

bureaucratic nightmare를 쓰는 이유는 매우 복잡한 행정 절차가 흔히 악몽 속에서 사는 것과 유사하다고 말하기 위해서다. 폭증한 서류 작업, 복잡한 진행 절차, 불합리한 규제 등이 전부 bureaucratic nightmare를 낳을 수 있는 것이다.

wake up from the nightmare ⓟ 악몽에서 깨다

— For those of you who have lost your siblings, do you ever *wake up from the nightmare*? 형제자매를 잃은 분들이 계실 텐데, 과연 여러분은 그 악몽에서 벗어난 적이 있나요? (레딧 게시글)

wake up from the nightmare는 힘겨운 상황에서 스스로를 꺼낸다는 뜻이다. 여기서 nightmare는 악조건의 은유이다. 사람이 악몽에서 '깨어나는' 것처럼, 곤경이나 공포에서 빠져나오는 과정 역시 wake up으로 연상할 수 있다.

Ⓢ Ordeal 시련, 고난 / Terror 테러, 공포, 전율 / Stress 긴장, 스트레스, 압박

Ⓐ Bliss 행복 / Contentment 만족 / Happiness 행복

panic

극심한 공포,
공황(상태)

panic은 갑작스럽게 찾아온 극심한 걱정을 단기간 겪는 것이다. 사람들은 panic이란 어휘에서 어떤 파동이 개인이나 집단을 빠른 속도로 훑고 지나가는 이미지를 떠올리기도 한다. 그리스어로 신(god)을 뜻하는 '판'(pan)에서 유래했다는데, 판의 우렁찬 목소리에 인간들이 공포에 질려 도망치다 죽어갔다고 한다.

#panicked 극심한 공포를 체험 중인 상태

#dontpanic 사람을 진정시키는 표현

#noneedtopanic 상황을 통제 중이라는 또 다른 표현

#timetopanic 걷잡을 수 없는 상황이고, 모두가 극심한 공포에 사로잡힐 수밖에 없을 때

blind panic ⓒ 극심한 공포, 걷잡을 수 없는 공포감

— Our deadline got put forward today and everyone went into *blind panic*. 마감 시한이 오늘 당겨졌고, 모두가 극심한 공포에 빠져들었다.

blind panic은 강렬한 panic이다. 여기서 형용사 blind(앞을 못 보는, 맹목적인)를 쓴 것은 극심한 공포를 느낄 때 흔히 주변 세

계를 인지하기 매우 어렵기 때문이다. 그러한 사람은 보통 난폭하고 예기치 못하게 행동하기 마련이다.

look of panic ⓒ 극심한 공포의 표정, 낭패스런 표정

— A *look of panic* crossed his face as he realized he had left his underwear on the kitchen table, and she was headed straight for the kitchen. 그의 얼굴에 낭패스런 표정이 스쳐 지나갔다. 식탁에 속옷을 벗어둔 게 생각났던 것이다. 게다가 그녀는 이미 주방으로 향한 상태였다. (희극 소설)

panicked look으로 쓰기도 하는 이 어구는 겁에 질려 어쩔 줄 모를 때 사람이 짓는 표정을 가리킨다.

moment of panic ⓒ 패닉의 순간, 극심한 공포의 순간

— That *moment of panic* when you realize you have forgotten your girlfriend's birthday 여자친구의 생일을 잊고 있었음을 깨달은 바로 그 공포의 순간 (밈 설명문)

뭔가가 잘못 되었음을 자각했거나 별안간 두려움을 느낄 때, 그 초기의 공포 감정을 이 어구로 묘사한다.

panic attack ⓟ 공황 발작

— I've been getting horrible *panic attacks* whenever I go outside. 외출할 때마다 극심한 공황 발작을 겪고 있습니다. (정신 건강을 테마로 한 포럼의 게시글)

panic attack은 불안과 관련된 질병이다. 이 질병을 앓는 사람은 비교적 짧은 시간에 걸쳐 엄청난 공포를 느낀다. 심장이 두근거리거나 몸이 떨리는 증상도 흔히 동반된다.

panic buying ⓟ 사재기, 패닉 바잉

— Umm, I may have just *panic-bought* twelve bags of frozen chicken nuggets. I'm sorry. 음, 냉동 치킨 너겟을 방금 열두 봉지나 사버렸어요. 미안해요. (함께 사는 사람에게 보낸 문자 메시지)

사람들이 충동적으로 구매 행위를 하는 현상을 panic buying 이라고 한다. 사회적 공포가 만연했을 때, 흔히 이런 일이 일어난다.

don't panic ⓟ 당황하지 마라

— *Don't panic*! I've got it all under control. 겁내지 마! 내가 다 없앴으니까. (집에 나온 벌레를 어설프게 처리하면서 배우자를 안심시키는 중)

다른 사람을 안심시키면서 진정시켜야 하는 긴장된 상황에서 많이 쓰인다.

Ⓢ Anxiety 불안, 염려, 걱정 / Alarm 불안, 공포, 놀람 / Fright 놀람, 두려움

Ⓐ Calmness 고요, 평온, 냉정, 침착 / Composure 평정 / Mettle 패기, 기개

perturbation

동요, 당황,
혼란, 근심, 불안

perturbation은 마음의 교란과 장애를 가리킨다. 정체를 알 수 없는 무언가가 꼭 그래서는 안 되는 존재가 되면 내면에서 소란이 일어난다. 이 미묘한 '어긋남'(displacement)의 감각이 끊임없는 불안으로 이어진다. 반대로, unperturbed(동요하지 않는)한 사람이 있다면, 그 사람은 혼란을 일으키는 대상에 굴하지 않고 자신감을 보이는 것이다.

#perturbed 가벼운 걱정을 언급할 때
#perturbing 뭔가가 불안감을 야기할 때
#perturbedbythis 구체적인 어떤 것 때문에 심란하다고 말할 때
#perturbingthoughts 긴장을 야기하는 걱정거리를 논할 때

to perturb (someone) ⓒ 교란하다, 동요하게 하다

— It has always *perturbed me* that this character looks like the President. 이 캐릭터가 대통령을 닮아서 항상 심란했다. (페이스북의 게임 동호회 페이지에 올라온 글)

perturbation의 정서 범위는 어디까지일까? 뭔가가 약간 이상하다는 느낌에서부터 불쾌한 감각까지를 아우른다. 이 예문에

서는 전자의 의미로 쓰였다.

perturbed by ⓒ 심란한, 동요한

— Diplomats all over the world have likely been *perturbed by* these atrocities. 전 세계 외교관들이 그 참사에 크게 동요했을 것 같다. (국제 관계 기사)

perturbation에 반드시 원인이 필요한 것은 아니지만, 말을 하거나 글로 쓸 때 무언가에 '의해'(by) perturbed 되었다고 하는 것이 일반적이다.

not perturbed in the slightest ⓟ 전혀 동요하지 않은, 조금도 당황하지 않은

— I told him I wanted to break up and he was*n't perturbed in the slightest*! 그에게 그만 만나고 싶다고 얘기했는데, 하나도 안 놀라더라고! (친구와의 대화)

perturbation의 정반대 상태를 표현하고 싶으면 이 어구가 제격이다. 심란한 뭔가에도 불구하고 완벽에 가까운 평정 상태인 셈이니까 말이다. not the slightest bit concerned 또는 not concerned in the least처럼 유사한 구조로 같은 의미를 나타낼 수 있다.

ⓢ Worry 걱정 / Concern 관심, 우려 / Unease 불편, 불안

Ⓐ Ease 편안, 안락, 쉬움 / Comfort 편안, 위로 / Chill 느긋, 냉담

qualm

꺼림칙함,
의심, 거리낌

qualm은 거리낌이나 의구심으로 이어질 수 있는 생각이다. 무언가를 have a qualm한다는 것은 수상쩍어 하며 조심할 이유가 생긴다는 뜻이다. qualm은 통상 부정형으로 사용된다. 가령, 무언가를 하는 것에 대해 의구심이 전혀 없다(people have no qualms about doing something)고 말하는 식이다. 결국 거리낌이 조금도 없다는 말이다.

#qualmaboutthis 의구심을 가질 이유가 여럿 있다고 말할 때

#noqualms 무언가를 하지 못할 이유가 전혀 없다고 속편히 말할 때

#qualmsaboutskydiving 익스트림 스포츠 활동이 꺼림칙하다고 말할 때

#noqualmsaboutexams 시험이 전혀 걱정되지 않을 때

to have a qualm about (doing) (something) 꺼림칙하다, 내키지 않는다

— Laura *has qualms about parking* near my house so she's going to be a bit late. 로라는 우리 집 근처에 주차를 안 하려고 해. 그래서 좀 늦을 거야. (친구한테서 온 페이스북 메시지)

얼마나 많은 이유로 의구심을 갖느냐에 따라 qualm은 단수로 쓰이거나 복수로 쓰일 수도 있다. 사람들은 실질적으로 판단하지 않고, 미신을 믿거나 도덕적 판단을 따르는 경우도 많다.

to have no/without any qualms 전혀 미심쩍어 하지 않다, 의구심 따위가 없다, 거리낌이 전혀 없다

— This guy obviously *has no qualms* about getting naked in movies. 이 자식은 다 벗고 영화에 나오는 것에 거리낌이 없다는 게 분명하다. (로튼토마토에 올라온 관람평)

have no qualms는 '거리낌이 전혀 없다'는 뜻이다. 확신을 갖고 편안한 마음으로 일을 수행한다는 의미겠다. 도덕과 원칙을 지키려는 마음 때문에 qualm이라는 감정이 생기는 것이라서, 거리낌이 없는 사람(those with 'no qualms')을 무례하다고 보는 사람도 있을 수 있다.

Ⓢ Reservation 의구심, 거리낌 / Doubt 의심, 의혹 / Worry 근심, 걱정, 우려

Ⓐ Confidence 자신, 확신 / Obtuseness 무딤, 둔감함 / Brashness 성급, 경솔

scaredness

scared는 fear의 동의어로, 확연히 구분되는 두 가지 뜻이 있다. 하나는 눈 앞에 펼쳐진 공포를 느끼며 두려워하는 것이다. 다른 하나는 어떤 임박한 결과를 예측하며 더 포괄적으로 걱정하는 것이다. scared는 많은 용례가 있고, 콜로케이션도 많다.

#scary scary movies, scary situations 등 다양한 표현으로 쓰임

#scared 뭔가에 깜짝 놀랐을 때

#scaredycat 나약한 겁쟁이라고 놀리는 조롱(특히 아이들이 많이 쓴다)

#scarystory 으스스한 공포물이나 괴담을 두고 이르는 말

scared stiff/silly ⓒ 겁에 질려 몸이 굳은, 질겁한

— Why did I watch 'Death Becoming 3' before bed? Now I'm *scared stiff*! 자기 전에 내가 왜 Death Becoming 3을 본 거지? 지금 완전 질겁한 상태임! (겁에 질린 표정의 셀카를 스냅챗에 올리고 단 설명문)

stiff는 사람이 겁에 질려 몸이 굳고 마비되는 현상이다. stiff 대신 silly란 어휘를 쓸 수도 있다. 너무 무서워서 정신 기능을 상실하고 '맛이 가는' 것을 의미한다.

scare story Ⓟ 겁나는 이야기, 사태를 과장하는 언동, 괴담

— I've had enough of these radiation *scare stories*: we need to invest more in nuclear power. 방사능과 관련된 이런 과장된 얘기는 지긋지긋하다. 우리는 핵 발전에 더 많은 투자를 해야 한다. (개인 트윗)

scare story는 사람들을 겁줘서 뭔가를 **막는** 역할을 하는 이야기이다. 어처구니 없는 미신, 대중을 상대로 한 잘못된 정보, 정부의 정치 선전 등이 scare story이다. 여기에는 다양한 수준의 진실과 거짓이 포함돼 있다.

shit-scared Ⓟ 잔뜩 겁을 집어먹은

— Not gonna lie, I was *shit-scared* staring out of that plane window. 거짓말은 하지 않으렵니다. 솔직히 비행기에서 창밖을 내다보며 엄청 떨었어요. (스카이다이빙 체험 회사 리뷰)

shit-scared는 영국 사람들이 쓰는 저속한 속어로 매우 겁이 난다는 뜻이다. 자기도 모르게 '대변'(shit)을 볼 정도로 너무 겁을 먹었다는 뜻이다. 이 말은 대개 비유적으로 쓰이지만, 꼭 그런 것도 아니다.

to scare the hell out of (someone) Ⓘ ~을 무서워 죽을 지경으로 만들다, ~의 간담을 서늘하게 만들다

— Bwaaah! Darren! What are you doing here? You *scared the hell out of me*! 으아아악! 대런! 당신 여기서 뭐 하는 거야? 간 떨어질 뻔했잖아! (아내에게 장난을 치는 남편)

극도의 공포를 표현하는 어구로 이런 관용구도 있다. 지옥에서 온 악마나 그 외 사악한 것들조차 누군가의 몸을 떠나버릴 만큼

뭔가가 무섭고 두렵다는 뜻이다.

scared (half) to death ① 무서워서 죽을 지경인

— Oh, you poor little thing, you must be *scared half to death*! 오, 가엾은 것, 정말 무서운 모양이구나! (길을 잃고 오들오들 떠는 새끼 고양이를 달래는 노부인)

이것 역시 극단적 두려움을 나타내는 비유 표현이다. 트라우마의 느낌까지 날 지경이다. '반쯤' 죽었냐는 뜻을 나타내려고 가끔 half라는 어휘가 추가되기도 하는데, 사실상 의미는 같다.

scaredy-cat ① 순겁쟁이, 겁보

— C'mon, jump! What are you, a *scaredy-cat*? 자, 뛰어내리라고! 너 뭐야, 겁보야? (비행기에서 스카이 다이빙 직전에 겁먹은 친구에게 던진 말)

scaredy-cat은 두려워하는 사람을 지칭하는 아이들의 속어다. 굳이 대담하거나 위험한 일을 하지 않겠다는 사람을 못살게 굴 때 흔히 사용한다. 누군가가 한심한 이유로 두려워한다는 것을 암시하는 표현이다. 누군가를 chicken(새가슴)이라고 조롱하는 것과 비슷하다.

Ⓢ Fear 공포, 두려움 / Fright 놀람, 두려움 / Terror 두려움, 공포심

Ⓐ Calmness 고요, 평온, 냉정, 침착 / Indifference 무관심, 무심 / Assurance 확언, 장담, 자신감

shyness

shyness는 가벼운 두려움의 일종으로, 사회적 교류 상황(social situations)을 거부하는 형태로 드러난다. 따라서 위험한 절벽을 오르는 일에 대해서는 timid(용기가 없는)할 수는 있겠지만 shy할 수는 없는 것이다. 전반적으로 자신감이 부족하고, 타인을 피하는 성향을 묘사할 때 shy가 쓰인다.

#shy 남과 어울리지 않고 혼자 지내기를 좋아하는 사람을 일컬을 때
#reallyshy 흔한 강의어 really가 추가된 경우
#shygirl 사회적 교류를 내켜하지 않는 사람을 일컬을 때
#shyawayfromreality 중요한 뭔가와 마주하려 하지 않을 때

painfully shy ⓒ 지나치게 수줍어하는

— My last boyfriend was *painfully shy*. 지난 번 남자 친구는 수줍음이 너무 많아서 힘들었죠. (데이트 앱에 올라온 메시지)

painfully shy는 사회적 교류가 어색해서 불편해 한다는 의미다. 여기서 비롯하는 움츠러드는 느낌이 painful하게 여겨지는 것이다.

to shy away (from) ⓒ 피하다, 기피하다, 꺼리다

— Since the lockdown, I've been *shying away from* public places and unnecessary human contact. 락다운 이후로 저는 공공 장소와 불필요한 인간 접촉을 피하고 있어요. (페이스북 게시글)

이 표현은 avoid(~을 피하다)라는 뜻이다. 약간의 동요와 불안을 야기하기 때문에, 특정한 상황을 회피하기로 선택하는 것을 말한다.

don't be shy ⓟ 수줍어하지 마, 부끄러워하지 마

— *Don't be shy*: head down to our store on 32nd Street for top quality customer service! 망설이지 마세요. 32번가의 저희 가게에서 최고 품질의 고객 서비스를 누리실 수 있습니다. (광고판에 게시된 광고 문구)

자신감을 가지라고 격려할 때 흔히 쓰이는 문구다. 좀 더 외향적인 태도로 행동에 나서거나, 여태까지 숨기고 있었을 수도 있는 무언가를 드러내 보이라고 응원하는 말이다. 공개하지 않았던 탁월한 가창 능력 같은 것을 떠올릴 수 있겠다.

Ⓢ Timidity 소심, 비겁 / Faintheartedness 심약 / Introversion 내향, 내성

Ⓐ Extroversion 외향성 / Confidence 자신, 확신 / Charisma 카리스마, 지도력, 권능

suspicion

의혹, 의심,
불신, 혐의

suspicion은 어떤 상황에 대한 작은 믿음[생각]이 시간이 지남에 따라 점점 늘어가는 것이다. 통상 이러한 suspicion은 불완전한 증거에 기반을 두며, 부정적인 것을 가리킬 때가 대부분이다. 뭔가 안 좋은 일이 일어나고 있는데 사람들이 깨닫지 못한다거나, 뭔가 속상한 일이 사실이라고 생각해 보라. 물론 늘 부정적인 경우에만 쓰는 건 아니다. 가령, 친구들이 깜짝 생일 파티를 몰래 준비 중인 것을 두고 suspicious하다고 생각할 수도 있기 때문이다.

#suspicious 어떤 대상이 빤히 보이는 형태와 다를지도 모른다고 생각할 때

#abitsuspicious 약간 뜻밖이라고 말할 때

#constantsuspicion 꼭 그런 것도 아닌데, 은폐된 것들을 있다고 믿고 항상 찾아다니는 사람

#hmmmsuspicious 장난식으로, 의심스러움을 나타내는 의성어 '흠'을 suspicious 앞에 붙여 수수께끼의 단서를 찾고 있음을 나타낸다

suspicious glance ⓒ 의심의 눈초리, 의혹의 시선

— She gave him a *suspicious glance* as he held his cards under the table. 남자가 테이블 아래로 카드를 숨기자, 그녀는 그에게 의혹의 시선을 던졌다. (현대 소설)

뭔가가 거짓이거나 원래 상태가 아니라고 느낄 때, 사람들이 던지는 시선에 관한 얘기다.

sneaking suspicion ⓒ 남몰래 지니고 있는 의심

— I have a *sneaking suspicion* that we're going to lose this one. 이번 판은 우리가 질 것 같다는 생각이 자꾸 들어. (온라인 게임 중의 대화)

suspicion이 작고 근거도 없지만, 그럼에도 불구하고 미치는 영향이 상당할 때 이 suspicion을 sneaking(남몰래 품고 있는, 은밀한)하다고 할 수 있다. 불길하고 불행한 일이 일어날 것 같다는 얘기인 셈이다.

to confirm (someone's) suspicions ⓒ 의혹을 확인하다, 혐의를 확정하다

— A month ago I saw her leaving his car and it *confirmed my suspicions* that he was cheating on me. 한 달 전에 그 여자가 그 이 차에서 나오는 걸 봤습니다. 남편이 바람을 피우고 있다는 의혹이 확인되는 순간이었죠. (관계 회복을 위한 조언을 제공하는 포럼에서)

의혹을 품었는데 사실로 드러나면 confirmed되었다고 할 수 있다. 그렇게 되면 흔히 정당성이나 승리감이 따라온다.

under a cloud of suspicion ⓟ 의심을 받고 있는, 의혹을 사고 있는

— We've all been *under a cloud of suspicion* since somebody stole Mike's secret stash of hotdog sausages. 마이크가 숨겨둔 핫도그 소시지들이 사라졌고, 우리들이 몽땅 의심을 받고 있는 중이야. (사무실에서 배우자와 채팅을 하는 직원)

의심 또는 의혹이 불특정하게 겨냥되는 상황을 가리킨다. 혐의를 받는 대상을 아무도 모르기 때문에, 이는 마치 구름 속을 보는 것과 같다. 결국 특정하고 싶은 대상이 모호하다는 얘기이다.

the finger of suspicion (points to) ⓟ 의혹의 손길이 ~로 향하다

— I know that Dave eats a lot of hotdogs – I think *the finger of suspicion points to* him. 데이브가 핫도그를 많이 먹잖아요. 아무래도 그 사람이 의심스러워요. (동료 사이의 대화)

누군가가 뭔가를 했다는 의심을 받으며 작게나마 증거가 그렇다고 말해줄 때, 그 사람에게 '손가락이' 겨눠진다고 은유적으로 표현한다.

Ⓢ Doubt 의심, 의혹 / Mistrust 불신 / Worry 걱정, 우려

Ⓐ Certainty 확신, 확실 / Assurance 확언, 장담, 자신감 / Ignorance 무지, 무식, 외면

tension

긴장, 갈등,
불안, 흥분

tension에는 상호 연관된 의미가 여럿 있다. '장력'(tautness)
이라는 과학 개념 말고도, tension은 일시적으로 중단된 불만
의 감정이나 두 당사자 사이의 꾸준한 의견 불일치를 가리킨다.
두 가지 의미 모두 우유부단함이라는 측면을 일부 포함한다.

#tense tension의 형용사형으로, 영화의 무서운 부분을 언급할 때 흔히
사용됨

#mountingtension 부담이나 안 좋은 기운이 점점 커지는 상황을 두
고 이르는 말

#tensegameplay 게임을 하는 게 큰 스트레스로 다가올 때

#serioustension high tension과 같은 말

high tension(s) Ⓒ 고도의 긴장, 대단한 긴장 상태
— I've never seen such *high tensions*... 이렇게 긴장감 넘치
는 토론은 처음입니다 .... (치열한 논쟁이 벌어지는 유튜브 동영상에 달린
댓글)

tension은 height, 다시 말해 '높고 낮음의 정도'를 기준으로 언급
되는 경우가 흔하다. high tension이라고 하면, tension의 수준

이 엄청나서 사람들이 흥분하며 안절부절못하는 상황을 말한다.

rising/mounting tension(s) ⓒ 고조되는 긴장감

— We've been in the same room for two weeks now and *tensions are rising*. 현재까지 무려 2주째 우리가 한 방에서 지냈고, 갈등이 고조되고 있어. (친구로부터의 메시지)

tension이 '높은'(high) 수준에 자리하게 되는 과정은 rising이나 mounting 같은 현재분사 수식어로 나타낼 수 있는데, 강화된다는 뜻이다.

to defuse tension(s) ⓒ 긴장을 완화하다

— John should sit in on the discussions: he's good at *defusing tensions*. 이 논의에는 존이 와야 해요. 긴장된 상황도 덕분에 느긋해지니까요. (직장 동료에게 사적으로 보낸 이메일)

defuse는 폭탄의 스위치를 제거하는 것을 뜻한다. 긴장의 수준이 감소해서 모두가 다시금 안심하게 되는 상황을 말하는 표현이다.

sexual tension ⓒ 성적 긴장(감)

— The *sexual tension* in the bathroom scene is off the charts. 욕실 장면의 성적 긴장감은 그 수위가 엄청나다. (로튼토마토에 올라온 관객 평가)

sexual tension은 무언의 성적 매력이자, 그로 인해 야기되는 사람들 사이의 긴장감을 얘기한다. 이 예문에서도 확인되듯, off the charts라는 관용구로 tension의 높낮이 개념이 언급되고 있다. off the charts는 very high(매우 높다)라는 뜻이다.

release of tension (P) 긴장감 해소, 긴장의 방출

— I find hiking a great *release of tension*. 하이킹을 하면
긴장감을 해소할 수 있어서 좋습니다. (페이스북의 웰빙 페이지에 올라온 글)

긴장감을 해소해 주는 것들을 가리키는 표현이다. 어떤 구체적
인 행위일 수도 있고, 그냥 단순히 사람들의 예상과 기대를 끝
내기 위해 해야 할 말을 하는 것일 수도 있다.

tension in the air (P) 긴장된 분위기

— Whenever I meet with my parents there's always
tension in the air. 부모님을 만날 때면 항상 분위기가 긴장돼죠. (친
구와의 대화)

tension은 잠재 의식적으로 느껴지는 경우가 많고, 그래서 '기
운이 감돈다'(in the air)고 묘사되기도 한다. 간단히 말해, 몸짓
과 행동의 미묘한 뉘앙스를 간파해 주변 사람들이 긴장하고 있
음을 감지한다는 뜻이다.

(S) Apprehension 우려, 불안 / Anxiety 불안, 염려 / Foreboding 불길한
예감

(A) Relaxation 풀림, 경감, 완화 / Calmness 고요, 평온, 냉정, 침착 / Con-
tentment 만족, 자족

terror

horror와 마찬가지로, terror도 극심한 공포를 뜻한다. 하지만 horror에는 disgust(역겨움과 혐오)의 뜻이 담기지만, terror는 전적으로 두려움 그 자체를 뜻한다는 것이 차이점이다. 가장 극단적인 형태의 공포 반응으로, 생명의 위협처럼 극도로 무서운 것에 온몸이 마비되는 듯한 공포를 느끼는 것이다.

#terrifying 뭔가 엄청 무서울 때

#sheerterror 강조 표현

#terrifyingstory 정말로 무서운 이야기

#terrfiedoffrogs 개구리 공포증이 있는 사람에게 쓸 수 있다

sheer/pure terror ⓒ 극심한 공포

— The *sheer terror* on that poor cat's face! 가여운 고양이, 저렇게 공포스런 표정을 짓고 있다니! (겁에 질린 고양이 동영상에 달린 댓글)

여기서의 sheer는 흔히 쓰이는 강조 용어이다. pure나 absolute를 대신 써서 비슷한 최상급 효과를 낼 수 있다.

to flee in terror Ⓒ 깜짝 놀라서 달아나다, 공포 속에서 도망치다

— Citizens can be seen here on video *fleeing in terror* from the gunshots. 이 비디오를 보면 시민들이 총격에 놀라 달아나는 현장 상황이 나옵니다. (시사 보도)

이 콜로케이션은 말 그대로이다. 부사구 in terror는 having been terrified 또는 experiencing terror라고 달리 표현할 수도 있다.

night/sleep terrors Ⓒ 야간 공포(야경증)

— Suffering from really bad *night terrors* at the moment. 요즘 정말로 끔찍한 야경증을 겪고 있습니다. (야경증 정보를 교환하는 레딧의 하위 포럼에 올라온 글)

night terrors 또는 sleep terrors는 악몽과 비슷하지만, 집요하게 계속되어 수면에 지장을 준다. 반응소실증의 한 형태이자 질병이다.

reign of terror Ⓟ 테러 지배, 공포 정치

— The king's *reign of terror* has ended! We hereby usher in a new era of peace and prosperity! 왕의 공포 지배가 끝났고, 이로써 평화와 번영의 새 시대가 시작되었다! (중세 배경의 판타지 소설)

reign of terror는 지배자가 신민에게 지나친 무력을 행사하며 공포를 조성하는 통치 시기를 말한다. 역사상의 폭군을 기술하는 데에 흔히 이 어구가 쓰인다. 물론 우리 시대에도 세계를 둘러보면, 통치 특성을 이렇게 규정할 수 있는 인물이 몇 있다.

to strike terror into the heart (of someone) Ⓟ 간담을 서늘하게 하다, 공포심을 불어넣다

— This ancient predator *struck terror into the hearts of our ancestors*. 이 고대의 포식자가 우리 조상들의 간담을 서늘하게 했다. (고생물학 기사)

이 어구는 striking motion, 다시 말해 신속한 '타격' 동작처럼 terror(공포)가 가해진다는 얘기다. heart(심장) 역시 두려움이 깊이 자리한다는 의미다. courage(용기)는 흔히 '심장'과 연관되기 때문에, 만약 심장에 두려움이 닥친다면 누군가의 용기도 완전히 사라졌다고 할 수 있다.

Ⓢ Horror 공포, 경악 / Fear 두려움, 무서움 / Fright 놀람, 두려움

Ⓐ Bravery 용감 / Contentment 만족, 자족 / Harmony 조화, 화합

the creeps

오싹, 섬뜩, 소름,
두려움, 싫음

격식에 얽매이지 않는 이 허물없는 표현은 뭔가가 무섭다는 뜻
이다. creeping, creepy, the creeps라는 어휘들은 모두 은밀하
게 으스스하다는 함의를 지니며 가벼운 불안과 걱정을 나타낸
다. 정확히 같은 의미의 the willies 또는 the heebie-jeebies라
는 표현으로 바꿔 쓸 수 있다.

#givingmethecreeps 가장 흔한 용법이다

#creepy 뭔가가 무서울 때

#creepingmeout 뭔가로 인해 깜짝 놀라서 불편하고 거북할 때

#creep 사람들을 놀래키는 소름끼치는 인간을 가리킬 때

to give (someone) the creeps Ⓟ 오싹하게 하다, 소름끼치도
록 만들다

— That guy *gives me the creeps*! 이 사람은 보면 소름이 끼친
다! (유튜브 동영상 댓글)

동사 give의 역할은 두려움을 야기하는 대상이나 개념을 보여
주는 것이다. 오싹한 감정이 여러 원인을 가지는 것은 아니기
때문에 복수인 creeps로 쓰는 것이 좀 이상하기는 하다.

to get the creeps (P) 불안하다, 오싹하다, 두렵다

— Does anyone else *get the creeps* from walking in empty shopping malls? 텅 빈 쇼핑몰을 걸으면 소름 끼치는 이런 오싹한 경험 해보신 분 또 없나요? (텅 비어서 으스스한 쇼핑몰 사진을 스냅챗에 올리고 적은 글)

get the creeps는 뭔가가 두렵다는 뜻이다. the creeps라는 표현을 이렇게 달리 쓸 수 있다.

to be creeped out (P) 불안하고 무섭다

— The way he is sleeping, it's kind of *creeping me out*. 이 녀석이 자는 모습을 보고 있자니 좀 불안하고 무섭군요. (이상한 얼굴 표정을 하고서 자는 개 사진을 올리고서 적어놓은 인스타그램 설명문)

놀랍고 두려운 상황에서 creep이 사용되는 또 다른 흔한 표현이 바로 이 구동사다. 거의 같은 의미를 갖는 the creeps를 대신하는 셈이다. '매우 불안하다'(disturbed)거나, 무언가가 '이상하고 기묘하다'(odd and weird)고 생각할 때 이 표현을 많이 쓴다.

(S) The Heebie-Jeebies 안절부절, 초조, 불안 / The Willies 겁, 두려움, 소름 / Nervousness 긴장, 초조

(A) Boldness 대담, 배짱 / Confidence 자신, 확신 / Courage 용기

the jitters

the jitters는 다른 말로 the shakes 또는 the shivers라고도 하며, 사람이 아주 긴장해서 떠는 걸 얘기한다. jitter란 말 자체가 아주 빠르게 몸을 떤다는 의미이다. 불안해서 몸을 떠는 것과 자연스럽게 연결되는 이유이다. 동사로 써서, 떨림 내지 진동이 통제가 안 되는 상황을 묘사할 수도 있다.

#caseofthejitters 겁에 질려 있을 때

#jitter 불안한 떨림을 묘사하는 짧고 분명한 해시태그

#cantstopjittering jitter를 동사로 써서, 불안한 떨림을 묘사하거나 미친 듯이 추는 춤을 가리키기도 한다

#thisplacegivesmethejitters 으스스한 건물 사진을 두고서 할 수 있는 말

to give (someone) the jitters ⓒ 초조하게 만들다, 겁을 주다

— Does coffee *give anyone else the jitters*? 저처럼 커피를 마시면 초조해지는 사람 또 없나요? (직장 동료와의 대화)

the jitters는 대개 누군가 또는 무언가가 '주는'(give) 것이다.

(bad) case of the jitters Ⓟ 초조한 증상, (심한) 불안증

— Before I go on stage, I often get a *bad case of the jitters*. 무대에 오르기 전에 심하게 초조해할 때가 많아요. (팝 아트 작가와의 인터뷰)

the jitters가 질병으로 언급되기도 한다. 어떤 구체적 압박 상황에서 사람들이 겪는 병증이나 질환 같다고 얘기하는 셈이다.

jitterbug Ⓟ 신경질적인 사람

— Oh, there's no need to be a *jitterbug*, it'll be fun!! 불안해 하지 마, 재미있을 거야! (뭔가를 과감히 시도해 보라며 친구가 건넨 말)

jitterbug는 쉽게 불안해 하는 사람을 지칭하는 격의 없는 말이다. 1940년대와 1950년대에 미국에서 유행한 빠른 춤의 명칭이기도 하다. 요즘 기준으로 보면, 두 용법 모두 다소 구식이지만, 당시의 독특한 스타일을 회고할 때 종종 등장한다.

Ⓢ The Heebie-Jeebies 불안, 초조 / Anxiety 불안, 염려, 걱정 / Nervousness 긴장, 초조

Ⓐ Stillness 고요, 정적 / Relaxation 완화, 휴식 / Calmness 고요, 평온, 냉정, 침착

timidity

겁, 소심, 용기 없음,
자신감 결여, 우유부단

누군가가 timid하다면 자신감이 부족하거나 없는 것이다. 자신이 timid하다고 해서 두려워할 필요는 없지만, 소심한 사람들은 사회적 상호 작용 같은 인생의 사소한 것들을 두려워한다고 생각하는 문화가 있다. 대담하고 자신감 넘치는 사람은 두려움이 없고 내키는 대로 한다. 반면 timidity는 의심하며 미묘하게 꺼리는 감정 상태라고 할 수 있다.

#timid 수줍음과 내향성에 관한 게시글
#timidlooking 뭔가가 약간 겁을 집어먹은 표정일 때
#timidpuppy 귀여운데 부끄럼을 타는 개를 언급할 때
#timidallofthetime 사회적 교류가 매우 어렵다고 말할 때

timid voice ⓒ 자신감 없는 목소리, 소심한 사람
— This guy has such a *timid voice* for someone who is three times world champion. 이 사람은 세계 챔피언을 세 번이나 한 사람치고는 목소리에 너무 자신감이 없다. (유튜브 댓글)
이 예문을 보면 기대가 있음을 알 수 있다. 어떤 사람이 승리를 거두고서 포상과 칭찬을 받았을 테니 자신감이 넘치리라는 기

대 말이다. 그래서 수줍어하는 목소리를 듣고 혼란스러워하는 것이다.

timid knock ⓒ 머뭇거리는 노크

— He gave the door a *timid knock* and heard no reply from the other side of the door. 그가 망설이면서 문을 두드렸지만, 문 너머 반대쪽에서는 어떠한 기척도 들리지 않았다. (현대 소설)

위협적으로 느껴지는 사람과 만나기 전에 조용하고 자신감 없이 문을 두드리는 경우가 많을 것이다. 이런 정황을 timid knock으로 묘사할 수 있다.

timid creature ⓒ 소심한 존재, 겁이 많은 동물

— The polar bear is a *timid creature*, but it can be incredibly ferocious when provoked. 북극곰은 수줍음이 많은 동물이다. 하지만 자극을 받으면 믿을 수 없을 정도로 사나워진다. (야생동물 정보 웹사이트)

인간을 회피하는 동물의 경우 timid란 형용사를 써서 묘사하기도 한다. 비유적으로 사람을 묘사하는 데도 이 콜로케이션이 가끔 사용된다. "She was a timid creature, never leaving the house."(그 여자는 집밖을 나간 적이 없을 만큼 굉장히 겁이 많은 사람이었다)

Ⓢ Shyness 수줍음 / Faintheartedness 심약 / Introversion 내향성

Ⓐ Boldness 대담, 배짱 / Confidence 자신, 확신 / Extroversion 외향성

uncertainty

불확실, 반신반의,
불안정, 불확정

uncertainty는 뭔가를 온전히, 또는 충분히 알지 못한다는 느낌이다. '잘 모르는'(uncertain) 사람은 주저하고, 어떤 상황에 대해 한 번 더 생각하거나, 무언가를 실행하거나 믿기를 꺼려 할 수도 있다. uncertainty는 재무 예측은 물론이고 양자 역학까지 영어의 거의 모든 분야에서 온갖 용도로 쓰인다. 하지만 uncertainty에는 모르는 무언가를 하는 게 약간 두렵다는 감정적 함의가 있음을 잊지 말자.

#uncertain 뭔가가 사실일 수도, 아닐 수도 있을 때
#fullofuncertainty 엄청난 불확실성을 표현할 때
#uncertainfuture 미래 예측이 아주 힘겹다고 말할 때
#inanuncertainworld 이 세상이 떠들썩한 격동의 무대라고 말할 때

to face uncertainty ⓒ 불확실성에 맞서다
— *Facing uncertainty* in your career? Sign up to our job site for weekly openings and career development tips. 커리어 개발에서 불확실성에 직면하지는 않았는지요? 당사의 구직 사이트에 회원 등록을 하시고, 매주 채용 정보와 경력 개발 조언을 얻으세요.

face uncertainty는 불확실한 상황에 휘말린다는 뜻이다. 동사 face를 통해, 어떤 선택을 해야 하는 상황을 앞두고 있는데 무엇을 해야 할지 확신하지 못한다는 것을 나타낸다.

degree of uncertainty ⓒ 불확실성의 정도

— Well, we know roughly how much dark matter there is in the universe, but there is a *degree of uncertainty* regarding its function. 우주에 암흑 물질이 얼마나 있는지 확실히 알지는 못하지만 그것의 기능에 대해서는 어느 정도의 불확실성이 있습니다. (천체 물리학자 인터뷰)

대상이나 개념을 어느 정도는 아는데 알아내야 할 게 여전히 더 많다는 뜻이다. 관련해서, high degree of uncertainty라는 표현도 있는데, 여전히 알려지지 않은 것이 많다는 뜻이다. 이 표현은 high degree로만 쓰이고 low degree로는 잘 쓰이지 않는다는 점을 기억하자.

period of uncertainty ⓒ 불확실성의 시기

— The nation faces a *period of uncertainty* while the two candidates battle it out. 두 후보가 숙명의 대결을 펼치는 동안 이 나라는 불확실성의 시대로 접어들었다. (선거 보도)

period of uncertainty는 명확한 개념이라서, 정치나 금융 맥락뿐만 아니라 관계에서도 쓸 수 있다. 후자의 예를 들어보면, 두 사람이 '정식으로' 데이트 중인지 확신하지 못하는 시기 같은 것이다.

great deal of uncertainty ⓟ 엄청난 불확실성

— Amidst a saturated job market, young people face a *great deal of uncertainty*. 구직 시장이 포화 상태라서 젊은이들이 직면한 불확실성이 엄청나다. (경제 기사)

이 숙어는 뭔가가 매우 불확실하다는 표현이다. 이 표현을 사용하면서 뭐가 불확실한지 설명하려면 맥락과 전후 사정을 추가로 제공해야 한다.

Ⓢ Doubt 의혹, 의심 / Suspicion 혐의, 의혹, 불신 / Reservation 의구심, 거리낌

Ⓐ Confidence 자신, 확신 / Certainty 확신, 확실 / Conviction 신념, 확신

unease

불안, 우려, 근심,
거북, 걱정, 불쾌

ease가 어려움과 힘겨움이 없는 상태라면, unease는 힘겨운 상황에 직면하여 자신감을 잃고 겁을 내는 것이다. 형용사형으로 uneasy하게 느낀다면, 뭔가가 올바르거나 적절하지 않고, 별개로 상황이 과중하다고 느끼는 것이다.

#uneasy 불편한 느낌을 얘기할 때

#growingunease 긴장이 고조된다고 말할 때

#littlebituneasy 의혹이나 두려움을 약간 느낄 때

#uneasylife easy life란 숙어를 비틀어서, 사는 게 근심 걱정으로 가득하다고 말할 때

slight unease ⓒ 약간의 불편, 조금의 불안

— There was a *slight unease* between them at first, as though they were cautious rivals sussing each other out. 처음에 둘의 관계는 약간 불편했다. 신중하게 탐색전을 벌이는 라이벌 같았다고나 할까. (연애 소설)

unease가 미묘한 정서이기 때문에, 약간의 불편한 감정을 서술하려면 slight란 말을 써야 한다. '형용사+명사' 구조인 slight unease를 변형해 '부사+형용사' 구조의 slightly uneasy를 쓰면 비슷한 효과를 낼 수 있다.

growing unease ⓒ 커지는 불안감

— For weeks now, there has been *growing unease* as militant forces move through the province. 군대가 그 지방을 통과하면서 벌써 몇 주째 불안감이 커지고 있다. (외교 갈등 보도)

국민의 전체적인 분위기를 언급할 때 흔히 이 말을 쓴다. 불만 감이 커지고 있다는 얘기다.

sense of unease ⓒ 불안감, 거북, 불쾌

— Does anyone else get a *sense of unease* from this? 여기서 불쾌감을 느끼는 사람 나 말고 또 없나요? (약간 어색한 인터뷰 동영 상에 달린 댓글)

unease는 분명한 원인이나 이유 없이 대개 직관적으로 느껴지기 때문에 '감각'(sense)의 관점에서 이해해야 한다. 어떤 상황과 관련해서 개인이나 집단이 확실하지 않은 뭔가가 옳지 않다고 느낄 때는 형용사 general(일반적인)을 앞에 붙여 general sense of unease라고 말하는 경우도 흔하다.

Ⓢ Anxiety 근심, 걱정, 불안, 우려 / Unsettledness 불안, 불확실 / Disqui-et 불안, 동요

Ⓐ Tranquility 평온, 고요 / Peace 평화 / Ease 쉬움, 편안, 안락

worry

근심, 걱정,
우려, 불안

worry는 흔한 정서로, 뭔가 안 좋은 일이 일어날지도 모른다는 '약한'(mild) 걱정에서부터 '중간 정도'(moderate)의 걱정까지 용법이 정말 많다. 예를 들어, 심하지 않은 일상적인 worry는 휴가를 가면서 기르는 식물이 죽을지도 모른다고 걱정하는 것이고, 좀 더 심각한 worry는 실직을 두려워하는 것이다. 이렇 듯 worry는 지칭하는 범위가 꽤 넓은 용어라서, 좀 더 미묘한 뉘앙스를 주고 싶다면 anxiety, unease, anticipation, apprehension과 같은 fear 계열의 어휘를 써야 한다.

#worried 뭔가 안 좋은 일을 예상하고 있다며 불특정하게 말할 때
#veryworried 심각하게 걱정할 때
#worriedaboutyou 누군가가 도움이 필요하다고 생각할 때
#worryaboutyourownproblems 남이 자신을 방해하고 괴롭히는 걸 중단했으면 한다는 의중을 전달할 때

constant/nagging worry ⓒ 끊임없는 걱정거리

— Airstrikes are a *constant worry*: we live in fear of our lives. 공습 때문에 걱정이 끊이질 않아요. 생명의 위협을 느끼며 살

477

고 있습니다. (전쟁 구역에서 살고 있는 민간인들과의 인터뷰)

걱정의 원인이 사라지지 않으면 constant worry 또는 nagging worry라고 말할 수 있겠다. nagging의 함의는 좀 덜 심각한 편이다. 가령, 가정사나 생활 방식상의 문제들이 암시되는 정도이다. 하지만 위 예문에서처럼, constant worry는 좀 더 심각하고 진지한 걱정을 말한다.

frantic with worry ⓒ 걱정으로 제정신이 아닌, 미친 듯이 걱정하는

— My little darling Whiskers! Oh, you had me *frantic with worry*! 우리 예쁜 '수염이'! 너 때문에 내가 얼마나 걱정했는지 아니? (실종됐던 고양이를 되찾고서 노부인이 내뱉은 말)

사람은 worry로 인해 제정신이 아닌 상태로 극심한 공포 행동을 보이기도 한다. frantic with worry는 너무 걱정한 나머지 스트레스로 흥분해 동요하는 것이다.

to forget (one's) worries ⓒ 번민을 잊다, 걱정거리를 뒤로 하다

— Here is an audio meditation to help you *forget your worries* and de-stress. 각자의 번민을 잊고 중압감에서 벗어나도록 도와주는 오디오 명상입니다. (유튜브에 올라온 명상 동영상 설명문)

마음 챙김 수행의 상당 부분이 충동적으로 걱정하는 것을 막고자 하는데, '긴장을 풀고'(chilling out) '진정한다'(calming down)는 표현에 흔히 이 콜로케이션을 사용한다.

the least of (one's) worries ⓟ 가장 하찮은 걱정거리

— When lighting a fire is *the least of your worries* 불

피우는 건 걱정거리도 아니다 (곰의 공격을 받기 일보직전인 사람 밈(meme)에 달린 설명문)

처음의 걱정거리가 아니라, 걱정해야 할 다른 문제가 목전에 있어서 그 문제를 걱정해야 한다는 뜻이다. 이는 우선순위를 잘못 설정했다는 의미일 수도 있고, 어떤 역경이 다른 역경으로 대체될 거라는 뜻일 수도 있다.

to worry to death ⓘ 걱정이 돼서 죽을 지경이다

— I'm *worried to death* about mom. 엄마가 너무 걱정돼서 죽겠어. (아픈 어머니를 두고서 형제들끼리 나누는 대화)

이 강조 표현은 걱정이 시종일관 뇌리를 떠나지 않을 정도로 매우 걱정한다는 의미이다.

worried sick ⓘ 몹시 걱정하는

— Where have you been? I was *worried sick*! 대체 어디 갔었던 거니? 엄마가 얼마나 걱정했는 줄 알아? (늦게 귀가한 아이를 꾸짖는 어머니)

양육을 하는 부모가 이 관용구를 흔히 사용하는데, 뜻은 worried to death와 비슷하다. sick을 통해 병이 날 정도로 걱정을 한다는 의미임을 알 수 있다.

Ⓢ Anxiety 근심, 걱정, 불안, 우려 / Concern 관심, 우려 / Fear 공포, 두려움

Ⓐ Confidence 자신, 확신, 신뢰 / Assurance 확언, 장담, 자신감 / Self-belief 자기 신뢰

Disgust

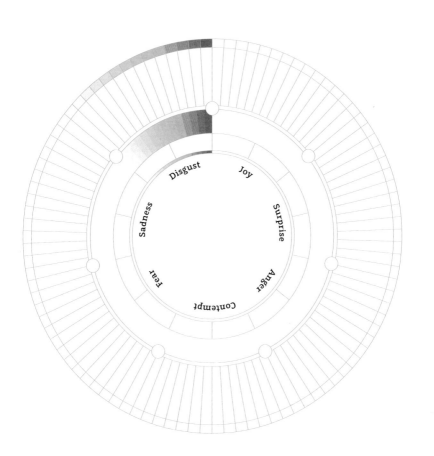

abhorrence

혐오, 증오, 질색

강렬한 '역겨움'(disgust)인 abhorrence는 동의어인 repulsion 이나 repugnance보다 조금 더 강렬하다. abhorrence에서는 역겨운 감정을 즉각적으로 느낄 수 있다. 형용사형 abhorrent는 "This behavior is abhorrent."(이 행동은 혐오스럽다)처럼 단순한 구조의 문장에서 단독 형용사로 사용된다.

#abhorrent 도덕적으로뿐만 아니라 육체적으로도 역겨운 것을 가리킬 때
#utterlyabhorrent 더욱 역겨운 것을 가리킬 때
#abhorrentbehavior 악성이고, 어쩌면 범죄일 수도 있는 행동
#appallingandabhorrent 뜻이 비슷한 단어를 연달아 두 개 나열해 의미를 강조하고 있다

utterly/totally abhorrent ⓒ 매우 역겨운, 정말 싫은
— I would like to condemn these *utterly abhorrent* attacks. 정말이지 역겨운 이 공격 행위를 비난하지 않을 수 없습니다. (폭력 범죄가 자행되자 올라온 정치인의 트윗)
utterly abhorrent는 한 사회 안에서 사람들이 나쁘다고 여기는 것의 극단을 가리킨다. 범죄 행위를 비난하는 데 이보다 더

강력한 어구는 없다고 해도 과언이 아니다. 따라서 테러, 범죄, 편견에 사로잡혀 이루어지는 학대 등을 대중이 비난하고 나설 때 이 어구를 사용한다.

abhorrent action/deed/behavior ⓒ 혐오스럽고 불쾌한 행위

— We want to bring to public attention the *abhorrent actions* of our employers who have restricted our rights in this way. 고용주들이 이런 식으로 우리의 권리를 제약해 왔고, 이 혐오스러운 행위에 많은 분들이 관심을 가져주시기를 희망합니다. (노동 조합이 발표한 성명)

abhorrent는 시민 사회의 기준에서 심하게 탈선했음을 암시한다. abhorrent action에 당연히 범죄 행위도 들어갈 수 있지만, 비도덕적 권력 남용이나 착취 관행으로까지 그 함의가 확대되기도 한다.

Ⓢ Revulsion 혐오감, 역겨움 / Repugnance 반감, 혐오 / Abjection 비참, 비굴

Ⓐ Endorsement 지지, 보증 / Appreciation 감탄, 감사 / Enthusiasm 열의, 열광

| # antipathy | 반감, 적대

antipathy는 무언가를 싫어하는 누군가의 태도가 견고하다는 뜻이다. 이런 태도는 지적 차원에서 확립되었을 수도 있고, 자연스럽게 생겨난 것일 수도 있다. 어느 쪽이든, antipathy는 여러 가지 심각한 이유로 뭔가를 강하게 회피하려는 성향이다. antipathy가 vile이나 revolting 같은 단어들보다 더 격식적이긴 해도, 여전히 다양한 맥락에서 사용된다.

#feelingofantipathy 혐오감을 강하게 느낄 때

#naturalantipathy 뭔가에 대한 선천적인 반감

#antipathytowardsmeat 육식 반대 원칙을 표명할 때

#vegetableantipathy 채식을 싫어하는 사람을 일컬을 때

antipathy towards ⓒ ~에 대한 반감, ~에 대한 혐오

— Sadly, *antipathy towards* this belief system has been normalized. 이 신념 체계에 대한 반감이 널리 퍼졌다는 사실은 슬픈 일이다. (문화 기사)

antipathy 뒤에 흔히 쓰는 전치사가 towards이고, 사실 이것이 towards가 사용되는 가장 보편적인 방식이다. 전치가 towards

를 통해 반감의 방향을 알 수 있기 때문이다. 사실 이 과정은 '이탈'(away) 행위라서, 논리적으로는 towards가 아니라 from 을 써야 맞다. 하지만 영어라는 언어가 가끔 이렇게 성가실 때 가 있다.

natural antipathy ⓒ 선친적인 반감

— Some kids have a *natural antipathy* to books: try giving them tactile stuff to learn with instead. 일부 아이들은 책에 대해 선천적으로 반감을 보입니다. 그렇다면 대신 촉각을 자극하는 물건들을 가지고 놀면서 익히도록 해보세요. (육아 관련 인플루언서의 게시글)

사람이 뭔가를 선천적으로 싫어하면, 이를 두고서 natural antipathy라고 한다. 동물이나 시끄러운 소음에 대한 두려움 내지 공포증 같은 것에도 이 말을 쓸 수 있다.

mutual antipathy ⓒ 상호간의 반감

— These two teams have a *mutual antipathy*: tonight is going to be interesting! 이 두 팀은 서로에 대한 반감이 치열하죠. 오늘 밤이 아주 흥미롭겠습니다. (스포츠 이벤트의 장내 방송)

antipathy는 pathetic이란 단어와 관계가 있다. 공통 어근 path 는 '고통' 내지 '감정'을 뜻하는 그리스어 pathos에서 유래했다. 앞에 붙은 접두사 anti는 '반대' 또는 '대항'을 의미한다. 따라서 antipathy는 반대 입장에 대한 부정적인 감정을 의미한다. 서로를 적대하는 두 사람 모두가 이런 감정을 느낄 때 mutual antipathy를 쓸 수 있겠다.

personal antipathy ⓒ 개인적(인) 반감

— I have a *personal antipathy* towards frogs. Let's just say, we have a history. 저는 개인적으로 개구리가 몹시 싫어요. 그냥 과거에 무슨 일이 있었다고 해두죠. (인스타그램 게시글)

이 표현은 개인의 기호와 취향을 강조해 드러낸다. 자신만의 독특한 의견이라서 그 사람의 관점과 견해를 다수의 사람들이 인정하지 않을 수도 있음을 암시한다.

Ⓢ Aversion 혐오, 싫음 / Opposition 반대, 항의 / Detestation 혐오, 증오

Ⓐ Attraction 끌림, 매력 / Love 사랑 / Appreciation 감탄, 감사

aversion

혐오, 반감, 싫음

aversion은 무언가를 외면하고 회피하고 싶은 충동이며, 대개 개인적인 선호에 바탕을 둔다. 감정의 지도가 있다면, aversion은 fear(두려움)와 disgust(혐오) 사이 어디쯤인데, 정확한 지점은 aversion의 맥락에 좌우될 것이다. aversion의 어원이 무언가를 '외면하다, 쫓아낸다'(turn away from)라는 의미라서 aversion에는 '회피'와 '추방'이라는 함의가 있다.

#aversiontocats 고양이를 싫어하는 사람을 일컬을 때
#riskaverse 위험을 싫어하는 사람을 가리킬 때
#aversiontoheights 누군가가 높은 곳을 두려워할 때
#aversiontosmallspaces aversion은 공포증 전반을 지칭할 수 있다

natural aversion ⓒ 본능적 반감, 천성적으로 싫어함

— I have a *natural aversion* to bananas. 나는 원래 바나나를 싫어해. (친구와의 대화)

이 어구는 무언가에 대한 본능적 회피나 불호를 나타낸다. 흔히 사람이나 동물이 어떤 음식을 먹기 싫어할 때 비유적으로 쓴다.

strong aversion Ⓒ 강한 반감

— Misophonia is the *strong aversion* to certain sounds like chewing, slurping and cutlery-clinking.

청각 과민증은 음식 씹는 소리, 후루룩 마시는 소리, 식기가 부딪치며 쨍그랑거리는 소리 등 특정 소리에 강한 거부감을 보이는 것이다. (청각 과민증을 토론하는 레딧의 하위 포럼에 올라온 정보성 게시글)

무언가가 누군가를 극도로 방해하거나 밀어낼 때, 이 상황을 strong aversion이라고 말할 수 있다. 또한, 그냥 have an aversion이 아니라, 전치사 to를 붙여 have an aversion to something이라고 하는 것이 더 자연스럽다. 이렇게 to를 붙이면 상대하고 싶지 않은 대상을 특정할 수 있기 때문이다.

to develop an aversion to Ⓒ ~에 대한 반감이 커지다

— I feel like I have *developed an aversion to* eye contact as an adult. 성인이 되고는 시선 마주하기가 점점 더 싫어지는 느낌이다. (개인의 트윗)

사람은 시간이 흐르면서 싫어지는 것들이 생기기도 한다. 이 뉘앙스를 나타내기 위해 흔히 develop이란 동사를 쓴다.

to overcome an aversion to Ⓒ 공포증을 이겨내다

— Any tips on how to *overcome an aversion to* driving? 운전 공포증을 이겨낼 수 있는 방법으로 뭐가 있을까요? (페이스북의 공포증 단체 페이지에 올라온 게시글)

aversion은 심각하지 않은 경우가 많아서 '극복'(overcome)할 수 있다. 사람이 두려움이나 질병을 이겨내는 것과 아주 흡사하다.

risk averse Ⓟ 위험을 회피하는

— Would you say you were a risk-taker, or *risk averse*? 귀하는 위험을 무릅쓰는 스타일인가요, 아니면 안전을 선호하는 스타일인가요? (구직 면접 과정의 질문)

누군가가 risk averse하다면, 대개는 위험을 회피하고 안전을 추구한다고 할 수 있다. 이런 사람들은 조심스럽고, 신중하며, 평범하지 않은 행동은 하려고 들지 않는다.

Ⓢ Loathing 혐오, 증오 / Disinclination 싫증, 꺼림 / Repulsion 역겨움, 혐오, 반발

Ⓐ Desire 욕망, 바람 / Contentment 만족 / Inclination 의향, 성향

deprecation

반대, 불찬성,
비난, 항의

이 단어는 보통 무언가를 못마땅하게 여기거나 열등하다고 말하며 '끌어내린다'(bring down)는 뜻이다. 어떤 맥락에서는, 무언가를, 흔히 자신을 비하하는 것을 의미하기도 한다. 애초의 라틴어 어원은 사악한 무언가에 '대항하여 기도하다'(pray against)라는 의미였다. deprecation의 현대적 의미에 모호하나마 싸움을 거는 듯한 뉘앙스가 여전한 것은 이 때문이다.

#deprecating 비하하거나 모욕적인 뭔가를 묘사할 때
#selfdeprecating 자기를 비하하는 것으로, 대개의 경우 유머를 의도
#nationaldeprecation 국민 전체가 반대하는 관습이나 전통을 얘기할 때
#motivatedontdeprecate 사람들에게 좀 더 동기 부여를 해주는 긍정의 메시지

self-deprecating ⓒ 자기를 비하하는
— I love this kind of *self-deprecating* humor. 이런 식으로 자기를 비하하는 유머, 너무 좋음! (유튜브 댓글)
self-deprecation은 자신의 위신과 품위를 떨어뜨리는 행위이

다. 공감대를 형성할 수 있기 때문에 코미디에서 흔히 사용된다. 요컨대, 사람들은 한 번쯤 자책해본 경험이 있기 때문에 자신을 비하하는 유머에 동조하며 타인의 결점에 대해 웃을 수 있다.

public deprecation ⓒ 대중적 반대

— There has been significant *public deprecation* of graffiti over the last few years. 지난 몇 년 사이 그래피티에 대한 대중의 반감이 상당히 커졌다. (신문의 사회면 기사)

특정한 생각, 관습, 사태를 사회 전반이 거부한다는 얘기이다.

ⓢ Disapproval 불찬성 / Demeaning 손상, 비하 / Denigration 폄하, 비방

Ⓐ Encouragement 격려, 권장 / Motivation 동기, 자극 / Approval 인정, 승인

detestation

혐오, 증오,
아주 싫어함

dislike의 가장 극단적인 형태가 detestation이다. 물론 detestation도 contempt(경멸)의 한 형태이긴 하지만, 여기에는 disgust(역겨움과 혐오)도 담겨 있다. 뭔가를 아주 싫어하는 셈이다. 하지만 이 단어에는 다른 disgust형 어휘와 달리, 무언가를 구체적으로 못마땅해한다는 함의가 전혀 없다. 따라서 불의를 증오한다거나 편견에 사로잡힌 증오를 묘사하는 데 쓸 수 있다.

#detested 누군가 또는 무언가를 많은 사람이 미워하고 회피할 때
#detestable 증오를 불러일으키는 것을 두고 이르는 말
#idetestthis 게시물에 쓰고 있는 것이 정말 싫을 때
#detestpeople 외출을 별로 하지 않는 사람을 일컫는 말

detestable behavior ⓒ 혐오스런 행동
— We will not tolerate such *detestable behavior* in our society. 우리 사회는 이토록 가증스런 행동을 용납하지 않을 것입니다. (정치인의 연설)

물론 detestable이란 단어에서 '반감'을 유추할 수 있는 것은 아니다. 하지만 이 예문에서처럼, 사람들은 detestable이란 어휘

492

로 반사회적 행동에 대한 자신의 displeasure(불쾌와 불만)를 표출할 수 있다.

detestable crime ⓒ 혐오[가증]스러운 범죄

— This man is guilty of the most *detestable crimes* and should be locked up. 이 사람은 가장 혐오스러운 범죄를 저질렀으며 수감되어야 한다. (범죄 보도 리트윗)

거듭 말하지만, detestable이란 단어는, 사람들이 범죄자에게 증오를 느낀다는 뜻이다.

Ⓢ Hatred 증오 / Antipathy 반감 / Abhorrence 혐오

Ⓐ Love 사랑 / Happiness 행복 / Approval 인정, 찬성

disapproval

불승인, 불찬성,
반감, 불만, 비난

disapproval은 가벼운 aversion(혐오, 반감)이다. 흔히 무시하는 몸짓과 비아냥거리는 말로 표현되는 disapproval은 무언가가 개인의 도덕 기준에 부합하지 않는다는 뜻이다. 그러므로 disapproval은 사회적 규칙을 깨고, 이를 어기는 사람을 경시하는 상황에서 사용된다. 부모가 버릇없는 십대 자녀를 대할 때, 보수적인 전통주의자가 충격적인 진보 예술을 대할 때를 떠올려보자.

#disapproveofthis 뭔가가 비윤리적이고, 또 어떤 면에서 부정적으로 뜻밖이라고 생각할 때

#deepdisapproval 뭔가를 심히 혐오할 때

#disapprovingparents 뭔가를 했는데, 부모님이 달가워하지 않을 때

#Istronglydisapprove 특정 이슈에 대한 반대 의견을 표명할 때

deep/strong/stern disapproval ⓒ 깊은 혐오, 강경한 반대, 단호한 비난

— I would like to express my *deep disapproval* of square-shaped cakes. 전 말이죠, 네모난 케이크를 정말 싫어합니

다. (개인 트윗)

이들 세 개의 형용사가 disapproval과 함께 흔히 사용돼 그 의미가 강화된다. 명사 disapproval이 다음 예문처럼 동사 disapprove로도 변형될 수 있다. "I strongly disapprove of that dress, young lady!"(아가씨, 저는 그런 옷이 정말 싫습니다). 이렇게 동사로 쓰이면 stern과 함께 쓰이는 일은 거의 없고, 나머지 두 형용사의 부사형 deeply와 strongly만 함께 쓸 수 있다.

to show (one's) disapproval ⓒ 반대하다, 난색을 보이다

— When I stop petting him he *shows his disapproval like this.* 제가 쓰다듬기를 멈추니 녀석이 이렇게 못마땅해 하네요. (심술을 부리는 개 영상을 틱톡에 올리고 적은 글)

disapproval은 몸짓으로 드러낼 수 있다. 외면하기, 눈썹 치켜뜨기, 손(이나 발) 들어올리기 같은 행동은 전부 '반감을 드러내는'(showing disapproval) 것으로 간주된다.

to shake (one's) head in disapproval ⓟ 고개를 가로저어 반대 의사를 표명하다

— The teacher *shook her head in disapproval* before gesturing for him to get down off the desk. 교사는 못마땅하다는 듯 고개를 가로저은 뒤 그에게 책상에서 내려오라고 손짓했다. (현대 소설)

disapproval을 '드러내는'(show) 좋은 방법은 고개를 가로젓는 것이다.

to turn (one's) nose up (in disapproval) ⓟ 콧방귀를

꿰다, 거절하다

— Many legislators have *turned their noses up* at suggestions of reform. 많은 국회 의원이 여러 개혁안을 거절했다. (정치 분야 기사)

turn one's nose up은 무언가를 깔보고 무시하며 외면하는 것이다. 이 몸짓으로 어떤 제안이나 행동을 대수롭지 않게 생각한다는 것이 드러난다. 코는 종종 역겨운 감각이 발생하는 장소이다. 따라서 어떤 상황에서 코를 치운다는 것은 혐오와 반감을 드러내는 것이다. disapproval을 빼고 써도 무방하다.

chorus of disapproval Ⓟ 일제 반대, 여러 사람이 한 목소리로 내는 거부(의 행위)

— The vomit-based art project has been met with a *chorus of disapproval* from orthodox critics. 토사물을 기반으로 한 미술 프로젝트를 정통 비평가들은 한 목소리로 비판했다. (미술 비평)

이 어구가 말하는 상황을 상상해 보자. 많은 사람이 반대 의사를 공유하면서, 흔히 큰 목소리로 분노를 표출하는 광경일 것이다. 언론의 반응과 같은 맥락에서 문자 그대로 또는 비유적으로 쓸 수 있다.

Ⓢ Distaste 불쾌, 혐오 / Aversion 혐오, 싫음 / Disapprobation 반감

Ⓐ Approval 인정, 찬성, 승인 / Sanction 허가, 승인, 인가 / Endorsement 지지, 보증

disinclination

나태,
내키지 않음

disinclination은 distaste(불쾌) 및 indisposition(언짢음)과 뜻이 비슷해 같은 방식으로 사용할 수 있다. disinclination에는 무언가로부터 '등을 돌리다'(lean away)라는 의미가 있음도 알아두자. 사람은 뭔가가 내키지 않으면 회피하는 경향이 있는데, 바로 이 어휘 disinclination이 약간 혐오감이 드는 대상에서 벗어나려는 의도를 표현한다.

#disinclined 뭔가를 할 가능성이 없을 때

#disinclinationtowardsvegetables 채소를 싫어한다고 얘기할 때

#disinclinedtoacceptthis 뭔가에 동의하지 않을 때

#disinclinationtodothingstoday 긴장을 풀고 느긋하게 하루를 보내고 싶다는 표현

general disinclination ⓒ 일반적인 거부감

— My boyfriend has a *general disinclination* towards pets and I'm so sad about it. 남자친구가 반려 동물을 내켜하지 않아서 정말 슬퍼요. (인스타그램 캡션)

disinclination과 함께 사용되는 전치사는 towards이다. 사실

이것은 직관에 어긋난다. disinclination 자체가 '무언가로부터 이탈하는 것'(moving away from)을 의미하는데도 towards를 추가해 혐오를 자극하는 요인을 가리키려고 하기 때문이다.

strong disinclination ⓒ 정말 내키지 않음

— I have a *strong disinclination* towards people like you. 나는 당신 같은 인간들이 정말 마음에 안 든단 말이야. (협박하는 내용의 영화 대사)

strong disinclination은 그 의미가 aversion, disgust, loathing과 가깝다. disgust(혐오, 역겨움)뿐만 아니라 contempt(경멸, 멸시)도 의미하는데, 이 두 감정 범주 사이에 걸쳐 있는 셈이다.

Ⓢ Distaste 불쾌, 혐오 / Indisposition 내키지 않음 / Aversion 혐오, 반감

Ⓐ Appeal 호소력, 매력 / Allure 매력 / Appreciation 감탄, 감사

displeasure

불쾌, 불만,
노여움

displeasure는 뭔가가 싫고 불편한 감정이다. offense(모욕)와 annoyance(짜증)의 함의가 있는데, 누군가를 '불쾌하게 만드는 것'(to displease)이 그 사람을 '짜증 나게 하는 것'(to irritate)이거나 '실망시키는 것'(to disappoint)이기 때문이다. 하지만 명사 displeasure는 역겨운 기분, 고통스러운 기분, 짜증 나는 기분 등 주로 안 좋은 기분을 묘사하는 데 사용된다. 따라서 displeasure는 다양한 맥락에서 쓸 수 있는 상당히 유연한 개념이라고 할 수 있다.

#displeased 짜증과 화를 드러낼 때

#puredispleasure 매우 불편하고 약이 오른 상태

#thisdispleasesme 왕처럼 뭐든 마음대로 할 수 있을 것 같은 사람이 화내는 모습을 유머러스하게 흉내내면서 하는 말

#displeasedwithlife 대체로 기분이 저조하고 우울할 때

to conceal/hide (one's) displeasure Ⓒ 기분 나쁘다는 사실을 감추다

— Difficult *to conceal my displeasure* at today's loss.

오늘 경기에서 진 것에 대한 실망감을 감추기가 힘들군요. (스포츠 경기 관련 트윗)

전치사 at이 흔히 뒤이어 나오는 이 표현은 특정한 상황에서 느끼는 짜증이나 불편을 보이고 싶지 않을 때 가장 널리 사용된다.

to cause displeasure ⓒ 불쾌(감)을 야기하다

— Graham, moving the photocopier upstairs will only *cause displeasure*, trust me. 그레이엄, 복사기를 위층으로 옮겨봐야 좋을 거 하나 없어. 내 말 믿으라구. (직장 동료와의 대화)

여기서의 displeasure는 annoyance(짜증, 화)와도 비슷하지만, 어떤 면에서는 inconvenience(불편, 애로)나 pain(아픔, 고통)으로도 간주할 수 있다. 서류를 복사하려고 계속 위층을 들락날락하고 싶은 사람은 없을 것이기 때문이다.

pure displeasure ⓒ 순수한 불쾌감

— The king wishes to express his *pure displeasure* at your insolence. 국왕께서 당신의 오만함을 매우 노여워 하십니다. (중세 소설)

pure displeasure는 맥락에 따라 그 의미가 매우 다양해진다. 높은 수준의 실망, 고통, 불편을 의미할 수도 있다. 일상생활에서 쓰면 다소 형식적으로 들릴 수 있어서, 그 대신 really annoyed나 revolted와 같은 구체적이고 명확한 용어를 쓰는 것이 좋다.

Ⓢ Discontentment 불만 / Disgust 혐오 / Disappointment 실망

Ⓐ Pleasure 기쁨 / Appreciation 감사 / Enjoyment 즐거움

distaste

불쾌,
혐오, 싫음

이 단어에서 어근 taste는 요리나 미식 관련이 아니라 좋고 싫음의 감각이다. 말하자면, 해산물에 대한 distaste가 있을 수 있지만, 일반적인 의미는 훨씬 포괄적이다. distaste는 개인의 선호나 이상에 근거해 무언가를 약간 싫어하는 것이다. 이 단어는 '속물근성'(snobbiness)을 나타낼 수 있다. "He looked at me with distaste."(그는 나를 불쾌하게 바라보았다)처럼 흔히 전치사 with와 함께 쓰인다.

#distasteful 형편없는 취향으로 제작되거나 선택된 무언가를 두고 이르는 말
#distastefuloutfit 옷이 마음에 안 들 때
#distasteformarshmallows 마시멜로가 싫다고 얘기할 때
#distastefuldecorations 어떤 곳의 실내 장식 상태가 마음에 안 들 때

to express (one's) distaste Ⓒ 싫다고 얘기하다, 혐오를 표하다
— I *express my distaste* for opinionated reaction channels (ironically) 아이러니하게도 자기 의견을 굽히지 않는 리액션 채널들이 나는 정말 싫습니다. (유튜브의 리액션 영상들에 대해)

사람들이 큰 소리로 명확하게 견해를 표명하는 상황을 드러내고자 할 때 동사 express가 흔히 사용된다.

to hide (one's) distaste Ⓒ 불쾌감을 숨기다, 싫다는 내색을 하지 않다

— He tried *to hide his distaste* at the furniture, but a faint grimace crossed his face nonetheless. 그는 그 가구가 싫다는 내색을 하지 않으려고 애썼지만, 약간 찡그린 표정이 얼굴을 희미하게 스쳐 지나갔다.

흔히 at이 뒤따라 나오는 이 콜로케이션은 자신의 못마땅함을 숨기는 행동을 표현한다. 이런 불쾌감은 대개 표정이나 비판적인 발언을 자제하는 것으로 드러난다.

look of distaste Ⓟ 싫어하는 표정, 불쾌한 시선

— The *look of distaste* they gave me when I showed up like this is priceless! 제가 이런 모습으로 나타났을 때 사람들이 제게 지어 보인 불쾌한 시선은 정말 어처구니없어요! (틱톡의 리액션 동영상)

이 어구는 '마뜩찮은 시선'을 의미한다. 별나고 터무니없는 일을 하면 흔히 이런 시선을 접할 수 있다. 어떤 식으로든 수용 한계를 넘어섰기 때문일 것이다.

Ⓢ Aversion 혐오, 싫음 / Disapproval 반감, 못마땅함 / Indisposition 내키지 않음

Ⓐ Taste 기호, 취향 / Enthusiasm 열의, 열광 / Preference 기호, 선호

disturbance

disturbed의 느낌은 정상 상태가 방해받아 중단된 것이라 설명할 수 있다. 방해를 받으면, 개인이 선호하는 것들이 흐트러지거나 어긋나게 된다. 이 개념에는 불균형과 혼란의 감각도 있다. 이는 본질적으로 일종의 심리적 '혐오'(disgust)가 암시되는 것이다.

#disturbing 뉴스, 동영상, 이미지가 사람의 마음을 불안하게 자극할 때

#disturbed 불안한 상태로 동요할 때

#disturbingscenes 불쾌하고 끔찍한 광경을 묘사할 때

#seriouslydisturbing 뭔가가 오싹하고 으스스할 때

strangely disturbing ⓒ 이상하게 거슬리는

— There is something *strangely disturbing* about frogs, don't you think? 개구리는 뭔가 이상하고 거슬리는 구석이 있어, 안 그래? (개구리에 관한 글을 읽고서 내뱉은 말)

strangely disturbing은 이유는 모르겠는데 뭔가가 혼란스럽고 불안하게 한다는 얘기이다. 어쩌면 무언가가 겉모습과 다르다는 것을 깨달았지만 그 이유를 꼬집어 말할 수 없는 것이다.

deeply disturbing ⓒ 심히 불안한, 매우 혼란스러운

— These scenes are *deeply disturbing* and viewer discretion is advised. 보시게 될 장면들은 매우 충격적일 것이고, 시청에 주의하시기 바랍니다. (전쟁 현장을 촬영한 동영상)

화나고 속상하게 만드는 일들에 대해, 이 어구 deeply disturbing을 쓸 수 있다. 뭔가가 당신의 마음 깊은 곳까지 영향을 미쳤음을 드러내는 표현이다.

disturbing trend ⓒ 달갑지 않은 추세 또는 유행

— We are seeing a *disturbing trend* in the number of racist comments beginning to appear on this forum. 포럼에 인종 차별적인 발언들이 올라오기 시작했고, 우리 관리자들은 이 추세를 매우 엄중히 바라보고 있습니다. (게임용 메신져 디스코드의 관리자 공지글)

disturbing trend는 시간이 경과하면서 더 널리 퍼지고 있는 역겹고, 부도덕하며, 받아들여지지 않는 관행이다.

disturbing footage/image(s) ⓒ 불쾌한 영상, 충격적인 이미지

— The *disturbing footage* has been circulating around social media and details the victim's face and appearance. 소셜 미디어에 이 충격적인 영상이 돌고 있고, 희생자의 얼굴과 외모까지 자세하게 나온다. (사회면의 사건 보도)

소셜 미디어는 물론이고 범위를 확대해 더 많은 언론의 논의에서 disturbing footage란 용어가 사용되고 있다. 불쾌하다고 생각될 수도 있는 동영상을 가리키는 데 말이다. 폭력이라든가, 상해를 입었거나 죽은 사람 같은 소름끼치는 것들, 또 잔학 행

위 일반이 찍힌 동영상의 경우 흔히 disturbing footage라고 말할 수 있다.

emotionally/psychologically/mentally disturbed

ⓒ 정서적으로/심리적으로/정신적으로 충격을 받은

— For anyone who felt *emotionally disturbed* as a teenager, this film is for you. 청소년기에 정서적 동요가 심했던 사람이라면 이 영화를 꼭 봐야 한다. (영화 리뷰)

이 콜로케이션은 약간의 심리적 장애를 묘사한다. 그리고 이 장애는 트라우마적 사건을 목격했거나 학대를 경험한 것과 같은 외부 자극으로 발생하는 경우가 많다.

Ⓢ Unsettledness 불안정, 긴장 / Disruption 방해, 혼란 / Upset 속상함, 동요

Ⓐ Contentment 만족 / Fulfilment 실현, 달성, 성취 / Comfort 안락, 편안, 위로

grossness

형식적인 용법에서 보자면, gross는 지나치게 부정적인 행동과 관련해 여러 가지 의미를 지닌다. '극단적'(extreme)이거나 '불균형적'(disproportionate)이라는 뜻이 대표적이다. 하지만 비격식적 표현으로 쓰여 역겨운 반응을 유발하는 것을 나타내기도 한다. 뭔가가 gross하면 역겨움으로 인해 움찔하거나 흠칫 놀라는 것이다.

#gross 건드리고 방해해 불안을 야기하는 대상을 두고 이르는 말

#grossedout 뭔가가 강렬한 혐오감을 유발할 때

#totallygross 자주 쓰이는 비공식 강조 표현

#mushyandgross (아마도) 비위 상하는 음식을 일컬을 때

to taste gross ⓒ 맛이 별로다

— Tired of your vegetables *tasting gross*? Try our new seasoning today! 그저 그런 맛의 채소에 질리셨죠? 오늘부터 저희의 신제품 양념을 한 번 써보세요. (신제품 양념 광고)

맛이 그리 좋다고는 할 수 없는 음식 얘기를 할 때 흔히 gross란 단어를 사용한다. gross는 disgusting(역겨운) 및 revolting(혐오스러운)과 동의어지만 그 강렬함이 덜하다.

to feel gross ⓒ 기분이 별로다, 기분이 찜찜하다

— Woke up this morning and I *feel gross*. Will probably skip school today. 아침에 일어났는데 기분이 영 별로네. 오늘 학교 땡땡이칠까 봐. (스냅챗 겝션)

기분이 gross하다는 것은 불편하고 불결하다고 느끼는 것이다. 자신의 기분에 넌더리가 나는 것이기도 하고, 남들에게 혐오스럽게 비칠 것이 걱정이기도 한 것이다. 아프거나, 한동안 씻지 못했거나, 또는 어쩌면 자신의 몸이 바라는 형태와 조건이 아닐 때 쓴다.

grossed out ⓟ 완전 역겨운, 넌더리가 나는

— Anyone else get *grossed out* when they see their parents kiss? 부모님들이 키스하는 거 보면 어때요? 나만 싫은가? (레딧 게시글)

뭔가가 disgusted하다는 의미이다. 여기서 out은 그 문제의 행동으로 인해 인내의 한계점을 넘어섰다는 뜻이다. 그로 인한 결과는 당연히 gross out일 것이다.

Ⓢ Vileness 비열 / Revulsion 혐오, 역겨움, 충격 / Dislike 싫음, 반감

Ⓐ Deliciousness 맛 좋음, 유쾌함 / Enjoyment 즐거움, 기쁨, 향유 / Pleasure 기쁨, 즐거움, 재미, 쾌락

| # ickiness

기분 나쁨, 불쾌,
싫음, 역겨움

icky는 격의 없이 편하게 쓰는 말인데, 좀 유치하게 들리는 것
도 사실이다. 물리적으로 역겹고 구역질 나는 대상에 쓴다. 흔
히 축축하고, 끈적끈적하며, 질척이는 대상을 묘사하기 위해 사
용되지만, 다른 혐오스러운 것들에도 당연히 쓸 수 있다.

#icky 역겹고, 어쩌면 축축한 대상을 일컬을 때

#ickysticky 운율을 맞춰 역겨운 물질을 가리킬 때

#ickyandgross 뭔가 역겨운 대상을 두고 이르는 말

#ewwwwicky 혐오감을 아이처럼 드러내는 감탄사

icky goo ⓒ 끈적끈적하고 기분 나쁜 (것)

— The sink was full of *icky goo*, it was gross. 싱크대가
끈적끈적한 이물질로 가득했습니다. 정말 역겨웠죠. (호텔 리뷰)

파악 가능한 실체보다 정체를 알 수 없는 대상이 훨씬 더 역겨
운 법이다. goo는 젤리처럼 끈적거리는 물질을 포괄적으로 이
르는 용어다. goo와 icky가 함께 쓰이는 경우가 많은데, 그러면
알 수 없어서 더 역겹다는 특성이 도드라진다.

icky sticky ⓒ 끈적끈적하고 싫은, 기분 나쁜

— Eww, get this *icky sticky* mud off me! 으으, 이 끈적끈적한 진흙 좀 떼줘. (야외 활동에 나선 휴일에 친구에게 하는 말)

icky와 sticky 둘 다 역겹고 질척거리는 물질을 묘사할 때 사용한다. 아이들 말 같지만, 운이 잘 맞아서 함께 등장하는 경우가 잦나. 물론 그 대상은 젤리처럼 끈적거리는 역겨운 것이다. 장난스럽고 기발한 효과를 낼 수 있는 표현이다.

the ick(s) ① 싫은 것, 싫은 사람

— Omg his diet was like a teenager's and he never showered - I caught *the ick* fast. 맙소사, 입맛은 십 대 같았고, 전혀 씻지도 않았더라고. 바로 정떨어지더라. (친구한테 보낸 문자)

데이트하는 상대가 넌더리 나는 짓을 했고, 그 때문에 더는 매력을 느끼지 못할 때 사용하는 최신 용어이다. 질환이나 병에 걸리는 것처럼 catch the ick(s)라고 표현할 수 있다.

Ⓢ Grossness 역겨움, 상스러움 / Vileness 비열함 / Revulsion 혐오, 역겨움

Ⓐ Pleasantness 유쾌, 상냥, 쾌적, 즐거움 / Enjoyment 즐거움, 기쁨, 향유 / Satisfaction 만족, 흡족

indisposition

불편, 내키지
않음, 싫증

disposition을, 대상들이 서로 잘 어울리고 합이 맞는 것으로
볼 수 있다면, indisposition은 그 반대겠다. 어떤 생각, 대상,
행동이 사람의 생활 방식이나 신념 체계에 부합하지 않아 내키
지 않는 것이다. indisposition은 가벼운 병이나 알레르기뿐만
아니라, '주저와 망설임'(hesitancy)도 의미한다. 그러니까 뭔
가가 옳거나 적절치 않다고 생각하는 것이다.

#indisposed 뭔가를 하고 싶은 마음이 안 들 때
#minorindisposition 살짝 싫다는 의사를 표현하는 정중한 방식
#indisposedtogluten 글루텐 과민증을 가진 사람들이 사용하는 해시
태그
#indisposedtothis 약간의 거부감과 불호를 표현할 때

minor indisposition Ⓒ 약간 불편함, 살짝 싫음
— I should warn you, I have a *minor indisposition* to
frogs. 미리 말씀드리는데, 저는 개구리가 싫습니다. (데이트 중의 대화)
indisposition이 통상 그리 심각하지 않은 가벼운 감정이기 때
문에 minor를 써도 크게 의미가 달라지진 않는다. 그렇다고 해

서 major를 쓸까? 당연히 이것도 안 될 일이다. 왜냐하면 앞에서 말했듯 indisposition의 의미와 major가 충돌하기 때문이다. 그럼에도 불구하고 minor indisposition은 매우 경미한 불편함을 말하는 것이라서 대개의 경우 별 문제는 없다.

Ⓢ Distaste 불쾌, 혐오 / Disapproval 불승인 / Illness 병, 아픔

Ⓐ Eagerness 열의 / Healthiness 건강 / Agreeability 상냥함, 친화적임

loathing

무언가 또는 누군가를 loathe한다는 것은 무언가에 의해 거부감을 느끼는 것이다. loathing은 disgust(역겨움)와 contempt(경멸) 사이에 자리하며, 그 의미는 방해받았다고 느끼면서 무언가를 매우 싫어하는 것이다. 누군가의 loathing을 유발하는 것은 loathsomeness라고 하고, 무언가가 몹시 혐오스러우면 loathsome하다고 표현한다.

#loathsome 뭔가가 정말로 경멸스러울 때
#selfloathing 스스로가 밉거나 탐탁치 않을 때
#loathwithapassion 뭔가가 정말이지 대단히 싫을 때
#loathemushrooms 버섯을 싫어한다고 말할 때

self-loathing ⓒ 자신을 혐오하는
— It's important to tackle feelings of *self-loathing* and ask yourself why these thoughts appear. 자기 비하의 감정과 정면으로 맞서는 것이 필요하다. 이런 생각들이 왜 드는지 자문해 봐야 한다. (자기 계발에 관한 글)
self-loathing은 자신을 미워하는 감정이다. 이 자기 혐오는 정신 건강이나 신체 자신감 문제에서 근본적인 원인으로 작용할 수 있다. 온라인에서 이 말이 널리 사용되는 것은 아마도 사람들이 익명 속에서 생각들을 드러내기가 훨씬 더 쉽기 때문일 것이다.

deep loathing ⓒ 깊은 혐오

— I have a *deep loathing* for people with this kind of world-view. 이런 세계관을 가진 사람들이 정말 싫다. (독선적 의견이 담긴 동영상에 달린 댓글)

loathing(혐오)이 매우 강할 때, deep을 써서 누군가에게 loathing의 감정이 보다 깊어지고 있음을 알릴 수 있겠다.

fear and loathing ⓟ 공포와 혐오

— His presence invoked *fear and loathing* amongst the townspeople. 그가 마을에 나타나자, 주민들 사이에서 공포와 혐오 감정이 일었다. (역사 소설)

보통 이 두 개념이 합쳐지면, 누군가가 무엇을 전적으로 싫어한다는 얘기가 된다. 그들이 두려워할 뿐만 아니라, 문제의 대상을 경멸하기도 하는 것이다.

Ⓢ Repugnance 반감, 혐오 / Abhorrence 혐오 / Detestation 아주 싫어함, 증오

Ⓐ Love 사랑 / Delight 큰 기쁨, 환희 / Appreciation 감탄, 감사

nausea

메스꺼움,
혐오, 지겨움

nausea는 구토할 것 같은 느낌을 가리키는 의학 용어이다. 하지만 내키지 않는 것에 대한 전반적 싫음 내지 지겨움을 의미하기 때문에, 문자 그대로 사용되는 일은 더 적은 편이다. 은유적으로 말해 '넌더리나고 역겨운'(sickly) 것들, 가령 지나친 자신감이나 방종은 nauseating한 감정을 불러일으킨다.

#nauseous 울렁거리고 토할 것 같은 느낌일 때

#nauseating 뭔가가 몹시 역겨울 때

#romcomsarenauseating 로맨틱 코미디가 짜증이 나서 못 참겠다고 말할 때

#nauseousfeeling 뭔가가 혐오감을 유발해 구역질이 날 때

wave of nausea ⓒ 거듭되는 메스꺼움

— I've been experiencing *waves of nausea* and splitting headaches. 계속 메스껍고 머리가 깨질 것 같이 아파요. (진료실에서)

메스껍다는 느낌은 단계적으로 발생하기도 한다. 그래서 wave라는 표현을 써서 묘사하는 것이다. 이 콜로케이션은 말 그대로

의학적 구토증에만 써야 한다.

overcome by nausea ⓒ 구역질이 난

— The basement walls were lined with a sticky, sweet-smelling film, and he was *overcome by nausea* at the stench of rot. 지하실 벽은 달콤한 냄새가 나는 끈직끈직한 무언가로 덮여 있었고, 그는 썩은 냄새 때문에 구토감이 밀려왔다. (공포 소설) 구토감이 누군가를 완전히 장악해 버렸음을 알 수 있다. 이 콜로케이션도 구역질이 나는 인체 감각에 주로 사용된다. nausea가 은유적으로 사용되는 것은 형용사 어휘 nauseous와 nauseating으로 쓰일 때가 대부분이다. nauseous는 '혐오감을 느낀다'(feel disgusted)라는 뜻이고, nauseating은 '혐오스럽다'(to be disgusting)라는 의미이다.

onset of nausea ⓒ 메스꺼움의 시작

— Anyone else experienced a sudden *onset of nausea* while playing video games? 비디오 게임을 하다가 갑자기 메스꺼움을 느낀 사람 또 없어요? (채팅 중에 제기된 게임 관련 질문) onset은 별안간 시작된다는 뜻이다. 따라서 이 콜로케이션은 역겨움을 느끼는 과정을 언급한다.

Ⓢ Sickness 아픔, 지겨움 / Illness 병, 아픔 / Irritation 짜증, 화

Ⓐ Enjoyment 즐김, 향유 / Healthiness 건강 / Satisfaction 만족

offence

모욕, 공격,
무례, 불쾌

offence는 '공격'(attacking)이라는 개념을 중심으로 여러 많은 의미를 지닌다. 스포츠팀들의 offence는 득점을 하거나 따라잡으려는 시도이고, 규칙을 위반했을 때는 legal offence(범법 행위)가 이뤄졌다고 할 수 있다. 누군가가 offended된 것은 말 그대로 그 사람이 생각하는 예의 기준을 벗어나 모욕을 당했다는 의미이다.

#offensive 강한 분노를 유발하는 컨텐츠를 언급할 때
#nooffence 자기 말을 악의를 갖고서 받아들이지 말라고 주의를 주는 표현. "기분 나빠 하지 말라."
#offensivetowomen 성 차별적 행동을 지적할 때
#offensivememes 충격적이고 도발적인 밈(meme)을 이르는 말

to take offence ⓒ 성내다, 기분이 상하다
— I apologize in advance if people *take offence* at this, but I think it has to be said. 미리 사과드립니다. 이 동영상을 보고 기분이 상하실 수도 있지만, 저는 꼭 말해야 한다고 생각합니다. (논란이 있는 유튜브 동영상 클립의 경고 게시)

take offence는 offence를 '받는다'(receive)는 뜻이다. 이 표현은 어떤 말이나 표현이 당사자의 심기를 거스른 것으로 해석된 시점을 나타낸다.

to cause offence ⓒ 모욕감을 주다, 기분을 상하게 하다, 반감을 일으키다

— Some comments have been removed for *causing offence*. 댓글 일부는 많은 사람의 반감을 일으켰다는 이유로 삭제되었습니다. (페이스북의 그룹 댓글란에 관한 관리 규정 게시글)

누군가를 침해하고 모욕한 행위를 기술하려면 cause offence를 사용해야 한다.

deeply offensive ⓒ 대단히 모욕적인

— I recognize that my comments were *deeply offensive* to many and I would like to humbly apologize. 제 발언이 많은 분에게 대단히 무례하고 공격적이었다는 사실을 깨달았습니다. 고개 숙여 사죄드리고자 합니다. (트위터를 통한 사과 게시)

뭔가가 매우 offensive하다고 했을 때, deeply를 써서 누군가의 핵심적인 신념까지 상처를 입었음을 드러낼 수 있다. 물론 extremely나 highly도 쓸 수 있지만, deeply처럼 예리하게 꿰뚫는다는 뉘앙스는 없다.

no offence Ⓟ 악의는 아니(었)다, 기분 나빠 하지 말아라

— *No offence*, but, umm, you look pretty worn out. Everything okay at home? 기분 나쁘게 듣지는 말고, 음, 꽤 지쳐 보이는데, 집에 무슨 문제라도 있어요? (직장 동료와의 대화)

no offence는 비판적일 수도 있는 발언을 부드럽게 만들겠다는 의도가 담긴 표현이다. 말을 하고 싶은데, 그 말에서 비판적인 요소는 제거하고자 하는 것이다. 사람들은 그저 소견을 말하는 것일 뿐으로, 그것을 지적함으로써 생길 수 있는 무례한 저의나 불쾌한 추론은 전부 배제하고자 할 수 있다.

Ⓢ Affrontation 모욕, 상처 / Displeasure 불쾌, 노여움 / Disapproval 반감, 못마땅

Ⓐ Politeness 정중, 예의 / Decorousness 품위 / Agreeability 동의, 승낙, 쾌활

queasiness

메스꺼움, 불안,
초조, 역겨움, 불쾌

queasiness는 nausea와 아주 비슷하다. 음식, 역겨운 대상, 또는 배에 타는 것에 의해 비롯되는 신체적 고통을 묘사한다. 두 단어 모두 토할 것 같다는 얘기이긴 한데, 구토를 곧 할 것 같고 신체적 불편함이 있는 경우를 암시하는 쪽은 queasiness일 것이다.

#queasy 메스꺼움을 일으키는 대상

#morallyqueasy 도덕적 차원에서 뭔가 하기가 꺼려질 때

#feelingalittlequeasy 몸이 편치 않다고 말할 때

#boatsmakemequeasy 뱃멀미를 말할 때는 nausea보다 queasiness를 자주 쓴다

morally queasy ⓒ 도덕적으로 꺼리는

— Don't politicians feel *morally queasy* about this?

정치인들은 이 문제가 도덕적으로 꺼려지지 않나요? (정치 트윗)

moral queasiness는 자신의 도덕적 잣대로 본다면 불안하고 불편한 것이다.

pale and queasy Ⓒ 핼쑥하고 속이 느글거리는

— If I look *pale and queasy* in this pic, it's because I was sea sick! 이 사진에서 제가 핼쑥하고 속이 안 좋아 보인다면 뱃멀미 때문입니다. (인스타그램 설명글)

사람들이 메스꺼울 때 어떻게 보이고 느끼는지 묘사하기 위해 이 두 단어를 함께 사용한다.

queasy stomach Ⓒ 메스꺼운 위, 뒤틀리는 배

— Man, just thinking about that scene gives me a *queasy stomach*. 맙소사, 그 장면은 생각만 해도 역겨워요. (페이스북 댓글)

사람들은 가끔 아예 내놓고 자신의 위 또는 배가 '메스껍고 구역질 난다'(queasy)라고 말한다. 메스꺼움이 위장과 관련돼 있다고 구체적으로 특정하는 셈이다.

Ⓢ Nausea 메스꺼움 / Sickness 구토, 구역질 / Squeamishness 비위가 약함, 약간 메스꺼움

Ⓐ Comfort 위로, 안락, 편안 / Health 건강 / Contentment 만족, 자족

repugnance

반감, 혐오,
증오, 싫증

repugnance는 극도로 싫다(extreme distaste)는 의사를 표출하는 격식적이면서도 확실한 어휘다. repugnance에는 반대(opposition)의 함의가 있어서 누군가가 어떤 생각이나 행위에 싸울 듯이 격렬하게 반대한다는 뜻이다. 대개 썩어가며 악취가 나는 음식이나 그보다 심한 것에 사람이 신체적으로 극심한 역겨움을 느낀다는 뜻도 있다.

#repugnant 당혹스러운 무언가를 두고 이르는 말

#repugnantbehavior 극심한 반감을 표출할 때

#thisisrepugnant 어떤 것이 마음에 들지 않을 때

#vileandrepugnant 강조를 위해 뜻이 비슷한 단어를 연달아 썼다

morally repugnant ⓒ 윤리적으로 대단히 혐오스러운, 도덕적으로 용서가 안 되는

— This behavior is *morally repugnant* and will not be tolerated on this server. 이런 행위는 윤리적으로 대단히 혐오스럽고, 이 서버에서는 용인되지 않습니다. (폭력적인 문자가 난무하자 관리자가 올린 공지글)

사람들은 각자의 도덕적 가치에 입각해 불찬성의 뜻을 나타내거나 비난한다. 뭔가가 그들의 가치 체계를 위반했다면 이 행위를 morally repugnant한 것으로 간주할 수 있다. 몇 가지 예를 들자면, 인종 차별, 성 차별, 동성애 혐오, 반사회적 행위, 공공기물 파손, 범죄와 같은 것들이 있다.

repugnant smell ⓒ 역겨운 냄새, 불쾌한 냄새
— This fungi is known for its strange shape and *repugnant smell*. 이 버섯은 이상한 모양과 역겨운 냄새로 유명하다. (버섯을 소개하는 기사)

repugnant를 문자 그대로 해석하면 된다. 즉, 비위에 맞지 않는다는 뜻이다. 매우 역겨운 냄새에 이 표현을 쓸 수 있다.

repugnant behavior ⓒ 대단히 혐오스러운 행동
— Politicians from all parties have lambasted the "*repugnant behavior*" of the rioters. 정파를 불문하고 모든 정치인이 "혐오스러운 행동"이라며 폭도를 비난했다. (시사 보도)

이 콜로케이션도 morally repugnant와 뜻이 같다. 누군가가 사회적 규범에 벗어나는 행위를 해서 사람들이 그 행동을 비난하며 거부하고 있는 것이다.

Ⓢ Vileness 비열함 / Repulsion 역겨움, 혐오, 반발 / Revulsion 혐오, 공포, 충격

Ⓐ Attraction 매력, 끌림 / Love 사랑 / Endorsement 지지

repulsion

역겨움, 혐오,
반발, 밀어내기

물리학의 repulsion은, 밀어내는 힘, 곧 '반발력'이다. 예컨대, 비슷한 자기극(magnetic pole)이나 전하(electric charge)에서 반발력이 발생한다. 뭔가에 의해 '밀쳐지는'(repulsed) 것은 반발력이 작용하는 상황처럼 저지당하는 것이다. 동의어 revulsion과는 비슷하지만 미세한 차이가 있다. repulsion은 어떤 대상이나 관념이 사람을 밀쳐내는 것을 강조하지만, revulsion은 사람이 능동적으로 이탈 행동을 결정한 것을 강조한다. 그러니까 repulsion은 사람보다 대상에 초점을 맞추는 것이다.

#repulsed 뭔가에 의해 밀쳐졌다고 할 만큼 역겹고 혐오스러울 때
#repulsive 사람이 회피할 수 밖에 없는 것
#repulsiveattitude 누군가가 피해야 한다고 생각하는 사고 방식을 언급할 때
#repulsedbyoffal 어떤 음식을 싫어한다고 말할 때 (offal은 '내장')

to find (something/someone) repulsive ⓒ ~가 싫다, 역겹다, 혐오스럽다

— What foods do you *find repulsive* that everybody else

likes? 다른 사람들은 다 좋아하는데 당신은 싫어하는 음식은 무엇인가요? (페이스북 설문)

find는 repulsive와 함께 가장 흔히 쓰이는 동사이다. 다음 두 가지 방식으로도 표현할 수 있는데, 역겨움을 느끼는 '주체'를 강조할 때는 You are repulsed by something, 역겨움을 유발하는 '원인'을 강조할 때는 It repulses you라고 할 수 있다.

attraction and repulsion Ⓒ 인력과 척력, 당김과 밀어냄
— Here, we see two magnets exhibiting *attraction and repulsion* depending on which poles we touch together. 여기 두 개의 자석이 있는데, 우리가 어떤 극끼리 맞대는지에 따라 인력 또는 척력이 작용한다. (과학 기사)

과학적 맥락에서 이 두 단어가 함께 쓰여 결합력과 반발력을 기술한다. 두 힘은 정반대이지만, 전자기처럼 같은 힘이 다른 결과로 나타난 것일 뿐인 경우가 많다. 두 어휘는 과학 이외에서도 함께 쓰여 관계의 선호 같은 것을 묘사할 수 있다.

Ⓢ Revulsion 혐오, 공포감, 충격 / Repugnance 혐오, 반감 / Antipathy 반감, 혐오

Ⓐ Attraction 매력, 끌림 / Allure 매력, 유혹 / Approval 인정, 승인, 찬성

revoltedness | 혐오, 역겨움, 거부, 반항

revolt는 격렬한 반란 (사태)로 정의된다. 보통은 정부나 통치자 같은 억압적 권위에 저항하는 형태이다. 어떤 대상이 revolting 하다면, 그 대상으로 인해 적대적 혐오 반응이 시작된다는 뜻이다. disgust를 표현하는 다른 어휘들처럼, revoltedness도 반감과 못마땅함을 드러낼 때, revolting behavior(거슬리는 행동)와 같이 사용된다. 하지만, 부패, 피, 오물 등에 대한 극도의 물리적 혐오를 드러낼 때 가장 자주 쓰인다.

#revolting 아주 역겨운 대상을 가리킬 때
#revolted 역겨워한다고 말할 때
#utterlyrevolting 메스껍고 역겨운 느낌이 강렬할 때
#thisfoodlooksrevolting 음식이 역겹고 구역질 날 때

revolting smell ⓒ 비위가 상하는 냄새, 역겨운 냄새

— Residents have been complaining about a *revolting smell* coming from the river. 주민들이 강에서 나는 역겨운 냄새에 고통을 호소하고 있습니다. (지역 소식 보도)

냄새가 몹시 자극적이고 역겨우면 revolting하다고 묘사할 수

있다.

revolting food ⓒ 구역질이 나는 음식, 역겨운 음식

— This was the most *revolting food* I have ever eaten: zero stars!!! 내가 먹어 본 음식 중 가장 역겨운 음식이었다. 별을 0개 드린다. (레스토랑 리뷰)

음식을 revolting 하다고 말하면 그 평가는 심각한 모욕이 될 수도 있다. 역겨워서 먹을 수 없을 지경이라는 뜻이기 때문이다.

revolting habit ⓒ 혐오스러운 습관, 싫은 습관

— My boyfriend has a *revolting habit* of eating with his mouth open. 내가 무척 싫어하는 습관인데, 남자 친구는 입을 벌린 채로 음식을 먹어요. (레딧의 고백 포럼에 올라온 글)

어떤 습관이 타인에게 역겨움과 혐오감을 준다면 revolting하다고 말할 수 있다.

Ⓢ Revulsion 혐오, 역겨움, 충격 / Repulsion 역겨움, 혐오, 반발 / Repugnance 반감, 혐오감

Ⓐ Attraction 끌림, 매력 / Love 사랑 / Enjoyment 즐거움, 기쁨, 향유

revulsion

역겨움, 혐오,
공포, 충격

revulsion은 repulsion과 상당히 비슷하다. 누군가가 무언가를 피하게 만드는 극도의 역겨움 반응이다. repulsion이 대상의 반발하는 특성에 초점을 맞춘다면, revulsion은 회피 행위를 묘사하며 강력한 '분리, 이탈' 움직임을 암시한다.

#purerevulsion 극단적인 혐오 수준을 말할 때

#reactionofrevulsion 누군가의 대응 방식을 서술할 때

#shockandrevulsion 놀랍기도 하고 못마땅하기도 할 때

#revulsionconvulsions 역겨운 기분과 함께 온몸을 부들부들 떨게 만드는 대상을 언급할 때

widespread revulsion ⓒ 광범위한 반감, 만연한 혐오감

— Exposure of the family's neo-Nazi paraphernalia has sparked *widespread revulsion*. 가족이 소지한 신나치 용품이 발각되면서 많은 이가 분노했다. (시사 보도)

도덕적으로 잘못되어 공개적으로 용납할 수 없는 것들에 대해서는 widespread revulsion이란 말을 쓰면 딱이다. 어떤 사건이나 상황에 대한 반응이 거의 전적으로 비난 일색이라는 뜻이

기 때문이다.

utter revulsion ⓒ 대단히 역겨워 함, 완전 충격

— We left with a feeling of *utter revulsion*: DO NOT EAT HERE! 식당을 떠나는 우리의 마음은 완전 충격이었다. 절대로 여기서 식사하지 마세요. (구글에 올라온 레스토랑 리뷰)

강조 형용사들이 그렇듯, utter 역시 revulsion과 더불어서 흔히 쓰인다. 물론, extreme, pure, powerful도 쓸 수 있다.

Ⓢ Repulsion 역겨움, 혐오 / Aversion 싫음, 반감 / Repugnance 반감, 혐오

Ⓐ Attraction 매력, 끌림 / Harmony 조화, 비례, 균형 / Appeal 매력, 관심

sick

아픈, 병든,
메스꺼운, 역겨운

sick은 의미가 엄청 많다. 명사형 sickness는 '병'(illness)을 가리키며 대부분의 경우에 쓸 수 있는 만능 용어이다. repulsed(불쾌한) 또는 appalled(끔찍해 하는)한 상황처럼, sick한 느낌은 혐오 반응으로 나타날 수 있다. 그뿐만 아니라, 무언가가 '지긋지긋할'(fed up) 때에도 irritated 대신 sick을 사용할 수 있다. 영국 속어로 sick은 의외로 cool하거나 impressive하다는 뜻으로도 쓰인다. 물론 '토할 것 같다'(vomit)라는 의미로도 쓴다.

#sick 뭔가가 역겨울 때
#sickening 반감의 정도를 가리킬 때
#sickofthis 뭔가에 넌더리가 날 때
#sickandtired 지치고 피곤한 상태를 가리키는 숙어

to be sick of something ⓒ 물리다, 지치다, 신물이 나다

— I *am so sick of this actor*, he is literally IN EVERYTHING! 이 배우, 정말 싫어! 안 나오는 데가 없다구! (로튼토마토에 올라온 관객 리뷰)

이 콜로케이션에서 sick은 bored 또는 fed up with의 의미를 지닌다. 반복되는 상황이나 일에 흔히 사용된다.

sick to death Ⓘ 지겨워 죽겠는, 아주 지긋지긋한

— Anyone else *sick to death* of game developers making these stupid design choices? 게임 개발자들은 왜 이렇게 디자인 선택을 멍청하게 하는 걸까요? 지긋지긋한 사람이 저밖에 없나요? (게임 관련 토론 사이드에 올라온 글)

이 비유 표현을 쓰면, 크게 실망하고 매우 따분하게 생각한다는 뜻이다.

sick and tired Ⓟ 아주 싫다, 진절머리가 나다

— I am *sick and tired* of your nonsense, Jeremy! I want a divorce! 제러미, 너의 그 말도 안 되는 소리에 질렸어! 이혼해! (배우자가 화가 나서 내뱉은 말)

이 숙어는 누군가가 어떤 불쾌한 점 때문에 극도로 화가 났으며 (sick), 그것이 미치는 영향에도 무척 지쳤음을(tired) 나타낸다.

sick-minded Ⓟ 마음이 병든, 이상 심리의

— So apparently I'm *sick-minded* for thinking this looks like a butthole?! 이게 항문처럼 보인다고 생각하다니 제가 제정신이 아닌 거죠?! (인스타그램 게시물의 댓글)

sick-minded는 저속하고, 선정적이며, 추잡한 것들에 선천적으로 거부감이 없다는 의미이다. 이게 무해할 수도 있다. 가령, 분변 관련 농담을 자주 하는 사람이 특별히 해악적이지는 않으니까. 하지만 누군가의 생각이나 행동이 성적으로 역겹고 혐오스

럽다면 해를 끼칠 수도 있다.

to make (somebody) sick ⓟ 진절머리 나게 하다

— It *makes me sick* that some people can abuse animals in this way. 이런 식으로 동물을 학대하는 사람이 있다니 정말 역겹다. (동물 학대를 고발하는 유튜브 다큐멘터리에 달린 댓글)

이 은유 표현은 (보통) 극단적인 반감을 드러낸다. '아플' 정도로 싫은 행동이나 개념에 격하게 반대할 때 이 표현을 쓰면 된다. 인권 탄압이라든가 기타 유사한 혐오 행동 맥락에서 흔하게 볼 수 있다.

sick in the head ⓟ 머리가 이상한

— Dude, that is some perverted content, are you *sick in the head*? 이봐, 이런 변태적인 내용을 올리다니, 머리가 어떻게 된 거 아냐? (충격적인 레딧 동영상에 달린 댓글)

여기서의 sick은 disturbing(불온하게 하는)의 뜻이다. 이 표현은 누군가의 정신 상태가 어쩌면 정상이 아니어서 대단히 반사회적인 성향을 보인다는 뜻이다. 따라서 sick in the head는 disgusting(역겨운, 혐오스러운)과 insane(제정신이 아닌, 미친) 사이 어딘가에 위치한다고 할 수 있다.

Ⓢ Disturbance 동요, 불안, 걱정 / Repulsion 역겨움, 혐오 / Irritation 짜증, 화, 격앙

Ⓐ Appreciation 감탄, 감사 / Fondness 좋아함, 기호 / Appeal 매력, 끌림

squeamishness

squeamish한 사람은 즉각적으로 쉽게 혐오감을 느끼거나 역겨워한다. 대개의 사람은 어떤 특정한 것들에 '대해 지나치게 예민하다'(squeamish about). 주로 벌레라든가 피, 기타 역겨운 것들을 들 수 있겠다. 주로 이런 식으로 사용되지만, 더 광범위한 비유적 의미로 활용되기도 한다. "He was not squeamish about helping others."(그는 남을 돕는 일은 까다롭게 굴지 않았다)처럼, 무언가를 하는 게 전반적으로 내키지 않는다는 뜻이 바로 그것이다.

#squeamish 역겨운 것을 싫어하는 사람을 일컫는 경우
#squeamishperson 역겨운 것들에 민감한 특정 인물을 일컬을 때
#imnotsqueamish 역겨운 것 따위는 신경 쓰지 않는다고 얘기할 때
#squeamishgirlfriend 여자 친구가 벌레나 피 따위를 싫어한다고 말할 때

a bit squeamish Ⓒ 약간 예민한, 좀 비위가 상한

— I enjoyed everything except the camping: I'm *a bit squeamish* so the bugs really creeped me out. 야영

빼고는 모든 게 좋았습니다. 저는 좀 예민한 편이라서 벌레들 때문에 정말 소름 끼쳤어요. (야외 휴가 체험을 돌아보며)

a bit squeamish는 역겨운 것들에 살짝 반감을 품었는데, 잠깐 동안은 참을 수 있다는 것을 보여준다.

squeamish person ⓒ 비위가 약한 사람, 신경질적인 사람, 끼디로운 사람

— What's the best pet for a *squeamish person* to get?
까다로운 사람에게는 어떤 반려동물이 가장 좋을까요? (반려 동물 포럼에 올라온 글)

squeamishness는 성격 특성이다. 따라서 어떤 사람이 squeamish하다면 squeamish person이라고 진술할 수 있다.

squeamish about ⓒ ~에 대해 지나치게 예민한

— I'm a little *squeamish about* frogs. 나는 개구리가 정말 싫습니다. (트윗)

사람이 무엇을 싫어하는지 구체적으로 진술할 때 가장 많이 나오는 전치사가 about이다.

Ⓢ Queasiness 메스꺼움 / Qualmishness 메스꺼움, 기분 나쁨, 꺼림칙함 / Nausea 메스꺼움

Ⓐ Stoicness 금욕, 냉정 / Constitution 체질, 구조 / Indifference 무관심, 냉담

turn-off

싫증, 매력
없는 대상

turn-off는 역겹고 넌더리 나는 것을 지칭하는 최근 속어 표현이다. 명사 turn-off는 무언가에 대한 자신의 견해를 바뀌게 하는 요소로, 혐오감과 역겨움을 일으킨다. "My boyfriend's long fingernails are a turn-off."(남자 친구는 손톱을 잘 안 깎는데, 정말 미쳐버리겠다)처럼 쓸 수 있다. turn off는 "I've been turned-off my dinner."(나는 저녁밥을 안 먹고 있어요)에서처럼 동사로도 쓰인다. 이 어구는 연애 및 성적 매력과 관련된 맥락에서 가장 많이 사용된다. 상대방의 역겨운 행동으로 갑작스러운 거부감을 느끼는 것이다. 하지만 반드시 이런 식으로만 사용될 필요는 없다.

#majorturnoff 혐오와 반감이 심각할 때
#soturnedoff 뭔가에 강렬하게 혐오감을 느낄 때
#whataturnoff 역겨움과 반감을 드러낼 때
#turnedoffforlife 어떤 대상과 완전히 담을 쌓게 되었다고 할 때

to turn (someone) off (something) Ⓒ 지루하게 만들다,
흥미를 잃게 하다

— Watching this documentary really *turned* me *off* eating meat. 이 다큐멘터리를 보고서, 정말이지 육식이 싫어졌습니다. (육류 생산 다큐멘터리 리뷰)

바로 이렇게 turn-off가 동사로 사용된다. 무언가로부터 '멀어진다'(push away)라는 뜻으로, 구동사 put off와 아주 비슷하다.

major turn-off ⓒ 정말이지 짜증 나는 것, 전혀 흥미롭지 못한 대상

— Wearing socks with sandals is a *major turn-off* for me. 샌들 신을 때 양말을 신는 것을 나는 도저히 못 참겠다. (개인 트윗)

육체적 매력과 관련해서 뭔가가 대단히 신경을 건드리면 major turn-off라고 말할 수 있다. 형편없는 패션, 단정하지 못한 외모, 역겨운 습관, 불량스러운 행동 등을 major turn-off라고 할 수 있겠다.

Ⓢ Repulsion 역겨움, 혐오, 반발 / Abhorrence 혐오 / Aversion 싫어함, 혐오, 반감

Ⓐ Turn-on 흥분을 안겨주는 대상 / Attraction 끌림, 매력 / Enticement 유혹, 매력

vileness

불쾌, 몹시 나쁨,
비열, 부도덕, 사악

vileness의 특성은 의미가 두 가지라는 측면에서 동의어들인 repugnance, revulsion, repulsion과 많은 내용을 공유한다. 첫 번째 의미는 상한 음식처럼 구역질 나고 불쾌한 것들에 인체가 느끼는 역겨움이고, 두 번째 의미는 비열한 행위에 대한 반응, 즉 정신적이고 감정적인 거부감이다.

#vile 추잡한 대상이나 악행을 언급할 때
#vilebehavior 수치스런 행동과 그에 따른 못마땅한 반응
#totallyvile 매우 불쾌하고 사악한 행동을 두고 이르는 말
#vileanddisturbing 뭔가가 추잡하고 불온할 때

vile mood Ⓒ 대단히 나쁜 기분
— Woke up in a *vile mood* and not talking to anyone today 일어났는데 기분이 너무 안 좋아서 아무하고도 말하지 않는 중 (스냅챗 캡션)
화가 난 상태로 입을 다물고 있지만, 언제 다른 사람에게 퍼부을지 모른다는 의미이다. 수면 부족이라든가 특정한 상황이 불만이어서 발생한, 그런 불쾌한 기분을 가리킨다.

vile slander ⓒ 사악한 중상모략, 악질 비방

— How dare these people publish such *vile slander*!

어쩜 이렇게 악의적인 비방을 할 수 있지! (불쾌한 내용을 리트윗하며)

slander는 다른 사람의 관점에서 한 사람을 폄하하는 모욕적인 언사이다. 따라서 vile slander는 누군가의 평판을 망가뜨리려는 매우 악의적인 말이다.

vile behavior/practice ⓒ 나쁜 행동, 용납할 수 없는 행위

— The governor's *vile behavior* has brought about universal criticism. 주지사의 부도덕한 행동은 많은 이의 비판을 불러 일으켰다. (정치 보도)

가령 남들에게 해를 끼칠 수 있는 방식으로 사회적 기대를 벗어나 행동하는 것은 vile behavior이다.

Ⓢ Repulsion 혐오, 반감 / Revulsion 혐오, 역겨움, 공포 / Repugnance 반감, 혐오

Ⓐ Appeal 매력, 끌림 / Propriety 예절, 교양, 적절성 / Decency 체면, 품위, 예절

vulgarity

천박함, 속됨,
상스러움

무언가가 vulgar 하다면 선정적이고 상스러운 것이다. 좀 더 말쑥하고 점잖은 상류 문화의 기준에 부합하지 않는다는 의미가 포함된 어휘이다.

#vulgar 불쾌하고 상스러운 무언가를 묘사할 때
#vulgarbehavior 유난히 무례한 표현이나 행동을 일컬을 때
#vulgarcomedy 무례하고 저속한 코미디라고 암시할 때
#thatsalittlevulgar 상스러운 무언가에 대한 반감을 드러낼 때

vulgar joke ⓒ 저속한[추잡한] 농담
— I would like to apologize for the *vulgar joke* that I made in my last tweet. 지난번 제 트윗에서 했던 저속한 농담에 대해 사과하고 싶습니다. (유명인의 사과 트윗)

무례하거나 추잡한 진실을 바탕으로 하는 농담은 '저속한' (vulgar) 농담으로 간주한다. '야한 농담'(dirty joke)은 때로 재미있다고 여겨지기도 하지만, 어떤 농담이 vulgar하다면 누군가는 그에 반감을 갖는다는 함의가 있다.

vulgar behavior Ⓒ 저속한 행동

— The coach denies accusations of *vulgar behavior* behind closed doors. 그 감독은 비밀리에 저속한 행동을 했다는 비난을 부인하고 있다. (스포츠 보도)

'상스러움'은 종종 행동으로 나타난다. 무례한 몸짓, 테이블 위에 발을 올려놓는 것과 같은 보디랭귀지, 또는 공공장소에서외 나체 노출 등은 '저속한 행동'(vulgar behavior)으로 여겨진다.

vulgarism Ⓘ 저속한 말, 비속어

— His speech was full of *vulgarisms*: I was not impressed. 온통 비속어로 가득찬 그의 연설, 인상적이지 않음 (유튜브 댓글)

vulgarism(비속어)은 저속한 용어를 말하는데, 보통 어떤 식으로든 성관계과 관련이 있다. 저속한 농담이나 표현이 포함될 수 있겠다.

vulgarian Ⓘ 천박한 사람, 속물

— How did we elect this *vulgarian*? 우리가 어쩌다가 이런 속물을 뽑았지? (정치 트윗)

vulgarian(속물)은 무례하고 상스러운 취향을 가진 사람이다. 차이점이라면, vulgar가 하층 계급의 저속함을 묘사하려고 종종 사용되는 데 반해, vulgarian은 부와 지위가 있는 상류 계급 사람들이 지나치게 무례하게 굴 때 주로 붙이는 꼬리표다.

Ⓢ Rudeness 저속함 / Lewdness 음탕, 방탕 / Crudeness 노골적임, 상스러움

Ⓐ Politeness 공손함 / Decorum 점잖음 / Tastefulness 고상함

Contempt

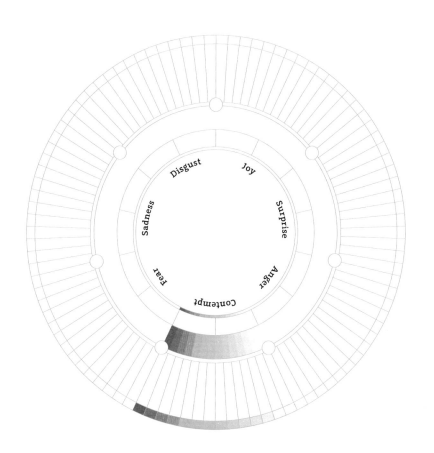

acrimony

악감정,
신랄함, 험악

acrimony는 '역겨운 맛이나 냄새가 난다'는 뜻의 acrid와 어원이 같다. 뜻은 bitter와 비슷한데, 여기서의 bitter는 '분노와 경멸'을 뜻한다. 톡 쏘는 자극적인 맛처럼 acrimony도 '예리하고 신랄하다'는 의미라서 어떤 모욕과 공격을 나타낸다. 형용사형이 사용된 acrimonious statement는 날카롭고 험악한 방식으로 상대방을 격분시키는 말이다.

#acrimonious 누군가가 신랄하게 비판할 때
#acrimoniousdebate 격론을 일컬을 때
#dontbesoacrimonious 누군가를 진정시킬 때
#friendshipendedinacrimony 친구와 험악하게 다투었을 때

acrimonious debate Ⓒ 격론, 격렬한 논쟁
— After weeks of *acrimonious debate*, the house has voted on a controversial new foreign policy direction. 몇 주간 격론이 벌어졌고, 하원은 논란이 분분한 새 외교 정책 방향을 표결에 부쳤다. (정치 분야 기사)
acrimonious debate는 논쟁이 치열해서 양쪽 모두 격분했음을

드러내는 표현이다. 꽤나 공식적인 어구로 자리를 잡았고, 정치 분야나 고위급 비즈니스 회의처럼 입장이 분명하고 격식적인 논의의 맥락에서 흔히 사용된다.

not without acrimony ⓘ 악감정이 없지 않은

— The divorce settlement was *not without acrimony*, sadly. 슬프게도 이혼 조정 과정에 악감정이 없지는 않았다. (회고록에서 자신의 이혼을 돌아보는 여성)

이 관용구는 not without이라는 이중 부정을 사용한다는 점에서 특이하다. 이 이중 부정의 기능은 진술의 확실성을 누그러뜨리는 것이다. 어떤 상황에서 억울해서 분노한 행동이 조금 있다는 얘기이다.

Ⓢ Bitterness 신랄함, 비통 / Resentment 억울함, 분노 / Hostility 원한, 적의

Ⓐ Cheer 쾌활함, 생기 / Congeniality 친화, 적합성 / Respect 존중, 경의

animosity

반감,
적의, 원한

animosity는 '생기 있다'는 뜻의 라틴어 animosus에서 유래했는데, 누군가를 싫어하거나 적대하는 강한 감정이다. contempt(경멸, 멸시)를 뜻하는 다른 유의어들보다 animosity는 받는 사람에게 악의가 가해지고 전해졌다는 의미가 강하다. animosity는 앙숙들 사이에서 오랫동안 계속되는 일이 많다.

#somuchanimosity 사태가 아주 격렬함을 가리킬 때

#bitteranimosity 아주 강력한 형태의 경멸을 가리킬 때

#whytheanimosity 극도로 적대적인 행동에 의문을 제기할 때

#stoptheanimosities 다 함께 사이좋게 지내자고 제안할 때

deep/bitter animosity ⓒ 깊은 우려, 험악한 적대 관계, 쓰디쓴 원한

— Many people have expressed their *deep animosity* towards the new release. For this, we apologize. 많은 분들께서 신작 영화에 깊은 우려를 표해주셨습니다. 이와 관련해 사과드립니다. (혹평을 받은 영화 속편에 대한 제작사 측의 공식 성명)

deep과 bitter는 둘 다 묘사하고 있는 animosity를 강화하는

강조어들이다. 약간의 차이가 있는데, deep이 정서적 확신과 도덕성의 깊은 정도를 의미하는 데 반해, bitter는 증오가 날카롭고 독하다는 뜻이다.

old animosity ⓒ 오래 된 원한[적개심]

— The *old animosity* between these two countries is held primarily for religious reasons. 이들 두 나라의 오래 된 원한과 적개심의 주된 이유는 종교이다. (위키피디아의 기사)

오래 전 시작되어, 현재까지도 계속되는 분노 또는 경쟁심을 가리킨다. 오랜 긴장 상태가 어떤 이유로 재개되면 old animosity가 부활했다는 식으로 흔히 언급된다.

mutual animosity ⓒ 상호 적대

— My mom's boyfriend and I have shared a *mutual animosity* since he moved in. 엄마의 남자친구가 이사해 들어오고 나서, 우리 둘은 서로에게 적개심을 품었다. (레딧에 올라온 고백 포스트)

animosity는 흔히 상호적이다. 둘 또는 그 이상의 당사자가 맞서며 증오하는 것이다. mutual animosity는 둘 사이의 개인이 느낄 수도 있고, 공통점을 갖는 더 큰 규모의 두 집단이 느낄 수도 있다. 전쟁 중인 국가들부터 이웃들 사이의 사소한 언쟁까지 다양하다.

Ⓢ Hatred 증오 / Hostility 적대, 원한 / Antipathy 반감

Ⓐ Friendship 우정 / Cooperation 협동 / Alliance 연대, 동맹

audacity

대담,
무모, 담대

audacity는 일종의 전투적인 자신감이다. 형용사형을 쓴 au-dacious person은 남들의 생각은 아랑곳하지 않고 말하거나 행동할 가능성이 크다. audacity는 무례하게 여겨지기도 한다. audacious한 행동에 버릇 없거나 퉁명스러운 발언이 포함될 수 있기 때문이다.

#audacious 안하무인격으로 자신감이 넘칠 때

#theaudacity 모욕을 당해 분할 때 흔히 쓰는 감탄사

#audacityandtenacity 어느 정도 운율을 맞춘 표현으로, 적극적인 자신감을 드러낼 때

#audaciousdecision 대담하지만, 그래서 위험할 수도 있는 결정

sheer audacity ⓒ 대담무쌍

— Honestly, the *sheer audacity* of him to take a de-cision without consulting us makes my blood boil.

솔직히 말하면, 우리와 상의도 없이 결정을 내리는 그 대담함이 정말 열받는 거지. (직장 동료들끼리 다른 동료에 대해 불평하는 말)

sheer는 very 또는 steep을 의미한다. 따라서 이 콜로케이션 표현은 누군가의 대담하고 권리를 침해하는 행동을 좀 더 강력하게 드러내는 방식인 셈이다.

to have the audacity ⓒ 과감하다, 뻔뻔스럽다

— And she *had the audacity* to wear last season's shoes! 그리고 그녀는 대남하세도 지난 시즌의 구두를 신고 등장했슴ㅣㅣ다. (타블로이드 신문)

여기서의 audacity는 관습을 거스르는 과감함으로, 사람들이 충격을 받거나 불쾌해 할 수도 있다는 의미이다. 어떤 사람이 '과감함을 지닌다'(have the audacity)는 것은 그동안의 누적치로 이런 성격 특성이 생긴 것이다.

the audacity! ① 뻔뻔하기도 하지!

— This human thought it had the right to pet me. *The audacity*! 이 인간은 나를 쓰다듬을 권리가 있다고 생각했다네요. 참으로 뻔뻔해요! (유명 고양이의 인스타그램 포스트)

일종의 감탄문이기 때문에 정상적인 문장 구성이나 적절하게 활용되는 동사가 꼭 필요한 것은 아니다. 이 어구를 단독으로 쓸 수도 있고, "The audacity of that man to come in here and tell me what to do!"(여기까지 쳐들어와서 내게 이래라저래라 하다니 참으로 뻔뻔스러운 작자야!)처럼 정보를 추가해 쓸 수도 있다.

Ⓢ Boldness 대담 / Impertinence 무례 / Rudeness 오만, 무례

Ⓐ Politeness 예의바름 / Timidity 소심 / Reservedness 내성적임

bitterness

신랄함,
쓰라림, 비통

bitterness도 sourness(시큼함)나 saltiness(짭짤함)처럼 맛을 지칭하는 말이었으나, 여기서 출발해 정서 어휘로 진화했다. 형용사형 서술어로 쓰인 be bitter는 불같이 분개하는 것이다. 반드시 그런 것은 아니지만, 과거에 일어났던 사건들에 의해 유발되는 감정이다. 쓴 과일을 먹는 것처럼, bitterness에는 항상 원인이 있다.

#bitter 나쁜 처우에 불만과 분노를 표출할 때
#bitterpill 뭔가를 받아들이기가 어렵다고 할 때
#bitteraboutthresult 스포츠 도박에서 돈을 잃고 화를 낼 때
#bitterrevenge 앙심을 품은 보복이 일어났을 때

increasingly bitter ⓒ 점점 더 격렬해지다
— Relations between employees and their employer have become *increasingly bitter* over the last stage of negotiations. 직원들과 고용주 사이의 관계가 협상의 마지막 단계에서 악화일로로 치달았다. (법률 소송 보도)
사람의 억울함과 분노는 시간이 흐르면서 커지기도 한다. 실제

로 이런 일이 벌어졌을 때, 그 사람의 정서가 increasingly bitter하다고 묘사할 수 있다.

bitter and twisted ⓘ 냉소적이고 뒤틀린

— The people here are *bitter and twisted*: I'm unsubscribing! 여기 사람들은 죄나 불만투성이에 꼬여 있네요. 구독 취소합니다. (유튜브 댓글)

bitter and twisted는 누군가가 삶이 바뀔 만큼 대단히 충격적인 트라우마적 상황 때문에 분개하게 됐다는 의미이다. twisted는 사람이 불건전한 악의를 품을 정도로 심리 구조가 부정적임을 가리킨다. 도대체 이런 일은 왜 일어날까? 예시문에서처럼 특정한 관념에 노출돼서일 수도 있고, 또는 물리적 변화 때문일 수도 있다.

until the bitter end ⓘ 끝장을 볼 때까지, 최후까지

— Dude, it's cool. We fought *until the bitter end*. 이봐, 친구. 괜찮아. 함께 끝까지 싸웠으니 말야. (쓰라린 패배를 언급하는 게이머의 채팅 메시지)

여기서의 bitter는 힘겹고, 정서적으로 고통스럽다는 의미다. 누군가가 뭔가를 이루기 위해 자신의 모든 에너지를 쏟으며 싸웠으나, 결국 패배해 상심했다는 의미이다.

bitter fruits (of something) ⓘ (~라는) 쓰디쓴 과실[결과]

— The *bitter fruits of interventionist foreign policy* became very clear. 간섭주의 외교 정책으로 참혹한 결과가 명백히 예상된다. (국제 관계 비평 기사)

bitter fruits는 어떤 행동 과정에서 부정적 결과가 빚어졌음을 언급하는 방식이다. '과실'을 뜻하는 fruit는 시간을 가지면서 식물을 돌봐야 얻을 수 있다. 따라서 이 표현에 의하면, 결과는 일종의 과실이다. 그런데 그 과실의 맛이 쓰다면, 결과물 역시 달갑지 않고 바람직하지 않은 것이 된다.

a bitter pill (to swallow) ① 쓴 약, 쓰라린 고통[경험]

— Getting knocked out of the world cup semi-finals was a *bitter pill to swallow*. 월드컵 준결승에서 탈락한 것은 받아들이기 힘든 일이었습니다. (스포츠 인터뷰)

쓴 약을 좋아하는 사람은 아무도 없다. 하지만 그럼에도 불구하고 사람들은 그 쓴 약을 삼키지 않을 수 없는 경우가 많다. 이런 식으로 해서, bitter pill은 받아들이기 어려운 어떤 것이 된다. 사람은 어떤 상황에 대해 억울해하고 분개할 수 있다. 하지만 자신의 실패를 인정하고 계속 나아가는 것 외에는 다른 방법이 없다.

Ⓢ Animosity 적의, 반감 / Hostility 적대, 원한 / Resentment 분노, 울화

Ⓐ Contentment 만족 / Joy 기쁨, 즐거움 / Glee 기쁨, 환희

bossiness

위세
부림

boss는 권한과 책임의 자리에 있는 사람이다. 여기서 형용사 bossy가 파생했는데, 여기저기 다니면서 남들에게 명령을 일삼는 사람을 가리킨다. 동사형 boss (around)는 완고하고 무모한 고집불통 방식으로 명령을 내린다는 뜻이다. 부정적 성격 특성으로 간주하며, 사람 대부분이 bossy한 사람에게 짜증을 낸다.

#bossy 어떤 상황에서 진두지휘를 하겠다고 나서는 사람을 일컬을 때

#bossyboots 남을 쥐고 흔들려 하는 사람을 지칭하는 관용어

#stopbeingbossy 두목 행세를 하는 사람에게 실망감을 표출할 때

#bossyboss 지배하려 드는 보스형 사람을 일컬을 때

bossy manner ⓒ 고압적 태도

— The manager had *a bossy manner* that wore everyone down every now and then. 관리자의 고압적인 태도에 이따금 모두가 진이 빠졌죠. (구인구직 사이트에 올라온 회사 평가)

사람들은 남들과 대화하고 행동하는 방식으로 bossiness를 드러낸다. 따라서 어떤 사람이 지시나 명령이 많고 '두목'(boss)처럼 행세하면 bossy manner를 선보이는 것이다.

to boss around/about ⓒ 고압적으로 행세하다

— As a kid, I would always get *bossed around* by my big sister. 어렸을 때는 나는 항상 큰언니의 졸개였다. (자서전)

boss는 동사로 사용될 때, 흔히 around와 짝을 짓는다. 명령권자 행세를 하며 남들에게 고압적으로 행동한다는 뜻이다.

bossyboots ⓘ 우두머리 행세를 하는 사람, 오만불손한 사람

— The Prime Minister's transformation from an agent of change to a stuffy old *bossyboots* has been swift. 총리는 변화를 이끄는 주체에서 보스 행세나 하는 고루한 꼰대로 신속하게 태세 전환을 했다. (정치 보도)

bossyboots는 bossy한 사람이다. 이 표현은 누군가가 우두머리 행세를 하며 유치하기 짝이 없다고 암시한다. 장악력도 없는데 통제하려 든다는 의미로, 주로 영국에서 사용된다.

Ⓢ Domineeringness 지배, 군림 / Authority 지휘, 권한, 권위 / Assertiveness 확신, 단호

Ⓐ Submissiveness 순종, 굴복 / Passiveness 수동성, 소극성 / Subservience 복종, 아첨

coldness

냉담, 쌀쌀,
차가움

기질과 성향은 온도 차원에서 표현되기도 한다. 누군가가 cold 하다고 해보자. 그 사람은 내향적이고, 주변 사람을 무시하며, 비우호적이다. 반대로 warm한 사람은 남들에게 친절하며 대화에도 열심이다. 형용사 서술어로 쓰인 be cold는 자신의 감정을 거의 드러내지 않으며, 계속해서 남들과 거리를 두고 그들을 못 미더워하는 태도이다.

#cold 특정 맥락에서 단호하고 비우호적인 행동을 묘사하는 경우
#coldhearted coldness를 더 분명하게 감정으로 언급하는 표현
#stonecoldglare 못마땅함을 드러내는 무서운 표정
#coldasice 온기와 친절함이 없는 사람을 가리킬 때

cold glare ⓒ 차가운 시선

— Look at that *cold glare* she's giving him! 여자의 저 차가운 눈빛 좀 봐! (스타 커플의 사진을 보고서 내뱉은 말)

cold glare는 적대적인 시선을 뜻한다. cold에 stone이나 ice를 붙여 변형시키면 시선의 차가움을 강조할 수도 있다. 가령, stone-cold는 뭔가가 매우 차갑다고 말하는 방식이므로 stone-cold glare는 매우 쌀쌀맞은 표정을 이른다.

cold-hearted ⓘ 마음이 차가운

— Anyone who doesn't find this adorable is a *cold-hearted* meanie. 이 광경의 사랑스러움을 모르는 사람은 옹졸한 냉혈한이다. (새끼 고양이들이 귀엽게 노는 사진에 달린 설명문)

cold-hearted는 cold의 의미 중 하나인 '물러남'(withdrawal)에 바탕한다. 누군가가 정서적으로 거리감을 갖고 있다는 얘기이다. 이런 사람들은 냉담하여 공감력이 부족하다. 솜털로 뒤덮인 동물의 새끼들이 귀엽다고 느끼지도 못할 것이다.

cold fish ⓘ 냉담한 사람

— He's a bit of a *cold fish*, but nice enough. 그 사람이 좀 차갑긴 해도, 나름 친절합니다. (신입 직원에 대한 동료 사이의 대화)

우스꽝스럽게 들리는 cold fish라는 표현은 누군가의 전반적인 성격이 불친절하고 비우호적이라는 뜻이다. 대다수의 특이한 영어 표현들처럼, cold fish도 셰익스피어에게서 유래했다. 셰익스피어는 낭만적 정서와 동떨어진 사람을 나타내려고 이 말을 썼다.

Ⓢ Callousness 냉담, 냉혹 / Steeliness 단단함, 완고함 / Heartlessness 무정함

Ⓐ Compassion 연민, 동정심 / Friendliness 친절함, 우호성, 우정 / Warmth 따뜻함, 온기

conceitedness

conceit의 어원은 '이해하다'(understand) 또는 '개념화하다'(conceptualize)라는 의미의 conceive와 '거짓 진술'(false representation)이라는 의미의 deceit, 이 두 단어가 결합한 것이다. 따라서 conceit는 '이상화된 것'(idealization)으로 이해할수 있다. 형용사 서술어로 쓰인 be conceited는 보통 자신의 능력이나 자아를 부풀리고 이상화해서 파악하는 것을 의미한다.

#conceited 스스로를 높이 평가하는데, 그게 사실이 아닌 경우를 가리킬 때

#conceit 기만적이라 할 만큼 환상적이고 이상화된 어떤 대상을 가리킬 때

#conceitedability 누군가가(가령 운동 선수나 음악인) 과대 선전되었다고 말할 때

#conceitedjerk 오만한 이를 언급할 때

conceited fool ⓒ 잘난 체하는 바보
— You think you're so awesome, don't you? You're nothing but a *conceited fool*. 넌 네가 대단하다고 생각하지? 하지만 자만심에 사로잡힌 바보일 뿐이야, 넌. (영화 대사)
conceited가 누군가의 능력에 대한 평가가 부풀려졌음을 가리

킨다는 점을 염두하면, 이 어휘를 fool(바보)과 짝짓는 게 그리 이상하지 않다. fool은 멍청한데도, 그 사실을 모르는 사람이다.

self-conceited ⓒ 자부심이 강한

— I hate having to be so *self-conceited* in job interviews. 면접을 볼 때 자신감 있는 척해야만 하는 것이 정말 싫습니다. (학생들이 즐겨 찾는 토론 사이트에 올라온 포스트)

self-conceited는 기본적으로 conceited와 의미가 같기 때문에 이상하게 느껴질 수 있다. conceited 자체가 스스로에게 갖는 심상이기 때문이다. 그럼에도 불구하고, self-conceited는 어떤 상황에서의 conceit를 개인 '자신'이 몸소 체험하고 있음을 더 분명히 드러낸다.

Ⓢ Egotism 자만, 자부 / Loftiness 고결, 거만함 / Narcissism 자아 도취

Ⓐ Humility 겸손, 비하 / Modesty 겸손함 / Realism 현실주의, 사실성

cruelty

잔인, 잔학, 잔혹,
무자비, 끔찍함

cruel한 사람은 남에게 고통과 괴로움을 가하는 성향이 있다. 이렇게 천성이 cruel한 사람은 고통을 야기하는 것을 적극적으로 즐기거나, 남의 고통에 무관심하고 냉담할 수 있다. 규칙, 관행, 세상 등의 비인간 실체에도 cruelty란 말이 자주 쓰여 무정함과 잔임함을 가리키기도 한다. 즉, 이런 것들에 연민이나 동정심 따위는 없다는 의미이다.

#cruelworld 이 세상은 원래 친절하지 않은 곳이라는 명제형 진술

#crueltobekind 때로 잔인함이 필요한데, 잘 따져보면 그게 궁극의 친절함이라는 표현

#dontbecruel 누군가에게 고통스럽게 하지 말라는 요구형 명령문

#stopanimalcruelty 동물을 학대하지 말라는 구호형 명령문

unspeakable cruelty Ⓒ 이루 말할 수 없는 잔혹함

— Such *unspeakable cruelty* cannot go unpunished by the UN. 유엔은 형언할 수 없는 그 잔혹 행위를 반드시 엄단해야 한다. (국제 정치 보도)

이 콜로케이션은 중대한 인권 유린 같은 사태, 또 살인처럼 가장

557

악랄한 형태의 범죄를 진술한다. '형언할 수 없는'(unspeakable) 것은 입 밖으로 꺼내고 싶지 않을 만큼 대단히 참혹하고 불쾌한 것이다.

child/animal cruelty ⓒ 아동/동물 학대

— We are an organisation dedicated to ending *child cruelty*. 우리는 아동 학대를 근절하기 위해 노력하는 조직입니다. (아동 학대 반대 기금 강령)

사람이나 기타 존재를 대상으로 광범위하게 잔혹 행위가 이루어지고 있으면, 이 상황 자체가 그대로 콜로케이션을 만들기도 한다. 이들 중에서 가장 대표적인 것이 '아동 학대'(child cruelty)와 '동물 학대'(animal cruelty)이다.

cruel twist of fate ⓟ 잔혹한 운명의 장난

— In a *cruel twist of fate*, my game glitched and now I have to start all over again. 하던 게임이 문제를 일으켰고, 처음부터 다시 시작해야만 했어요. 운명의 장난이란 게 이런 건가요? (레딧의 게임 포럼에 올라온 게시글)

twist of fate는 뜻밖의 일이 우연히 일어나는 것이다. 그런데 이 twist of fate가 cruel하면, 예측하지 못한 것도 당황스러운데 고통스럽기까지 한 것이다. 대개 비참해져 크게 좌절한다.

cruel to be kind ⓟ 상대방을 위해 엄하게 대하는

— I know he doesn't like it when I make him eat his vegetables, but sometimes you have to be *cruel to be kind*. 아이에게 채소를 먹으라고 하면 싫어하는 거 잘 알아요. 하지

만 때로는 엄할 필요도 있죠. (배우자와의 대화)

더 중요한 친절을 실현하기 위해 때로 엄한 행동이 필요하다는 뜻의 숙어다. 이 경우는 아이에게 억지로라도 채소를 먹이는 게 결국에는 아이를 더 건강하게 만들기 때문에 친절한 일이라는 뜻이겠다.

goodbye, cruel world ⓟ 잔인한 세상이여, 이제 안녕

— I guess this is it. *Goodbye, cruel world.* 이제 끝인 것 같아. 무정한 세상이여, 안녕. (영화 대사)

영화나 소설을 보면, 사람이 죽어갈 때 이 상투적인 문구가 자주 쓰인다. 삶에 대한 마지막 작별 인사로, 화자는 이 세상과 인생이 잔혹하고 무정하다고 여기고 있다.

ⓢ Brutality 잔인, 야만, 무자비 / Inhumanity 몰인정, 무자비 / Savagery 야만, 흉포, 잔인

Ⓐ Mercy 자비, 인정, 은혜 / Compassion 연민, 동정심 / Kindness 친절, 다정함

defiance

반항,
저항, 도전

defiance는 뭔가에 '맞서는 행위'이다. 그 대상은 대개 확립된 지배 체제나 타인의 지휘 통제 같은 것들이다. defiance는 불충(disloyalty)을 함축할 수도 있고, 영웅적 행위(heroism)를 의미할 수도 있다. 어느 것을 의미하게 될지는 맥락과 관점 등을 따른다. 예컨대, 학교 규칙을 defiance 한다면, 이는 부정적인 저항에 해당하지만, 군의 억압적인 점령에 맞서서 defiance하는 일은 용기 있는 행위로 여겨질 것이다.

#defy 모종의 규칙들이나 일처리 방식에 저항하라는 명령법 표현
#defiant 뭔가에 도전한다는 말로, 곤경에도 불구하고 저항할 때
#defyinggravity 공중 곡예, 스턴트 등 재주가 매우 인상적일 때
#defytherules 다른 사람들에게 기존의 규제 및 통설을 거부하라고 부추기는 무정부주의적 명령 표현

to openly defy ⓒ 공개적으로 이의를 제기하다
— Some restaurants are *openly defying* government lockdown policies and remaining open for business. 정부의 봉쇄 정책에 반발하며 계속 영업을 하는 식당이 일부 있다.

(경제 분야 기사)

이 표현은 개인이나 집단이 규칙이나 법령을 공개적으로 저항한다는 의미이다. 그렇게 하는 사람들은 위반 사실을 적극적으로 홍보하면서 자신들의 저항에 자부심마저 느낄 수도 있다.

to defy belief ⓒ 믿기 힘들다, 믿기 어렵다

— This guy *defies belief*...! 이 사람은 도무지 믿을 수가 없네 ......!
(길거리 마술사가 묘기를 부리는 동영상의 틱톡 캡션)

defy belief는 보통 사람이라면 불가능하다고 여길 뭔가를 하는 것이다. 여기서 defy는 무언가에 '저항하다, 반대하다'(go against)라는 의미로 쓰였다. 가능성과 충돌하는 것이다.

to defy gravity ⓒ 중력에 반하다, 중력을 거스르다

— My hair is *defying gravity* today. 오늘은 머리카락이 중력을 거스르네요. (인스타그램 포스트)

defy gravity는 대개의 경우 문자 그대로이다. 그러니까 공중곡예를 묘사하는 말인 셈이다. 하지만 자연 질서에 반하는 뭔가를 기술할 수도 있다. gravity(중력)는 자연의 힘이자 '정상성'(normality)이라서, 그 중력에 '맞선다'는 것은 보통 매우 인상적인 방식으로 비정상적인 결과를 이뤄낸다는 의미이다.

act of defiance ⓘ 도전 행위, 반항, 저항

— In an *act of defiance*, a protester has glued themselves to the door of the central government building. 한 시위자가 중앙 정부 건물 출입구에 자신을 결박했는데, 이것은 저항의 제스처였다. (시사 보도)

act of defiance는 인상적인 볼거리, 곧 장관을 묘사할 때 쓴다. 당연히 여기서의 해당 행위는 눈에 잘 띌 것이다. 지배 체제에 맞서는 항의 행동이나 성명 발표의 경우에 흔히 목격할 수 있다.

Ⓢ Resistance 저항 / Rebellion 반란, 모반 / Disobedience 불복종

Ⓐ Conformity 순응 / Compliance 규정 준수 / Obedience 복종

derision

조롱, 조소,
비웃음

derision은 사람이나 생각을 폄하하려는 목적을 갖고서 조롱하는 것이다. derision은 탄성을 크게 지르거나 콧방귀와 비웃음 같은 기분 나쁜 소리를 내는 식으로 표출되기 일쑤지만, 말로도 사람을 조롱할(deride) 수 있다.

#derided '저격'을 당해, 무가치하다고 느끼게 된 사람을 가리킬 때
#derisive 남을 조롱하는 표현이나 행동을 이르는 말
#derisivetone 말투가 잘난 체하는 사람을 이르는 말
#hadenoughofyourderision 분노를 드러내는 해시태그

to snort derisively ⓒ 조롱하듯이 콧방귀를 뀌다
— My boyfriend said he's better than me at this game: I just *snorted derisively*. 남자친구가 이 게임은 자기가 나보다 나을 거라고 하더라고. 보란 듯이 콧방귀를 뀌어줬지. (게임용 메신저 디스코드 대화)
사람들은 뭔가가 우습다는 생각이 들 때, 코로 큰 소리가 나게 숨을 내쉬는 상황을 일컫는다.

derisive laughter ⓒ 비웃음, 조롱조의 웃음

— My views might be met with *derisive laughter* now, but in ten years, I'll be the one who's laughing. 지금이야 내 생각이 비웃음을 살지도 모르지만, 10년만 지나면 웃는 사람은 바로 나일 것이다. (정치 전문가의 도발적인 트윗)

derisive가 들어가는 가장 흔한 표현이 아마도 이것일 테다. laugh derisively는 웃기다는 생각이 들 만큼 어떤 생각을 대수롭지 않게 여긴다는 의미이다.

howl of derision ⓒ 조롱의 아우성, 떠들썩한 비웃음

— As the trailer finished, the developers on stage were met with *howls of derision*. 예고편 상영이 끝나자, 무대 위 개발자들에게 한바탕 야유가 쏟아졌다. (게임 관련 대회의 현장 취재 기사)

howl은 보통 늑대가 내는 소리이다. 하지만 여기서의 howl은 뭔가와 의견을 크게 달리할 때 노골적으로 크게 외치는 소리이다. 어떤 생각이 경멸 속에서 묵살당하는 상황이라면, howl of derision이 derisive laughter와 함께 나오기도 한다.

Ⓢ Ridicule 조롱, 조소 / Mockery 조롱, 흉내 / Denigration 폄하, 모욕

Ⓐ Respect 존중, 경의 / Esteem 존경, 찬탄 / Admiration 감탄, 숭배

despisal

경멸, 멸시

despisal은 hatred(미움과 증오)의 강경한 형태이다. despisal은, 관심을 기울일 만한 가치가 없을 정도로 뭔가가 싫다는 얘기이다. 다시 말해, 이 경멸의 대상을 몸소 체험하는 과정을 도저히 견딜 수 없을 정도로, 그 대상이 사람의 기호를 침해하는 것이다.

#despicable 사람들의 경멸을 유발하는 특성

#despised 강한 증오의 대상을 일컬을 때

#despisecoffee 커피를 정말로 싫어하는 사람을 일컫는 말

#feelingdespised 누군가가 부당하게 괴롭힘을 당했음을 알릴 때

to thoroughly despise Ⓒ 완전히 경멸하다

— Am I the only one who *thoroughly despises* the combat system in this game? 이 게임의 전투 시스템이 웃기는 건 나뿐인가요? (비디오 게임을 테마로 하는 레딧의 하위 포럼에 올라온 포스트)

thoroughly는 fully와 completely의 의미를 지닌다. 따라서 뭔가를 thoroughly despise하는 것은 총체적으로 미워하고, 싫어

하고, 증오하는 것이다.

to openly despise ⓒ 대놓고 경멸하다

— He *openly despises* music journalists, so this interview is a particular rarity. 그는 음악 기사를 쓰는 기자들을 대놓고 경멸해 왔기 때문에 이번 인터뷰는 특별히 드문 경우에 속한다. (대중 음악인과의 인터뷰 기사)

secretly despise의 반대말인 open despisal은 사람들에게 알려지는 것을 개의치 않는 미움과 증오이다. 누구나 다 아는 일이라는 뜻이라서 유명인들의 복수나 그 외 공적인 갈등 사태에서 open despisal을 쉽게 찾아볼 수 있다.

to secretly despise ⓒ 은밀하게 멸시하다

— Sarah has *secretly despised* Mary ever since she got that promotion ahead of her. 새라가 메리보다 먼저 진급을 하더니, 줄곧 은밀히 그녀를 업신여기고 있죠. (탕비실에서 직원들 사이에 오가는 험담)

despisal은 강렬한 감정이지만, 원한과 분노의 형태로 숨기며 감출 수 있다.

Ⓢ Hatred 미움, 증오 / Detestation 혐오, 증오 / Disdain 업신여김, 경멸

Ⓐ Love 사랑 / Respect 존중 / Appreciation 감사

disdain

업신여김,
경멸, 거부

disdain은 증오(hatred)의 일종으로, 누군가에 대한 저평가가 뒤따른다. 당신이 누군가를 disdain한다면, 그 사람에 대한 존중은 전혀 없이 당신 아래로 얕보는 것이다. 흔히 쓰이지는 않지만, 인간이 아닌 대상이나 개념을 disdain할 수도 있는데, 그럴 때는 그 대상에 관심을 기울일 만한 가치가 없다는 뜻이다.

#disdainful 어떤 대상이 존중심을 앗아갈 때

#lookofdisdain 화난 표정의 사진을 언급하는 경우

#disdainforracists 편견을 지닌 사람들에 대한 적의를 드러낼 때

#disdainfulbehavior 남들이 볼 때 품격이 떨어지는 나쁜 행실을 이르는 경우

utter disdain ⓒ 지독한 경멸

— I have *utter disdain* for people who don't like chocolate. 나는 초콜릿 싫어하는 사람을 경멸한다. (트위터에 올라온 의견) utter는 disdain의 의미를 강조한다. 누군가의 경멸이 매우 강력하다는 뜻이다.

to express disdain ⓒ 경멸감을 드러내다

— My son seems to *express disdain* for his little sister by ignoring her. Any advice? 아들 녀석이 제 여동생인데도 무시하면서 경멸감을 드러내는 것 같아요. 어쩌면 좋죠? (멈스넷에서 조언을 구하는 포스트)

disdain을 특정 방식으로 보여줄 때, 이 과정을 말하기 위해 동사 express가 가장 흔하게 쓰인다.

look of disdain ⓒ 경멸의 표정

— Why does your profile pic have such a *look of disdain*? 넌 증명 사진을 왜 그렇게 경멸하는 표정으로 찍은 거냐? (페이스북 댓글)

look of disdain은 disgust(역겨움)와 hatred(증오)의 표정이다. 눈을 가늘게 뜨고 얼굴을 찌푸리는 것이 이 표정의 특징이다.

treat with disdain ⓒ 경멸하다, 멸시하다, 업신여기다

— Cheap meat is often *treated with disdain*, but it works well in this recipe. 많은 사람이 싼 고기를 우습게 알고 무시합니다. 하지만 이 조리법에서는 싼 고기를 써도 아주 좋습니다. (음식 블로그)

treat with disdain은 누군가가 어떤 것에 경멸감을 느낄 때 취하는 행동이다. treat with disdain하다 보면, 그 대상을 회피하거나 하찮게 써버리게 된다.

Ⓢ Derision 조롱 / Haughtiness 오만 / Superciliousness 거만함

Ⓐ Admiration 찬탄 / Love 사랑 / Respect 존중, 경의

dislike

싫음,
반감

dislike는 문자 그대로 like의 반대말로, 뭔가에 대한 경멸을 폭넓게 묘사하는 어휘이다. 그 폭이 대단히 넓기 때문에, 특정 음식을 멀리하는 것 같은 가벼운 dislike가 있는가 하면, 전 남자친구를 증오하는 것처럼 더 강력하게 혐오스러워하는 dislike도 있을 수 있다.

#disliked 사람들이 당신을 원하지 않고, 인기도 없다고 느낄 때
#strongdislike 경멸감이 느껴지는 대상을 일컫는 말
#idislikethis 뭔가가 싫다는 생각을 전달하고자 할 때
#dislikehorrormovies 영화가 무섭고 내키지 않을 때

deep/strong dislike ⓒ 강한 혐오, 심한 반감
— I have a *deep dislike* for people who chew with their mouths open. 입 벌리고 음식을 씹는 사람 정말 싫어! (개인 계정의 트윗)
싫음이 aversion(반감, 혐오)이라기 보다는 contempt(경멸, 멸시)에 더 가깝다는 의미이다.

569

growing dislike ⓒ 커져가는 혐오감

— The show has attracted *growing dislike* over the last few seasons. 이 프로그램은 지난 몇 시즌 사이에 점점 더 많은 반감을 불러일으켰다. (방송 비평 기사)

growing dislike는 시간이 흐르는 가운데 뭔가의 인기가 시들해질 때 쓸 수 있다. 아마도 질이 떨어졌거나 선호도가 바뀌었기 때문일 것이다.

mutual dislike ⓒ 상호 불신과 적대

— We have a *mutual dislike*, me and him. 우리, 그러니까 나와 그는 서로를 싫어한다. (상대방 유튜버에게 불평을 해대는 또 다른 유튜버)

mutual dislike는 뭔가를 '공통적으로' 싫어하는 것이기도 하다. 대개는 두 사람이 서로를 싫어하는 것이지만, 두 사람이 공통적으로 동일한 뭔가를 싫어하는 것으로도 파악할 수 있다.

widely disliked ⓒ 많은 이가 싫어하는

— The leader of the opposition is *widely disliked* and struggles to find allies even amongst his own party. 많은 이가 야당 지도자를 싫어하고, 그는 소속 정당에서조차 동지를 찾기가 버겁다. (정치 분야 기사)

widely는 publicly의 동의어다. 누군가 또는 무엇을 사회 전반의 많은 사람이 싫어한다는 의미이다.

Ⓢ Hostility 적대, 원한 / Aversion 반감, 혐오 / Hatred 증오

Ⓐ Like 좋음 / Enjoyment 즐거움, 기쁨 / Love 사랑

disparagement 경멸, 얕봄, 비난

disparagement는 반대하는 입장에서 사람, 행동, 생각을 꺾어 좌절시키는 행위이다. 사람들은 서로를 싫어하고 상대방의 업적을 깎아내리고 싶을 때 서로를 disparage(헐뜯다, 폄하하다) 한다. 하지만 특정 상황을 통해서도 disparagement를 느낄 수 있다. 가령, 출근 시간에 늦었는데 교통 체증 속에 갇혀 있다면 제 시간에 도착할 거란 희망을 잃게 된다. 이때는 '교통 체증'도 당신을 disparaging한다고 할 수 있다.

#disparaging 사람을 울적하게 하고, 심지어 무가치하다고 느끼게 만드는 뭔가를 두고 이르는 말

#disparaged 뭔가가 비난 당한 사실을 분명히 말하고자 할 때

#disparagingthought 우울하고 비참하기까지 한 생각이 들 때

#disparagingresult 손실이나 패배로 낙심할 때

disparaging remark Ⓒ 폄하 발언

— We've asked Jared to leave after his *disparaging remarks* towards female colleagues came to light last week. 지난주 자레드가 여성 동료들에게 비하 발언을 한 사실이 밝혀져

우리는 그에게 퇴사를 요구했습니다. (사무실에서 발생한 큰 사건 이후 사장에게서 온 이메일)

남을 폄하하려고 하는 발언은 독설일 경우가 많은데, 종종 disparaging remark라고 표현한다. disparaging remark는 성명서 같은 데서 흔히 사용되는 공식 표현이다. 모욕적이고 상처를 주는 발언을 가리킨다.

disparaging thought ⓒ 심란한 생각

— Knowing how far we are from stopping climate change is a *disparaging thought*. 우리가 기후 변화를 막을 확률이 거의 없다는 사실은 무척 절망적이다. (개인 계정의 트윗)

어떤 생각으로 인해 자신이 하찮다고 느끼며 낙담하면, 그 생각을 disparaging thought라고 설명할 수 있다.

Ⓢ Denigration 비방, 폄하 / Discouragement 낙심, 좌절 / Disdain 경멸, 무시

Ⓐ Complementation 보완, 상보성 / Positivity 확신, 명료, 긍정 / Empowerment 자율, 권한

disregard

disregard는 고의적으로 무시하는 것이다. disregard는 모욕적이고, 어떤 사람이 무시당하는 대상보다 '우위'에 있다는 의미이다. 누군가의 '의견'(opinion)이 무시되는 일이 잦은 것처럼, '조언'(advice)도 아주 흔한 disregard의 대상이다. disregard에는 그 대상에 대한 약간의 경멸도 담겨 있다.

#disregardthis ignore this(이건 무시해)의 다른 표현

#disregarded 무시, 외면당한 것을 나타낼 때

#disregardforfacts 음모론과 신비주의를 믿는 사람을 가리킬 때

#disregardoftherules 사람들이 어떤 식으로든 규칙을 어긴 상황을 묘사할 때

blatant disregard ⓒ 노골적인 무시

— This guy clearly has a *blatant disregard* for people who are sleeping. 이 자는 자고 있는 사람들을 완전 무시하는 게 틀림없네요. (밤중에 도시에서 트럼펫을 불어대는 남자가 촬영된 동영상에 달린 설명문)

blatant는 죄로 물어도 될 만큼 명백하다는 뜻이다. 이 콜로케이션은 누군가가 규칙을 무시하는 것이 뚜렷이 보인다는 뜻이다. 다른 사람은 안중에 없으며, 사람들이 따르는 규범 체계도 신경 쓰지 않는다는 것을 암시한다.

flagrant disregard ⓒ 노골적 무시

— This restaurant clearly shows a *flagrant disregard* for hygiene standards: our cutlery was filthy. 이 식당은 위생 기준을 대놓고 무시하는 게 분명하네요. 식기가 아주 더러웠거든요. (구글에 올라온 레스토랑 리뷰)

flagrant는 blatant와 비슷하지만, 무시하는 행위가 관습을 거스르고 비도덕적이라는 사실을 강조한다. 따라서 flagrant disregard는 blatant disregard보다 약간 더 모욕적이고 불쾌하다. 물론 이 두 콜로케이션 표현은 자주 혼동되고, 원어민이라도 수시로 뒤바꿔 쓰기는 하지만 말이다.

reckless disregard ⓒ 무모할 정도의 무시

— The firm has demonstrated a *reckless disregard* for health and safety. 그 회사는 보건과 안전 문제를 상당히 경시해왔다. (시사 보도)

blatant가 obvious를, flagrant가 offensive를 의미한다면, reckless는 통제력을 잃었다는 뜻이다. 누군가가 어떤 규칙이나 관습을 의식하지 못한 채로 부주의하게 무시했음을 지정한다. 이런 경우 대개는 남들에게 피해를 입히게 마련이다.

Ⓢ Ignorance 무시, 외면 / Scorn 경멸, 거절 / Neglect 무시, 경시

Ⓐ Regard 관심, 배려 / Interest 관심, 흥미 / Engagement 참여

envy

envy는 타인의 재산, 환경, 경험을 노리는 욕망이다. envy와 jealousy의 차이를 두고서는 약간의 논쟁이 있다. jealousy가 낭만적 열망에 더 자주 사용되는 반면, envy는 그 욕망을 다른 사람들에게 숨긴다는 뉘앙스가 분명한 것이 차이점이다.

#envious 남의 것을 원할 때

#greenwithenvy 부러워하고 선망한다는 표현

#fullofenvy 남의 소유물을 갖겠다는 욕망에 사로잡혀 있을 때

#soenvious 시기하고 질투할 때

to swallow (one's) envy Ⓒ 부러워하기를 그만두다, 질투심을 삭이다

— I had to *swallow my envy* and congratulate him on his new job. 부러움은 접어두고, 새 직장으로 가는 그를 축하해 줬어요. (배우자와의 대화)

자신의 질투심을 모르는 체하고, 마치 그 감정이 없는 것처럼 행동한다는 뜻이다. envy가 없어진 건 아니고, 다만 내면으로 '삼켜져' 안 보일 뿐임을 알아야 한다. envy처럼 pride도 이런

식으로 swallow(삼키다)를 써서 표현한다.

to provoke (the) envy (of) ⓒ 부러움[시기심]을 자극하다

— When I was a kid, my new scooter *provoked the envy of* all the other kids at school. 어렸을 때 스쿠터를 한 대 새로 장만했는데, 학교 친구들이 다들 부러워했죠. (레딧 게시글)

누가 '부러워'(envious)하는지 특정하고 싶으면, 이런 식으로 the와 of를 보태면 된다.

to make (someone) envious ⓒ 질투를 유발하다, 부러워하게 만들다

— These holiday pics are *making me envious*! 휴가 여행 사진들을 보니 정말 부럽네요! (인스타그램 댓글)

envy는 많은 경우 구체적이고 물질적이다. 바라고 원하는 것들이 눈에 띄면, envious하게 되는 이유도 그 때문이다.

green with envy ⓘ 몹시 샘을 내는, 질투로 안색이 창백해진

— This house is incredible - I'm *green with envy*!" 정말 대단한 집이네요 질투나네요! (값비싼 부동산이 나오는 동영상에 달린 유튜브 댓글)

green with envy도 셰익스피어에서 유래했다. 셰익스피어가 살았던 시대의 사람들은 몸에서 담즙이 너무 많이 분비된 결과가 envy라고 생각했다. 게다가 담즙이 피부를 약간 초록색으로 바꾼다고도 믿었다. 이런 이유로 envy가 초록색과 연관된 것이다.

Ⓢ Jealousy 질투, 시기 / Grudge 원한, 유감, 억울 / Desire 욕구

Ⓐ Contentment 만족, 자족 / Goodwill 호의, 선의 / Benevolence 자비

flippancy

경솔,
건방, 무례

flippancy는 심각하게 받아들여야 할 대상 앞에서도 속 편하게 구는 것을 가리킨다. cheekiness(건방짐, 뻔뻔스러움)와 뜻이 유사한데, 심각함은 버리고 재치있어 보이고 싶어하는 감정이다.

#flippant 까불며 빈정댄다는 뜻

#flippanttone 상황의 진지함을 묵살하는 것들을 두고 이르는 말

#dontbesoflippant 건방진 사람들에 짜증이 났을 때

#flippantstatement 가볍고 무책임하게 늘어놓는 글이나 말

flippant attitude ⓒ 무례한 태도, 건방짐

— Not sure I agree with his *flippant attitude* towards refugees here. 이곳 난민들에 대한 그의 무례한 태도를 납득하지 못하겠다. (보수적 정치 견해에 대한 리트윗)

flippant attitude는 일반적으로 진지하지 않은 성향을 나타낸다. 어떤 주제에 대한 누군가의 견해를 경시하는데, 그 방식 역시 장난스럽고 우스꽝스럽다는 의미이다.

flippant remark Ⓒ 경솔한 발언

— When we asked about her recent divorce, she only gave us *flippant remarks.* 우리가 최근의 이혼에 대해 묻자, 그녀는 정말이지 경솔한 발언을 내뱉기만 했다. (타블로이드 신문 기사)

flippant remark는 경솔한 방식으로 무언가를 구체적으로 언급하는 것이다.

flippant response/answer Ⓒ 가벼운 대응, 경박한 대답, 장난스런 대꾸

— Watch this heckler get a *flippant response.* 이 야유꾼에게 장난스럽게 대꾸하는 것 좀 보세요. (코미디언이 자신을 야유하는 사람을 놀리는 동영상의 설명문)

이 콜로케이션 표현은 사람들이 질문에 장난으로 대꾸하는 걸 가리킨다. 질문의 전제나 질문하는 사람 스스로를 웃음거리로 만들기도 한다.

flippant tone Ⓒ 경박한 어조, 건방진 말투, 경솔한 태도

— I'm not a fan of the *flippant tone* people have taken in the comments. 저는 사람들의 댓글에 보이는 경솔한 말투와 태도를 싫어합니다. (유튜버가 댓글들을 읽으면서 하는 말)

flippant tone은 말을 하는 방식과 태도가 경쾌하고, 걱정 없이 속편하며, 진지한 생각 따위에는 무관심한 것이다. 농담과 헐뜯기도 여기 포함될 수 있다.

Ⓢ Glibness 입심 좋음 / Disrespect 무례, 결례 / Snideness 비방

Ⓐ Respect 존중, 경의 / Seriousness 진지, 성실 / Graveness 엄숙, 심각

foulness

foulness는 주요 의미가 둘이다. 첫 번째는 '역겨운'(disgusting) 것이고, 두 번째는 '부도덕하고'(immoral) '불쾌한'(unkind) 것이다. foul한 사람은 경멸의 대상이 된다. 무례하고 반사회적인 행동을 선보이는데, 종종 그 의도까지 사악하기 때문이다.

#foul 불쾌하거나 불공정한 대상을 두고 이르는 말

#foulmood 화나고, 우울하고, 짜증이 나거나, 이 모든 감정이 뒤섞였을 때

#utterlyfoul 대단히 불쾌한 것을 두고 이르는 말

#foulweather 폭우가 내리거나 역풍이 부는 등 날씨가 궂을 때

foul mood ⓒ 불쾌한 기분

— It was hard to ignore his *foul mood* for the duration of the interview. 인터뷰 내내 그의 기분은 매우 안 좋았고, 이를 무시하기는 어려웠다. (유명인 관련 보도)

여기에서 foul은 '전반적으로 나쁘다'라는 의미이다. foul의 의미가 '역겨운'(disgusting)과 '사악한'(evil) 사이에 위치하기 때문에, 포괄적 의미로 '불쾌함'(unpleasantness)을 언급하기에 적합하다. 감정과 행동의 맥락에서, 누군가가 까다롭게 굴며 짜증을 내면(cranky and irritable), 이런 상황을 foul mood라고 말할 수 있다.

to cry/call foul ⓒ 부당하다고 주장하다

— Protestors have been quick to *cry foul* at the way the police have acted in the last few days. 시위대는 지난 며칠 동안의 경찰 대응을 즉각 문제 삼았다. (시사 보도)

스포츠에서는 규치에 어긋나는 플레이를 명시로 '피 울'(foul)이라고 부른다. 그래서 foul을 cry하거나 call하면, 누군가가 불공정하거나 무례한 행동을 했다고 주장하는 것이다.

foul-mouthed ⓘ 입이 거친, 입버릇이 상스러운

— I want to complain about the *foul-mouthed* presenter on that show. 그 쇼의 진행자는 입이 거칠고, 저는 이에 항의하고자 합니다. (TV 시청자 항의)

foul-mouthed한 사람은 모욕을 남발해서 불쾌하다. 욕설과 상소리 사용은 기본이겠다.

Ⓢ Immorality 부도덕, 사악, 음란, 악행 / Unpleasantness 불쾌, 악감정, 불화 / Nastiness 더러움, 불결, 고약, 위험

Ⓐ Pleasantness 유쾌, 상냥함 / Congeniality 친화성 / Politeness 공손

frigidity

불감, 냉담, 쌀쌀,
냉랭, 무뚝뚝함

frigidity는 coldness를 가리키는 또 다른 말이고, 그 의미도 같다. 형용사 frigid는 정서적 온기가 부족하여 주위 사람들에게 쌀쌀맞게 굴며 거리를 두는 것이다. 그리고 별도의 의미가 또 있다. 낭만적 연애 등에 의사가 없다고 확실히 표명하는 것이다. 특히 '불감증'을 가진 여성을 부정적으로 묘사하는데도 쓰인다.

#frigid 친근감이 부족하거나 없는 상황, 상호 작용, 표정 등을 일컬을 때

#frigidsmile 힘 있는 자가 남들에게 보이는 냉담한 표정

#suchafrigidtone 연민과 공감 능력이 부족한 소통방식을 묘사할 때

#frigidandaloof 감정을 드러내지 않는 차가운 사람을 일컬을 때

frigid atmosphere ⓒ 냉랭한 분위기, 차가운 분위기

— There was a *frigid atmosphere* in the house after the argument. 말싸움이 있고 나서 집 안 분위기가 냉랭해졌다. (현대소설)

서로에게 화가 나 말도 하지 않는 상황에서 긴장감이 감돈다면 frigid atmosphere라고 묘사할 수 있다.

frigid tone ⓒ 차가운 말투, 냉랭한 어조

— I didn't like the barista's *frigid tone* after I asked for soy milk. 두유를 주문하자 바리스타가 차가운 말투로 말한 게 마음에 안 들었어요. (구글에 올라온 커피 가게 리뷰)

frigid tone은 사람들이 살짝 짜증 났을 때 약간 불친절하게 말하는 방식이다.

frigid welcome/greeting/reception ⓒ 무뚝뚝한 환영, 형식적인 인사, 싸늘한 반응

— By all accounts, the ambassador received a *frigid welcome*. 소식통에 따르면, 대사는 냉대를 받았다고 한다. (국제 정치 보도)

가끔은 welcome인데도 그 환영이 frigid할 때가 있다. 모종의 이유로 따뜻함과 친화성이 부족해서일 것이다.

frigid smile ⓒ 냉담한 미소, 차가운 표정

— The athlete's *frigid smile* says it all: he knows he's the best. 그 선수의 냉담한 표정이 모든 걸 말해준다. 그는 자신이 최고임을 알고 있는 것이다. (스포츠 보도)

frigid smile은 자신이 남들보다 낫다고 속으로 생각하는데, 그것이 드러나는 표정이다. 이런 면에서는 '능글맞게 웃는다'라는 뜻의 smirk와 비슷하다. 친근함이나 연민이 일절 없는 미소가 smirk이다.

Ⓢ Coldness 냉담 / Aloofness 무관심 / Iciness 차가운 태도

Ⓐ Warmth 따뜻함 / Friendliness 우정, 호의 / Geniality 친절, 상냥

grudge

원한, 유감,
억울, 악의

명사 grudge는 과거에 자신을 부당하게 처우한 사람에 대한
'반감과 원한'이다. 동사 grudge는 being reluctant, 그러니
까 무엇을 '꺼린다'는 의미이다. '불평'과 '심술'을 뜻하는 어휘
grouch와도 어느 정도 관계가 있다.

#holdingagrudge 뭔가에 복수하고 싶을 때

#grudgematch 맞수 팀 사이의 치열한 경쟁을 묘사할 때

#idontholdgrudges 남을 기꺼이 용서하겠다고 말할 때

#nogrudges 승부를 겨루기는 하겠지만, 오래 가는 경쟁 관계 따위는 원
하지 않을 때

to hold/bear a grudge (against) ⓒ 원한을 품다, 반감을 갖다
— Mike has been *holding a grudge against* me ever
since I poached one of his key clients. 마이크의 주요 고객
한 명을 가로챈 이후로 그가 나에게 반감이 심해. (승강기에서 동료와 나누는
대화)

grudge를 명사로 쓸 때, 동사로 hold와 bear, 또는 harbor를 사
용하여 일정 기간 악의가 유지된다는 의미를 전달할 수 있다.

583

old/longstanding grudge ⓒ 오래된 원한

— Recent events have revived the *old grudge* between the two nations. 최근의 사태로 두 나라 사이의 오래된 원한이 되살아났다. (국제 관계 기사)

이 콜로케이션 표현은 오랜 세월 지속돼 온 원한을 설명한다. 대개는 사람이나 집단의 경쟁 관계가 매우 험악함을 의미한다.

grudging approval ⓒ 마지 못한 인정

— Okay, Winter, I have to express my *grudging approval*: you look beautiful today. 그래, 겨울아. 내키진 않지만 인정해. 너 오늘 정말 아름답구나. (눈이 소복히 쌓인 광경을 찍은 사진을 인스타그램에 올리고 단 설명문)

형용사 grudging을 approval, acceptance, respect 같은 긍정적 의미의 명사와 함께 쓰면, 누군가가 무엇이 긍정적임을 인정하지 않을 수 없다는 의미가 된다. 비록 짜증스럽거나 화가 나더라도 말이다.

grudge match ⓘ 숙명의 대결

— Looking forward to this *grudge match*: my money's on the Lakers. 이 숙명의 대결을 기대 중이야. 돈을 레이커스 팀에 걸었거든. (농구 관련 트윗)

grudge match는 라이벌 관계인 두 팀의 스포츠 경기를 가리킨다.

Ⓢ Revenge 보복, 복수 / Bitterness 신랄, 분개, 적의 / Resentment 분노, 원한

Ⓐ Congeniality 친화성, 일치 / Friendship 우정 / Eagerness 열의

hate

미움, 증오,
질색, 싫음

많은 사람이 사랑의 반대말로 여기는 hate는 매우 싫음을 표현하는 일반적인 용어이다. 명사일 때 hate를 hatred로 쓰기도 하는데, hatred는 '수식어'(modifier)로 쓸 수 없다. 광범위한 뜻으로 쓰이지만, hate는 뭔가에 대한 반감도 내포한다. 무언가가 자신의 적이거나, 특히 사람을 괴롭히는 것에 대해 사람들은 hate를 느낀다.

#hatethis 정말로 싫은 뭔가를 두고 이르는 말

#hatersgonnahate 비난이나 비판에 체념하고 있음을 말할 때

#theyalwayshateonme 자신이 자주 비판의 표적이 된다고 얘기할 때

#loveandhate 사랑받지만 동시에 경멸의 대상이기도 한 것

to hate on ⓒ 미워하다, 질색하다, 증오하다

— Everyone's *hating on* the new release, what gives?
신작 영화를 다들 싫어한다. 대체 무슨 일이지? (영화 관련 트윗)

이 최신 속어를 쓰면, 증오의 방향성을 더 드러낼 수 있다. 싫은 내색이 가해졌다는 의미로, 부정적 비판이나 기호상의 혐오와 같은 말이다.

blinded by hatred ⓘ 증오심에 눈이 먼

— Extremists are often *blinded by hatred* of those they wish to persecute. 극단주의자들은 박해하고 싶은 사람들에 대한 증오심이 너무 깊어서 맹목적인 경우가 많다. (정치 비평 기사)

이 말은 누군가의 증오심이 비이성적이고 부당하다는 뜻이다. 그들의 관점, 다시 말해 합리적 판단 능력이 편견과 증오로 인해 제 기능을 못 하는 것이다.

love-hate relationship ⓘ 애증의 관계

— I have a *love-hate relationship* with this game: it's tricky, but so rewarding. 나와 이 게임은 애증의 관계다. 까다롭지만 그만큼 보람이 있으므로. (게임용 메신저 디스코드에 올라온 게시글)

love-hate relationship은 뭔가를 즐기고 있지만 동시에 싫기도 함을 얘기하는 그럴싸한 방법이다. 이 어구를 문자 그대로 해석해 보면, 커플이 서로에게 경쟁심을 느끼는 관계도 포함된다. 하지만 감정을 모순적으로 자극하는 인생의 다른 일들에도 폭넓게 사용할 수 있다.

to hate (one's) guts ⓘ ~를 몹시 싫어하다

— Let's not invite Jim tonight, I *hate his guts*. 오늘은 짐 부르지 말자. 나 걔 정말 싫어. (왓츠앱의 집단 대화)

hate one's guts는 누군가가 다른 사람을 '속에 해당하는 내장까지' 싫어한다는 뜻이다. 아마도 소화 기관까지 포함해서 그 사람의 모든 게 싫은 것이다.

haters gonna hate ⓘ 비판하는 사람은 언제나 있게 마련

— I mean, the *haters gonna hate*, but I think this song is a bop. 제 말은, 비판하는 사람들은 항상 있는 법이고, 저는 이 노래 정말 좋습니다. (유튜브 댓글)

이 어구는 비판을 믿지 않는다는 것을 격의 없이 나타내는 표현이다. 문자 그대로의 뜻은, 남들을 비판하면서 깎아내리는 부류는 언제나 있다는 얘기로 이런 현상은 그저 무시해 버리면 된다는 함의까지 갖는다. 관심을 두지 않겠다는 표현으로 사용할 수도 있지만, 쓸데없는 비판은 무시해도 된다는 태도와 그 긍정성을 나타내는 경우가 더 많다.

Ⓢ Despisal 경멸, 멸시 / Disdain 무시, 업신여김, 거부 / Animosity 반감, 적의, 원한

Ⓐ Love 사랑 / Affection 애착, 보살핌, 애정 / Fondness 좋아함, 기호

haughtiness

loftiness와 superciliousness 같은 단어들이 기본적으로 '우월
감'을 가리키는 반면, haughtiness는 자기 아래 사람들에 대한
'경멸, 무시, 업신여김'을 드러낸다. 따라서 haughtiness는 실제
로 언급된 것보다 더 불쾌한 것이 특징이며, haughty(거만한,
오만한)한 사람에게 폄하 당한 사람은 분노가 차오르게 된다.

#haughty 오만하고 기분 나쁜 사람을 지칭할 때
#haughtygrin 누군가가 히죽히죽 웃어서 짜증이 날 때
#naughtyandhaughty 자기가 남들보다 위라고 생각해 규칙을 어기
는 잘난 인간을 가리키는 말
#haughtyattitude 자기보다 못하다는 이유로 남을 폄하하는 상황이
나 그러한 이들을 가리키는 말

haughty disdain ⓒ 오만한 경멸
— With *haughty disdain*, they spat on the servants
in the galley below. 그들은 갤리선 노예들에게 침을 뱉었고, 그 업
신여김에는 오만함이 배어 있었다. (역사 소설)
이 콜로케이션은 haughty(오만한)한 사람이 자신보다 밑에 있

다고 생각하는 사람들에게 갖는 증오를 묘사한다.

haughty look ⓒ 거만한 표정, 오만한 태도

— My cat is giving me a *haughty look*: he is such an asshole. 기르는 고양이가 내게 오만한 표정을 짓고 있습니다. 정말 나쁜 녀석이네요. (틱톡 영상 설명)

haughty look은 뭔가가 자신의 가치와 기준을 따르지 않아 못마땅하다는 표현이다. 고양이는 때로 쌀쌀맞은 존재로 여겨지기 때문에, '거만한 표정'(haughty look)을 지어 보일지도 모른다.

haughty smirk ⓒ 건방지고 능글맞은 웃음

— Wipe that *haughty smirk* off your face! 그런 건방진 웃음 당장 멈춰! (학생을 야단치는 선생님의 말)

haughtiness(거만함)가 smirk(실실 웃다)의 형태로 표출되기도 한다. 다른 사람들보다 자신이 위라서 스스로 만족한다는 함축이 있는 것이다.

Ⓢ Snobbery 우월감 / Superciliousness 거만, 오만 / Pomposity 거드름, 호기

Ⓐ Humbleness 겸손, 초라함 / Humility 겸손, 비하 / Modesty 겸손, 얌전함

CONTEMPT | # heartlessness | 무정,
비정, 무심

heart(심장)는 사랑, 다정함, 따뜻함의 상징이다. 그러므로 heartlessness는 사랑이 없는 것이고, 냉혹할 정도로 연민이 부족한 것이다. 그렇다고 해서 heartlessness가 그 자체로 사악함은 아니다. 그보다는, heartlessness는 감정이 없는 정서 상태이다. heartless한 사람은 남에게 적극적으로 고통과 괴로움을 가하지 않는다. (물론 이렇게 될 가능성이 더 클 수도 있다) 요컨대, heartless한 사람은 타인과 정서적으로 연결될 능력이 없는 것뿐이다.

#heartless 차갑고 냉담한 사람을 일컫는 말
#heartlessly 누군가 동정과 연민 없이 어떤 일을 할 때
#alittleheartless 약간 공감을 하지 못하는 상황을 일컬을 때
#heartlessbastard 누군가가 잔혹한 놈이라고 모욕하는 말

heartless world ⓒ 무정한 세상, 비정한 세계
— I'm sorry to do this, but it's a *heartless world* and we have to make cuts somewhere. 안 됐네만, 알다시피 이 세상은 비정하다네. 어딘가에서는 비용을 절감해야 하니까. (노동자를 해고

'세상'(world)이 heartless하다고 말하는 일이 잦다. 마땅한 이유도 없이 불공평하게 취급받는 사람들이 볼 때 특히 더 그렇다. 이 표현에서 world는 삶과 사회의 모든 측면이나 전반적 상태를 뜻한다.

heartless creature ⓒ 비정한 피조물, 냉혹한 자식

— You truly are a *heartless creature*! 넌 정말 나쁜 자식이야! (연애 소설)

사람에게 공감 능력이 전혀 없고, 더 나아가 인간애도 전혀 없다는 뜻의 표현이다. 이런 사람은 인간에게 느낄 수 있는 호의나 다정함이 없어서 creature로 여겨진다. (creature는 경멸을 나타내는 형용사와 함께 쓰이면 '놈, 자식, 새끼'라는 뜻이다) 하지만 좀 구식 표현처럼 들리는 게 사실이다.

cold and heartless ⓒ 차갑고 비정한, 쌀쌀맞고 냉정한

— The main character is portrayed as *cold and heartless*, until he meets the girl! 주인공은 차갑고 냉정한 인물로 그려진다. 그 소녀를 만나기 전까지는 말이다! (영화평)

cold와 heartless의 조합이 잘 어울린다. warmth가 정서적 너그러움과 친절을 의미하는 것처럼, coldness는 heartlessness의 동의어로, 사람에게 공감 능력이 없음을 강조한다.

Ⓢ Coldness 냉담 / Ruthlessness 잔인 / Cruelness 잔인, 잔혹

Ⓐ Compassion 연민, 동정 / Love 사랑 / Sympathy 동정, 연민, 지지, 공감

| # imperiousness | 오만, 도도, 고압

imperiousness는 '명령'을 뜻하는 imperative와 관련이 있다. imperiousness가 복종을 기대하고, 명령조로 행동하는 사람을 묘사하는 이유다. 그런데 이 '명령조로 지휘하는'(commanding) 측면에는 부정성이 있다. 자격과 오만, 때로는 공격성까지 결부되기 때문이다.

#imperious 무례하고 남을 지배하려 드는 성격 특성을 언급할 때
#imperiousvoice 영화 속 인물의 말투가 고압적이고 약간 무섭다고 묘사할 때
#imperiousboss 고용주가 고압적일 때
#soimperious 누군가가 지나치게 강압적임을 일컬을 때

imperious voice Ⓒ 고압적인 목소리, 거만한 음성
— She had an *imperious voice*: stern like iron and as sharp as flint. 그녀의 음성은 아주 고압적이었다. 뭐랄까, 쇠처럼 엄격하고 부싯돌처럼 날카로웠다고나 할까. (현대 소설)
누군가의 imperiousness는 그 사람의 목소리로 드러나는 경우가 많다. 자신감 있고, 위풍당당하고, 뭔가를 바라고 기대하며,

남의 관심사는 안중에도 없는 목소리의 소유자가 있다고 해보자. 이런 성격 특성을 묘사하는 적절한 단어가 바로 imperious 이다.

imperious gesture Ⓒ 오만한 자세, 거만한 몸짓, 고압적인 제스처
— He raised his arm in an *imperious gesture*, signalling for security. 그는 거만한 자세로 한 손을 들어 보안을 요청하는 신호를 보냈다. (범죄 소설)
누군가를 관리하고 있는 위치에 있거나 완고한 자기 주장을 하는 경우에 취할 수 있는 제스처를 말한다.

imperious manner Ⓒ 고압적인 태도
— The team's boss, along with his *imperious manner*, has had a big effect on this season's performance. 팀의 리더와 그의 고압적인 태도가 이번 시즌의 성적에 큰 영향을 끼쳤다. (스포츠 기사)
manner라 함은 사람의 표정, 몸짓, 말투, 이상 등이 결합한 것이라 할 수 있다. imperious manner를 지닌 사람은 지나치게 자신감 있는 태도를 보인다고 할 수 있다. 이런 사람이 애정의 대상이 되기는 힘들겠지만, 리더로서는 좋을 수도 있다.

Ⓢ Dominion 지배력, 우위 / Control 지배, 통제 / Bossiness 위세, 우두머리 행세

Ⓐ Servility 비굴, 굴종, 노예 상태 / Timidity 겁, 소심 / Modesty 겸손

insolence

오만,
무례, 건방

insolence는 권위를 경멸하는 것이다. 따라서 이 단어는 기존 위계질서 안에서 아랫사람이 윗사람을 향해 형편없이 행동하는 것을 말한다. insolence는 유치한 행동과도 결부된다. 이 어휘가 등장하는 맥락 대다수를 보면 어떤 식으로든 어른이 아이를 꾸짖는다.

#insolent 반항적으로 무시하는데, 그게 유치할 때
#pureinsolence 행동이 대단히 건방질 때
#insolentkids 아이들이 무례하고 못된 행동을 할 때
#insolencewillbepunished 아주 엄중한 게시글에 나올 법하다

insolent child ⓒ 버릇없는 아이

— Ignore this guy, he is clearly just an *insolent child*.
이 자식은 무시하세요. 버릇 없는 놈이 틀림없어요. (게임용 메신저 디스코드에서 악플러에 대응하는 메시지)

insolent child는 disrespectful child로도 바꿔쓸 수 있다. 이 말을 어른에게 쓰면, 성인인데도 아이처럼 철이 없고 옹졸하다고 모욕하는 표현이 된다.

insolent cur ⓒ 무례한 자식

— You are nothing but an *insolent cur*! 넌 버릇없는 놈일
뿐이야! (게임 도중 라이브 채팅으로 가해지는 모욕)

cur는 잡종개, 한국어로 '똥개'란 뜻이다. 개 주인은 그 개가 '열
등'하고 살갑지 않다고 여긴다. 따라서 insolent cur는 누군가
에게 단지 '애' 같다고 하는 것보다 훨씬 더 모욕적인 언사다.
비방의 대상이 가장 기본적인 인간의 수준조차 만족하지 못한
다는 소리이기 때문이다.

insolent behavior ⓒ 건방진 행동, 무례한 짓, 버릇없는 행실

— This kind of *insolent behavior* will not be tolerat-
ed. 이런 버릇없고 무례한 행동은 절대 용서할 수 없어. (반 아이들을 나무
라는 선생님)

insolent가 나오는 가장 흔한 콜로케이션 표현이 바로 이것일
듯하다. 어떤 행동이 한심하고 유치하다는 얘기이다.

Ⓢ Cheekiness 건방짐, 뻔뻔함 / Arrogance 오만 / Impetuosity 성급, 충동

Ⓐ Courteousness 공손, 정중 / Respect 존중, 경의 / Servility 비굴, 아첨

| # jealousy | 질투, 시기,
경계심, 선망

jealousy는 남이 가진 것을 원하는 감정이다. 이 단어는 사용되는 맥락이 꽤 넓다. 예를 들어, 직장에서 당신보다 월급을 더 받는 사람에게 느끼는 jealousy는 사소할 수 있다. 누군가가 당신이 갖고 싶은 신제품을 갖고 있으면, 이때의 jealousy는 구체적이고 물질적이다. 또, 전 애인은 당신의 새 애인에게 감정적으로 더 격한 jealousy를 느낄 것이다.

#jealous 남이 가진 것을 갈구하면서 원할 때

#jelly jealous를 가리키는 슬랭

#jealousofyourhair 다른 사람의 머리 모양이나 스타일을 하고 싶을 때

#sojel '매우 질투가 난다'라는 뜻의 구어체 표현

extremely jealous ⓒ 매우 부러운, 정말 질투가 나는

— Whoa, is that the new iPhone? I'm *extremely jealous*.

와, 신상 아이폰인가요? 정말 부럽습니다. (인스타그램 게시물에 달린 댓글)

jealous와 함께 사용되어 그 의미를 강화하는 데 가장 자주 쓰이는 부사가 바로 extremely이다.

insanely jealous Ⓒ 크게 질투하는

— I've always been *insanely jealous* of other actress-es. 저는 항상 다른 여배우들을 굉장히 질투해 왔습니다. (유명인사 인터뷰)

insanely가 특이한 강조어이기는 해도, 요즈음에는 jealous와 함께 널리 쓰이고 있다. insanely라는 뜻을 문자 그대로 이해하기보다는 extremely나 excessively와 같다고 보면 된다.

to make (someone) jealous Ⓒ ~를 질투하게 하다

— When I see people who are happy, it *makes me jealous*. 행복한 사람들을 보면 질투가 납니다. (레딧의 고백 포럼에 올라온 글)

뭔가를 보거나 맞닥뜨려서 jealous하게 되는 상황을 설명할 때는 동사 make를 쓰는 것이 적절하다.

jelly/jel Ⓟ 부러운, 질투하는

— Just got a new car, I bet you're *jelly*! 차를 새로 샀습니다. 부럽죠? (페이스북 게시글)

jelly는(또는 줄여서 jel) jealous의 장난스러운 축약형으로, 젊은층에서 압도적으로 많이 쓴다. 속어이기 때문에 직장이나 저널리즘 분야의 공식적인 글에서는 거의 볼 수 없다.

Ⓢ Envy 부러움, 시기, 질투 / Desire 바람, 욕망 / Resentment 분개

Ⓐ Pride 자부심, 긍지 / Trust 믿음, 신뢰 / Admiration 감탄, 존경

loftiness

거만, 고상함

loft는 '높은 곳'으로, 집의 다락을 뜻하기도 한다. 따라서 명사형 loftiness의 특징은 남들보다 우위에 있는 것이라고 할 수 있다. loftiness는 심하지 않은 경멸로, 다른 사람들이 자신 밑이라고 여기며 무시하는 태도를 말한다. 맥락에 따라서는 형용사 lofty가 grand(웅장한)나 idealistic(이상적인)을 의미하며 긍정적인 함의를 가질 수 있다. 하지만 인간의 행동을 언급하는 맥락에서라면, loftiness는 비뚤어진 우월감을 뜻한다.

#lofty 목표가 높은 어떤 대상을 두고 이르는 말
#loftydemeanor 우월감을 지칭할 때
#loftycaviarbrunch 값비싸고 호화로운 식사를 언급할 때
#loftystyle 패션 스타일이 고급스럽고 세련된 경우

lofty tone ⓒ 거만한 말투

— His *lofty tone* turned the crowd against him instantly. 그의 거만한 말투 때문에 대중은 즉시 그에게서 등을 돌렸다. (정치 기사)

lofty tone은 거들먹거리며 말하는 것이다. 우월감이 바탕에 깔려 있고, 쓸데없이 복잡하다는 특성도 갖는다. 자신이 남들보다 지적이고 똑똑하다고 생각하는 사람들이 있는데, 이런 사람들이 lofty tone으로 말한다고 할 수 있다.

lofty goal/ambition/ideal ⓒ 숭고한 이상, 고결한 목적, 높은 야망

— They have set themselves a *lofty goal* in vying for the championship. 그들은 우승을 위해 경쟁한다는 아주 높은 목표를 설정했다. (스포츠 비평)

lofty goal이 그 자체로 꼭 나쁜 것은 아니다. 야심차고 포부가 높은 것으로 규정할 수도 있다. 이루어질 가능성이 낮지만, 그럼에도 불구하고 목표를 향해 노력하는 것이다.

lofty demeanor ⓒ 오만한 거동, 거만한 행실

— The store assistant had a somewhat *lofty demeanor* but the clothing quality was excellent. 매장 점원의 태도가 거들먹거렸지만, 옷의 품질은 매우 좋았다. (옷 가게 리뷰)

lofty demeanor는 누군가가 우쭐대며 약간 무시하는 투로 행동한다는 얘기이다. 이런 사람들은 자신이 남들보다 지위, 계급, 도덕 기준 따위가 높은 것처럼 처신한다.

Ⓢ Pomposity 거만함 / Superciliousness 거만 / Pretension 허세, 가식

Ⓐ Humbleness 겸손, 비천 / Lowliness 초라함, 하찮음 / Modesty 겸양, 겸손

| # malevolence | 악의, 나쁜
마음, 증오

malevolence는 다른 사람들에게 해악을 끼치는 종류의 증오
다. malevolent한 사람은 그들이 목표로 삼은 사람이 행복해지
는 것을 적극적으로 방해할 것이다. 따라서 malevolence는 보
통 사람을 겨냥하게 되며, 뿌리 깊은 불화나 복수를 향한 열망
이 원인인 경우가 많다.

#malevolently 사악한 의도를 갖고 뭔가를 했을 때
#withmalevolence 증오심 속에 악의를 품고 뭔가를 했을 때
#malevolentthoughts 내면에서 도덕적 혼란이 일어나고 사악한 생
각들로 괴로워하는 심리 상태
#malevolentviolence 전쟁 범죄나 위험한 시위처럼 증오에 찬 폭력
사태를 언급할 때

pure malevolence ⓒ 순전한 악의
— My neighbor stole my mail and the police think
it was an accident! No, it was *pure malevolence*. 이웃
이 내 우편물을 훔쳤는데, 경찰은 이걸 단순 사고로 보고 있네요! 아닙니다.
이 절도는 순전히 악의에서 비롯한 행동이었어요. (지역 사회 포럼)

이 콜로케이션에 붙은 pure는 문제의 행위에 사악한 의도 이외의 다른 어떤 이유도 없다는 의미이다. 이 경우에는 포럼에 글을 쓴 사람이 과장을 하고 있는지도 모르지만, 이웃의 의도가 사악한 것이라고 설득력 있게 주장하고 있다.

malevolent thoughts ⓒ 고약한 생각, 사악한 마음
— How do I stop my *malevolent thoughts* towards others? 남들에게 품는 고약한 생각을 어떻게 해야 멈출 수 있을까요? (정신 건강을 주제로 한 레딧의 하위 포럼에서 조언을 구하는 포스트)

malevolent thoughts를 하는 사람은 폭행을 가하고 위해를 끼치는 것을 염두에 둘 수도 있다. 복수까지도 포함된다.

fiendish malevolence ⓒ 악마 같은 사악함, 극악한 증오
— These rebels have demonstrated a *fiendish malevolence* through burning down the main government building. 반군 세력이 주요 정부 청사를 불태우며 극악한 증오감을 과시했다. (국제 뉴스)

형용사 fiendish가 강조어로서 malevolence와 아주 잘 어울린다. fiend는 '악마' 또는 '괴물'이다. 따라서 뭔가가 fiendish하다면, 그 대상은 사악하고, 난폭하며, 파괴적이다. 이 콜로케이션 표현은 증오에서 비롯한 매우 사악한 행동을 가리킨다.

Ⓢ Malice 악의, 적의 / Evil 악, 폐해 / Resentment 분개, 억울

Ⓐ Benevolence 박애, 자비심 / Goodwill 선의, 호의 / Virtue 미덕, 덕성

| # malice |

malice는 그 뜻이 malignancy와 아주 가깝지만, 더 사악(evil)하고, 덜 공격적(aggressive)이다. 누군가가 malice를 품고 뭔가를 했다면, 다른 사람들에게 피해, 비참함, 고통을 주려는 의도가 있었다는 말이다. 그렇다고 malicious behavior가 반드시 용의주도하게 계획된 것은 아니다. 어떤 것에 대한 반동으로 일어나는 경우도 많다.

#malicious 다소 냉혹하게 해를 끼칠 의도로 무언가를 할 때
#fullofmalice 사람이나 행동의 동기가 사악할 때
#maliciouslyattacked 물리적인 공격을 언급하는 것일 수도 있지만, 누군가의 평판이 공격받았다는 뜻의 해시태그로 쓰일 때가 많다
#maliciousthoughts 사람들에게 악행을 저지르고 싶은 생각

malicious compliance Ⓒ 악의적 응수
— I told him to clean his room, and he responded with *malicious compliance*: he dumped his dirty washing in the living room instead. 아들 녀석에게 방 청소를 시켰더니, 하긴 했는데 앙심을 품었더라고요. 더러운 빨랫감을 거실로 옮

겨났던 겁니다. (양육 관련 포럼 사이트에서 조언을 구하는 포스트)

malicious compliance는 누군가가 윗사람의 명령을 따르기는 하는데, 그 명령의 의도는 외면하는 상황을 가리킨다. 대신, 교묘하게 명령을 왜곡한다. 명령을 따르고 싶지는 않지만, 실제로는 따르지 않을 수 없는 상황인 것이다.

malicious activity/attack ⓒ 사악한 행위/공격

— Local police have issued a warning of *malicious activity* from these websites. 경찰이 이들 웹사이트의 악의적인 행위에 대해 경고를 발령했다. (뉴스 보도)

malicious가 유해한 사이버 공격을 묘사하는 데 점점 더 많이 사용되고 있다. 이 콜로케이션 표현은 구체적으로 컴퓨터와 악성 소프트웨어를 지칭한다. 특정 컴퓨터 바이러스가 범죄 피해와 다르지 않을 만큼 본질적으로 파괴적이라고 말하는 것이다.

malicious aforethought ⓘ 사악한 계획

— My cat knocked over my water with *malice aforethought*. Yes, your honor, I truly believe that. 이 고양이가 악의를 품고서 제 물을 엎질렀습니다. 그렇습니다, 판사님, 저는 진심으로 그렇게 믿습니다. (짓궂은 표정의 고양이 사진을 올리고서 단 코믹한 트윗)

malicious aforethought는 법률 용어로, 해를 입히거나 살해하려는 의도가 있었음을 가리킨다.

Ⓢ Malevolence 악의, 증오 / Cruelty 잔혹, 학대 / Evil 사악, 악랄

Ⓐ Kindness 친절 / Generosity 관대, 아량 / Goodness 선량, 친절

603

malignancy

malignancy는 해를 입히겠다는 의도를 지닌, 지극한 악감정이다. 의학 분야에서 malignancy를 쓰면, 손상을 입히고 심지어 죽음까지 야기하는 신체적인 과정을 가리킨다. malignancy가 매우 부정적이고 악독하다는 함의를 갖는 것은 불치병, 고통, 폭력과 결부되기 때문일 것이다.

#malign 악해 보이고 해로울 수도 있는 것을 이르는 말

#malignantpleasure 악행을 통해 기분이 좋을 때

#malignapproach 일처리 방식이 해롭고, 잔혹할 때

#malignanttumor 누군가 중병(악성 종양)에 걸렸다는 뜻

malign force/influence ⓒ 사악한 힘, 해로운 영향(력)

— I'm worried that video games are having a *malign influence* on our children. 비디오 게임이 우리 아이들의 정서를 해치는 것 같아서 걱정이다. (페이스북 포스트)

언제 malignant 대신 malign을 사용해야 하는지, 또 그 반대의 경우에는 어떻게 해야 하는지에 관한 일반적인 규칙은 없다. malignant가 좀 더 널리 사용되기는 한다. 하지만 force나

influence의 개념과 함께라면, malign이 좀 더 자연스럽게 쓰인다.

malignant pleasure ⓒ 사악한 즐거움

— My teacher takes *malignant pleasure* in giving us extra homework. 우리 선생님은 사악하게도 숙제를 추가로 너 내주면서 즐거움을 느낀다. (스냅챗 문자)

malignant pleasure는 사악한 행동을 통해 얻는 즐거움이다. 악하고 가학적인 사람들이 이런 류의 쾌감을 즐기기도 한다. 가령, 악당, 범죄자 등을 예로 들 수 있겠다.

malignant disease ⓒ 악성 질환, 중병

— Although scientific progress has been made, cancer and similar *malignant disease*s are still incurable. 과학이 발전했음에도 불구하고, 암이나 유사 악성 질환들의 경우 여전히 치료가 불가능하다. (의료 분야 기사)

malignant disease는 신체 기능을 무너뜨리고 흔히 목숨까지 빼앗는 질병을 말한다. 물론 모든 질병이 어느 정도는 그러하지만, malignant disease는 시간이 지날수록 더 심해지고 특히 파괴적이다. 암과 뇌종양이 대표적인 예다.

Ⓢ Malevolence 악의, 증오 / Malice 적의 / Cruelty 잔혹

Ⓐ Benevolence 자비, 박애 / Kindness 친절 / Generosity 관대, 아량

meanness

하찮음, 치사함, 비열, 인색

meanness는 남에게 불친절하고 매정하게 구는 행동이다. 격식에 얽매이지 않는 표현으로, 야박한 행위를 가리킬 때 흔히 사용된다. 그러니까 다른 사람이 mean하다거나, 명사 meanie를 써서 치사하고 비열하다고 비난하는 것이다. mean한 사람은 다른 사람들을 부당하게 괴롭히고, 모욕하고, 깔아뭉갠다. 그럼에도 불구하고, meanness는 정도가 약한 불친절함이다. 범죄 행위나 신체적 피해처럼 더 중대하고 심각한 악행에는 mean을 쓰지 않는다.

#mean 불친절하거나 불쾌하게 구는 사람을 일컬을 때

#youreabigmeanie 야박한 처우를 비난할 때

#dontbemean 친절하게 대해달라고 요청할 때

#bitofameanstreak 비열한 행동을 일삼는 사람을 일컫는 말

mean streak Ⓟ 비정한 경향

— I tend to show my *mean streak* when I'm gaming.
게임을 하면서는 좀 비열해지는 것 같습니다. (게임용 메신저 디스코드 대화)
mean streak은 못된 행동을 내보이는 성격 특성이다. 시종일

관 mean하지는 않아도, 특정 맥락에서는 '야비한'(mean) 면을
드러내기도 한다는 뜻이다.

meanie ⓘ 쩨쩨한 놈, 심술쟁이, 악당, 악역

— You guys are such *meanies*! I think her music is
great. 당신들 참 야비하네요! 나는 그녀의 음악이 대단하다고 생각합니다.
(유튜브 댓글)

meanie는 mean한 사람이다. 불친절하고 야박한 상황에서 아
이들의 순진무구한 말투를 흉내 내며 이 단어를 쓴다. "Don't
be such a big meanie!"(제발 쩨쩨하게 좀 굴지 마)처럼, 강조
하려고 가끔 big이란 단어를 첨가하기도 한다.

lean, mean fighting machine ⓘ 능숙한 사람

— Here he comes! And, oh boy, he is a *lean, mean
fighting machine*! 자, 선수가 입장합니다. 이럴 수가, 정말 경기력이 대
단하군요! (레슬링 경기 중계)

누군가가 어떤 행동에 능숙하다는 뜻을 나타내려면 fighting 대
신 그 자리에 다른 분사를 써도 좋다. 마치, 이 책을 쓰는 동안
lean, mean writing machine이 되는 것처럼.

Ⓢ Nastiness 못됨, 고약함, 심술궂음 / Belligerence 호전성, 투쟁성 / Hurt-
fulness 상처를 입힘, 고통

Ⓐ Kindness 친절, 우호, 상냥함, 다정 / Niceness 즐거움, 친절, 좋음, 훌륭함
/ Congeniality 친화성

mockery

조롱, 우롱,
엉터리, 흉내

mock 자체는 '가짜'(fake)라는 뜻이다. 그래서 누군가를 mock 한다는 것은 흉내를 내며 놀린다는 얘기이다. 가령, 누군가가 당신이 말하는 방식을 mock한다면, 그 사람이 경멸적이거나 무례하게 흉내를 내는 셈이다. 하지만 이 어휘는 누군가의 멍청함과 실수를 강조하는 일반적인 모욕으로 쓰일 때도 있다. 흔히 정식 토론이나 회의 같은 진지한 상황에 사용되는데, 이때는 꼭 흉내를 낼 필요도 없다.

#mocking 흉내내며 모욕하는 어떤 것을 두고 이르는 말
#mocksurprise 놀란 체하는 것을 말할 때
#stopmockingme 사람들이 당신을 괴롭힐 때
#mockingthenews 누군가가 시사 문제를 장난스럽게 비판할 때

mock surprise ⓒ 가짜 놀람, 놀람을 가장하다, 놀란 체하다
— She gasped in *mock surprise* as he brought her mac n' cheese for dinner, again, for the third time this week. 남자가 이번 주 들어 벌써 세 번째 저녁으로 맥앤치즈를 가져다주자, 그녀는 숨넘어가는 시늉을 하며 놀란 체했다. (현대 소설)

mock surprise는 누구라도 예상할 수 있는 상황인데, 깜짝 놀란 체하는 반어적인 몸짓이다. 여기서 두 가지 사실이 드러난다. 첫 번째는 특정 상황이나 사건이 발생할 가능성이 매우 크다는 것이고, 두 번째는 그 과정에서 지루함을 느낄 수도 있다는 점이다.

mocking tone Ⓒ 조롱조

— It really winds me up when people talk about vegans in a *mocking tone* like we're all tree-hugging hippies. 마치 우리가 환경 운동을 하는 히피인마냥 조롱조로 채식주의자들에 대해 말할 때면 정말 약이 오른다. (채식주의를 비판하는 기사를 리트윗하면서)

mocking tone은 짓궂게 비판하는 태도이자 어조이다. 보통 빈정거림과 잘못된 설명으로 가득 차 있다.

mock indignation Ⓒ 가짜 분노

— Jeff huffed in *mock indignation* as Adam cut in front of him in the queue. 애덤이 줄 서 있는 자기 앞으로 끼어들자, 제프는 씩씩거리면서 가짜로 화를 냈다. (가볍게 읽을 수 있는 소설)

mock surprise처럼 mock indignation도 분노와 충격을 가장하는 것인데, 실제로는 무언가를 개의치 않는다는 것을 표현한다. 이 어구는 소설이나 3인칭 시점의 글에서 흔히 접할 수 있다. 일종의 행동을 묘사하기 때문이다.

to make a mockery (out) of Ⓘ 비웃다, 조롱하다

— This legislation *makes a mockery out of* our demo-

cratic system. 이 법안으로 우리의 민주주의가 웃음거리로 전락했다.
(정치 관련 트윗)

이 문구는 어떤 행동이나 생각이 매우 멍청해서 놀림감이 돼 버렸다는 의미이다. out을 추가해도 의미는 바뀌지 않는다. 게다가 빨리 발음하기 위해 out이 종종 생략되기도 한다.

Ⓢ Ridicule 조롱, 비웃음 / Parody 패러디 / Insult 모욕

Ⓐ Respect 존중, 경의 / Appreciation 감사, 공감 / Admiration 찬양, 숭배

patronizing

생색내는,
거만한

이 어휘는 '아버지'(father)를 뜻하는 라틴어 pater에서 유래했고, 도움이 되는 것처럼 보이지만 누군가를 초라하게 만드는 무언가를 가리킨다. 아버지가 유익한 조언을 해주지만 그 과정에서 권위를 행사하는 것처럼, patronizing하는 사람도 이들이 조언해준다는 것은 분명하지만, 동시에 상대방의 약점을 강조해 드러내는 것이다.

#patronized 도움이 될 거라고 거들먹거리는 권위자에 의해 초라해지는 느낌이 들 때

#sopatronizing 거들먹거리고 잘난 체하는 대상을 말할 때

#patronizingasshole 구체적인 누군가가 잘난 체를 할 때

#dontpatronizeme 남에게 의존하지 않겠다는 마음을 표출할 때

to sound patronizing Ⓒ 거만하게 들리다

— I want to congratulate my friend on his results, but I don't want to *sound patronizing*. Any tips? 친구가 낸 성과를 축하해 주고 싶은데, 거만하게 들리지는 않았으면 좋겠어. 좋은 방법 있을까? (학생들의 대화방에 올라온 글)

sound란 동사를 통해서, 말하는 사람이 잘난 체하기를 원하지 않음을 알 수 있다. 하지만 문제는 잘난 체한다고 인식된다는 점이다. 남의 기분이 상할 수도 있는 상황일 때, 흔히 사람들은 잘난 체하는 것처럼 비치지 않으려면 어떻게 해야 할지를 묻거나 의논한다.

patronizing towards ⓒ ~에게 잘난 체하는, ~에게 생색을 내는

— Is it just me, or is this *patronizing towards* women? 나만 불편해? 여자를 가르치려 드는 건가? (터무니없는 광고 사진을 인스타그램에 게시하고 단 글)

뭔가가 patronizing하는 대상을 명시할 때, 전치사 towards를 사용한다.

patronizing tone ⓒ 생색 내는 말투, 잘난 체

— Just ignore his *patronizing tone*, he's a nice guy really. 그 사람의 생색 내는 말투는 그냥 무시해 버리세요. 실제로는 굉장히 친절한 사람이랍니다. (직장 동료와의 대화)

이 말은 긴 대화에서 누군가가 거듭 거드름을 피우며 윗사람인 체하는 말투를 보이는 경향을 가리킨다. patronizing tone이 목소리 톤을 가리킬 수도 있다. 가령, 당신이 바보라서 가르치려는 거라고 암시하는 것이다.

Ⓢ Condescending 거들먹거림 / Denigration 폄하 / Humiliation 굴욕

Ⓐ Affability 상냥함, 붙임성 / Helpfulness 도움, 유익 / Humility 겸손, 비하

pomposity

화려, 거만, 거드름

pomposity는 남들보다 위에 있다는 특성을 묘사하지만 허영심도 의미한다. 형용사형을 써서 pompous한 사람은 대개 가식적이고 거만하며 고급문화의 언어와 관습에 젖어 있다.

#pompous 누군가가 상류층 문화와의 관계를 통해 자신의 오만함을 드러낼 때

#pomp 공식 행사처럼 엄청나게 웅장한 것을 가리킬 때

#pompousasshole 남에게 친절하지 않을뿐더러 자만심이 넘치는 사람을 일컬을 때

#pomptime 뭔가를 과시적으로 기념하려고 할 때

pompous rhetoric Ⓒ 과시적 수사

— The fascist parties in pre-war Europe excelled in *pompous rhetoric*, spinning grand narratives about race. 2차 대전이 발발하기 전 유럽 대륙에서 활동한 파시즘 정당들은 인종과 관련해 대서사를 풀어내는 과시적 언사에 대단히 능숙했다. (역사 교과서)

대중을 설득하기 위해 과장과 숭배를 곁들여 '썰'을 푸는 사람들이 있다면, 그들이 pompous rhetoric을 사용한다고 말할 수 있다. 이 콜로케이션은 주로 권력의 맥락에서 사용되는데, 누군가 사회를 분열하고 자신의 이념을 강요하는 상황을 떠올릴 수 있겠다.

pompous speech ⓒ 젠체하는 말, 거만한 발언

— What a *pompous speech*. He's utterly disconnected from the lives of real people. 정말 화려한 연설이군요. 하지만 그는 실제 삶을 살아가는 대중의 처지를 전혀 알지 못합니다. (정치 트윗)

화자가 다른 사람들의 처지를 고려하지 않고 오만하게 느껴진다면, 해당 연설을 pompous하다고 할 수 있다.

pompous jerk/git/asshole ⓒ 허풍떠는 바보, 젠체하는 멍청이

— Sometimes I wonder: what if I am just a *pompous jerk*? 가끔 생각합니다. 제가 그저 잘난 체나 하는 멍청이가 아닐까 하고요. (자신의 신념에 의구심을 표하는 유튜버의 발언)

다 같은 영어지만 국적에 따라 pompous 다음에 올 명사가 달라진다. jerk는 대부분 미국에서 쓴다. git는 영국 영어나 다름없고, asshole은 보편적으로 사용되는 비어다.

pomp and circumstance ⓘ 거창한 의식, 위풍당당

— I can't stand all the *pomp and circumstance* of weddings. 나는 결혼식의 온갖 허례허식을 견딜 수 없다. (인스타그램의 스토리 설명)

이 문구는 공공 행사에서 볼 수 있는 매우 거창한 절차를 가리킨다. 어떤 행사가 지나치게 형식적이거나 오래전부터 무관하다 여겨졌다면, pomp and circumstance가 가득하다고 묘사할 수 있다. 이 예문에서는 결혼식의 '과시하는 분위기' (pomposity)가 화자의 머릿속에서만 뚜렷하게 나타난다. 따라서 pomp and circumstance는 각자의 견해에 바탕을 둔다. 누군가에게 pompous한 것이 다른 누군가에게는 그렇지 않을 수도 있는 것이다.

Ⓢ Pretension 허세, 가식 / Superciliousness 거만, 얕보기 / Snobbery 속물 근성, 우월 의식

Ⓐ Humbleness 겸손, 하찮음 / Modesty 겸손 / Humility 겸손, 비하

ridicule

조롱, 조소,
비웃음

ridicule은 무언가 또는 누군가가 '터무니 없고'(ridiculous), '웃기며'(funny), '멍청해'(stupid) 보이도록 만드는 행위이다. 부정적인 방식으로 못 살게 굴며 놀리는 것인데, 그 대상을 폄하하고 조롱하는 것이다.

#ridiculous 뭔가가 터무니없고 익살스러울 때

#objectofridicule 조롱의 대상

#dontridiculeme 조롱조의 행동을 그만두라고 할 때

#letsstopridiculingjim Jim이란 사람이 조롱을 받고 있고, 그를 그만 내버려두라고 말할 때

to attract / invite ridicule Ⓒ 조롱을 받다, 조롱을 당하다

— I've disabled comments so that I don't *attract ridicule.* 댓글 기능을 비활성화했기 때문에 이제 조롱받을 일도 없다. (인스타 그램 게시물의 캡션)

attract ridicule은 조롱에 대한 타인의 반응을 불러일으키는 것이다.

to hold (something/someone) up to ridicule ⓒ 조롱
하다, 웃음거리로 만들다

— The President's recent decision was *held up to ridicule* by the majority of the house. 의회 다수가 대통령의 최근 결정을 조롱했다. (시사 보도)

'조롱을 당하는'(ridiculed) 대상이 만천하에 '드러나'(exposed)
어리석음을 '지적당하는'(pointed out) 상황이다.

to heap ridicule on ⓒ 조롱을 퍼붓다, 비웃다

— I felt that this movie *heaped ridicule on* women.
이 영화가 여자를 조롱하는 것 같았다. (인터넷 영화 데이터베이스(IMDb)에
올라온 리뷰)

heap ridicule은 뭔가를 극도로 조롱하는 것이다. heap은 큰 더
미이고, 쌓아올린 무더기가 사람을 짓누르는 것처럼 조롱이 퍼
부어진다는 의미이다.

object of ridicule ⓒ 조롱의 대상, 놀림감, 비웃음거리

— Her wild choice of dress became an *object of ridicule*. 그녀는 터무니없는 드레스를 골랐고, 놀림감이 되고 말았다. (패션 잡지)
조롱을 불러일으키는 구체적인 대상을 언급할 때 이 말을 쓴다.
대개 물리적 실체가 있지만, 뚜렷하기만 하다면 조롱을 유발하
는 구체적인 개념이나 요소 같은 것도 가리킬 수 있다.

Ⓢ Mockery 조롱, 조소 / Derision 조롱, 경멸 / Denigration 폄하, 비하

Ⓐ Support 지지 / Respect 존중, 경의 / Praise 칭찬

saltiness

짭짤함, 재치,
상스러움, 비속

saltiness는 최근 몇 년 사이 좌절당해 분하다는 뜻으로 쓰이기 시작했다. 원래는 게임 분야에서 패자들이 보이던 반항적인 태도를 설명하는 용어로 사용됐었다. salty한 사람은 단단히 약이 올랐고, 많은 시간과 에너지를 들여가며 불평이나 넋두리를 늘어놓곤 한다. salty한 사람은 흔히, 결과가 불공정하고, 속임수나 열악한 장비 같은 외부 요인 때문에 일이 틀어졌다고 생각한다.

#salty 져서 화가 났을 때

#sosalty 좌절한 사람을 놀릴 때

#dontgetsalty 졌으면 깨끗하게 승복하라는 충고의 명령문

#oceanofsaltytears 많은 사람이 불공정한 사태에 격분했을 때

to get salty ⓒ 화내다, 삐지다

— Hey, don't *get salty*, you were outplayed! 이봐요, 쩨쩨하게 굴지 맙시다. 상대방이 당신보다 훨씬 잘 했으니까. (게임 사이트의 채팅) become이 아니라 get이 사용되었고, 진 게임이나 패배한 상황으로 인해 잔뜩 화가 나는 과정을 언급한다.

salty tears Ⓟ 쓰디쓴 눈물

— Haters gonna cry their *salty tears*, but I'm gonna still be here doing what I do. 싫다는 사람들은 분개해 눈물을 흘릴지도 모르겠습니다만, 저는 계속 여기 남아 해오던 일을 하겠습니다. (유명 뮤지션의 인스타그램 캡션)

'눈물'(tears)은 '짠'(sally) 게 징상이다. 아무튼, 이 표현은 좌절과 분노로 눈물이 난다는 얘기이다. 다시 말해, 불공정한 일에 분개한 나머지, 울음을 터뜨릴 정도로 유치해진다는 뜻이다. 눈물이 진짜 눈물이 아니라 비유 표현임을 알아야 하겠다. 실제로 우는 게 아니다. 하지만 남을 salty하다고 비난하는 사람들은 그들을 감정이 상한 루저(loser)로 쉬이 규정해 버리는 경향이 있다.

Ⓢ Frustration 좌절, 불만 / Vexation 성가심, 짜증 / Resentment 분개, 억울

Ⓐ Contentment 만족, 자족 / Acceptance 수락, 동의, 승인 / Apathy 무관심, 냉담

savagery

savagery는 공격성의 한 형태로, 말투와 행동이 극단적으로 난폭함을 가리킨다. savagery에는 '원시적'(primitive)이고 '미개한'(uncivilized)이라는 함의가 있어, 앞뒤 가리지 않는 무모한 파괴 행위도 암시한다.

#savage 사납고 비판적인 말투를 지칭할 때

#savaged 무언가 또는 누군가가 난폭하게 모욕당한 것을 가리킬 때

#downrightsavage 매우 난폭한 말투와 행동을 표현할 때

#whatasavage 누군가가 원시적이라 할 만큼 극히 난폭하게 행동했을 때

downright savage ⓒ 매우 노골적인, 몹시 무례한

— That host is *downright savage* in his celebrity interviews. 그 진행자는 유명인사 인터뷰를 진행할 때 몹시 무례하다. (텔레비전 쇼에 관한 트윗)

downright는 일정 범위 내의 어휘와만 함께 사용되는 드문 강조어이다. 이 가운데 하나로 savage가 있다. downright의 의미는 very, really, absolutely와 같다.

increasingly savage ⓒ 점점 더 맹렬해지는, 갈수록 더 사나워지는

— Over the course of the movie, his violent acts become *increasingly savage.* 영화가 진행되면서, 그 배우의 폭력적인 행동이 더욱 더 사나워진다. (영화 리뷰)

시간이 경과하면서 뭔가가 더욱 난폭해지면, increasingly savage라고 묘사할 수 있다. 사람들의 비난이 악화되거나, 점점 더 손을 쓸 수 없는 폭력 사태 따위에 이 표현을 쓸 수 있다.

to savage (someone) ⓒ (~를) 맹렬히 공격[비난]하다

— Her reputation has been *savaged* by the exposé. 그 폭로 기사로 그녀의 평판이 난도질당했다. (미디어 비평 기사)

savage를 동사로도 쓸 수 있는데, 누군가에게 난폭하게 위해를 가한다는 뜻이다. 물리적으로 공격하는 경우 문자 그대로, 중상모략이나 독설로 모욕하는 상황에는 비유적으로 사용할 수 있다.

savage blow ⓒ 무자비한 타격, 사나운 일격

— House hunters have been dealt a *savage blow* by recent spikes in stamp duty. 최근 인지세가 폭등했고, 주택 구매 의사가 있는 사람들이 심각한 타격을 입었다. (금융 관련 기사)

savage blow는 종종 악의를 품은 누군가 또는 무언가에 의해 야기되는 끔찍한 불행이다. 그 결과로 고통을 받았음을 나타낸다. 그 고통이 육체적이든, 재정적이든, 감정적이든 말이다.

Ⓢ Violence 폭력, 난폭 / Barbarism 야만, 미개 / Aggression 공격성

Ⓐ Gentleness 점잖음, 온화 / Sympathy 동정 / Humaneness 인의, 배려

scorn

scorn은 뭔가를 매우 싫어하는 감정이다. 반감과 조롱의 기미가 있으며, 존중이 없는 셈이다. scorn은 대개의 경우 무례한 행동으로 발생한다. 범죄라든가 모욕적인 공개 발언 등을 떠올려 볼 수 있다.

#scornful 누군가가 경멸감을 내비칠 때
#scorned 누군가가 뭔가를 해서 업신여김을 야기할 때
#witheringscorn 극단적 경멸감을 시적으로 표현한 말
#scornfulfeeling 혐오와 증오를 표출할 때

withering scorn ⓒ 지독한 멸시

— I was treated with *withering scorn* for simply trying to express myself. 그냥 나를 표출했다는 이유로 지독한 멸시를 받았더랬죠. (과거에 인플루언서로 활동한 사람과의 인터뷰)

withering look이 누군가를 주눅들게 하는 눈초리이듯, withering scorn도 부끄럽고 창피한 일을 한 누군가에게 향하는 미움의 감정이다.

object of scorn ⓒ 경멸의 대상

— Such cowardice has become the *object of scorn* by his contemporaries. 정말이지 대단히 비겁한 행위였고, 이 일은 동년배들에게 경멸의 대상이 되었다. (정치 기사)

말 그대로, 경멸에는 보통 경멸의 대상이 필요하다. 이 명제를 기술하는 경우에 object를 쓰면, 경멸이 경멸의 '주체'에서 경멸의 '대상'에게로 향하는 과정을 잘 드러낼 수 있다.

to treat with scorn ⓒ 경멸하다, 물리치다

— We shouldn't *treat* drug addicts *with scorn*, we should work on rehabilitation, not criminalization. 우리가 약물 중독자를 배격해서는 안 된다. 그들을 범죄자 취급해서는 안 되며, 그들의 사회 재활에 주력해야 한다. (트윗)

멸시의 주체가 행위를 빌미로 멸시의 대상을 조롱하고 무시한다는 말이다.

to pour/heap scorn on ⓘ 경멸하다, 깔보다, 비난을 퍼붓다

— People are always quick to *pour scorn on* unusual artists like me. 나처럼 특이한 예술가들은 언제나 사람들의 비난에 직면한다. (페이스북에 어떤 음악인이 올린 게시글의 일부)

이 어구는 scorn이 마치 사람에게 가해져 옮겨질 수 있는 물체인 것처럼 표현하고 있다. 이를 통해 평판의 손실 같은 구체적이고 물리적인 결과가 야기될 것임을 암시한다.

Ⓢ Disdain 업신여김, 무시, 거부 / Hatred 증오 / Disapproval 반감, 못마땅함

Ⓐ Respect 존중, 경의 / Admiration 감탄, 존경 / Approval 인정, 찬성, 승인

seething

seething은 격렬하지만 조용한 형태의 분노로, 겉으로 드러내지 않고 속으로 삭이는 감정이다. 누군가가 seething하고 있다면 속으로 엄청나게 화가 나 있는 상태인데, 불공평한 일에 화를 내야 하지만 그럴 수가 없는 경우가 많다.

#seethingquietly 소리를 내지 않는 seething의 성격을 강조하며
#seethingwithrage 극도로 화가 난 상태
#seethingrightnow 현재의 화난 감정을 강조할 때
#thismakesmeseethe 무언가에 대해 매우 성난 반응

to quietly seethe ⓒ 말없이 속 끓이다

— Currently I'm *quietly seething* on the train as someone is eating an egg sandwich and playing loud music in front of me. 기차 안에서 내 앞에 앉은 사람이 에그 샌드위치를 먹으며 시끄럽게 음악을 틀고 있는데 말은 못 하고 부글부글 끓고 있어. (스냅챗 문자)

누군가가 '말없이'(quietly) 속을 끓인다고 구체적으로 명시한 것은 seethe에 이미 그 뜻이 포함되어 있으므로 다소 부적절하

다. 그런데도 속에서 끓어오르는 분노를 말로 나타낼 방법이 없는 사람이라는 이미지를 강조하기 위해 quietly를 덧붙여 표현하는 경우도 있다.

to seethe with rage/anger Ⓒ 분노로 들끓다

— I look pretty chill in this picture but I am actually *seething with rage*. 이 사진에서 내가 좀 냉담해 보이는데 사실 울화가 치미는 상태야. (인스타그램 설명문)

다시 말하지만, seething은 단어 그 자체로 강력한 수준의 분노를 의미하므로 with rage/anger가 꼭 필요한 것은 아니다. 하지만 '분노'(rage), '격분'(fury), '좌절'(frustration) 등 여러 종류의 '화'(anger)를 느끼며 seethe하게 되는 경우가 있는데 각각의 뉘앙스가 조금씩 다르다. 이럴 때 이 표현을 유용하게 쓸 수 있다.

Ⓢ Rage 분노, 격노 / Boiling Point 격노, 인내의 한계 / Fury 분노, 격분

Ⓐ Calmness 고요, 평온, 침착 / Acceptance 받아들임, 용인 / Zen 고요

smugness

smugness는 '기쁨'(joy)과 '멸시'(contempt)가 혼합된 것이다. 자기 만족감에 흡족해하는 광경을 떠올려보라. smugness는 남들보다 우월하다는 느낌이기 때문에, joy뿐만 아니라 contempt로도 여겨질 수 있다.

#smug 남들에게 피해를 줄 정도로 의기양양한 경우

#smuggrin 누군가가 우쭐해 한다는 게 분명하게 보일 때

#thatsmugfeeling 잘난 체하는 셀카에, 또는 뭔가 대단한 일을 해내고서 흡족할 때

#smugcat 흡족한 표정의 고양이

smug grin ⓒ 우쭐해하는 웃음

— I really want to smack that *smug grin* off his face.

정말이지 놈의 낯짝을 후려쳐서 저 능글맞은 미소를 날려버리고 싶다. (사회면에 실린 사기꾼 관련 기사를 게시하고 단 촌평)

smugness를 가장 분명한 형태로 보여주는 것은 웃음이다. 여기서는 더 사악하다는 뉘앙스를 의도해 grin이란 단어를 사용했다.

to look smug Ⓒ 의기양양하다, 독선적으로 보이다

— What are you *looking smug* for? 뭐가 그렇게 의기양양해?
(카드 게임 중 친구에게 던진 말)

이 콜로케이션은 누군가가 눈에 띄게 smug하다고 단도직입적으로 말한다. 그 사람의 smug grin 때문일 수도 있고, 우월함을 나타내는 다른 표징을 보고 smug해 보인다고 밀힐 수 있다.

hint of smugness Ⓒ 우쭐한 기색

— The corner of her mouth curled, and there was a *hint of smugness* in her voice. 그녀의 입꼬리가 말려 올라갔고, 목소리엔 우쭐함이 배어 있었다. (현대 소설)

smugness는 미묘해서 감지하기 힘든 감정이다. 그래서 대개는 hint나 trace 같은 미묘한 단어들을 사용해서 묘사한다.

smug bastard Ⓘ 잘난 체하는 놈

— This *smug bastard* openly admits to market manipulation and gets away with it. 이 잘난 체하는 놈은 시장 조작을 공개적으로 인정하더니, 아무 일 없다는 듯 빠져나갔다. (레딧의 투자 관련 하위 포럼에 올라온 게시글)

의기양양한 누군가가 재수 없다고 말할 때 흔히 쓰는 슬랭이자 욕이 바로 이 표현이다. '잘난 체하는 인간들'(smug people)은 우월감을 드러내서 화를 돋우기 때문에 많은 경우 이런 식으로 욕을 먹는다.

Ⓢ Superiority 거만 / Self-satisfaction 자기 만족 / Haughtiness 오만

Ⓐ Humbleness 겸손 / Modesty 겸손 / Earnesty 성실, 진심

snarkiness

헐뜯기, 비난,
무뚝뚝, 퉁명

snarky는 빈정거리며 비판하는 것이다. 좀 더 구체적으로 얘기해, sarcasm에는 아이러니(irony), 그러니까 반어가 수반된다. 사람들이 생각하는 정반대를 언급하는 식이다. 반면 snarkiness는 뭐가 됐든 무례한 언급이면 그걸로 끝이다. snarky한 사람은 태도가 적대적이고 냉담해서 함께 하면 불편하다.

#snarky 어떤 말이나 사람이 비판적이고 냉소적일 때
#snarkycomeback 재치가 있을지는 모르나 무례한 반응을 두고 이르는 말
#snarkyhumor 어떤 농담이나 코미디언이 다소 적대적일 때
#gettingsnarkedat 비난의 제물이 됐을 때

snarky remark/comment/comeback ⓒ 비난하는 말, 무례한 응수

— Please stop leaving such *snarky comments* on my videos. 부탁드립니다. 제가 올리는 동영상에 비난하는 댓글 좀 그만 남기세요. (구독자들에게 호소하는 유튜버)

snarkiness는 말을 통해서만 드러난다. 사람이 snarky한 말을

하지 않는 한, snarky할 수는 없다. 이 단어가 남을 비판하는 짧고 재치 있는 말과 흔히 짝을 이루는 이유다.

to snark at/about ⓒ ~에 대해 (은근히 신랄하게) 비판하다

— My mother is always *snarking about* our neighbor's lawn. 엄마는 항상 이웃집 진디밭에 대해 불평하서. (친구와의 내화)

대다수의 정서 어휘처럼, snark도 동사형이 있다. 동사 snark 뒤에는 보통 전치사 at이나 about이 따라 나와서 snarky한 말의 대상을 특정한다.

Ⓢ Sarcasm 빈정댐, 냉소 / Irritability 성급, 화를 잘 냄 / Testiness 조급함

Ⓐ Kindness 친절, 다정함 / Patience 참을성, 인내 / Mildness 유순, 온화

snobbery

속물근성,
우월 의식

snobbery는 취향과 기호가 열등하다며 남을 깔보고 멸시하는 것이다. snob은 그런 snobbery를 과시하듯 하는 사람이다. 형용사형으로는 snobbish도 쓰고, snobby도 사용한다. snobbery란 개념은 계층이나 재산과 관련되는 경우가 많지만, 차이가 있는 분야라면 어디든 snob이 존재할 수 있다. 가령, food snob은 자신을 미식가라 여기며 고품질의 식음료만 고집하고, 질이 나쁜 음식을 먹는 사람을 업신여기는 부류를 말한다.

#snob 내놓고 잘난 체를 하는 사람.
#snobbish 속물을 가리키기도 하고, 배타적이고 특권적인 것들도 가리킨다
#snobiety snob과 society를 조합한 표현으로 고급 문화를 가리킬 때
#snobbyfashion 값이 비싸고 상류층처럼 보이는 옷을 두고 이르는 말

intellectual snobbery ⓒ 지적 속물근성
— The artist is clearly guilty of *intellectual snobbery* here: he has lost all sense of intrigue and sensual wonder in the work. 이 화가가 지적 속물근성을 가지고 있는 것은

틀림없는 사실이다. 그의 작품에서 호기심이나 감각적 경이로움은 찾아볼 수 없다. (미술 비평)

intellectual snobbery는 맥락상 과도하게 지적인 태도를 묘사하는 데 사용되는 어구다. 누군가가 알기 쉬운 명료함을 외면한 채 과도하게 세부사항에 집중한 것일 수도 있고, 그들의 작업이 어떤 식으로든 잘난 척하는 인상을 주는 것일 수도 있다.

inverted snobbery ⓒ 역속물주의, 전도된 속물 근성

— Hating on horse riding is just *inverted snobbery*, let's be honest. 승마를 혐오하는 건 역속물주의일 뿐이다. 우리 솔직해지자. (인스타그램의 승마 계정에 달린 글)

영국 영어에서 흔히 볼 수 있는 inverted snobbery는 고급 문화를 경멸하면서 하층 계급의 규범 및 기호와 자신을 동일시하는 것을 말한다. 권력자 및 부유층에 대항하여 자주 쓰이는 표현으로, 상류층과 그들의 문화적 정통성을 폄하한다.

Ⓢ Pretension 허세, 가식 / Superciliousness 거만, 건방 / Pomposity 거드름

Ⓐ Affability 상냥함, 붙임성 / Humility 겸손, 비하 / Modesty 얌전

snub

명사 snub은 모욕감이 들게 하는 발언이나 행위다. 더 구체적으로 얘기해, snub에는 남을 비하하려는 고의적 행동이란 뜻이 있고, 고의적이기 때문에 공개적인 경우가 많다. 어떤 형태든 이를 달성하려는 행위라면 다 snub이다. 경기에서 일부러 규칙을 어기는 선수는 심판을 snub하는 것이고, 누군가가 회의 도중 다른 사람을 비판하는 것도 snub하는 것이 될 수 있다.

#snubbed 모욕당했을 때

#deliberatesnub 모욕의 고의성을 강조한 표현

#thatsasnub 모욕을 인지했을 때

#ivebeensnubbed 도저히 안 믿긴다는 반응을 내포할 때

deliberate snub ⓒ 고의적인 무시

— This new tariff has been interpreted by many as a *deliberate snub*. 많은 이가 새로 도입된 관세를 고의적 조치라고 해석했다. (경제 보도)

명백한 모욕은 아니지만 위신을 떨어뜨리려는 의도가 분명할 때, deliberate snub이라고 한다. 악수를 거절하거나 누군가의 바람을 적극적으로 거스르는 것 등이 deliberate snub의 예들이다.

to feel snubbed ⓒ 모욕당했다고 느끼다

— Many care workers *feel snubbed* by the new government cuts. 정부가 또 임금을 삭감했고, 많은 보건 노동자가 모욕감을 느끼고 있다. (시사 보도)

문자 그대로 해석하면, snub은 '불을 끄다'라는 뜻이다. 이를 떠올리면 snub을 파악하는 데 도움이 된다. 상대방을 깎아내리며 열의와 열정을 없애버리는 과정이다.

to deliver a snub ⓒ 모욕하다

— She clearly *delivered a snub* to him by publishing this picture. 그녀는 이 사진을 공개함으로써 그를 모욕하겠다는 의도를 분명히 했다. (유명인의 다툼 과정에서 공개된 사진에 관한 트윗)

snub을 동사로 쓰는 것이 통상적인 방법이지만, deliver a snub도 가능하다. 모욕 그 자체보다 '비방' 메시지를 전달했다는 사실을 강조한다.

Ⓢ Humiliation 창피, 굴욕 / Denigration 폄하, 모욕, 훼손 / Insult 모욕

Ⓐ Praise 칭찬, 찬사 / Approval 인정, 찬성 / Flattery 아첨

| CONTEMPT | **sourness** | 시큰둥,
심술, 불쾌 |

어떤 사람들에게 '신'(sour) 맛은 불쾌한 맛이다. 이를 바탕으로
정서적 맥락을 추론하자면, sourness는 불친절하고 무시하는
것이다. 어떤 것이 짜증스럽고 분개하게 만든다는 뜻인데, 그래
서 sourness는 안 좋은 경험에 의해 촉발되는 경우가 많다.

#sour 쌀쌀맞게 굴 때

#sourtaste 인상이 안 좋을 때 bad impression 대신 쓸 수 있는 표현

#thingshaveturnedsour 관계가 악화되었을 때

#sweetandsour 맛의 조합에 빗댄 표현으로, 어떤 상황에 친절한 행동
(sweet)과 불친절한 행동(sour)이 섞여 있음을 가리킬 때

to turn sour ⓒ 잘못되다, 틀어지다

— We were dating for three months but things
turned sour when I found out he had a pet frog. 3개월
째 데이트를 했는데, 일이 틀어져 버렸습니다. 그가 애완 개구리를 키우더라
고요. (결별과 관련해 조언을 구하는 게시글)

음식이 상할 때 시큼해지는 것처럼, 일이나 관계도 시간이 흐르
면 어떤 자극을 받아 turn sour해질 수 있다. 가장 흔하게는 '관

계'(relationship)가 turn sour하지만, '상황'(situation)이나 '특정한 시기'(moment)를 두고 말할 수도 있다.

sour note ① 우울한 기분, 불쾌한 일

— Unfortunately, the tour ended on a *sour note* as we were accosted by street merchants. 뷰감스럽게노, 우리의 여행은 노점상들의 호객 행위를 받으며 씁쓸하게 끝이 났다. (관광지 리뷰)

음식을 말하는 상황에서, note는 확실히 구별되는 하나의 맛을 말한다. 따라서 sour note는 좋았던 상황 일부가 불쾌하게 바뀌었다는 의미이다. 보통 sour note로 끝났다는 것은 상황이 어떤 식이든 비우호적으로 바뀌었다는 말이다.

sourpuss ① 불평꾼, 흥을 깨는 사람, 늘 뚱한 사람

— Don't be such a *sourpuss*, come out and party! 그렇게 침울하게 굴지 말고, 나와서 함께 즐기자! (친구가 보낸 문자 메시지)

sourpuss는 괴팍하고 불평을 일삼는 사람이다. puss란 단어가 '입'(mouth)을 뜻하는 구식 은어이기 때문에 곧잘 투덜거리는 사람을 가리킨다.

to leave a sour taste (in one's mouth) ① 입맛이 쓰다, 개운치가 않다

— This article *left a sour taste in my mouth*. 이 기사는 영 개운치가 않다. (논란이 많은 의견 기사의 리트윗)

이 문구는 안 좋은 감정이 발생한 시점 이후로도 거부감이 여전히 남아 있는 것을 비유적으로 표현한다. 시간이 오래 지났어도 여전히 약이 오르거나 분개하는 온갖 상황에 쓸 수 있다.

sour grapes ① 신 포도, 지기 싫어함, 오기

— The fans have *sour grapes* this morning over last night's result. 오늘 아침에도 팬들은 지난 밤의 경기 결과를 받아들이지 못하고 있다. (스포츠 기사)

이 표현은 패배와 같은 불공평한 상황에 분개한다는 뜻이다. have sour grapes라고 말하는 사람도 있지만, 대부분은 be 동사를 써서 sour grapes를 어떤 현상처럼 취급한다. "You're angry because you lost? That is just sour grapes."(져서 화가 났니? 그건 그냥 오기일 뿐이야)

Ⓢ Disdain 경멸, 거부 / Resentment 분노, 원한 / Unfriendliness 불친절

Ⓐ Congeniality 일치, 친화 / Positivity 적극, 확실, 긍정 / Enjoyment 즐거움, 향유

| # spite | 앙심, 악의

spite는 누군가를 향한 악감정이다. 더 구체적으로 얘기하면, 속을 뒤집어 놓고, 분노를 유발하며, 해를 가하겠다는 의도가 있는 것이다. spite는 옹졸한 감정으로 여겨진다. '앙심을 품고'(out of spite) 하는 행동은 품위와 공정함이라는 일반적인 도덕 규범을 거스르는 것이고, 사람들은 이런 행동을 경시한다.

#spiteful 누군가가 앙심을 품었을 때

#purespite 행위의 이유가 단지 악의뿐일 때

#spitefulreaction 쓸데없이 독설에 차 대응했을 때

#spiteme 사람들에게 자신을 모욕하라고 장난스럽게 얘기할 때

full of spite ⓒ 독이 잔뜩 오른, 악의가 가득한

— People like you are *full of spite*, so I'm going to ignore you and block you. 당신 같은 사람들은 적의가 가득해서 앞으로는 당신을 무시하고 차단하겠습니다. (인스타그램 댓글)

이 어구는 누군가가 적대적인 감정에 사로잡혀 있다는 얘기이다. 이런 사람들은 오랫동안 남을 괴롭힐 가능성이 많다.

out of spite ⓒ 악의에서, 앙심을 품고

— My boyfriend posted this awful pic of me *out of spite*, how can I get it taken down? 남자친구가 앙심을 품고 끔찍한 사진을 올렸어요. 어떻게 해야 내릴 수 있죠? (레딧의 게시글)

out of spite는 '이유가 앙심이어서', 그러니까 영어로 for the reason of spite를 제시하는 주요 표현이다.

pure spite ⓒ 순전한 앙심

— There is speculation that he fired him out of *pure spite*. 그가 그를 해고한 것은 순전히 앙심 때문이라는 얘기가 있다. (언론 비평)

뭔가가 pure spite로 행해졌다면, 적대감 이외의 다른 이유가 없다는 소리이다. 사람들이 서로 개인적인 앙갚음을 하는 맥락에서 주로 사용된다.

to cut off (one's) nose to spite (one's) face ⓘ 홧김에 자기에게 불리한 짓을 하다

— You want to sell your house just to deal with noisy neighbors? Don't *cut off your nose to spite your face*. 그저 이웃이 시끄러워서 집을 팔겠다는 거야? 홧김에 그러면 너만 손해야. (친구의 충고)

이 관용구는 복수를 시도하지만, 결국 자신도 해를 입는 상황을 가리킨다.

Ⓢ Animosity 적대, 반감 / Acrimony 악감정 / Bitterness 신랄함, 억울

Ⓐ Generosity 관대, 아량 / Positivity 낙관, 긍정, 적극성 / Love 사랑

stubbornness

완고,
완강, 고집

stubbornness는 일종의 '외곬수'(single-mindedness)라서 어떤 것에 대해 마음가짐을 바꾸지 않는 것이다. stubbornness가 그 자체로 경멸의 대상은 아니지만, 개인의 확고한 기호에 바탕을 둔 행동이나 이상을 좋게 여기지 않는 것이다. 영어 문화권에서는 stubbornness를 부정적이고 옹졸한 특성으로 여기지만, 누군가가 의지를 굽히지 않고 성공을 하면 stubbornness는 '결단력'(determination)으로 미화되기도 한다.

#stubborn 마음을 바꿀 가능성이 없는 사람을 일컬을 때
#stubbornfat 빼기 힘든 살
#stubborndog 개가 곡예를 배우려고 하지 않을 때
#stubbornhairproblems 두발 관리 제품으로도 관리가 쉽지 않은 머리카락을 언급할 때

stubborn refusal ⓒ 완강한 거절, 고집 센 거부

— My son's *stubborn refusal* to eat ANY vegetables is driving me insane: please, any survival advice? 아들 녀석이 채소를 안 먹겠다고 고집을 부립니다. 정말 미칠 지경인데, 무슨 좋은

수가 없을까요? (멈스넷 게시글)

stubborn refusal은 확고하게, 가끔은 원칙에 입각해, 무언가를 하지 않는다는 것이다. 누군가가 자의적으로 좋고 싫음을 정해 무언가를 거부한다는 뜻이다.

stubborn determination ⓒ 완강한 결의, 확고한 투지

— Weight loss is hard, but if you have a *stubborn determination* like me, it's not impossible. 살 빼기는 쉬운 일이 아닙니다. 하지만 저처럼 결심만 확고하다면 불가능한 일도 아닙니다. (인스타그램의 살 빼기 게시물에 붙은 설명글)

누군가가 stubborn determination을 가지고 있다면 무언가를 하겠다는 의지가 확고한 것이고, 해당 과제나 임무가 완수될 때까지 집요함이 발휘될 것이라는 의미이다. stubbornness가 단독으로 쓰이면 대개 나쁜 특성이지만, 이 경우에는 바람직한 것이다.

stubborn streak ⓒ 강한 고집, 완고한 일면

— The President has demonstrated a *stubborn streak* with his refusal to shift course on foreign policy. 대통령이 외교 정책 방침을 바꾸지 않겠다고 천명하며 완고한 일면을 드러냈다. (시사 보도)

streak은 작은 선 또는 줄인데, '요소'(element)나 '작은 부분'(small part)으로 규정되기도 한다. 그러므로 stubborn streak은 누군가의 성격 특성에 고집스러움이 작은 부분으로 존재한다는 얘기다.

as stubborn as a mule ⓘ 아주 고집이 센

— When the odds are against you but you continue because you're *stubborn as a mule!* 비록 승산은 없어도 그 굳센 의지로 전력을 다하는 그대! (게임에서 형편없이 지고 있지만 계속해서 전력을 다하는 사람의 사진 또는 동영상에 달린 설명문)

'노새'(mule)는 구슬려서 무언가를 히도록 시키기기 매우 이려운 동물로 유명하다. 그런 이유로 해당 구문은 고집이 매우 세 자신만의 방식을 고수하고 변화하기를 거부하는 사람들을 가리킨다.

Ⓢ Obstinance 완강, 고집, 집요 / Strongwilledness 완고함 / Determination 투지, 결의

Ⓐ Willingness 기꺼이 -하려는 마음 / Persuadableness 설득 가능 / Cooperation 협력, 협동

superciliousness

거만,
오만

누군가가 supercilious하다면 자신이 상대방보다 낫다고 생각하는 것이다. 이런 사람들은 거만하게 행동하고 타인을 경멸하고 무시한다. 이 단어는 눈썹을 뜻하는 eyebrow에서 파생했는데, 눈썹은 우월감 표출에 사용된다. 단어가 긴 데다가 발음까지 격식을 차린 듯해서, 문학 작품, 신문 기사, 학문적인 글 등에서 널리 쓰인다.

#supercilious 거들먹거리는 사람을 이르는 말

#supercilioussmile 거만한 미소

#meanandsupercilious 그다지 친절하지 않은 사람을 가리킬 때

#superciliousperson 거만하고 허영심이 많은 사람

supercilious manner ⓒ 거만한 태도

— His raised head and look of expectation indicated a *supercilious manner*. 쳐든 고개와 기대에 찬 시선에서 그가 얼마나 거만한지 알 수 있었다. (역사 소설)

manner는 신체와 말을 통해 드러나는 사람의 전반적인 품행이다. 쳐든 고개, 치켜올린 눈썹, 의례적 몸짓 같은 신체 언어

와, 무시하는 어조 등이 전부 supercilious manner로 연결될
수 있다.

supercilious smile ⓒ 얕보는 듯한 미소, 거만한 미소

— I can't bear her *supercilious smile*, it makes my
blood boil. 이 여사의 얕보는 듯한 미소를 참을 수가 없다. 성날이시 피
가 끓는다. (견해를 강력하게 표명하는 내용의 유튜브 동영상에 달린 댓글)

supercilious smile은 supercilious manner의 일부라고 할 수
있겠다. sneer(비웃음, 경멸) 및 smug grin(만면에 피어오른 우
쭐한 미소)과 비슷하다.

Ⓢ Arrogance 오만 / Loftiness 거만, 당당 / Snobbery 우월 의식, 속물 근성

Ⓐ Humbleness 겸손, 초라함 / Modesty 겸손 / Unpretentiousness 수
수, 가식 없음, 검소

tolerance

관용, 아량,
용인, 견딤

tolerance는 뭔가가 일어나도록 내버려두거나 허용하는 행위이다. tolerant person은 뭔가가 좀 싫지만 모든 것을 고려한 속 깊은 이유에서 그것을 받아들이기로 한다. 그러므로 put up with(~을 참고 견디다)라는 구동사와 뜻이 같다. 때로 사람들은 다양한 사회 집단에 더 관용적인 태도를 보여야 한다고 주장한다. 이 어휘가 사소한 반감의 뉘앙스가 있음에도 불구하고 긍정적인 사회 가치로 통용되는 이유이다.

#tolerance 남을 더 포용하라는 사회적 명령으로 널리 사용
#betolerant 형태는 다르지만, 내용은 #tolerance와 비슷한 명령문
#intolerantbehavior 관용이 부족한 게시글을 일컬을 때
#toleratingtheweather 악천후이지만 견딜만할 때

tolerant towards ⓒ 관대하다, 용인하다
— We are an inclusive community *tolerant towards* LGBTQ+ individuals. 우리는 성소수자에게 관대한 포용적 공동체입니다. (페이스북의 밈 그룹 설명문)
예문 "They were tolerant of the flies for a while."(그들은 잠

시 동안 파리떼를 참고 견뎠다)에서처럼, 문장 구조를 달리해 tolerant of를 쓸 수도 있다.

low/high tolerance ⓒ 적은/많은 인내심

— I have a *low tolerance* for people who spit in public. 공공 장소에서 침을 뱉는 사람들을 난 잘 못 참겠어. (공원에서 친구와 나누는 대화)

tolerance는 '수준'(level)으로 설명되는 일이 잦다. 당신의 tolerance가 low하다면, 뭔가가 일어나도록 내버려두지 않을 테고, 급기야는 화를 내거나 행동에 나설 것이다. 반대로 tolerance가 high하다면, 무언가를 더 느긋하고 관대하게 대할 것이다.

religious/racial tolerance ⓒ 종교적/인종적 관용

— The *religious tolerance* of the Romans is perhaps surprising to some, and studies suggest that the growth of their empire benefited from this. 고대 로마인들의 종교적 관용에 깜짝 놀라는 사람도 일부 있을 것이다. 여러 연구에 의하면, 실제로 이 종교적 관용을 바탕으로 제국이 성장할 수 있었다고 한다. (고대 로마 사회를 설명하는 글)

사회 분야 논의들을 보면, 인종이나 종교로 구별되는 개별 집단들 사이의 협력적 공존을 설명하는 데 tolerance가 널리 사용된다.

zero-tolerance policy ⓘ 무관용 정책, 엄중 처벌 원칙

— There is a *zero-tolerance* lateness *policy*: anyone missing at 9:00 am will be reprimanded regardless of reason or excuse. 지각과 관련해서는 무관용 방침이 적용됩니다.

오전 9시까지 출근하지 않는 직원은 이유 여하를 막론하고 징계를 받게 됩니다. (기업의 엄격한 업무 지침)

tolerance를 '정도나 수준'(level)의 견지에서 생각하면, zero-tolerance는 관용의 정도가 매우 낮은 경우를 가리킨다. 위 예문에서처럼, 더 넓은 맥락에서 보면 zero-tolerance rule이 불공정하고 배려가 없는 방침인 경우도 있다.

(S) **Allowance** 허용, 승인 / **Inclusivity** 포용 / **Endurance** 인내, 참을성

(A) **Intolerance** 편협, 불관용 / **Bigotry** 편협, 완고 / **Reaction** 반응

vindictiveness

vindictive한 사람은 자신에게 해를 끼친 사람을 적극적으로 해치려고 한다. 이런 이유로 vindictive는 복수를 원하는 상태이고, vengeful의 동의어다. vindictive가 더 일반적으로는 불쾌하고 상처를 주는 행동 성향을 가리키기도 한다. 여기서 문제가 되는 harm은 보통 감정적인 것이지만 물리적인 것이 될 수도 있다.

#vindictive 남에게 위해를 가하려는 사람을 이르는 말

#vindictivecomment 상처를 주는 말

#vindictiveperson 누군가가 친절한 사람이 아닐 때

#sovindictive vindictive한 태도나 행동이 못마땅할 때

vindictive comment/response ⓒ 앙심을 품은 말, 보복성 논평, 악의적 대응

— Some of these *vindictive comments* are utterly shameful. 일부 악의적 논평은 정말이지 부끄러운 일입니다. (스캔들 이후 공인이 적은 트윗)

'악의적'(vindictive) 행태는 짧은 성명이나 연설에서 생생하게 드러나곤 한다.

vindictive behavior ⓒ 악의적 행동, 보복성 행태

— Gary's *vindictive behavior* continues to cause problems in the group, while Emma discovers a new way forward. 앙심을 품은 개리가 계속해서 문제를 일으키는 가운데, 에마는 새로운 항로를 찾아낸다. (넷플릭스 드라마 시놉시스)

전반적으로 약간 잔인하고 상처를 안기는 행동을 진술할 때 이 표현을 쓴다. 복수나 설욕이 어느 정도 이를 정당화해 줄 수도 있고 아닐 수도 있다.

vindictive punishment ⓒ 앙심을 품고 하는 처벌, 보복성 응징

— Detention for forgetting your homework is a particularly *vindictive punishment*, don't you think? 숙제를 안 가져왔다고 집에 못 가게 하는 건 상당히 악의적인 벌 아니냐? (학생들의 대화)

잔인한 의도에 어쩌면 복수심까지 가미된 어울리지 않게 모진 대응을 가리킨다. 사실 이 예문에서 학생들의 용어 사용은 과장된 면이 있다.

Ⓢ Vengefulness 복수심, 앙심 / Spite 앙심, 악의 / Hurtfulness 상심, 고통

Ⓐ Forgivingness 용서, 관대, 너그러움 / Generosity 너그러움, 관대, 아량 / Kindness 친절, 다정

Surprise

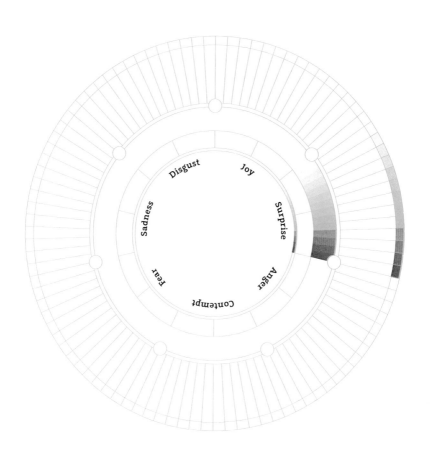

agape

아연하여,
어이없는

agape는 문자 그대로 입을 쩍 하고 벌리고 있는 것이다. agape 는 gaping이란 말과 연관이 있는데, 이 gaping은 사람이 입을 크게 벌리고 있는 상황을 뜻한다. 의미를 더 일반화해 보면, 놀 라운 사건이 일어났을 때 일종의 충격을 받고 말문이 막혀 입이 벌어지는 것이다.

#mouthagape 충격으로 벌어진 입을 다물지 못한 상태를 묘사할 때
#standingagape 충격을 받은 사람의 모습을 언급할 때
#agapeinsurprise 충격에 빠져 있는 사람에 대한 전반적인 묘사
#agapeattheresults 어떤 결과에 깜짝 놀랐을 때

mouth agape ⓒ 입을 벌리고
— We watched, *mouths agape*, as it erupted. 우리는 입 을 벌린 채로 넋을 잃고 분출 광경을 지켜보았습니다. (화산 폭발 목격자와의 인터뷰)
벌린 입을 다물지 못한다는 뜻으로 agape를 쓸 때, 대개는 소유 형용사와 동사가 빠진다. 이는 간략하게 묘사할 때 종종 일어나 는 일이다.

to stand agape ⓒ 벌린 입을 다물지 못한 채 서 있다

— Don't just *stand agape*, come and collect your prize! 멍하게 서 있지 말고 어서 와서 상을 받으세요! (게임쇼 진행자)

이 콜로케이션은 벌린 입을 다물지 못하고 있는 것보다 움직이지 않고 서 있는 사람을 더 강조한다. 사람들이 놀라면, 벌린 입을 다물지 못하는 힌싱과 멈춰 시 있는 지세기 대개 함께 나타난다. 이런 이유로, stand agape란 표현이 등장했는데, 충격을 받아 동상처럼 굳어버린 것이다.

Ⓢ Dumbfounded 말문이 막힌 / Amazed 놀란, 경탄한 / Gobsmacked 깜짝 놀란

Ⓐ Unconcerned 개의치 않는, 무관심한 / Unimpressed 인상적이지 않은 / Unmoved 흔들리지 않는, 냉정한

| # amazement | 놀람, 경탄, 경악

amazement는 감동을 받아 크게 놀라는 것을 뜻한다. 마술을 보고 amazed하는 것처럼 인상적인 묘기에 경외심을 표현하거나, 칼로리가 거의 없는 과자를 보고 amazed하는 것처럼 믿기지 않는 상황을 두고 사용된다.

#amazed 깜짝 놀라고 깊은 인상을 받았을 때

#amazing 뭔가가 믿기지 않을 정도로 굉장할 때

#totallyamazeballs 놀랍고 기쁘다는 뜻의 허물없는 표현

#amazingview 경관이 근사할 때

sheer amazement ⓒ 순전한 놀라움

— Words cannot express my *sheer amazement* right now. 그 어떤 말로도 지금 느끼는 이 경이로움을 다 표현할 수 없어요. (최단 시간에 완료해 세계 기록을 작성한 게이머의 변)

강조어 sheer는 complete, utter, great과 같은 다른 대체 강조어보다 amazement와 어울려 사용되는 빈도가 가장 많다. 아마도 sheer에 감동의 크기와 관련된 여러 함의가 있기 때문일 것이다.

genuinely amazed Ⓒ 진정으로 놀란

— Tried cleaning my rusty bike with tin foil and vinegar and I am *genuinely amazed* at the results! 녹슨 자전거를 호일과 식초로 시험 삼아 닦아봤는데, 결과가 정말 놀라웠어요! (레딧 게시글)

genuinely를 쓰면 긍정적인 결과를 기대하지 않는다는 함의가 생긴다.

to never cease to be amazed (by) Ⓟ 놀라움을 금치 못하다

— I'll *never cease to be amazed by* the beauty of this part of the country. 이 지역의 아름다움이 너무나 놀랍다. (인스타그램에 아름다운 경관을 포스팅하고서 달아놓은 설명문)

이 어구는 무언가가 사람을 계속해서 놀라게 하고, 계속 그럴 거라고 예상하는 것을 말한다. "Something never ceases to amaze me."라고도 쓸 수 있다.

amazeballs Ⓟ 매우 놀라운, 멋진

— That ride was *amazeballs*, you have to try it! 저 놀이기구 정말 대단해, 너도 한번 타봐! (놀이 공원에서 친구와 나누는 대화)

amazeballs는 '정말 좋다'(really good)는 뜻의 재미있는 속어 표현이다. 이 표현에는 뭔가가 그렇게 좋을 거라고 예상하지 못해서 놀랐다는 뉘앙스가 들어있다.

Ⓢ Astoundment 경악 / Astonishment 경악 / Awe 충격

Ⓐ Indifference 무관심 / Nonchalance 냉담 / Expectation 예상

| # astonishment | 놀람,
경악, 기겁

astonishment는 astoundment와 비슷하나, '불신'(disbelief) 보다는 '충격'(shock)을 강조한다. '아주 깜짝 놀란'(very surprised) 상태이다. astonishment의 어원을 보면, thunder(천둥)와 관련되는데, 이를 통해 surprise의 개념이 전기의 역동성과 관계가 있음을 알 수 있다.

#astonishing 뭔가가 정말 놀라울 때

#blinkinastonishment 기겁한 표정

#hideyourastonishment 예의를 차리기 위해 충격받은 사실을 감춰야 할 때

#astonishingbehavior 행동이 못마땅할 때

to hide (one's) astonishment ⓒ 놀란 사실을 숨기다

— Omg, I couldn't *hide my astonishment* when I saw my sister's hair color. Do you think she might be offended? 맙소사, 언니 머리 염색한 거 보고 너무 놀라서 말이야. 언니가 기분 상했을까? (친구한테 보낸 문자)

강렬한 놀람을 표현하는 다른 어휘들과 달리, astonishment

는 흔히 그 충격을 '감춘다'는 식으로 사용된다. 놀란 감정을 숨겼다는 것을 말하고 싶다면 이 콜로케이션을 사용하면 좋다. 예의를 차리느라 그랬을 수도 있고, 침착하고 차분해 보일 필요가 있어서였을 수도 있겠다.

blank astonishment ⓒ 놀라서 멍하게 져나봄

— They stared back at me in *blank astonishment*. 사람들은 너무 놀랐는지 멍한 얼굴로 나를 빤히 쳐다보았다. (정치인의 자서전)

이 콜로케이션은 blank stare(멍한 눈으로 빤히 봄)와 astonishment(경악)를 결합한 표현이다. astonished된 사람은 대개 적절히 반응하지 못한다. 아마도 그런 이유로 표정이 '멍할'(blank) 수밖에 없을 것이다.

utter astonishment ⓒ 매우 놀람

— It was fun to see the *utter astonishment* of the fans when I released that secret second album of the year. 올해 두 번째 비밀 앨범을 발매했고, 팬들이 굉장히 놀라는 모습을 즐겁게 지켜보았습니다. (유명 음악인과의 인터뷰)

utter는 astonishment와 짝을 이루는 매우 흔한 강조어이다.

Ⓢ Astoundment 큰 충격, 경악 / Shock 충격 / Amazement 깜짝 놀람

Ⓐ Composure 평정, 침착, 차분 / Expectation 기대, 예상 / Indifference 무관심, 냉담

| # astoundment | 기겁, 경악,
충격, 몹시 놀람

astoundment는 강렬하고 망연자실케 하는 놀라움이다. 뭔가를 경험했는데, 도저히 안 믿긴다는 뉘앙스가 있다. 당사자는 충격으로 멍해져 말을 잃는다. astoundment는 놀람, 당황, 충격, 불안이 뒤섞인 것이다.

#astounding 인상적이면서도 깜짝 놀랐을 때
#astoundingsuccess 예기치 않은 성공에 감명받았을 때
#trulyastounding 매우 당황스럽고 충격적일 때
#astoundedbythis 놀람과 더불어서 약간의 불신을 나타낼 때

astounded to learn/discover/find ⓒ 알게 되고/발견하고/찾게 돼서 깜짝 놀란

— I was *astounded to learn* that my boss, a man in his sixties from the American South, had never tried mac n' cheese. 내 상사는 미국 남부 출신으로 현재 60대인데, 그가 맥앤치즈를 한 번도 먹어본 적이 없다는 사실을 알고서 정말 놀랐다. (페이스북 게시글)

새로운 사실을 접하고서 충격을 받았을 때, astoundment를 흔히 사용한다. astoundment가 learn이나 discover 같은 동사와 함께 쓰이는 이유다.

astounding success Ⓒ 놀라운 성공

— By most accounts, Iceland's trials of a 35 hour working week have been an *astounding success*. 대디수 보도는 노동 시간을 주 35시간으로 줄인 아이슬란드의 실험이 놀라운 성공을 거두었다고 전한다. (경제 관련 보도)

astounding success는 온갖 악조건들에도 불구하고 거둔 승리이다.

astounding feat Ⓒ 대단한 업적, 뛰어난 솜씨

— To climb El Capitan is an *astounding feat*. You should be proud. 엘 카피탄 등반은 대단한 업적이야. 넌 자랑스러워해도 돼. (친구의 문자)

이 문구는 몹시 놀라는 반응을 일으키는 행위를 뜻한다. 그 행위가 불가능해 보이기 때문에 사람들에게 깊은 인상을 남기고 그들을 압도한다.

Ⓢ Astonishment 깜짝 놀람 / Amazement 놀람, 경악 / Dumbfoundedness 말문이 막힘

Ⓐ Indifference 무관심, 냉담 / Unconcern 무심, 태연 / Disregard 무시, 외면

awe

경외, 놀람,
충격, 감동

awe는 자기보다 더 엄청난 것에 반응해 놀라는 것이다. awe의 원인은 강력하거나, 위협적이거나, 또는 아름다운 무언가일 수 있다. 널리 사용되는 파생 형용사 awesome을 주목할 필요가 있는데, '정말로 좋다'(really good)는 뜻이거나 포괄적, 긍정적으로 인정한다는 의미이다. 애초의 '숭배'라는 뜻은 사라졌지만, awe는 뭔가의 규모가 대단하다는 뉘앙스를 여전히 갖고 있다.

#awesome 전반적으로 good 또는 cool의 의미

#aweinspiring 뭔가가 awesome한 감정을 불러일으킬 때

#shockandawe 두 단어가 자주 함께 쓰인다

#inaweofthis 무언가로 충격을 받아 얼어붙었다고 말할 때

to hold in awe ⓒ 경외심을 갖다
— He is *held in awe* for his scientific achievements.
그는 과학 분야의 업적으로 경외의 대상이다. (과학 보도)
남들에게 경외심을 불러일으킨 사람이나 대상을 언급할 때 이 표현을 쓴다. 사람이 어떤 생각이나 의견을 '갖는다'(hold)고 할 때처럼 held가 사용되었다.

to stand in awe ⓒ 경외심을 갖다, 경외하다, 겁에 질려 있다

— We all just *stood in awe* as it came crashing down. 우리 모두는 건물이 무너져 내리는 것을 겁에 질린 상태로 그저 바라보았습니다. (지진으로 인한 건물 붕괴를 목격한 사람과의 인터뷰)

awe가 꼭 '감동'일 필요는 없다. 자연 재해 같은 커다란 사건을 겪으며 인간이 얼마나 작은 존재인지를 깨닫는 일은 훨씬 더 두려울 것이다.

awe-inspiring ⓟ 경외심을 불러일으키는, 장엄한

— Just... *awe-inspiring*, isn't it? 정말이지…… 장엄하지 않나요? (인상적인 폭포 사진에 붙은 설명문)

뭔가가 awe-inspiring하다면 그 감정은 긍정적인 경이감이다.

awestruck ⓟ 경이로워하는, 위엄에 눌린

— I went backstage to meet the band and I was totally *awestruck*. 무대 뒤로 가서 밴드를 만났는데, 완전 얼어버렸지. (콘서트 이후 친구와 나눈 대화)

말 그대로 'awe가 가해졌다'는 뜻이다. 해당 감정이 급격하게 야기되었음을 짐작할 수 있고, 무언가를 보고 말문이 막힌 상태임을 알 수 있다.

shock and awe ⓟ 충격과 공포

— The government rollout is simply *shock and awe*: it has not been carefully considered nor will it be particularly effective. 정부 발표는 그야말로 충격과 공포이다. 신중하게 고려하지도 않았고, 별로 실효성도 없을 것이기 때문이다. (정치 보도)

이 두 단어가 함께 쓰이면, 대개 위협하는 느낌을 강력하고 역동적으로 드러낸다. 적을 기습하기 위해 어떤 장소를 빠르고 맹렬하게 통과하는 전술을 가리키는 군사 용어이기도 하다.

Ⓢ Amazement 놀람 / Wonder 경이 / Marvel 경이, 불가사의, 놀라움

Ⓐ Indifference 무관심, 냉담 / Contempt 경멸, 멸시, 개의치 않음 / Apathy 무관심, 냉담

| # bafflement

방해, 훼방, 좌절,
곤혹, 당혹, 당황

bafflement는 confusion(혼란)보다 강도가 약간 더 세다. 지식과 명료함을 예상했지만, 대신 압도적으로 당혹스러운 상황에서 흔히 baffled가 사용된다.

#baffled 놀랍고 혼란스러울 때

#baffling 다른 사람들도 혼란스럽게 만들거라는 뜻

#utterlybaffled 전혀 상황 파악이 안 될 때

#bafflewithbull 남들을 혼란스럽게 해 자신의 무지를 가린다는 뜻의 관용어

to be baffled as to (why) ⓒ 당혹스럽다, 이해를 못 하다

— I'm *baffled as to why* this works, but it's so cool! 이게 왜 작동하는지 모르겠지만, 아무튼 멋지네요! (아마존에 올라온 과학 장난감 리뷰)

baffled는 문장에서 통상 이런 식으로 쓰인다. why는 비슷한 의문 부사들인 what, who, where로 대체할 수 있다. 그리고 이해가 안 되는 상황에 대한 설명이 뒤따른다.

to baffle experts ⓒ 전문가들을 난처하게 만들다

— How exactly he survived the fall continues to *baffle experts*. 그가 어떻게 추락 사고에서 살아남았는지는 여전히 전문가들 사이에서 수수께끼로 남아 있다. (생존 다큐멘터리)

해당 분야 전문가들이 이상한 상황을 이해할 수 없을 때 흔히 baffle이라는 어휘를 쓴다. 이런 식으로, 과학으로 아직 설명될 수 없는 특이한 시나리오나 현상에 일반적으로 쓴다.

If you can't dazzle them with brilliance, baffle them with bull ⓘ 탁월함으로 눈부시게 할 수 없다면, 허튼소리로 헷갈리게 만들어라

— Hey, you know what they say: if you can't dazzle them with brilliance, baffle them with bull. 이 봐, 탁월함을 보여주지 못할 바에야 허튼소리로 헷갈리게 만들어버리라는 말 알지? (친구의 조언)

미국 코미디언 W. C. 필즈가 처음 했다는 이 말은 이제 보편적인 격언으로 자리를 잡았다. 능력으로 남을 감동시킬 수 없으면, 애매한 허튼소리로 능력을 부풀리거나 거짓말도 할 수 있다는 뜻이다. 여기서 bull은 bullshit의 줄임말로, 속일 목적으로 하는 '말도 안 되는 소리'(nonsense)라는 뜻의 욕설이다.

Ⓢ Perplexity 당혹 / Bewilderment 혼란, 당황 / Mystification 미혹

Ⓐ Enlightenment 깨우침 / Understanding 이해 / Comprehensibility 이해

bemusement 곤혹, 당혹, 혼란

bemusement는 가벼운 '혼란'(confusion)의 한 형태이다. 누군가가 어떤 일을 진행하며 약간 놀라거나 어리둥절하다는 뜻이다. 뭔가가 있어야 되는데 없거나, 없어야 하는데 있는 그런 상황에서 흔히 사용된다.

#bemused 약간 어리둥절한 상태

#kindofbemused 어느 정도의 당혹감을 가리킬 때

#tomybemusement 뭔가로 인해 당황스러울 때

#bemusedaboutthis 상황이 혼란스러울 때

totally bemused ⓒ 어안이 벙벙한, 매우 당황스러운

— The website directions to this place are terrible: my husband and I were *totally bemused* for most of the journey. 이 호텔로 가는 구글의 경로 안내는 정말이지 최악이었어요. 남편과 제가 여행 기간 내내 얼마나 당황했던지요! (구글에 올라온 호텔 리뷰)

totally는 bemused와 함께 많이 쓰인다. 여기서 totally bemused는 부부의 방향감각에 총체적 혼란이 일어나, 결국 '방향감각 상실'(disorientation)에 이르고 말았다는 뜻이다.

665

slightly bemused ⓒ 약간 혼란스러운, 조금 당황한

— This little guy looks *slightly bemused*. 이 귀여운 녀석은 약간 벙찐 표정이네요. (귀여운 개 사진에 달린 댓글)

bemused는 미묘한 형태의 혼란이다. 따라서 아주 가벼운 불확실성과 우유부단함을 말할 때 slightly bemused가 흔히 쓰인다.

to sound bemused ⓒ 당황한 것처럼 들리다

— My boss *sounded bemused* when I asked for a raise. I was kind of offended. 연봉 인상을 요구했더니 사장 목소리가 당황한 듯하더라고. 기분이 좀 상했어. (친구한테 보낸 문자)

예기치 못한 일과 관련해 사람의 목소리에서 약간 놀란 기운이 느껴진다는 뜻이다.

to scratch (one's) head in bemusement ⓒ 당황해서 머리를 긁적이다

— He *scratched his head in bemusement* as a large group of frogs hopped aimlessly around his shop. 수많은 개구리가 사방에서 가게 주위를 뛰어다녔고, 그는 곤혹스럽게 머리를 긁적였다. (초현실주의 소설)

scratch one's head는 혼란스러움을 드러내는 아주 흔한 행동이라서 bemusement라는 어휘와 함께 쓸 수 있다.

Ⓢ Puzzlement 어리둥절 / Bewilderment 당황 / Confusion 혼동

Ⓐ Understanding 이해 / Enlightenment 깨우침 / Realization 깨달음

bewilderment

어리둥절, 혼미,
당황, 혼란스러움

bewilderment는 사람이 혼란스러운 상황에서 직면하는 어려움을 강조한다. confusion 및 bafflement와 매우 유사한 의미로, 매우 많은 선택을 두고 당황해서 갈피를 잡지 못해 명료한 사고를 하지 못한다는 뜻이다.

#bewildered 혼란에 휘말렸을 때

#inbewilderment 혼란스러운 상태임을 말할 때

#bewilderingchoices 선택지가 너무 많을 때

#bewilderedbymyhomework 해야 하는 숙제가 너무 어려워 이해가 안 될 때

utterly bewildered ⓒ 완전 혼란스러운, 매우 당황스러운

— I was *utterly bewildered* until the sales assistant gave me a hand. 무척 당황스러웠는데, 바로 그때 판매 사원의 도움을 받을 수 있었어요. (상점 리뷰)

utterly는 아마도 bewildered와 함께 쓰이는 가장 흔한 강조어일 것이다. 상황파악이 부족해 방향감각을 잃고 멍한 상태라는 뜻이다.

bewildering array ⓒ 뭘 골라야 할지 모르게 상품이 많이 진열되어 있는 경우

— Select from our *bewildering array* of movies! 압도적인 컬렉션을 자랑하는 영화 목록 중에서 선택해보세요! (영화 스트리밍 서비스 마케팅 문구)

bewildering은 '압도적인'(overwhelming) 혼란이라고 할 수 있겠다. 이런 이유로 선택지가 많으면, 흔히 bewildering array라고 한다. 영화를 선택하거나, 가게에서 사탕을 고르거나. 여러 앱을 둘러보면서 하나를 골라야 하는 상황에서 아주 유용한 표현이다.

Ⓢ Bafflement 곤혹, 당혹, 방해, 좌절 / Perplexity 당혹, 곤란, 낭패 / Confusion 혼란, 당혹

Ⓐ Understanding 이해, 앎, 파악 / Awareness 의식, 관심, 인지 / Direction 방향, 지시, 목표

bombshell

몹시
충격적인 일

만약 무언가가 bombshell이라면, 뭔가가 폭발하는 것처럼 충격적이고, 이를 경험하는 사람들에게 막대한 영향을 미친다. 결과는 좋을 수도, 나쁠 수도, 그 사이 어디쯤일 수도 있다. 가령, 시장에 충격을 몰고 올 정도로 멋진 발명품을 bombshell이라할 수 있고, 삶이 완전히 뒤바뀌는 이혼 사건을 bombshell이라고 묘사할 수도 있다. 이 어휘의 핵심은 충격이라는 요소와 그 충격으로 인한 폭발적인 속도에 있다.

#absolutebombshell 뭔가를 통해 새로운 사실이 밝혀질 때

#droppedabombshell 누군가가 놀라운 말을 했을 때

#whatabombshell 안 믿긴다고 말할 때

#blondebombshell 아름다운 금발 여자를 가리키는 구식 용어

to drop a bombshell ⓒ 폭탄을 떨어뜨리다, 놀라운 소식을 전하다 — Steve's just *dropped a bombshell* on us: he's resigning. 스티브가 방금 폭탄선언을 했어요. 사임한답니다. (동료가 보내온 이메일)

문자 그대로 해석하면, bombshell은 폭발물의 껍질이다. 따라서, bombshell을 '떨어뜨린다'(drop)라고 비유적으로 말할 수 있다. 그 결과, 전혀 예상치 못한 곳에서 폭력과 피해가 발생한다.

to come as a bombshell ⓒ 몹시 충격적인 소식이 전해지다
— News of their wedding *came as a bombshell* to fans. 팬들에게 두 사람의 결혼 소식은 굉장히 충격적인 소식이었다. (타블로이드 신문의 보도)
격렬한 흥분 상태를 가리키므로, 이것 역시 bombshell이라 할 수 있겠다.

blonde bombshell ⓟ 매력적인 금발 미녀
— Whoa, ladies and gentlemen, there is a *blonde bombshell* in the house! 와우, 신사숙녀 여러분, 매력적인 금발 미녀 한 분이 오셨습니다! (인스타그램 게시물에 단 설명문)
여자를 bombshell이라고 묘사하면, 그 여자가 아주 매력적일 뿐만 아니라 화려하고 카리스마 넘치는 감수성을 지니고 있다는 뜻이다. 남들에게 그녀가 미치는 영향력은 거의 '폭탄' 수준이라 이런 표현이 생겨났다.

Ⓢ Shock 충격, 쇼크 / Revelation 드러냄, 계시 / Realization 깨달음, 자각, 인식

Ⓐ Expectation 기대, 예상 / Tedium 지루함, 싫증 / Predictability 예측 가능성

confoundedness

어리둥절함,
당혹, 혼동

confoundedness는 매우 강렬한 혼란이다. 마음이 어지럽고, 상당한 정도로 충격을 받았다는 함의가 있다. confounded한 사람은 당황해서 말과 행동을 어떻게 해야 할지 모르는 채로 무력한 상황에 빠지는 경우가 많다. 최근 2-30년 동안은 그 쓰임이 많이 줄어들어 confused와 같은 다른 유의어들보다 접할 일이 많지는 않다.

#confounded confused의 동의어이지만, 의미가 약간 더 강하다
#confoundedreaction 완전히 당혹스럽고 믿을 수 없다는 표정을 언급할 때
#confoundedbygirls 여자들의 행동에 혼란스러울 때
#boysconfoundme 남자들의 행동이 이해가 안 간다고 말할 때

to confound expectations Ⓒ 예상이 틀렸음을 입증하다
— She has *confounded expectations* against all odds. Remarkable. 그녀는 온갖 역경을 극복하고 모두의 예상이 틀렸음을 입증했다. 정말이지 놀라운 성취다. (패럴림픽 보도)

confound는 콜로케이션이 많지 않고, 대개 단독으로 쓰인다.

그럼에도, 공식적인 담화에서 expectations가 confounded 되었다고 말하는 경우가 많다. 이는 누군가가 남의 예상을 뛰어넘는 결과를 만들어냈고, 그로 인해 사람들이 놀라워 한다는 뜻이다.

confound it!　①　망할!, 빌어먹을!

— *Confound it*! How did that devilish chap find a finer top hat than mine?　빌어먹을! 저 악마 같은 자식이 어떻게 나보다 더 좋은 실크 햇을 구했지? (시대극의 대본)

confound it!은 구식 욕설로, darn it이나 dammit과 뜻이 비슷한 표현이다. 뭔가로 인해 짜증이 났거나, 깜짝 놀랐다는 뜻이다. 현대 영어에서는 거의 찾아보기 힘들지만, 1850~1900년을 배경으로 하는 시대극이나 역사 소설이라면 접할 수도 있다.

Ⓢ Confusion 혼란, 혼동, 당혹 / Astonishment 놀람, 경악 / Nonplusedness 곤란, 궁지, 당혹

Ⓐ Understanding 이해, 앎, 파악 / Expectation 기대, 예상 / Enlightenment 계몽, 깨우침

confusion

혼란, 혼동,
당혹, 애매모호함

confusion은 뭔가를 이해하지 못했음을 뜻하는 상당히 포괄적인 어휘이다. 좀 더 구체적으로 얘기하자면, 어떤 시스템이 뒤죽박죽으로 흐트러지고 어수선해서 질서를 바로잡기가 어렵다는 뜻이다. confusion은 실수나 과도한 복잡성과 관련해 쓸 수 있다. 가령, confuse the situation은 이미 혼란스러운 상황을 더욱 복잡하게 만든다는 뜻이다. 또한, 어떤 상황 전반에서 '혼돈'(chaos)이 느껴진다는 의미로 쓰일 수도 있다.

#confused 이해할 수 없는 상태

#iamsoconfused 상황이 혼란스러울 때

#blinkinconfusion 혼란스러울 때 흔히 짓게 되는 표정

#youconfuseme 상대방이 이해가 안 된다고 말할 때

widespread confusion ⓒ 광범위한 혼란

— Conflicting information about the virus led to *widespread confusion* amongst the population. 바이러스 관련해서 상반되는 정보들 때문에 많은 국민이 혼란스러워했다. (의료 보도)

confusion을 일반 국민이나 대규모 집단의 사람들이 공유하면,

이를 widespread confusion이라고 부른다.

to avoid (unnecessary) confusion Ⓒ (불필요한) 혼란을 피하다

— I've added labels to our freezer boxes to *avoid confusion*. 혼동을 피하기 위해 냉동 상자들에 라벨을 붙여놓았어요. (동거인과의 대화)

일이 뒤죽박죽으로 섞여 혼란스런 사태가 전개될 수도 있는 상황을 피하고 싶다고 말할 때 이 표현을 쓴다. unnecessary는 avoidable이란 뜻이다.

to throw into confusion Ⓒ 혼란에 빠뜨리다, 뒤죽박죽으로 만들다

— I was *thrown into confusion* as my notes got mixed up in the middle of my speech, it was so embarrassing. 적어놓은 메모 카드가 연설 중에 섞여버려서 어쩔 줄 모르겠더군요. 정말 당황스러웠죠. (유명인과의 인터뷰)

throw는 격렬하고 역동적인 행위이다. 뭔가가 '혼란'(confusion) 속으로 '던져지'(thrown)면, 상황은 빠르게 혼란스러워지고 사람들은 몹시 당황하게 된다.

to confuse the issue/situation Ⓒ 쟁점을 흐리다, 상황을 혼란시키다

— The government is simply *confusing the issue* by introducing unnecessary fiscal measures. 정부는 불필요한 재정 정책을 추진하면서 쟁점을 흐리고 있다. (정부 정책 관련 보도)

사안에 관한 명확성이 사람들에 의해 어떻게 '가려질'(conceal-ed) 수 있는지 표현할 때 이렇게 말할 수 있다. '쟁점을 흐리게'(confuse the issue) 되면, 무언가에 대해 쉽고 포괄적으로 이해할 수 없게 된다.

to confuse (someone) with (someone else) Ⓟ ~를 ...와 혼동하다

— People often *confuse me with my sister* because we're twins. 우리가 쌍둥이여서 사람들이 나와 여동생을 자주 헷갈리죠. (인스타그램 설명문)

사람들이 서로를 오해하는 상황을 묘사하기 위해 이 표현을 쓸 수 있다.

Ⓢ Bewilderment 어리둥절함, 혼란 / Perplexity 당혹, 난처 / Chaos 혼돈, 혼란

Ⓐ Lucidity 명료, 명석, 명쾌 / Order 질서, 순서 / Certainty 확실성, 틀림없음

consternation

consternation은 충격적인 사건이나 심각한 사태에 대한 반응으로 생기는 걱정이나 슬픔의 감정이다. consternation의 의미는 '두려움'(fear)과 '놀람'(surprise) 사이에 위치한다고 할 수 있다. 흥미롭게도, consternation은 형용사형이 없다. 반드시 명사로만 써야 하는데, 그런 이유로 문장 구성을 조정해야 할 수도 있다.

#widespreadconsternation 많은 사람이 두려워할 때
#frowninconsternation 놀랍고 걱정스러운 것에 대한 반응
#filledwithconsternation consternation을 심하게 경험할 때
#expressingconsternation consternation을 경험 중이라고 말하는 일반적인 방법

widespread consternation ⓒ 널리 퍼져있는 당혹감

— Recent reports on climate change have caused *widespread consternation*. 기후 변화에 관한 최근의 보도들로 많은 사람이 당혹감을 느끼고 있다. (시사 보도)

예기치 못한 부정적 상황에 직면해 많은 사람이 근심하고 걱정

한다고 말할 때, widespread가 널리 사용된다.

to greet with consternation ⓒ 경악하는 반응을 보이다

— By all accounts, our uniform policy has been *greeted with consternation* by new employees. 소문에 의히며, 신입 직원들이 당시 유니폼 정책에 대해 경악을 금치 못한다고 합니다. (기업 선임 간부들 사이의 이메일)

consternation을 느끼는 순간은 대개 greet, 또는 meet라는 동사와 함께 쓰인다. 또한 예문에서처럼, 항상 동사 앞에는 consternation을 일으키는 원인이 나온다.

look of consternation ⓒ 경악의 표정, 놀란 얼굴

— My mom's *look of consternation* when I told her I was failing biology... 생물 과목에서 낙제할 것 같다고 말하자, 엄마가 지어보인 경악의 표정이란...... (스냅챗 캡션)

이 표현은 얼굴로 consternation이 표출되었다는 뜻이다. 보통, 소셜 미디어에 올라오는 문구나 사진 설명글에서는 작성자가 이런 식으로 문장의 동사를 생략할 것이다.

Ⓢ Alarm 놀람, 불안, 공포 / Concern 관심, 걱정, 우려 / Dismay 실망, 경악

Ⓐ Ease 편안, 안락 / Security 안전, 안심 / Contentment 만족, 자족

curiosity

호기심,
궁금증, 신기함

curiosity는 어떤 것에 대해 더 알기 원하는 상태이다. 과학 및 지식 추구와 관련해서 curiosity라는 개념이 자주 언급되지만, 평범하고 일상적인 관심사에도 이 단어를 쓸 수 있다. 새로운 아원자 입자 발견에 호기심을 가질 수 있고, 동료의 수입이 실제로 얼마나 되는지 궁금해할 수도 있다.

#curious 학습 의욕이 높은 사람을 묘사하거나, 뭔가가 약간 이상할 때
#curiouscats 고양이는 보통 호기심이 많다
#curiosityislife 새로운 것을 발견하는 데 몰두하는 삶을 가리킬 때
#curiousabouttheworld 지식에 전반적인 갈증을 느낄 때

curious about ⓒ ~에 대해 궁금해하는

— Could someone point me to more info on this? *Curious about* how it works. 이것에 대해 더 자세히 알려주실 분 있나요? 작동 원리가 궁금하네요. (페이스북 댓글)

격의 없이 말할 때는, curious를 쓰면서 I am을 생략하는 경우가 꽤 흔하다.

curious to know/see/understand ⓒ 알고 싶은

— I'm *curious to see* whether action on climate change will accelerate after the G7 summit. G7 정상회담 이후 기후변화 대응이 속도를 낼 수 있을지 궁금하다. (트위터)

curious는 interested이다. 무언가를 알고자 하는 욕구를 말할 때, 이 두 단어를 번갈아 가며 쓸 수 있다.

curious-looking person ⓒ 호기심을 자아내는 사람

— He was a *curious person*, dressed in rather unusual garb and speaking with no accent that I'd ever heard before. 그는 별나 보이는 사람이었다. 흔치 않은 복장에, 말투 또한 한 번도 들어본 적 없는 억양이었다. (역사 소설)

curious에는 '약간 이상하다'(slightly strange)는 뜻도 있다. 사람들의 외모 및 행동과 관련해서, '이상하다'라는 뜻으로 curious를 쓰는 일은 구식 영국 방언에서 흔하다. 하지만 현대 영어에서도 가끔 느닷없이 쓰인다.

to pique (one's) curiosity ⓒ 흥미를 돋우다, 호기심을 자극하다

— Saw a leaflet for this recently and it *piqued my curiosity*. 최근에 이곳을 홍보하는 전단을 봤는데, 재미있어 보이더라고요. (구글에 올라온 관광지 리뷰)

pique는 excite란 뜻이다. 그러므로 pique someone's curiosity는 어떤 흥미를 불러일으키거나 누군가의 관심을 자극한다는 뜻이다.

curiosity killed the cat (I) 호기심이 지나치면 위험할 수가 있다

— *Curiosity killed the cat*, but I wanna know, so… rate my looks! 호기심이 지나치면 위험하다지만, 그래도 알고 싶어요. 그러니…… 제 외모 평가 부탁드립니다! (레딧의 하위 포럼에 올라온 게시글)

이 관용구는 미지의 대상을 탐험하거나 새로운 정보를 찾는 일이 때로 위험하기도 하다는 뜻이다. 호기심이 지나치면 차라리 모르는 게 나을 수도 있다. 남일에 간섭하지 말라고 경고할 때 이 표현을 쓸 수 있다.

Ⓢ Interest 관심, 흥미, 호기심 / Intrigue 흥미, 호기심 / Inquisitiveness 호기심이 많음

Ⓐ Disinterest 무관심, 사심 없음 / Apathy 무관심, 냉담 / Indifference 무관심, 무심

daze

현혹, 멍한
상태, 눈부심

이 미묘한 형태의 '혼란'(confusion)에는 약간의 '마비'(paralysis)가 따라나온다. dazed된다는 것은, 깜짝 놀라 혼란 상태에 빠진다는 것이다. 또렷하게 생각할 수 없는 것으로, 충격을 줄 수 있는 어떤 형태의 사건이나 상황이 뒤따라 나올 것이다.

#dazed 움직임 없이 혼미한 상태

#dazedandconfused 두 단어가 함께 쓰여 깜짝 놀란 상황을 가리킬 때

#dazedbythis 깊은 감명을 받았거나 깜짝 놀랐을 때

#alwaysinadaze 명사 daze는 혼란 상태와 전반적으로 모호한 기질을 가리킨다

in a daze ⓒ 어리둥절한, 멍한, 눈이 부신

— I was *in a daze* for weeks after he proposed. 그에게서 청혼을 받고 몇 주 동안은 정신이 하나도 없었답니다. (가십을 다루는 잡지에 실린 유명인사 인터뷰)

이 예문에서 daze의 의미는 받은 충격 때문에 대체로 약간 어지럽고, 또렷하게 생각을 할 수 없었다는 쪽에 가깝다. 예문에서

알 수 있듯이, 이런 감정이 꼭 나쁜 것만은 아니다.

dazed and confused ⓟ 멍하고 혼란스러운

— I awoke, *dazed and confused*, into a world I was no longer a part of. 멍하고 혼란스러운 상태로 잠에서 깨보니, 더이상 내가 그 일부가 아닌 세계에 들어와 있었다. (디스토피아를 그린 공상과학 영화의 내레이션)

이 두 형용사는 함께 자주 쓰인다. 뜻은 대체로 비슷하다. 그래도 구별을 하자면, dazed는 생각을 제대로 할 수 없음을 강조하고, confused는 사람의 인지 능력이 정상이 아니라는 뜻이다.

Ⓢ Stupefaction 망연, 깜짝 놀람 / Astonishment 깜짝 놀람 / Astound-ment 큰 충격

Ⓐ Clarity 명료, 확실 / Lucidity 명료, 선명 / Focus 초점, 집중, 주목, 중심

dazzlement

dazzled의 문자 그대로의 의미는 밝은 빛으로 인해 눈이 보이지 않는다는 뜻이다. 감정의 맥락에서, 아주 인상적인 것에 깜짝 놀라 거의 얼어붙은 상태를 비유적으로 나타낸다.

#dazzled 깊은 인상이나 감동을 받았을 때

#dazzling 시각적으로 아주 인상적일 때

#razzledazzle 흥미로운 것을 가리키는 관용어

#dazzleme 감동과 황홀을 안겨달라는 요청

dazzling smile ⓒ 황홀한 미소, 눈부신 미소

— Try our new extra-whitening toothpaste to get that *dazzling smile*! 미백 기능이 강화된 신제품 치약이 나왔습니다. 눈부신 미소, 이제 당신 겁니다! (치약 광고)

dazzling smile이 dazzlement의 핵심 의미를 적용해 '인상적인'(impressive) 미소라고 해석할 필요는 없다. 여기서는 멈춰버릴 정도로 눈이 부셔서, 사람들이 이 미소에 기쁨과 환희를 느낀다는 뜻이다.

dazzling display/performance Ⓒ 화려한 눈요기, 눈부신 공연, 멋진 연기

— She put on a *dazzling display* in that thigh-skimming dress this evening. 오늘 밤 다리가 드러나는 드레스를 입은 그녀의 모습은 눈이 부셨다. (타블로이드 신문)

연기, 경기, 공연 등의 볼거리가 현란하고 인상적일 때, 흔히 dazzling으로 묘사된다.

dazzling wit Ⓒ 눈부신 기지, 현란한 재치

— The composer was also known for his eloquent prose and *dazzling wit*. 그 작곡가는 탁월한 산문과 재기 넘치는 위트로도 유명했다. (대중 역사를 다룬 넌픽션 저술)

dazzlement는 흔히 카리스마나 매력과 결부된다. 재치 있고 카리스마까지 넘치는 사람이라면, '눈부신'(dazzling) 사교 기술을 가지고 있다고 할 수 있다.

razzle-dazzle Ⓘ 소동, 야단법석, 혼란, 화려한 분위기

— I think I need a bit more *razzle-dazzle* in my life. 내 삶이 조금 더 떠들썩하고 화려하면 좋겠어. (레딧 게시글)

사람을 주어로 be on the razzle-dazzle이라고 하면, 거리로 나가 떠들썩하게 술을 마시며 파티를 즐긴다는 뜻의 속어이기도 하다.

Ⓢ Wonder 놀람, 경이 / Awe 충격, 경외감 / Marvel 놀람, 경탄

Ⓐ Indifference 무관심, 냉담 / Blindness 무분별 / Ignorance 무시

disarray

혼란, 난잡, 뒤섞임,
엉망진창, 어지러움

disarray는 혼란스러운 상황이다. 어떤 상황이나 체계가 전에는 질서정연했으나, 물리적으로나 은유적으로 엉망이 되었다는 뜻이다. 누군가의 일상과 기대가 일관성이 없으면, 그런 상황에 처한 사람의 삶을 disarray로 묘사할 수 있다.

#stateofdisarray 혼란스러운 상황을 이르는 말

#indisarray #stateofdisarray와 비슷한 뜻

#lifeindisarray 일상 생활을 통제하지 못할 때

#hairindisarray 머리가 정리되지 않은 채로 지저분할 때

to fall into disarray Ⓒ 혼란으로 빠져들다, 난잡해지다

— When I heard the news, my thoughts *fell into disarray*. 그 소식을 접한 나는 머릿속이 완전 뒤죽박죽이 되어버렸다. (정치인의 회고록)

모종의 원인으로 인해 혼란 상태로 빠져들었다는 뜻이다.

to throw into disarray Ⓒ 혼란스럽게 하다, 난잡하게 만들다

— The whole city was *thrown into disarray* when the

power went out. 전기가 나가면서, 도시 전체가 혼란에 빠졌다. (지역 뉴스)

동사 fall이 혼란을 통제하지 못한다는 뜻이라면, 동사 throw는 뭔가가 능동적으로 혼란스러운 상황을 만들었다는 의미를 강조한다. 이 콜로케이션은 "My plans have been thrown into disarray."(내가 세운 계획이 엉망이 됐다)처럼, 대개 수동태로 쓰인다.

financial disarray ⓒ 금융 혼란, 재정적 난관

— Since my redundancy I have been in *financial disarray*. 정리 해고를 당하고부터 저는 재정적으로 궁핍해졌습니다. (재정 관리 조언을 주고받는 포럼의 게시글)

disarray는 상당히 격식을 차린 말이어서, 금융이나 재정 관련 맥락에서도 사용된다. 수입, 저축, 투자 소득이 불규칙적이고, 혼란에 빠지거나, 끊긴 상황에서 financial disarray를 쓸 수 있다.

state of disarray ⓒ 혼란 상태

— Lol please excuse my room, it's in a *state of disarray*. 하하, 제 방을 용서해 주세요. 난장판이네요. (스냅챗 캡션)

혼란스러운 상황을 가리킬 때 state를 쓴다. 어떤 것이든 질서가 없으면, be in a state of disarray라고 할 수 있다.

Ⓢ Chaos 혼돈, 혼란 / Disorder 엉망, 어수선함, 무질서 / Muddle 헝클어짐, 뒤죽박죽, 혼란

Ⓐ Order 질서, 규칙 / Regime 체제, 제도 / Consistency 일관성, 한결같음

dumbfoundedness 말문이
막힘

dumb은 말을 할 수 없다는 뜻이다. 이를 바탕으로 dumb-founded의 의미도 추론해볼 수 있는데, 어떤 일에 너무 놀라서 반응할 수 없다는 뜻이다. gobsmacked(몹시 놀라 말문을 잃은) 와 같은 어휘가 '실망'(disappointment)을 암시할 수도 있는 것 과 달리 dumbfounded의 함의는 상당히 중립적이다. 그러니까 dumbfounded한 사람은 감동을 받았을 수도, 불안하고 무서울 수도, 탐탁치 않을 수도 있는 셈이다.

#dumbfounded 충격을 받고 침묵하는 상태

#totallydumbfounded dumbfounded의 의미를 강조할 때

#dumbfoundedbythis 깜짝 놀라 혼란스러울 때

#dumbfoundedbyyourbeauty 상대방의 외모가 말을 잇지 못할 정도로 안 믿길 때

completely/absolutely/totally dumbfounded Ⓒ
완전히/절대적으로/전적으로 말문이 막힌

— OMG the ending left me *completely dumbfounded*!
맙소사, 결말에 저는 완전히 넋이 나가 버렸습니다. (관객의 영화평)

일반적인 강조어들을 dumbfounded와 함께 써서 그 의미를 강조할 수 있다. 이는 누군가가 정말로 당황했다는 메시지를 전달한다.

dumbstruck/to be struck dumb Ⓒ 놀라서 말을 못하는

— When she told me she was pregnant, I *was struck dumb*. 그녀가 임신 사실을 알렸을 때, 저는 말문이 막히더라고요. (레딧에 올라온 고백 글)

이 어구는 말문이 막힌다는 뜻으로, dumbfounded와 정확히 같은 의미이다. 사람을 주어로 해서 be dumbstruck 또는 be struck dumb이라고도 쓸 수 있다.

Ⓢ Shock 충격, 경악, 쇼크 / Gobsmackedness 놀라움 / Confoundedness 어리둥절, 당혹

Ⓐ Expectancy 기대 / Unsurprise 놀라지 않음 / Unfazedness 동요하지 않음

epiphany

깨달음,
직관, 통찰

epiphany는, 어떤 대상이 전에는 알지 못했으나 실제로는 특정한 방식으로 존재함을 불현듯 강렬하게 깨닫는 것이다. 이 어휘에는 경건함의 뉘앙스와 종교적 함의가 담겨 있고, 기독교 용어로도 사용된다. epiphany는 통상 갑자기 나타나는 것처럼 보일 때가 많아서, 종교적으로 영감을 받거나 신비로운 힘을 느끼고 epiphany를 경험했다고 하는 경우가 많다.

#epiphanous 깨우침을 주는 생각과 관련된 대상을 이르는 말
#personalepiphany 자신의 인생 및 주변 세상을 바라보는 관점이 명확하게 바뀐 계기가 된 에피파니
#ineedanepiphany 문제가 있어 애를 먹고 있을 때
#momentofepiphany 홀연한 깨달음의 순간

moment of epiphany ⓒ 깨달음의 순간

— It was in this *moment of epiphany* that many lost faith in the government. 불현듯 깨달음의 순간이 찾아왔고, 많은 이가 더는 정부를 믿지 않게 됐다. (역사책 발췌본)

epiphany는 그 속도가 빠르다. 더 정확히 말해, 아주 짧은 동안에 일어나므로 순간적이라고 할 수 있다. moment of epipha-ny가 이 순간적인 깨달음을 지칭하는 이유다.

personal epiphany ⓒ 개인적인 깨달음

— I had a *personal epiphany* and I realized that I wanted to become an actor. 개인적으로 깨닫게 된 순간이 있었어요. 나는 배우가 되길 원한다는 것을요. (유명 배우와의 인터뷰)

대다수의 epiphany가 어떻게 보면 개인적이다. 별안간 명확하게 깨닫는 순간이니 말이다. 그 과정에서 사람은 삶이 바뀌는 무언가를 깨닫는다.

Ⓢ Enlightenment 깨우침, 이해, 계몽 / Realization 깨달음, 자각, 인식 / Inspiration 영감, 감화, 자극

Ⓐ Ignorance 무지, 무시, 외면 / Obliviousness 망각 / Confusion 혼란, 혼동, 당혹

eureka

유레카, 깨달음,
바로 그거야!

eureka라는 단어는 감탄사로도, 형용사로도 사용된다. eureka 는 '찾았다!'(I found it!)라는 뜻의 그리스어 heureka가 그 기원이다. 중대한 발견을 하거나 위대한 무언가를 깨달았을 때 이 말을 쓴다. 대중문화에서는, 사람 머리 위에서 전구가 켜지는 것으로 유레카를 표현하기도 한다. '유레카의 순간'(eureka moment)을 통해 갑작스럽게 깨달았다는 느낌을 강조하는 것이다.

#eurekamoment 깨달은 내용이 아니라, 깨달았다는 사실이 중요하다
#omgeureka 충격을 받고 놀랐을 때
#thatfeelingofeureka 의미 있는 것을 깨달았다는 감각을 일컬을 때
#whenwasyoureurekamoment 중대한 무언가를 언제 깨달았느냐고 상대방에게 물을 때

eureka! (감탄사) 유레카, 그렇지!, 알았어!
— *Eureka!* I have finally completed my theory of quantum gravity, a theory that can describe all of nature in a universal mathematical language! 유레카! 드디

어 자연의 모든 것을 보편적인 수학 언어로 설명할 수 있는 양자 중력 이론을 완성했다! (공상 과학 소설 속의 이론 물리학자)

eureka라는 말을 처음 한 사람은 그리스의 수학자 아르키메데스이다. 그가 공중 목욕탕에서 금의 순도를 확인하는 문제와 관련해 중대한 발견을 하고서, 벌거벗은 채로 집으로 달려가며 모든 사람이 들을 수 있도록 이 말을 외쳤다고 한다. 과학적 영감을 말할 때 흔히 사용되지만, 이에만 국한되는 것은 아니다.

eureka moment ⓒ 깨달음의 순간

— Deciding on a new career path was a *eureka moment* for me. 새롭게 진로를 결정한 것이 내게는 깨달음의 순간이었다. (블로그 게시글)

eureka를 명사로 쓰겠다면, eureka moment라고 표현하면 된다. eureka moment는 eureka의 느낌을 체험하는 바로 그 순간이다.

Ⓢ Epiphany 현현, 깨달음 / Discovery 발견 / Revelation 드러냄, 계시

Ⓐ Ignorance 무지, 무시, 외면 / Unawareness 모름 / Incomprehension 몰이해

| # excitement | 흥분, 신남,
소동, 동요, 자극

excitement는 활동적인 열의를 뜻하는 용어로 많이 쓰인다. excitement의 콜로케이션들을 보면, 이 단어가 에너지, 전기, 운동, 힘 등과 연관됨을 알 수 있다. energy와 달리, excitement는 보통 자극을 받아 생기는 감정이다. excitement에는 긍정적인 함의가 있는데, 뭔가를 하려는 의지가 충만함을 강하게 나타낸다.

#excited excitement의 형용사형

#burstingwithexcitement 흥분의 정도가 높을 때

#howexciting 맥락을 알 수 없고 구두점도 없기는 하지만, 이 감탄문은 지루함을 비꼬는 말로 쓸 수 있다

#imsoexcited 의지와 활력을 솔직하게 드러낸 표현

surge/ripple of excitement ⓒ 차오르는 흥분, 놀람의 파문
— As they levelled the score, a *surge of excitement* was sent through the crowd. 그들이 동점을 이루자, 관중은 온통 흥분의 도가니에 빠졌다. (스포츠 보도)
공공 장소에서 군중이 흥분 상태를 공유하면, 이 excitement가

사람들 사이로 퍼져나가는데, 그 광경을 전류의 서지(surge)나 물결(ripple)로 비유하기도 한다.

to tremble with excitement ⓒ 흥분으로 떨다, 놀라서 전율하다

— When I found out I got into my first choice of university, I was *trembling with excitement*! 1지망 대학에 붙었음을 알고서 얼마나 흥분하며 떨었던지! (학생 대화방에 올라온 글)

tremble은 일반적으로 '두려움'(fear)을 함축한다. 하지만 excitement와 함께 사용되면, 아마도 좋은 소식을 듣고 흥분했다는 뜻이다.

to burst with excitement ⓒ 잔뜩 흥분하다

— My daughter was *bursting with excitement* at the gates of Disneyland! 디즈니랜드 입구에 도착하자, 딸 아이가 흥분해 어쩔 줄 몰라 하더라고요. (페이스북 포스트)

excitement는 흔히 축적되는 에너지로 여겨진다. 그러므로 burst with excitement는 활기 넘치는 상태를 비유적으로 설명하는 셈이다. 들뜨고 신이 난 아이들을 묘사할 때, 흔히 쓰인다.

over-excited Ⓟ 지나치게 흥분한

— Too much sugar makes him *over-excited* 설탕을 너무 많이 먹으면 이렇게 몹시 흥분함 (재미나는 틱톡 동영상에 달린 설명글)

사람이 흥분해서 이상하게 행동하거나 지나치게 활동적이라면 over-excited란 형용사가 딱이다. 약간 못마땅하다는 뜻도 있다.

exciting times ahead Ⓟ 앞으로 펼쳐질 흥미로운 시간

— If her work continues to bedazzle like this album, then there are *exciting times ahead*. 그녀의 작품이 이 앨범처럼 계속해서 큰 감동을 준다면, 앞으로 흥미로운 시기가 펼쳐질 것으로 기대해도 좋겠다. (음악 분야 보도)

좋은 일을 즐거운 마음으로 기다린다는 뜻이다. 이 표현에는 약속, 희망, 긍정적인 전망이 내포되어 있다.

Ⓢ Stimulation 자극, 흥분, 고무, 격려 / Energy 에너지, 활력 / Eagerness 열의, 열심, 열망

Ⓐ Lethargy 무기력, 기면, 권태 / Apathy 무관심, 냉담 / Depression 우울증

eye-opening 괄목할 만한,
놀랄 만한

어떤 것에 대해 무지했다가 깨닫게 되는 과정을 eye-opening이라는 형용사로 서술할 수 있다. 시각을 통해 명료함을 얻게 되었다고 분명하게 표현하는 것이다. 충격적이면서도 중요한 정보가 전달되어 뭔가를 새로운 방식으로 볼 수 있게 됐다면, 이것을 eye-opening 한 것으로 여길 수 있다.

#eyeopener 깨달음의 계기가 된 대상
#eyeopening 충격과 더불어 흥미를 불러일으키는 대상을 이르는 말
#openyoureyespeople 사람들이 어떤 중요한 진실을 모르거나 외면한다고 말할 때
#theeyeopeningtruth 모종의 강력한 진실을 가리킬 때

eye-opening experience ⓒ 놀라운 경험, 눈이 확 뜨이는 경험
— The new interactive exhibition was an *eye-opening experience*. 새로 시작한 인터랙티브 전시회는 완전 놀라운 경험이었다. (박물관 리뷰)
과거에는 몰랐던 것을 알게 하는 경험을 말할 때 쓴다. 박물관이나 기념과 같이 공공 정보를 전달하는 장소에서 흔히 쓰지만,

새로이 경험하는 일상의 중요한 일이나 과정도 진술할 수 있다. 처음 타는 기차라든가, 출산을 지켜보는 일 같은 것들이 그런 예다.

(a real) eye-opener ⓟ 눈을 뜨게 해주는 사건, 놀라운 경험

— I put all my expenses into a spreadsheet and let me tell you, it was *a real eye-opener*. 제 모든 지출 비용을 스프레드시트로 정리했는데, 정말이지 눈이 확 뜨이는 경험이었습니다. (금융 및 재정 관련 조언을 주고받는 레딧의 하위 포럼)

eye-opener 덕분에 중대한 깨달음을 얻는다. real이 붙으면 의미가 강조된다.

Ⓢ Revelation 드러남, 계시 / Realization 깨달음, 자각, 인식 / Cognizance 인지, 이해, 지각, 앎

Ⓐ Blindness 무지, 맹목 / Ignorance 무지, 무시, 외면 / Incomprehension 몰이해

fascination

fascinated는 뭔가에 심히 흥미를 느끼는 것이다. fascination
에는 끌어당김(pulling)과 유혹(alluring)의 함의가 있고, 사람
이 매력을 발산하는 대상에 심취, 몰두한다는 얘기다.

#fascinating 지적으로 매력적인 대상을 이르는 말
#morbidfascination 죽음과 부패 같은 것에 흥미를 보일 때
#fascinatedbybugs 벌레에 흥미가 많을 때
#fascinatingtechnique 복잡한 기술이 매우 인상적일 때

morbid fascination ⓒ 병적인 매혹, 무섭고 소름끼치는 것을 좋아함
— I can't help but watch these videos out of *morbid
fascination*. 제가 이 영상들을 보지 않을 수 없었던 건, 무섭고 소름끼치
는 것들을 좋아해서입니다. (소름끼치는 것들을 테마로 하는 레딧의 하위 포
럼에 올라온 글)
이 표현은 죽음, 선혈, 고통 같은 무섭고 소름끼치는 것들에 특
별히 사로잡혔다는 말이다. morbid한 것들은 일상생활에서는
거의 접할 일이 없는데, 아마도 이런 이유로 morbid한 것에 사
로잡히는 사람도 있을 것이다.

to watch/listen in fascination Ⓒ 사로잡혀서 보다/듣다

— The kids *watched in fascination* as the alien squirmed in the tank. 아이들은 수조 안에서 꿈틀거리는 에일리언을 숨죽이며 지켜보았다. (10대용 공상 과학 소설)

fascinated된 사람은 무언가에 대해 더 많은 정보를 원하고, 따라서 보통 그 대상을 주의 깊게 '지켜볼'(watch) 것이다. listen in fascination이라면, 강의나 수업에 쓸 수 있다.

to hold a fascination Ⓒ 관심을 사로잡다

— These manuscripts *hold a fascination* for many visitors, despite the fact that many are illegible. 이 원고는 대부분이 판독 불가능함에도 불구하고, 많은 관람객의 관심을 사로잡고 있다. (박물관의 전시물 설명문)

여기서는 fascination을 hold하는 것이 '원고'라는 '사물'(object)이다. 어떤 사물이 그것만의 흥미로운 특징을 무기 삼아 사람들을 사로잡는다고 생각할 수 있다.

source of fascination Ⓒ 매혹의 대상, 매력의 원천

— Balls of yarn are an endless *source of fascination* for cats. 고양이들은 실뭉치라면 난리가 나죠. (귀여운 고양이가 나오는 동영상을 캡처하고서)

뭔가가 매력을 발산하면, 그 대상을 이런 식으로 source라고 진술할 수 있다.

Ⓢ Curiosity 호기심, 관심 / Intrigue 흥미, 호기심 / Dazzlement 눈부심

Ⓐ Indifference 무관심 / Apathy 무감정 / Unconcern 무관심

flabbergasted

크게 놀란,
어리둥절한

'매우 당황스러운'(very taken aback)이라는 뜻의 이 단어는 발음이 분명 우스꽝스럽게 들릴 것이다. 이 어휘의 기원은 불분명하고, 18세기 어느 시점에 지역 방언에서 비롯했을 것으로만 추정된다. 허물없이 쓰이며, 유머러스한 느낌을 준다. 믿기 힘든 것을 접하고서 받은 극도의 충격과 혼돈의 이미지를 떠올리게 된다.

#absolutelyflabbergasted flabbergasted와 함께 사용되는 흔한 강조어로 absolutely가 있다

#flabbergastedme 자신이 뭔가에 큰 충격을 받았을 때

#ivebeenflabbergasted 개인적인 충격을 표현하는 경우

#flabbergastedatthenews 시사 현안들이 도저히 안 믿길 때

absolutely flabbergasted ⓒ 매우 놀란

— I am *absolutely flabbergasted* at this new State law. 새로 제정된 이 주(州)법은 정말이지 충격이네요. (개인 트윗)

flabbergasted를 강조할 때는, extremely와 very보다 absolutely가 더 많이 쓰인다.

flabbergasted at ⓒ ~에 깜짝 놀란, ~에 어리둥절한

— I tried this new diet supplement and I was *flabbergasted at* the results! 이 새로운 다이어트 보조제를 먹어봤는데, 효과에 깜짝 놀랐어요! (다이어트 제품 리뷰)

꼭 그래야 하는 것은 아니지만, 깜짝 놀란 원인을 드러낼 때 흔히 전치사 at이 사용된다. 단일한 사건이나 명사가 아니라, 어떤 상황이나 과정, 조건, 상태에 놀랐다면 that을 써도 괜찮다. 다음 예문을 참고하자. "I'm flabbergasted that women still lack fundamental rights in some countries."(나는 일부 국가의 여성들이 아직도 기본권을 누리지 못한다는 사실에 경악한다)

Ⓢ Speechlessness 말을 못 함, 잠자코 있음 / Astoundment 몹시 놀람 / Dumbfoundedness 어안이 벙벙, 말문이 막힘

Ⓐ Disinterest 무관심 / Calmness 고요, 평온, 냉정, 침착 / Expectation 기대, 예상

flummoxed

당황한,
어리벙벙한

flummoxed된 사람은 상황 파악이 안 되고, 결과적으로 무력하다. flummoxed하게 되면, 보통 '포기'(giving up)가 뒤따른다. 예를 들어, 어떤 수수께끼나 퍼즐로 인해 flummoxed하게 되면, 성공할 가능성이 거의 없기 때문이다.

#positivelyflummoxed 매우 어리둥절할 때
#flummoxedbythis 뭔가가 혼란스러울 때
#flummoxedbythislevel 게임의 어떤 단계를 깰 수 없을 때
#expertsareflummoxed 무언가가 무척이나 놀랍고 설명이 불가능할 때

positively flummoxed ⓒ 몹시 당황한, 크게 놀란

— I got to the last puzzle and I was *positively flummoxed*. 마지막 퍼즐을 맞췄는데, 정말이지 당황스러웠습니다. (인터랙티브 방탈출 게임 리뷰)

사실 flummoxed 되는 것에 긍정적인 측면은 전혀 없다. 여기서 쓰인 positively는 absolutely나 totally와 같은 뜻으로 쓰인 강조어로 positively 대신 이 두 어휘를 사용할 수 있다.

to be flummoxed by (something) Ⓒ 당황하다, 놀라다, 기겁하다

— I just moved to Europe and I *am flummoxed by the metric system of measurement*. 얼마 전에 유럽으로 이주했는데, 측정 단위 때문에 혼란스럽네요. (트윗)

flummox는 보통 수동태로 사용된다. The thing flummoxes me처럼 사물을 주어로 한 능동태보다는, 사람을 주어로 써서 I am flummoxed by the thing이라고 수동태로 말하는 게 더 일반적이다.

Ⓢ Bewilderment 어리둥절, 혼란, 교란 / Puzzlement 어리둥절, 얼떨떨함 / Bemusement 당혹, 멍함

Ⓐ Understanding 앎, 이해, 파악 / Knowledge 지식, 앎 / Expectation 기대, 예상

furor

열광, 열광적 유행, 벅찬
감격, 분노, 광기, 소동

이 어휘는 의미가 꽤나 광범위하다. 하지만 일반적으로는 흥분의 폭발을 의미하고, 여기에 가끔씩 분노라는 요소가 포함되기도 한다. 따라서 furor는 의미상 hubbub보다 난폭하다. 둘 다 비슷하게 혼란스러운 상황을 언급하기는 하지만 말이다. 사람들이 놀라운 사건을 겪으며 충격을 받고 동시에 격분하거나 흥분했을 때 furor라는 반응이 나올 수 있다.

#fulloffuror 어떤 장소를 묘사할 때
#publicfuror 일반 대중이 격렬하게 반응할 때
#seriousfuror 대규모의 폭력 소동을 나타낼 때
#noiseandfuror 감정이 분출하는데, 시끌벅적하기까지 하다는 말

public furor ⓒ 대중의 분노, 다수의 광기

— Removal of this once beloved statue has caused a *public furor*. 한때 사랑받았던 동상이 철거되자, 많은 이가 분노했다. (지역 소식 보도)

어떤 사건이나 자극에 반응해 분노가 폭발할 때, 그런 상황을 진술하는 흔한 방법이 바로 이 표현이다. 말 그대로의 뜻은, 많은 사람이 큰 소리로 뒤죽박죽 외쳐서 혼란스럽다는 얘기다. 하지만 요즘은 소셜 미디어라는 공간에서 격렬한 반응이 일어난 것으로 이해할 수도 있다.

furor about/over ⓒ ~에 대한 열광/분노/소동

There has been a *furor over* her new fiancé. 그녀의 새 약혼자를 놓고서 난리가 났다. (타블로이드 신문)

furor의 이유를 설명할 때, 전치사 about이나 over를 쓴다. 그 다음에는 소동이나 논란의 원인이 나올 것이다.

furor among ⓒ ~사이의 열광/분노/소동/난리

— **I didn't mean to cause *furor among* people who have suffered with this before.** 이 일로 고통받았던 받은 분들을 자극할 의도는 전혀 없었습니다. (유명인의 사과 트윗)

누가 격분했는지 구체적으로 말할 때, 전치사 among을 써서 관련 동사와 화나고 흥분한 사람이나 집단을 연결할 수 있다. 이때, 관련 동사는 cause, stir, spark 등이 쓰인다.

Ⓢ Hubbub 왁자지껄, 소란 / Din 소음, 떠듦 / Ruckus 야단법석, 대소동

Ⓐ Harmony 조화, 화합, 화음 / Peace 평화 / Contentment 만족, 자족

gobsmacked

깜짝 놀란,
말문이 막힌

gobsmacked는 몹시 놀란 것이다. gobsmacked란 단어를 분해해보면, 충격이 심한 나머지 손으로 '입'(gob)을 '틀어막은'(smacked) 상태이거나, 누군가가 당신의 '입'(gob)을 '세게 친'(smacked) 것처럼 충격을 받았다는 뜻이다. 반드시 그런 것은 아니지만, 주로 영국 방언에서 사용된다. gobsmacked는 강렬한 놀람을 표현하는 격의 없는 강조어이다.

#gobsmacker 큰 충격과 놀람을 야기한 대상을 이르는 말

#totallygobsmacked 강렬한 놀람을 표출할 때

#gobsmackinglytasty 대단히 맛있는 것을 두고 이르는 말

#gobsmackedatthis 구체적 대상에 반응할 때

absolutely gobsmacked ⓒ 완전히 말문이 막힌

— We were *absolutely gobsmacked* when the check came. 계산서를 받아든 우리는 완전히 말문이 막혀 버리고 말았죠. (구글에 올라온 레스토랑 리뷰)

gobsmacked의 의미를 강화할 때 함께 사용하는 가장 흔한 부사가 absolutely이다.

gobsmackingly beautiful ⓒ 말을 잇지 못할 정도로 아름다운

— You look *gobsmackingly beautiful* in this! 사진을 보니 정말 아름다우시네요! (인스타그램 댓글)

상대의 아름다움에 깜짝 놀랐다는 뜻이다. 이 표현은 대개 매우 단호한 어조로 다른 사람들을 칭찬하는 데 사용한다.

Ⓢ Shock 충격, 쇼크 / Astoundment 크게 놀람 / Bombshell 몹시 충격적인 일 또는 소식

Ⓐ Apathy 무관심, 무감정 / Stoicism 금욕, 냉정, 태연 / Calmness 침착, 차분

| # hubbub | 왁자지껄, 소란,
소음, 함성, 소동

hubbub는 보통 시끄러운 소음과 관련된 '혼란'(turmoil)을 뜻하는 재미있는 발음의 단어다. hubbub의 함의는 꽤 중립적이다. 어떤 사람들은 평화로운 상태를 원해서 hubbub를 싫어할 수도 있고, 마찬가지로 또 어떤 사람들은 활기와 즐거움을 좋아해 hubbub를 추구하기도 한다. 시끌벅적한 군중이나 전반적으로 소란스러운 활동의 느낌을 전달할 때 쓰면 제일 좋다.

#whatahubbub 너무 시끄럽다고 말하는 감탄문
#backgroundhubbub 배경음이 시끄러울 때
#hubbuboflife 사는 게 소란스럽고 혼란하다는 말
#hubbubovernothing 사람이나 집단이 마땅한 이유도 없이 격렬하게 반응했을 때

background hubbub ⓒ 소란스러운 배경(음)
— Can't hear this over all the *background hubbub*.
배경 소리가 너무 시끄러워서 도무지 음악을 들을 수가 없네요. (실황 녹음 뮤직 비디오에 달린 유튜브 댓글)
집중해야 하는 녹음 내용을 두고 주변 소음이 과도한 경우

background hubbub란 말로 진술하면 된다.

the hubbub of (something) ⓒ 야단법석, 소란, 왁자지껄

— Sometimes I miss *the hubbub of city life*. 가끔은 도시
생활의 시끌벅적함이 그립다. (인스타그램 설명문)

hubbub가 문장에서 흔히 이런 식으로 사용된다. 화제로 삼고
싶은 특정한 hubbub가 있거나, hubbub의 출처가 구체적이면,
the hubbub of ~라고 말하면 된다.

Ⓢ Din 소음, 떠듦 / Furor 열중, 열광, 분노, 광기, 소동 / Racket 시끄러움, 소음

Ⓐ Peace 평화 / Quietness 조용함, 고요 / Calmness 침착, 차분

incredulity 믿기지 않음

incredulity는 격식적으로 들리지만 상당히 많이 쓰이는 어휘로, 놀람과 불신을 뜻한다. 대부분, 사람들은 무언가에 대한 반응으로 incredulity라는 감정을 느낀다. 가능성이 거의 없다고 생각했던 것들에 대한 반응을 나타내기 위해 incredulity를 사용한다.

#incredulous 말문이 막히거나 반응을 할 수가 없을 때
#incredulouseyes 놀람과 불신의 표정
#incredulousperformance 너무 훌륭해서 진짜라는 것이 안 믿길 때
#incredulitytowardsthis 사건이 너무나 충격적이어서 못 믿겠다고 말할 때

open-mouthed incredulity ⓒ 입이 떡 벌어지게 하는 놀라움
— It was fun seeing the *open-mouthed incredulity* on their faces. 안 믿는다며 입을 떡 하고 벌린 얼굴들을 보는 건 정말이지 재미있었죠. (유명 마술사와의 인터뷰)
incredulous한 사람은 agape 상태라는 뜻인데, 무언가가 도저히 믿기지 않아서 자신의 입을 제어할 수 없다는 말이다.

polite incredulity ⓒ 예의상 하는 의심

— I dismissed her self-proclaimed faults with *polite incredulity*. 나는 그녀의 자칭 결점들을 예의상 못 믿겠다며 일축했다. (어떤 상류 계급 여인의 회고록)

이 콜로케이션은 격식을 차린 공식적인 느낌이어서 좀 더 복잡한 언어를 구사하는 사람들이 쓸 가능성이 크다. 그럼에도 불구하고, 다른 사람의 기분을 상하게 하지 않으면서 뭔가에 놀라지 않을 수 없는 상황을 묘사할 때 유용하게 쓰인다.

incredulous eyes ⓒ 못 믿겠다는 듯한 두 눈(의 표정)

— Spectators watched her beat the world record with *incredulous eyes*. 관중은 그녀가 세계 기록을 작성하는 걸 직접 보면서도, 도저히 믿을 수 없다는 표정들이었다. (스포츠 보도)

incredulous eyes는 보면서도 안 믿긴다고 진술할 때 쓴다. 마술, 경이로운 기술, 인상적인 기념물 등 엄청 놀라워 믿기 힘든 것들이 이 표현의 대상이겠다.

to meet with incredulity ⓒ 믿지 않다

— His claim of innocence was *met with incredulity* by the jury. 그의 무죄 항변을 배심원들은 믿지 않았다. (형사 재판 보도)

뭔가에 대한 반응으로 정서가 표출될 때, 흔히 동사 meet가 사용된다. 이 동사 meet에 의해 자극과 반응이 결합된다.

Ⓢ Disbelief 불신 / Unbelief 불신 / Shock 충격

Ⓐ Belief 믿음 / Apathy 무감동 / Ignorance 무지

marvel

경이, 경탄,
놀람, 불가사의

marvel은 그 의미가 wonder와 아주 가깝다. 하지만 marvel이 wonder보다 '관람'(spectatorship)과 '시각적 반응'(visual reaction)을 더 강조한다. '무언가에 경탄하는'(marvel at something) 것은 충격 속에서 깊은 인상을 받는 것이다. marvel은 전치사 at과 함께 흔히 동사형으로 사용된다. 하지만 명사로 쓰여서, 경외심을 불러일으키는 대상을 가리키기도 한다.

#marvellous 흥미롭고 놀라운 대상을 일컬을 때
#marveltobehold 남들에게 뭔가를 꼭 보라고 말할 때
#marvellingattheview 멋진 경관이나 인상적인 풍경을 찍은 사진을 일컬을 때
#marvellingatyourbeauty 상대의 아름다운 외모 때문에 얼어붙고 말았다고 할 때

(one) can only marvel at ⓒ (사람이라면) 경탄하지 않을 수 없다

— *One can only marvel at* how the Prime Minister keeps dodging scandals. 계속 스캔들에서 교묘히 빠져나가는 총

리의 처세술에 그 누구라도 감탄할 수밖에 없을 것이다. (정치 보도)

뭔가가 아주 인상적이거나 도무지 있을 법하지 않아서, 놀람으로 반응하지 않을 수 없다는 얘기이다.

marvel to behold ⓒ 꼭 봐야 할 경이

— The pyramids are truly a *marvel to behold*. 이 피라미드들은 정말 꼭 봐야 합니다. (여행 블로그 게시글)

어떤 대상을 두고 marvel to behold라고 표현하면, 그것을 본 후 경탄하며 경이로움을 느끼게 될 거라는 말이다. 이 어구는 정식 명령문이 아니지만, 뭘 꼭 보라고 제안하는 뉘앙스가 있다.

Ⓢ Wonder 경탄, 경이, 불가사의 / Awe 경외, 충격 / Admiration 감탄, 존경

Ⓐ Indifference 무관심, 냉담 / Disregard 무시, 묵살 / Scorn 경멸, 멸시

mystification

mystification은 mystery, mystical, mysterious와 관계가 있다. 이들 단어 모두는 무언가에 대한 정보가 부족해서 초자연적 직관으로 이어진다는 의미가 도드라진다. mystified되는 것은 상황의 진실을 파악하지 못하고, 이해하지 못하는 것이다.

#mystified 혼란스러워서 무언가를 해명하지 못하는 상태

#mystifiedexpression 혼란스러워 하는 사람을 일컬을 때

#mystifiedbyyourbeauty 몹시 감상적이며 로맨틱한 해시태그

#mystifyingquestion 어렵고, 어쩌면 답할 수 없는 문제를 제기한 후에 사용

to look mystified ⓒ 어리둥절한 표정을 짓다, 혼란스러워 보이다

— Played a trick on my cat and she *looks mystified*. 고양이에게 장난을 좀 쳤더니 벙찐 표정을 짓네요. (어리둥절한 고양이 사진을 레딧에 올리고)

사람이든 고양이든 깜짝 놀라 혼란스런 표정을 지을 때 이 표현을 쓴다. 주위를 두리번거리거나 말문이 막혔을 수도 있겠다.

totally/completely mystified Ⓒ 정말/완전히 혼란스러워
하는

— What slang words would *totally mystify* the older
generation? 나이 든 세대는 어떤 비속어를 들으면 완전히 혼란에 빠질
까요? (페이스북 게시글)

totally, completely처럼 mystified의 '의미를 강화해주는
말'(intensifier) 대부분은 mystified 앞에 온다. somewhat,
slightly, a bit과 같이 '정도를 누그러뜨리는 말'(mitigator)도
마찬가지이다. 이것들 모두가 mystification의 정도와 수준을
조정하고, 이를 바탕으로 그 정도를 파악한다.

Ⓢ Bewilderment 어리둥절, 혼란 / Puzzlement 얼떨떨함, 당혹, 난감 /
Confusion 혼란, 혼동, 당혹

Ⓐ Demystification 해명, 설명 / Realization 깨달음, 자각, 인식 / Discov-
ery 발견, 폭로, 알아냄

nonplussedness

nonplussed는 이상한 단어다. 가지고 있는 두 의미가 상충하기 때문이다. nonplussedness의 주된 의미는 뭔가가 전혀 믿기지 않아서 어떤 행위나 반응도 불가능한 상태이다. 그런데, 특히 미국 방언에서는, 뭔가에 구애받지 않고 전혀 동요하지 않는다는 뜻으로도 쓰인다. 물리학에서 말하는 '관성'(inertia) 개념과 연관 지어 특정 상황에 대한 반응을 설명하는 것일 수도 있다. 그럼에도 불구하고, 진정한 의미를 파악하려면 이 단어가 쓰인 맥락에 주의해야 한다. 때때로 nonplused라고 표기되기도 한다.

#nonplussed 디지털 환경에서 흔히 무관심을 드러낼 때
#nonplussedbythis 못 믿겠다는 뜻일 수도 있고, 신경 쓰지 않는다는 뜻일 수도 있다
#totallynonplussed 절대로 못 믿겠다는 뜻의 강조어
#youlooknonplussed 누군가가 말문이 막히고, 어리둥절하거나, 멍한 상태일 때

completely nonplussed ⓒ 전혀 개의치 않는
— Look at this little guy - he's *completely nonplussed*

by my presence. 이 녀석 좀 보세요. 내가 있어도 전혀 당황하지 않네요. (집 안으로 들어온 개구리 동영상에 달린 틱톡 캡션)

보통, 강조어 completely와 함께 쓰이면 nonplussed가 '무관심' (indifference)의 뜻으로 쓰였음을 알 수 있다. 그 무엇도 어떤 사람이나 사물의 주의를 끌 수 없다는 의미를 나타낸다.

nonplussed by Ⓒ ~에 동요하지 않는

— I have to admit, I was pretty *nonplussed by* this season. 솔직히 말하자면, 이번 시즌은 별 감흥이 없네요. (넷플릭스 프로그램 리뷰)

여기서의 nonplussed는 '무관심한'(uncaring)이라는 두 번째 의미로 쓰였다. 의미를 추론하기 까다로울 수 있다. 아주 매력적인 드라마에 경탄한 나머지 nonplussed 되었을 수도 있기 때문이다. 하지만 고백하는 어조로 have to admit이라고 한 것을 보아, 글쓴이는 일반적인 견해를 거슬러 말하고 있다. 또한, pretty는 nonplussed의 강도를 누그러뜨리는 말로 쓰였다. 따라서 nonplussed는 '관심 없음'(indifference)의 의미로 쓰였을 가능성이 크다.

Ⓢ Dumbfoundedness 말문이 막힘, 아연실색 / Bewilderment 어리둥절, 당황 / Indifference 무관심, 냉담

Ⓐ Apathy 무관심, 무감동 / Normality 정상 상태, 보통, 평범 / Belief 신념, 확신, 생각, 믿음

perplexity

perplexity는 무언가를 이해하지 못해서 비롯하는 '좌절'(frustration)과 '걱정'(worry)이 함축된 혼란을 말한다. 이런 이유로, perplexity에서는 '불만'(dissatisfaction)과 '우유부단'(irresolution)의 느낌이 파생한다. 상충하는 과학 원리를 연구하거나 누군가가 보낸 앞뒤가 안 맞는 메시지를 분석하는 상황에서 perplexed한 반응을 보일 수 있다.

#perplexed 혼란스러울 때

#stateofperplexity 뭔가를 해결하거나 해소할 수 없는 상황을 이르는 말

#iamsoperplexed 아주 혼란스러울 때

#romanceperplexesme 사랑과 연애는 제대로 알기가 어렵다는 표현

perplexing mystery ⓒ 당혹스러운 미스터리, 복잡한 수수께끼

— Your research raises some *perplexing mysteries* about the genealogy of frogs. 귀하의 연구를 통해, 개구리의 계보와 관련한 몇 가지 당혹스러운 미스터리가 제기되었습니다. (과학 연구 포럼에 올라온 글)

mystery는 '설명할 수 없는'(unexplainable) 것이다. 사람들이

제대로 알고자 하는 대상을 진술할 때, perplexing이 mystery 라는 개념과 잘 맞는 이유다.

deeply perplexing Ⓒ 매우 난처한, 심히 복잡한, 몹시 당혹스러운

— I found the book *deeply perplexing*. 이 책을 읽고 몹시 당혹스러웠다. (서평)

deeply는 대상이 '매우'(very) perplexing할 뿐만 아니라, 사람의 뇌 안에 깊숙이 자리한 최강의 인지 능력으로도 그걸 이해할 수 없음을 뜻한다.

the perplexities of life Ⓟ 인생에서 만나는 당혹스러운 일들

— Romantic relationships are one of *the perplexities of life*. 연애 관계는 인생의 여러 복잡한 일들 중 하나이다. (페이스북 게시글)

사람의 삶은 여러 면에서 제대로 안다는 것이 꽤나 어렵다. 그래서 사회적 관계의 복잡한 측면이나, 지구상에 있는 인간이라는 물질적 존재를 제대로 파악하지 못하는 우리의 무능력을 얘기할 때, 이 어구를 쓸 수 있다.

Ⓢ Puzzlement 어리둥절, 얼떨떨함 / Bewilderment 어리둥절, 혼란 / Mystification 신비화, 미혹

Ⓐ Lucidity 명료, 선명 / Understanding 앎, 이해, 파악, 지식 / Comprehension 이해, 포함, 함축

puzzlement

어리둥절,
당혹, 곤혹

puzzlement는 낮은 수준의 혼란스런 반응으로, 모종의 문제가 존재함을 암시한다. puzzlement란 단어에는 '생각'(thought)이라는 뜻도 있다. '퍼즐을 푸는 것'(solving a puzzle)처럼, 어떤 문제를 곰곰이 생각해 해결책을 내놓는다는 말이다. 이런 이유로, 상황의 측면이 복합적일 때 흔히 사용된다. 까다로운 논리 문제나 직접 조립해야 하는 복잡한 가구 따위가 그 예이다.

#puzzling 약간 혼란스럽고 문제가 있는 대상을 가리킬 때
#pieceofthepuzzle 해결해야 할 대상
#whatapuzzle 어리둥절한 상황이 안 믿길 때
#solvethepuzzle 재미있는 퍼즐이나 수수께끼를 참여해서 풀어보도록 권유할 때

somewhat puzzled ⓒ 약간 당황스러운
— I was *somewhat puzzled* by the last question in the exam - did anyone answer it? 시험 마지막 문제가 좀 당황스럽더라고요. 혹시 답 아시는 분? (학생 대화방에 올라온 글)
somewhat은 이어지는 말의 의미를 부드럽게 누그러뜨리며

'얼버무리는 말'(hedge)이다. 따라서 somewhat puzzled는 불특정한 정도로 slightly/vaguely puzzled라는 뜻이다.

to puzzle over Ⓒ 숙고하다, 머리를 쥐어짜다, 골똘히 생각하다

— The ending left the audience *puzzling over* what might come next. 관객들은 결말 때문에 다음에 무슨 일이 벌어질지 생각하지 않을 수 없게 됐다. (영화평)

이 구동사의 뜻은, 시간을 들여 무언가가 어떻게 작용하거나 해결될 수 있는지 파악하는 것이다.

piece of the puzzle Ⓟ 퍼즐의 조각, 복잡한 문제의 단편

— The police filled in another *piece of the puzzle* when they discovered the killer's shoe size. 경찰이 살인자의 신발 사이즈를 알아냈을 때 퍼즐의 또 다른 한 조각이 메워졌다. (지역 신문 기사)

puzzle이란 말은, 혼란 및 미스터리와 관련해 더 광범위하게 사용된다. 이 예문에서는 범죄가 풀어야 할 퍼즐처럼 제시되고 있다. 이런 이유로 증거의 개별 단편들을 '퍼즐 조각'(puzzle piece)으로 서술한 것이다.

Ⓢ Bewilderment 어리둥절, 혼란 / Perplexity 당혹, 당황, 난처 / Confusion 혼란, 혼동, 당혹

Ⓐ Understanding 앎, 이해, 파악 / Comprehension 이해, 포괄, 종합 / Certainty 확실, 확신

ruffledness

화남, 흐트러짐

ruffled는 '방해를 받아'(disturbed) 엉망으로 흐트러졌다는 뜻이다. 이 말은 옷과 외모에는 물론 정서에도 쓸 수 있다. ruffled한 사람은 깜짝 놀랐고, 짜증이 났으며, 화난 상태이다. ruffled-ness는 생각의 방식과 내용이 교란당했다는 뜻이다.

#ruffled 충격, 분노, 혼란스러운 사고 패턴을 암시할 때
#ruffledfeathers 짜증나고 신경이 날카로운 감정 상태를 표현하는 관용어
#thisrealllyrufflesmyfeathers 앞의 ruffled feathers를 활용한 표현
#feelingruffled 화도 나고 혼란스러울 때

ruffled by criticism ⓒ 비판을 받고 짜증이 난, 비난에 화가 난
— As an athlete, you can't get *ruffled by criticism*: you have to keep your mind on the game. 선수이기 때문에 비판을 받았다고 해서 화를 낼 수는 없어요. 마음을 다잡으면서 경기에 집중할 뿐이죠. (운동 선수와의 인터뷰)
criticism(비판, 비난)을 받으면, ruffled되기 쉽다. 이런 사람은 비판적인 피드백에 쉽게 감정이 상해 동요하게 된다. 반대로,

criticism을 받았는데도 ruffled되지 않는다면, 다른 사람들의 견해에 신경 쓰지 않는 것이다.

to get ruffled (by something) ⓒ 깜짝 놀라다, 짜증을 부리다, 화가 나다

— I *got ruffled by his final question* in the interview. 면접관의 마지막 질문이 정말 짜증나더라고. (구직 면접 후 친구와 나눈 대화)

이 예문처럼 get이 become보다 더 흔한 동사다. ruffled는 흔히 수동태로 사용돼, ruffling의 과정뿐만 아니라 그 대상을 강조한다. 그러니까, 주어가 아니라 대상 원인에 집중하는 셈이다.

to ruffle one's feathers ⓘ 신경을 건드리다, 화나게 하다

— Watch out for Mark. He seems nice but you don't want to *ruffle his feathers*! 마크를 조심하세요. 친절해 보이지만, 그의 신경을 건드리지 않는 게 좋을 거예요. (동료와의 대화)

이 관용어는 사람의 화를 돋우거나 소란을 피운다는 뜻이다. 덧붙이자면, 반대의 의미로 smooth one's ruffled feathers를 쓸 수 있는데, '화가 난 사람을 달래고 진정시킨다'라는 뜻이다.

Ⓢ Irritation 짜증, 격앙, 화 / Vexation 성가심, 짜증 / Annoyance 성가심, 불쾌, 곤혹, 짜증

Ⓐ Calmness 고요, 평온, 냉정, 침착 / Composure 평정 / Chill 오싹한 느낌

shock

쇼크, 충격, 경악, 불쾌,
혐오, 놀람, 마비, 소동

shock는 별안간 가슴이 철렁하는 것이다. 감정이라는 측면에서, shock은 놀라운 것에 대해 날카롭게 반응하는 것으로, 즉시성과 격렬함의 뜻이 감춰져 있다. shocked되는 것은 중요한 무언가에 방해받는 것이지만, '못마땅하고'(disapproving) '혐오감을 느낀다'(disgusted)라는 뜻이기도 하다. shock은 일반적으로 부정적인 감정이지만 반드시 그런 것은 아니다. 누군가는 자신의 성공이나 그 비슷한 것에도 '충격을 받을'(be shocked) 수 있기 때문이다.

#shocked 깜짝 놀란 채로 무언가를 역동적으로 인식하고 움찔하는 사람을 나타낼 때

#cultureshock 새로운 문화에서 사는 일의 어려움을 토로할 때

#bigshock 중대한 무언가를 깨달았을 때

#shockofmylife 매우 강렬한 놀람의 순간을 언급할 때

culture shock ⓒ 문화 충격
— The food was a bit of a *culture shock* for us. 그 음식은, 뭐랄까, 우리에게는 약간의 문화 충격이었습니다. (휴가 관련 웹사이트 리뷰)

culture shock은 낯선 문화를 경험하고, 새로운 음식을 맛보고, 다른 언어를 말하고, 색다른 풍습을 접하는 것이 커다란 이질감을 느끼게 한다고 말할 때 쓰는 용어이다. 꼭 부정적인 것은 아니지만, 처음에는 새로운 문화에 효과적으로 동화될 수 없다는 뜻이기도 하다.

die of shock Ⓒ 쇼크사하다, 충격으로 죽다

— Help, if I tell my mom I dropped out of university, she'll *die of shock*! 도와주세요. 엄마에게 대학을 중퇴했다고 얘기하면, 충격으로 돌아가실지도 몰라요. (학생 대화방에 올라온 글)

die of shock라는 어구가 문자 그대로 쓰일 일은 거의 없다. (물론 실제로 쇼크사가 가능하기는 하다) 보통 누군가가 매우 큰 충격을 받아, 화를 내거나 격분하는 상황으로 이어질 수 있다는 정도를 의미한다.

in for a shock Ⓟ 충격을 받을

— You think he's going to take your advice? Hah, well, you're *in for a shock*. 그 자식이 네 충고를 받아들일 것 같아? 허, 충격이 크겠군. (심술궂은 동료와의 대화)

이 표현은 상대방이 가까운 미래에 충격을 받게 될 것이라는 얘기이다. 여기서의 shock은 '부정적인 깨달음'의 의미이다.

shock to the system Ⓟ 예상 밖의 일

— And tomorrow morning, the cold air might be a *shock to the system* to many as this front moves across the west coast. 그리고 한랭 전선이 서해안을 가로질러 이

동함에 따라 내일 아침은 대기가 무척 차갑게 느껴지겠습니다. (날씨 예보)

이 어구에 나오는 the system은 인체다. 인체 시스템과 관련해서만 이 숙어가 쓰이는 이유로, 몸이 적응하기 어려운 일이 생길 것이라는 의미다.

shell-shocked ⓟ 어쩔 줄 모르는, 전쟁 신경증을 앓는

— After my parents' divorce, I was left *shell-shocked*.

부모님 이혼 후 저는 충격을 받아 어쩔 줄 모르는 상태였습니다. (토론 사이트 레딧 게시글)

shell-shock은 현재 우리가 PTSD(외상 후 스트레스 장애)로 알고 있는 증상을 1, 2차 세계 대전 기간에 부르던 초기 용어였다. 하지만 이제 그 쓰임이 더 넓어져, 심한 스트레스 상황 후에 겪는 심각한 충격에도 두루 사용할 수 있다. shell은 포탄을 가리키기 때문에, 이 용어에는 난폭함과 위해의 의미가 함축되어 있다.

shock horror ⓟ 과장된 충격 표현

— Yep, s*hock horror*, this is another post about my dog.

예, 충격적이네요. 저희 개에 대한 포스팅을 또 올립니다. (인스타그램 캡션)

놀람을 과장할 때 쓰는 표현이다. 익살스러운 효과를 노렸거나, 대상이 실은 매우 예측 가능함을 강조한다. 이 예문을 보면, 인스타그램 계정의 주인이 기르는 개 포스팅을 자주 한다는 것을 알 수 있다.

Ⓢ Alarm 경고 / Amazement 놀람 / Bombshell 폭탄 선언

Ⓐ Composure 평정 / Peace 평화 / Nonchalance 무심함, 태연

speechlessness 말문이 막힘

speechlessness는 말 그대로, 적절히 반응하거나 대응하지 못할 정도로 놀란 것이다. 당연하게도 speechlessness는 좋거나 나쁜 함축이 전혀 내포돼 있지 않아 여러 가지로 해석할 수 있는 단어이다. 누군가가 '말이 없는'(speechless) 것이 불신이 커서인지, 아니면 충격에 화가 난 것인지 알아내는 게 어려운 이유이다.

#speechless 무언가에 반응해서 말을 할 수 없는 상태

#leftmespeechless 큰 영향을 미치는 발언의 여파

#youleavemespeechless 여러 가지로 해석할 수 있는 충격을 받았을 때

#nowordsjustspeechless 말문이 막혔다는 또 다른 표현

to leave (someone) speechless ⓒ 말문이 막히다, 말을 못하게 되다

— We were *left speechless* by the main course. 주요리에 우리는 할 말을 잃었습니다. (트립어드바이저에 올라온 레스토랑 리뷰)

동사 leave가 쓰인 것은 놀람이 순식간에 왔다가 사라져 그로 인해 놀란 사람은 상황을 설명할 수 없게 되었다는 의미이다.

momentarily speechless ⓒ 순간적으로 말문이 막힌

— Journalists were left *momentarily speechless* after today's major announcement. 오늘 중대 발표가 있은 후, 기자들은 순간적으로 할 말을 잃고 말았다. (기자 회견 보도)

말문을 잇지 못하는 반응이 아주 짧은 순간 동안만 지속되었다는 얘기이다.

speechless with (anger/rage/disbelief, etc.) ⓒ (화/분노/불신 등으로) 할 말을 잃은

— I am *speechless with anger* at this flagrant abuse of human rights. 이 명백한 인권 유린 사태에 화가 나서 할 말을 잃었습니다. (정치 트윗)

추가 정보를 더하여 말문이 막힌 상황이 좋은 쪽인지 나쁜 쪽인지 확실히 보여줄 수 있다.

Ⓢ Dumbfoundedness 말을 못 함 / Shock 충격, 쇼크, 놀람 / Astoundment 크게 놀람

Ⓐ Expectation 기대, 예상 / Nonchalance 태연, 무심 / Unsurprise 놀라지 않음

stupor

무감각, 망연자실

stupor는 극심한 형태의 '충격'(shock)으로, 이 상태에서 사람은 생각을 할 수도, 무언가를 감지할 수도, (때로) 적절히 움직일 수도 없다. stupor는 존재의 상태이다. 따라서 어떤 사람이 'stupor 상태에 놓여 있다'(in a stupor)고 말하는데, 이는 무아지경에 있다는 의미이다.

#stupefied 놀랍거나 충격적인 것으로 인해 운동과 사고가 마비되었을 때

#drunkenstupor 취해서 무기력한 상태

#inastupor 누군가가 쇼크 상태에 빠졌음을 나타낼 때

#getmeoutofthisstupor 명료한 의식 상태로 돌아올 수 있게 도와달라는 외침

drunken stupor ⓒ 술에 취해 무감각한 상태

— I followed my ex on Instagram in a *drunken stupor...* 술에 취해 전 여자친구의 인스타그램을 팔로우해버렸네요. 제 정신이 아니었던 거죠⋯⋯ (레딧에 올라온 글)

drunken stupor는 술에 몹시 취한 상태이다. 사람들은 drunken stupor에 빠지면, 대개 잘못된 판단과 결정을 하기도 하고,

사고와 활동이 완전히 멈추기도 한다.

to drink (oneself) into a stupor ⓒ 술을 진탕 마시다

— So last night, I *drank* myself *into a stupor* to combat the anxiety. 그래서 어젯밤에, 내 안의 불안과 싸워보려고 술을 진탕 마셨어요. (광장 공포증을 겪는 사람들을 지원하는 포럼)

거듭 말하지만, 술은 stupor 상태를 야기하는 흔한 원인이다.

to emerge from a stupor ⓒ 마비 상태에서 깨어나다

— The crowd *emerged from their stupor* and began to cry out in rage. 군중은 몰각 상태에서 벗어나 분노에 찬 목소리로 외치기 시작했다. (현대 소설)

stupor 상태를 겪다가 다시 의식이 선명해지는 과정에 대한 얘기다. 이 콜로케이션의 구조와 말뜻을 음미해 보면, 'stupor 상태에 있다는 것'(being in a stupor)을 일시적으로 점유된 어떤 실제 장소에 있는 것처럼 빗대어 말하고 있음을 알 수 있다.

to fall into a stupor ⓒ 혼수 상태에 빠지다, 망연자실하다

— After my mother's death, I *fell into a stupor*. 어머니가 돌아가신 후 나는 망연자실했다. (시인의 회고록)

충격을 받고 '망연자실하게'(stupefied) 되면, 이 표현에 쓰인 동사처럼 '추락'(fall)하고 마는데, 이는 상황을 자율적으로 통제하지 못한다는 뜻이다.

Ⓢ Daze 현혹, 멍한 상태, 눈부심 / Shock 충격, 쇼크 / Lethargy 무기력

Ⓐ Vitality 활력 / Lucidity 명료, 명쾌 / Mindfulness 염두, 의식, 유념

wonder

경탄, 경이,
기적, 놀라움

명사형 wonder는 인상적이거나 감동적인 것에 감탄하는 반응이다. 유명한 기념물, 지질학적으로 형성된 자연 경관, 운동 경기의 활약 등을 예로 들 수 있을 텐데, 대상의 웅장함과 아름다움에 도취돼 황홀한 느낌을 wonder를 통해 접할 수 있다.

#wonderful 경외심과 아름다움을 불러일으키는 대상
#wonderoftheworld 멋진 관광지를 두고 이르는 말
#itsawonderfulworld 이 세상을 경험하는 기쁨을 표현할 때
#onehitwonder 어떤 노래가 뮤지션이 발표한 것 중 유일하게 성공한 곡이라는 얘기를 비꼬듯이 하는 말

to work wonders Ⓒ 기적을 낳다

— Would absolutely recommend this: it *worked wonders* on my skin. 이 제품을 강력 추천합니다. 제 피부가 기적을 경험하고 있답니다. (아마존에 올라온 스킨케어 제품 리뷰)

사람들이 충격을 받고 경외심을 가질 만큼 상황이 양호하게 개선된다는 뜻이다. 서비스를 제공하는 사람뿐만 아니라, 사람들을 돕기 위해 고안된 제품 자체가 효과적이라면 working wonders라고 묘사할 수 있다.

no/small/little wonder ⓟ 이상할 게 전혀 없다, 놀랍지 않다, 당연하다

— This place was absolutely terrible: *no wonder* they only have a two star rating. 이 식당은 정말 형편없습니다. 별 두 개인 것이 놀랍지 않네요. (트립어드바이저에 올라온 레스토랑 리뷰)

wonder가 감탄하게 하는 어떤 놀라움이라고 할 때, 이 느낌이 없다는 것은 무언가가 뻔하고, 충분히 예상 가능하며, 재미없다는 뜻이다. 완전한 문장 구조로 쓰려면 It is no wonder (that) ~이라고 해야 하지만, "No wonder my car feels weird to drive. I have a flat tire!"(내 차 운전이 이상한 게 당연하지, 타이어가 펑크났거든)처럼 대개 It is는 생략된다.

wonders of the world ⓟ 세계의 경이(들), 세계의 불가사의

— It's definitely worth visiting this place, it should be the eighth *wonder of the world*! 절대 확신하는데, 이 곳은 다들 와봐야 합니다. 세계의 8대 불가사의로 지정되어도 손색이 없어요. (관광지 리뷰)

wonders of the world는 일곱 개의 유명하고 인상적인 세계 유적지를 가리킨다. 어떤 구체적인 장소가 매우 인상 깊다면, 사람들은 흔히 '여덟 번째' 불가사의라고 말한다. 보통 일곱 개의 불가사의는 이미 있는 것으로 여겨지니까 말이다.

one-hit wonder ⓟ 히트곡이 하나뿐인 가수, 어떤 가수의 유일한 히트곡

— Anyone remember this *one-hit wonder*? 이 가수 아는 사람 있나요? 히트곡이 이거 하나뿐이었죠. (틱톡에 올라온 춤 동영상의 캡션)

어떤 음악인이 곡 하나로 명성을 얻었을 때, 이를 one-hit wonder라고 말한다. 대개 차트 1위에 오르며 성공을 거두지만, 이내 기억 속에서 사라지게 된다.

wonders never cease ⓘ 놀라운 일의 연속이다

— Have you seen the things that AI can do these days? *Wonders never cease*! 요즘 AI가 해내는 일들을 보셨나요? 정말이지 놀라움의 연속이에요! (트윗)

새롭고 흥미진진한 사태가 잘 안 믿긴다는 표현이다. 현재 시제로 예시를 들었지만, "Will wonders never cease?"(놀랄 일이 계속 벌어질까?) 또는 "Wonders never cease to amaze me."(놀랄 일이 끊이지 않는다)처럼도 쓸 수 있다.

Ⓢ Marvel 경이, 경탄, 불가사의 / Awe 경외, 충격 / Amazement 놀람

Ⓐ Apathy 무관심, 냉담 / Ignorance 무지, 무시, 외면 / Disinterest 무관심

Index